返本开新

机会只垂青有准备的人们。

印永清 | 编著

探索中国城市广播的未来之路

WAY FUTURE

EXPLORING CHINESE URBAN BROADCASTING

中国广播影视出版社

广播百年，中国城市广播与媒体融合的未来之路

（代前言）

印永清

今年是广播诞生百年。

广播是声音的媒体。

声音表达感觉、情绪、思想等，是人类心灵和社会沟通的最初媒介，也是最直接、便捷的人际互动方式。正如麦克卢汉指出：“广播的潜意识深处，充满了部落号角和古老鼓手的共鸣回荡……这个媒体有力量将心灵和社会变成合二为一的共鸣箱。”① 只是因为缺乏科技的支撑，这一“媒介”在漫长历史中的价值，仅限于人与人之间近距离、小范围交流沟通。即便如此，口耳相传、瞬息即逝的声音，在历史的长河中仍然留存、传播并传承了大量的信息，包括知识、传统和文化等，有的声音后来被弟子、学生或弟子的弟子，以文字形式记录整理而成为经典，比如《论语》，比如《苏格拉底言行回忆录》。

科学进步和科技发明使得声音与电磁波结合，产生了作为大众传媒的广播。诞生于第二次工业革命的广播是当时的“新媒体”，经历了报纸的惊疑、自身的鼎盛、电视的冲击、互联网的崛起，今天全球拥有44000多家广播电台，其中包括中国大陆的2800多个广播频率。同样受到互联网冲击，和报纸、电视相比，广播目前仍然拥有大规模的听众存量，其商业变现模式依然有效，还保有旺盛的生命力和成长空间的传统媒体。2019年，中国广播维持在6.8亿的庞大用户规模。广播的广告收入，2016年为145.83亿元，2017年

① 埃里克·麦克卢汉、弗兰克·秦格龙编《麦克卢汉精粹》，何道宽译，南京大学出版社，2000，第333页。

为155.56亿元，2018年为140.37亿元。[①] 而人口3亿多，不到中国14亿人口四分之一的美国，目前拥有15000家大小不一的广播频率，2017年广告收入在211亿美元（1441.3亿人民币），广播广告市场的规模约为中国的10倍。[②] 作为世界上最大的发展中国家，中国广播特别是城市广播因其服务的庞大人口、面对仍在增长的城市化进程和车载市场，还有着巨大的发展空间。据公安部统计，2019年全国新注册登记机动车3214万辆，净增长增长8.83%，机动车保有量达3.48亿辆。私家车保有量首次突破2亿辆，达2.07亿辆，汽车驾驶人3.97亿人。据赛立信公司调查，中国广播市场车载收听选择率由2017年的50.1%升至2019年的58.7%，成为广播媒体主要的收听终端。[③]

科技进一步发展，声音与数据、网络、移动互联网结合，产生了网络广播、移动音频聚合平台和音频跨平台传播。这些第三次工业革命中蔚为壮观的景象，还在迭代发展，推陈出新，且不断占据移动收听和固定收听的市场。比如国内媒体方面：央广从2005年推出的银河网到今年推出的“云听”App，北京电台从当年的菠萝台到现在的“听听FM”App，上海电台从PC端网站到阿基米德App，天津电台从PC端网站到“劲听”App，再到今天的津云App，等等。国外方面，BBC于2011年开发了“iplayer”App，BBC自身的音视频直播流和新媒体产品都在其中呈现。美国的清晰频道广播公司基于旗下800多家电台，开发了“iHeart Radio”App，美国全国公共广播电台NPR开发了多款App。互联网商业公司大多通过音乐进入声音领域，如美国的潘多拉App（Pandora）、苹果音乐（Apple Music）、欧洲的声破天App（Spotify）。国内的则既有综合音频聚合平台，也有垂直音乐类App，前者代表是蜻蜓FM、喜马拉雅，后者是QQ音乐、豆瓣电台等。

声音，与物联网、大数据、基于算法的人工智能AI结合，正以“智能音频”新媒体引领一场“声音革命”。在以人工智能为标志的第四次工业革命

① 《2018年全国广播电视行业统计公报》，国家广播电视总局 发布时间：2019年4月25日。

② 德勤会计事务所报告：www2.deloitte.com/us/en/insights/industry/technology/technology-media-and-telecom-predictions/radio-revenue.html。

③ 梁毓琳、赵景仁：《结构性变化迈向新常态——2019年中国广播收听市场分析》，赛立信调查公司报告，2020。

背景下，“智能音频”登堂入室，通过音频与智能音箱、车联网、智能家居、智能医疗等万物相联，成为按键、触屏后第三代人机交互方式和重要媒介。2019年，靠智能音频互动的智能音箱，全球出货达1.5亿台，今年中国市场1月至4月出货已超过1000万台，BBC已于2019年推出了进入谷歌和亚马逊智能音箱的音频BBCVoice，包括BBC的传统广播直播流和播客等所有音频产品。声音以历史性的螺旋上升，成为互联网的入口，无所不在地影响人类。

广播100年的两端，都是媒介技术发现发明层出不穷、产品创新迭代发展、内容生产与时俱进的年代，都是媒体格局深刻变化、创造历史的年代。回首和展望，对当代广播从业人员承上启下，迎接未来具有非凡的意义。

2014年8月，习近平总书记主持召开中央深改组第四次会议，审议通过《关于推动传统媒体和新兴媒体融合发展的指导意见》，媒体融合上升为国家战略。2020年7月，中央深改委第十四次会议审议通过了《关于加快推进媒体深度融合发展的指导意见》。也是从2014年起，笔者和天津广播的同事们，对中国广播尤其是城市广播改革开放后的历史发展经验、最新创新和融合探索，作了系统地追踪、梳理和把握，关注了发达国家的广播尤其是城市广播的发展趋势，邀请了国内外业界和学界的精英来天津讲课、交流，走出去实地考察国内外城市广播最新发展，本书是这场思考的一部分结果。6年来，用户获取信息方式、媒体生态和媒体格局深刻变化，特别是2020年遍及世界的新冠疫情，大大加快了媒体融合的进程。中国广播在建设新型主流媒体的战略实践中，正由百年前的世界广播发展的跟跑者变成快跑者，由快跑者正跑入领跑群体。

中国城市广播正在建设有影响力的一流新型主流媒体。城市广播人应该以坚定的文化自信、宽广的传播视野、果敢的改革决心，拥抱依托互联网、大数据和人工智能，在具体的媒体生态立体重组中，跳出传统的视野、思维、方式、流程，在世界和广播“百年未有之大变局”中谋局布篇，创新生产有影响力的原创音频（包括广播节目直播流）内容和相关产品，加快智能平台和传播渠道建设和覆盖，传递主流价值，推动转型，融合成为“全程、全息、全效、全员”的新型主流媒体，开创新的激动人心的智能音频“黄金时代”。

一、声音和电磁波的结合：作为新媒体的传统广播

广播百年，公认的起点是1920年。

2014年9月下旬，笔者随天津广播电台赴美考察团来到旧金山，听到一则前所未闻的信息。旧金山的新闻台KCBS的总监告诉笔者，他们才是美国的第一家广播电台，开播于1909年的圣何塞，早于一般人熟知的广播的开端——第一个拥有商业执照的匹兹堡KDKA电台11年！怀着浓厚的兴趣进入这段尘封的历史，发现声音和电磁波结合的开端，就像今天的媒体融合充满了创造的激动和诸多不确定性，但“青山遮不住，毕竟东流去”，第二次工业革命时代电的发明，拉开了传播革命的序幕，广播在柳暗花明的发现和发明中终于不可阻挡地诞生长大。

1864年，英国物理学家詹姆斯·克拉克·麦克斯韦（James Clerk Maxwell, 1831.6.13—1879.11.5）以理论和数学的形式证明了电磁波的存在。14年后的1888年，德国物理学家海因里希·鲁道夫·赫兹（Heinrich Rudolf Hertz, 1857.2.22—1894.1.1）在实验中证明了空气传播的电磁波，打开了广播及其他电子传媒诞生的通道。1901年，马可尼（Guglielmo Marconi）发明并完善了无线电报传输系统。这一系统被认为在泰坦尼克号悲剧中拯救了700名幸存者。

人类声音和电磁波的真正结合传播始于20世纪初。1906年圣诞节前夜，美国物理学家费森登（Riginald A.Fessenden）从马萨诸塞州的布兰特洛克进行了广播。广播的内容是两段笑话、一支歌曲和一支小提琴独奏曲，被认为是广播第一声。而笔者所访问的旧金山新闻台KCBS的最早创办人查尔斯·大卫·赫罗尔德博士（Charles David Herrold）从1909年开始，在旧金山附近的圣何塞，每周定时对空播送半小时的新闻和音乐节目，只是由于第一次世界大战期间美国取消了所有民间的广播活动，它失去了美国和世界第一台的殊荣。①

之所以不厌其烦罗列这段传媒史只是想说明，不是一个人，而是大量的

① 迈克尔·艾默里等：《美国新闻史：大众传播媒介解释史》（第九版），中国人民大学出版社，2004，第340页。

发明家、无线电爱好者、商人、报人、高校学者，不断创新和完善一种新媒介的技术构成和听众体验，作为新媒体的广播才发展起来。敏感于此并探索其规律的先驱才抓住了传播变局中的先机，开了新局。1920 年 11 月 2 日，美国西屋公司的工程师康拉德（Frank Conrad）在匹兹堡创办 KDKA 电台，成为世界上第一家商业广播电台。第一批电台的拥有者和创办者除了科技人员、学者、工程师外，还有许多报人，他们来自《底特律新闻》《洛杉矶时报》等。相比于原有的大众传媒报纸来说，广播可以跨越时空限制，迅速传播，可在同一时间让无数听众收到信息。电台不断扩大新闻业务，给报纸造成压力。但报纸无论如何也阻止不了广播发展的潮流，于是两者逐渐从恶性竞争转为谋求合作。1924 年，1000 万美国人通过 300 万台收音机获悉美国总统柯立芝在竞选中获胜的消息。1928 年，美国人收音机的拥有量达 800 万台，一些报纸的主编进入电台，组织新闻报道。

科学技术发展造就了新的媒介平台，音乐娱乐、新闻信息都可以通过声音传播。相对于当时的“传统媒体”报纸，广播的诞生，一方面导致大众传播的介质和形态发生了变化：是声音而不是纸张，是为听而采集制作而不是为看而采集制作，是发挥广播声音特点而不是照本宣科播出报纸平面媒体的内容（广播新闻起初主要是读报纸新闻）。另一方面，新的广播媒体度过横空出世的关注期后，依然回到“内容为王”的传播轨道。以新闻为例，除了新闻信息的“新”和“快”外，一大批广播的经营管理人员和编辑记者主持人为这个崛起的新媒体作出了伟大的贡献。这里有美国 CBS 的掌门人威廉·佩利（William S.Paley），著名记者爱德华·默罗（Murrow Roscoe Edward）等。20 世纪三四十年代，在资本主义世界爆发空前经济危机时，广播进入黄金时代。广播作为接受信息和娱乐消遣的方式迅速普及，在百业萧条的时期成为了唯一走红的媒介。美国总统罗斯福的“炉边谈话”节目，默罗的“这里是伦敦”的现场报道，牵动着无数人的心。

1938 年 3 月，默罗从伦敦赶到华沙筹办一个新节目，《第三帝国的兴亡》一书的作者——记者威廉·L. 夏伊勒（William L.Shirer）也到维也纳为这个节目奔忙。正值此时，希特勒开始武装进占奥地利。夏伊勒得到消息后立即从维也纳给默罗挂电话，用暗语表示德军正在越过德奥边境，向维也纳逼近。默罗大吃一惊，随后用1000美金包下一架27座的客机，直飞维也纳。1938年3月12日，默罗在德军进占维也纳的同时，向美国听众广播了他的第一篇战争报道："我是爱德华·默罗，此刻正从维也纳报道。凌晨2点30分，希特勒本人还未到市内。看来，没有人知道他会在什么时候到这儿。但是绝大多数人预料他会在明早10点之后的某一时刻到达......我是几小时前乘飞机从华沙取道柏林来这儿的。整个城市有一种断定要发生某种事情的迹象，每个人都在等待着，想知道希特勒在什么地方，什么时候会到达这里……"这次报道被视为广播史上的第一次"现场直播"。此后，默罗和夏伊勒默契配合，又进行了一系列出色的广播报道。也正是此时，媒体格局深刻变化：广播新闻取代报业新闻成为公众了解全球时事最新消息的来源。

其后不久，广播技术迅速在世界传播，许多国家包括中国竞相建立电台：1921年，英国、加拿大、新西兰、澳大利亚和丹麦；1922年，法国、苏联；1923年，德国、中国；1925年，日本。到1935年，全世界的无线电广播电台发展到1700多座。

广播一经发明投入商用，仅用了38年就赢得了5000万用户，成为耀眼的大众传媒，而报纸从诞生到拥有这一规模用户用了近1000年的时间，当然，后来的媒体迭代占据5000万用户的时间越来越短：电视用了13年，互联网仅用了4年时间。各国国情不同、制度不同、广播的具体进展和结果也有所不同，但广播这一"新媒体"的诞生壮大，大致可以分为以下几个阶段：实验性广播电台出现；第一批广播电台诞生；广播最初内容定型、行业的利益纠纷和政府管理框架建立；广播广告的发明和商业模式建立；广播网的建立和国际广播的出现。

二、中国广播发展简要回顾：与世界同步的特色之路

20世纪以来，技术借助商业全球化的力量迅速扩散。中国境内出现的第一座广播电台是1923年美国人奥斯邦借用日本张姓华侨的资本在上海成立的

中国无线电公司与美资英文报纸《大陆报》创办的“大陆报——中国无线电公司广播电台”，呼号 XRO，于 1923 年 1 月 23 日晚间首次播出节目。

中国人刘翰创办的第一座广播电台是哈尔滨无线电台，建立时间是 1926 年 10 月 1 日。国民党政府于 1928 年 8 月 1 日在南京创办中央广播电台。1939 年，国民党在重庆创办对外广播台——“中国之声”（Voice of China）。解放前的中国，由于长年战乱，广播发展起伏不定，到 1947 年，国民党中央广播事业管理处所属广播电台共 42 座，当时全国有各类电台 131 座，收音机大约有 100 万台。

1940 年 12 月，延安新华广播电台的开播，中国人民广播事业创建。

人民广播事业在开国大典的礼炮声中掀开崭新的一页。1949 年 10 月 1 日下午 3 时，毛泽东主席站在天安门城楼庄严宣布：中华人民共和国中央人民政府成立了！洪亮的声音通过北京新华广播电台的实况直播，传遍大江南北。整个实况直播持续 6 个半小时，由著名播音员齐越、丁一岚现场播音，这是新中国成立后第一次全国性实况直播。1949 年 12 月 5 日，中央人民广播电台成立。此前，各解放区新华广播电台已相继改名为各地人民广播电台，一律国营。截至 1949 年年底，全国共有各级人民广播电台 49 座，额定从业人员 1800 名，总发射功率 138 千瓦。①

新中国广播 70 多年的发展，坚持党的领导，坚持正确政治方向和舆论导向，坚持走中国特色社会主义文化发展之路，一代又一代广播人的接续努力，历经广播从模拟到数字再到网络化的发展历程，建成星网结合、天地交融的立体化、多层次广播传播覆盖格局，写就了历史性的辉煌。细分这段历史，又可视为改革开放前 29 年和改革开放后至今两大历史时期。改革开放前 29 年，又可划分为全面建设（1949—1965）和停滞复苏（1966—1978）两个阶段。

中国广播在改革开放后获得了飞速发展。1983 年 3 月召开的第十一次全国广播电视工作会议提出了关于广播发展的两个方针：一是“四级办广播、四

① 张君昌、张文静：《新中国 70 年广播电视发展成就与经验启示》，微信公号“传媒”2019 年 11 月 19 日。

级混合覆盖”的事业方针；二是“以新闻改革为突破口，开展多种经营”的产业方针，这对新时期广播改革创新产生了重大而深远的影响。以新闻改革为突破口，各地办台模式和节目创新风起云涌。1986年12月15日，广东珠江经济台开播。以“大版块、主持人、直播式、听众热线参与”为特征的“珠江模式”风靡大江南北，引发全社会的广播热，广播内部系列化改革也掀起热潮。

笔者几乎经历了广播改革发展，快速前进的全过程。1988年，笔者进入天津人民广播电台，几个月后的1989年1月1日，天津人民广播电台经济台开播。天津经济台开办前，改革已经在不断探索，先是设立了《海河晨光》节目，话筒伸向人民群众的日常生活和喜怒哀乐，播出大量激浊扬清、针砭时弊的录音新闻报道，受到听众关注。1987年，天津台播出市长办公会解决群众关心的民生问题的现场实况录音，群众的问题、官员的认识、市长的批评和督促原汁原味回响在城市上空，引起巨大反响，听众要求不断重播。《市长办公会实况录音剪辑》获得当年全国好新闻的特等奖，也吹响了广播新闻改革的号角。天津经济台开播后，《海河晨光》成为新开播的新闻版块节目《天津早晨》的一个栏目。

1997年国务院令（第228号）颁布实施《广播电视管理条例》，确立了现行广播电视管理体制的法律地位。1998年6月，国家广播电影电视总局挂牌，实施“管办分离”。央广、国广和各地广播的频率布局不断增加完善，广播节目的内容和形态进一步丰富，社会经济效益双双增长。2003年，面对伊拉克战争和突如其来的“非典”等突发事件，广播人开启长周期、高密度、全方位的连续直播，刷新了广播新闻改革的新高度。之后，在雨雪冰冻、汶川地震等重大灾害发生时中，广播一次次彰显了应对突发事件和灾难救援方面的独特价值。其间，广播《行风热线》等问政节目渐次升温，神舟五号载人飞船发射成功、2008年北京奥运会惊艳世界、2010年上海世博会圆满谢幕，广播将这些重要事件连同中国改革开放的成就传遍世界，不断改变世人对中国的印象和中国媒体对世界的影响力。

进入新时代，中国广播按照中央推动传统媒体和新兴媒体融合发展要求，建设有影响力的新型主流媒体。2018年中央广播电视总台成立，以一盘棋思路确立“5G+4K/8K+AI”融合发展方略，将央广网、国际在线、央视移动网“三微一端”音视频直播流共享，2020年央广“云听”App上线。天津广播融入囊括天津所有主流媒体的海河传媒中心，音频直播流入驻津云新媒体，津云App目前下载量达1300万，日活用户20万+。全国各级广播在媒体融合中疾步前行时遭遇突如其来的新冠疫情，敬业的广播人甘于奉献，夜以继日冲锋在前，在疫情防控的人民战争、总体战、阻击战中发挥了传播、组织、动员的突出作用。以天津广播为例，疫情期间广播的收听率大幅度上升，所属新媒体阅读量增加10倍，每月超2000万人次，订阅人数激增数以10万计，其中天津广播微信公号成为天津地区主流媒体和自媒体中最具影响力的标杆，在全国广播微信公号中排名第五。

截至2018年年底，全国拥有广播电台等播出机构2647家，是1949年的54.02倍、1978年的18.64倍。全年广播节目制作时间为801.76万小时，是1982年的51.69倍。[①] 随着5G时代的来临，智慧音频将全新登场，除了传递信息、服务生活，还将在现代社会治理中扮演举足轻重的角色。智能音频进入家庭、汽车、社会，将带来人类前所未有的体验。可以预见，未来广播音频将迎来更加光明的前景。

三、中国城市广播：改革开放以来的五个发展阶段

中国城市广播是中国广播的一个重要部分。广播是有特殊优长的地方化媒体，当代中国城市广播正处于百年广播诞生后又一次重大转型的关键时刻。广播人需要审时度势，在新时代重新认识广播的历史方位，广播和音频的发展方向，确立广播改革的目标和价值追求，重新认识广播用户，重新认识广播的责任、内容、生产流程、分发平台和终端。下面以五个阶段来界定中国特色的城市广播发展的阶段和方位。

---

① 张君昌、张文静：《新中国70年广播电视发展成就与经验启示》，微信公号“传媒”2019年11月19日。

（一）开端：珠江模式时代（1986—1991）

中国城市广播新时期的发展始于广东。20世纪80年代，毗邻香港的广东，许多广东电台的听众都听香港广播，加上电视机普及带来的竞争，广东广播到了非改不可的地步。怎样让党和政府的声音能够喜闻乐“听”？怎样又能坚持正确舆论导向，又能与时俱进，满足群众需求，提高广播影响力？广东的广播人考察了香港广播，认为先进的广播形态、流程是广播界专业人士共同创造的，资本主义可以利用，社会主义也可以利用。大胆借鉴发达国家和地区先进的广播形态，为我所用，积极发出自己的声音，是改变广东广播被动局面的重要条件。

1986年12月15日，珠江经济广播电台开播标志着一个新时代的开始。广播拉开改革开放新时期的帷幕，开始摆脱照本宣科、我播你听的旧模式。

珠江模式的成功印证了这一点，广电部也组织了三期全国培训班，介绍珠江模式的经验，参考珠江模式，全国发展出88个经济电台。天津经济台也于1989年开播，领一时风骚，受到听众欢迎。

今天回望珠江模式，它的价值不是办了专业的经济台，它最大的功绩是突破了原有刻板的节目形态和话语模式，回到遵循广播传播规律，尊重听众需求的道路上，最明显的标志是大版块、主持人、直播式、双向互动（互动的工具是电话，之后才是短信、双微等）。与此同时，广播广告经营初露端倪，广播的产业属性得到呈现。

经济台创办之后，其他城市广播频率也采用同样方式回归适应广播规律，贴近听众。这时，同质化竞争出现了，部分和阶段性地解决这个问题的开端是1991年交通台的出现。

（二）布局：系列台时代（1991—2002）

1991年，中国第一座交通广播——上海交通信息台诞生，上海市政府利用该频率为司机提供及时有效的路况信息，疏导城市交通。随后各地出现开办交通广播的热潮。全国省（直辖市）、地、市的广播频率数在这个期间也逐步增加。20世纪90年代，全国各地的广播系列台相继开播音乐台、新闻台、生活台等，天津台在这个期间继经济台之后，逐步开办了新闻、交通、音乐、文艺、生活等6个频率，频率数是改革初期的两倍。为了避免频率之间节目的同质化竞争，各地电台在宏观上都加强了调控。天津台提出了进行系列台的规划、布局和管理。北京电台则用“红灯、黄灯、绿灯”的节目原则来促进系列台的布局，强化频率专业定位和市场细分。

广播实践催生了广播对分众化概念的认识，理论认识又反过来指导和推动各地城市广播的实践，不仅提升了广播的影响力，带动了良好的社会效益，也带来了可观的经济效益。2002年，已有多家省、市电台广告收入超过亿元，北京广播的广告收入达到2.1亿，天津广播的经营收入达到1.2亿。①

这个期间，广播调频因为抗干扰能力强，音质好成为发展主流。还有一个趋势悄悄开始了，这就是数字化和网络开始影响广播。1996年12月，珠江经济台率先在中国内地开展网上实时广播。2002年，天津台也开辟了广播网站，实现文本、图片、音频的网上在线播出。这一变化基本上是与发达国家广播电视媒体的变化同步的。

（三）加速：类型化广播兴起的准类型化时代（2002—　）

2002年改版的央广《音乐之声》(*Music Radio*)，全天面向都市年轻人群播放精心选择歌单的流行音乐，其节目以两小时为一个单元，严格控制节目中的语言时间，国际广播界称之为类型化音乐台。这标志着一个广播时代的悄悄开启。

随着全国广播规模的扩大，特别是频率数（节目套数）在快速增长，由1000多套节目增加到近3000套节目。天津台这个时期节目由6套增加到10套。一些省辖市上空的广播频率，由原来的10个左右上升到20个以上。全国广播市场年度广告规模此时已经超过100亿人民币。

在频率增加后怎样避免同质化竞争？天津台提出了“导向正确，定位准确，资源共享，受众细分，特色突出，专业分工，扬长避短，媒体联合”的频率设置分工原则。依此原则，2002年开始，天津台先后开播滨海广播（全国省级台第一家准滚动新闻电台，新闻半小时一滚动）、生活广播（全国省级台第一家全天播出的情感谈话台）、相声广播（全国首家），相声广播和后来开播

① 汪良：《广播改革30年》，中国广播电视出版社，2013，第8页。

的小说广播都是全天播出相声和小说的专业频率。

全国广播同行也在频率专业化方面做了广泛而深入的探索。在新闻专业频率方面，出现了专业的滚动新闻台，上海2004年元旦起对所属东方广播电台新闻综合频率进行全新整合，设置了纯新闻类型化电台——东广新闻资讯频率，呼号为“东广新闻台”。2008年，集类型化大成的央广《中国之声》成功开播，在全国掀起了新闻广播类型化的浪潮，成为中国大陆新闻频率类型化的里程碑。北京新闻广播根据北京市场的实际，则明确类型化的目标为新闻＋谈话（专题）。在音乐专业频率方面，走在前面的是2002年改版的央广《音乐之声》，播出后受到了听众欢迎，市场份额不断扩大，也形成了落地城市音乐类广播的竞争格局。上海音乐广播则进行了同一地区的类型化区隔，形成3套节目：动感101(全亚洲顶尖华语音乐电台)、魅力103(现在改为LoveRadio，主打流行音乐）和经典947(经典音乐)。云南广播电台更是对全台节目进行了类型化播出的全面实践，并在理论上进行了大胆的探讨。

一直有业内人士呼吁中国广播类型化时代的到来。① 笔者以为中国广播特别是城市广播市场要进入的不是“类型化阶段”，而是“准类型化阶段”：即综合频率和类型化，准类型化频率并存。这是中国国情和广播频率资源决定的，应该从频率资源和听众市场构成实际出发办台，不必盲目照搬照抄发达国家的经验。其实欧洲各城市大多是商业电台，采取类型化办台模式，占主体的公共广播，如BBC的广播，还是准类型化设置。

类型化电台，又名格式化电台，国际上称为Format Radio。与它相对的概念是节目化的电台。通俗而言，听众对类型化电台的节目样态的感知和认同，全天任何时候都类似，不用节目表而随时开机收听就可感知。而节目化的频率，由于节目样态不同，需依照节目表收听。类型化电台源于美国，最重要的三个原因：一是同一收听市场频率的增加，频率间区隔的驱动。美国200多个广播市场中大的收听市场，比如纽约，有中波和调频电台100多家（频率），大纽约地区（含纽约州、新泽西州、康涅狄格州一部分）有300多家电台（频率），伦敦有40多家电台（频率）。二是与电台同类节目的竞争导致垂

① 覃信刚：《类型化电台的推广模式》，《中国广播电视学刊》2008年第7期。

直精准分类。美国音乐电台可以有经典、流行、怀旧、乡村、爵士、黑人等几十种类型。三是集约化的辛迪加节目公司的出现和低成本电台的出现（美国卫星广播为2600万用户提供100多套类型化节目，有的地方台只有两人）。在当代中国，由于频率数量还远没有欧美城市那么多（美国全国15000个频率，中国不到3000个频率，城市上空最多在20个频率左右），四级办广播形成的行政区隔的市场，还没能造就文化产业需要的大型优质节目制作公司，在这个阶段，类型化的频率不一定都有很好的影响力，收听率表现，节目形态应根据实际情况调整。比如，央广《中国之声》在最初改版后做了调整，将新闻滚动轮盘（所谓轮盘，就是类型化格式：节目表犹如一台时钟，新闻、路况、气象、体育讯息、财经新闻，在一个小时内不断滚动，循环轮转）和谈话节目有机结合，调适到比较符合目前受众和市场接受的水平。

由系列台布局到准类型化时代，是中国特色城市广播时代的进步，也是广播服务受众，遵循广播规律发展的结果。比如，中国城市广播中的交通广播就不是纯粹化的类型化电台，如天津交通广播是有相声、小说等许多文艺元素的综合台，但不少交通广播的影响力和市场回报都处于头部位置。2014年，北京交通广播单频广告收入近5亿元，已大大超过纽约办得最好的广播头部频率的收入。

随着传统广播的发展和网络音频新媒体的成长，广播探索中国广播特色准类型化的步伐还在继续：城市广播新闻、音乐等内容生产的集中度将加大加强、广播频率分工将发展出具有中国城市特色的工业化和标准化标准、广播频率和节目在准类型化中将进一步创新频率和节目形态，提高质量。

（四）转型：广播融媒体时代（2005— ）

新媒体的发展已经深刻改变了媒体格局，融媒体的时代不以广播人的意志为转移地来临了，2020年的新冠疫情又加速了媒体融合和媒体发展的分野，越来越多的传统媒体陷入困境，传统广播面临的挑战也越发严峻。

如果说2014年8月中央印发《关于推动传统媒体和新兴媒体融合发展的指导意见》，意味着媒体融合上升为国家战略。那么，广播整体跨入融合发展阶段要早一年，2013年年初，国家广播电影电视总局印发《关于促进主流媒体发展网络广播电视台的意见》，提出将网络广播电视台提升到与电台电视台发展同等重要地位，推动台网资源互动和深层融合。这个节点，中国互联网络信息中心（CNNIC）发布第31次《中国互联网络发展状况调查统计报告》显示：截至2012年12月底，我国网民规模达到5.64亿，互联网普及率为42.1%。与之相比，手机网络各项指标增长速度全面超越传统网络，手机在微博用户及电子商务应用方面也出现较快增长。2012年年中一个转折点是：手机网民规模达到4.2亿，移动端超越台式电脑成为中国网民第一大上网终端。而7年多后，跨越3G、4G时代，第45次《中国互联网络发展状况调查统计报告》显示，移动端的有关数据不仅数量翻了一番，音视频已成为热点：截至2020年3月，我国网民规模达9.04亿，互联网普及率达64.5%，手机网民规模达8.97亿，我国网民使用手机上网的比例达99.3%，手机即时通信用户规模达8.90亿，网络购物用户规模达7.10亿，手机网络购物用户规模达7.07亿，我国网络支付用户规模达7.68亿，手机网络支付用户规模达7.65亿，我国网络视频（含短视频）用户规模达8.50亿，其中，短视频用户规模为7.73亿。

移动端的信息传播的革命性变化为音视频App乃至直播带货准备了物质基础。在移动端互联网音频聚合平台方面，蜻蜓FM和喜马拉雅FM各自的总用户数突破4.5亿，活跃用户过千万。

融媒体时代对传统广播而言，首先是传统广播与互联网和移动互联网的融合。就像当年声音与电磁波结合，整个过程匆忙又充满变化。

2005年，央广向全国网民推出了“可看的广播，可听的网络”——网络广播“银河台”，标志广播融合时代的开始。

传统广播的融合之路首要任务是牢牢把握舆论导向，主力军占领主战场，同时实现网络化转型。以央广为例，从2009年开始制定了“全台办网，网台互动，网台融合”的三步走战略，逐渐从传统广播的单一生产者变身为“以音频为主的内容供应商，数字多媒体平台的运营商，全媒体的新闻内容生产商，广播网络的拥有者，跨行业的多种服务提供商”等。建设了中国广播网，央广电视购物，央广视讯，央广手机台，央广网络电视台，央广之声等互联网网站，互联网电视，移动互联网，手机音视频等多种多媒体信息发布平台、终端。2018年中央广播电视总台成立后，相关媒体融合业务又进行重组。2020年4月，央广的“云听”客户端上线。

对于中国城市广播，融合方向定位在“两微一端一网多平台分发引流”。即传统广播，电脑，平板电脑（iPad等）和手机以及各种头部App，包括后来居上的商业平台“今日头条”“抖音”“快手”，音频聚合平台蜻蜓FM和喜马拉雅FM等，有主持人还在荔枝FM上传送音频作品。这其中基于PC端的“一网”大都早已配置，“两微”是市场化社交媒体微博、微信。2009年，微博诞生，之后两年，迅速应用于广播的互动，短信互动骤降。2012年，微信被广播主持人短时间内广泛使用，其音频被直接用于广播的互动。“一端”方面，上海广播—阿基米德FM、北京广播—听听FM、江苏广播—大蓝鲸、湖北广播—九头鸟FM等都先后出现。阿基米德自述用户已达4000多万。聚合全国广播优质内容及优质自媒体音频节目，日更新节目超过10000档；聚合形成近90个围绕节目互动的万人社区。

拥有自主移动客户端或网站，优点是内容产品版权、用户资源、用户信息和沉淀的大数据都可控、可用、可分析，可以以此为基础，推进广播的数据化和互联网化，进一步形成声音产品的生态群落并向人工智能方向创新拓展。同时存在的问题是：自有客户端建设运营有不小的成本，而且是持续投入；技术迭代和媒体体制变化、部门调整都会牵动客户端运营方向甚至存留；有的广播客户端上马后，形成不了内容产品的影响力和用户聚集，很难建立成功的商业模式。

以北京广播在音频网络化的努力为例，北京广播网开发的客户端菠萝台于2011年8月正式上线。它拥有北京人民广播电台全部16套广播频率的600多档直播、回放节目，网友可根据个性化需求，在这个庞大的音频资料库自由定制节目，形成自己的专属电台。2014年11月，聚合音频客户端听听FM正式上线。从2015年到2018年，听听FM历经33次版本的迭代，不断完善功能，改进界面。目前，平台注册用户达2000万。初版的听听FM定位于大而全的平台，与集纳传统广播资源起家的蜻蜓FM等商业类音频平台的功能、定位都很相近，汇聚了近千家电台的直播节目，海量的音频节目和个性化的原创播客涵盖新闻、音乐、相声、评书、体育、综艺等细分领域。然而，随着在线音频市场格局逐渐明晰，“大而全”的产品定位在现实的市场竞争环境中缺乏竞争力，且资金、技术、人才难以支撑用户日益增强的个性化需求。2018年11月8日，听听FM改版，将原来的800多个广播频率，精简到只剩下10套开路广播、15套有线调频和16套数字广播节目，并且主推北京电台的“声产者”内容，聚焦北京电台200多位专业的“好声音”、高水准的音频制作团队，专注做高层次的、符合“全国文化中心”定位的精品内容。[①] 由于北京电台与电视台的进一步合并，2018年，新闻广播《照亮新闻深处》、文艺广播《吃喝玩乐大搜索》、音乐广播《974 LIVE SHOW》等6档精品栏目在电视为主的“北京时间”客户端音视频同步播出。

天津所有主流媒体都一体化成立海河传媒中心，天津广播在2013年开发上线的手机客户端“劲听”于2018年下架，直播流和音频内容纳入津云新媒体广播频道播出。

就全国广播而言，广播的融媒体时代还有很长的路要走。

（五）嬗变：广播的智能音频时代（2010—　）

在2017年2月13日在上海举办的世界广播日主题活动上，笔者第一次看到并使用了亚马逊公司生产的智能音箱Echo，它接受英语提问并用声音迅速作答，让人直观感受新一代智能音频的效用。时任中国传媒大学校长的胡正荣教授在主题演讲中强调，智能音频将是互联网下一个入口。

这一时代实际悄悄开始于2010年，以苹果Siri和科大讯飞“语音云”发布为标志，智能音频应用领域由传统行业开始向移动互联网等新兴领域延伸。

如果说音频是声音和互联网结合的产物，那么，智能音频则是声音与移动互联网及其相应产业链融合的结果。庞大的产业链包括语音云算、芯片、大数据内容、平台等。以国内情况为例，百度、阿里巴巴、小米都推出了智能音箱，语音云计算公司有科大讯飞等，QQ音乐、喜马拉雅等已成为内容供应商，平台包括智能音箱、智能家居、车联网等。智能音频不只是媒介，还

① 陈彦旭：《从匠心传承到融合创新——听听FM的融媒体探索之路》，《现代视听》2019年第11期。

是第三代人机交互的方式，第一代通过按键来实现交互（第一代手机），第二代通过触摸屏（智能手机）来交互，第三代用声音交互，通过这种人与人之间最自然的交互方式，获取移动互联网上的内容和服务。

2014 年 11 月，亚马逊 Echo 智能音箱正式发布，目前成为市场上最火热的智能家居产品之一，人们通过 Echo 可以用语音控制家电、购买商品、收听新闻、资讯、音乐，进行语音互动。谷歌 2017 年推出了家用音箱“谷歌 Home”，目前，谷歌的语音助手可以使用 30 多种语言，识别率已超过 90%。智能音箱在中国的发展基本与世界同步，2020 年上半年，智能音箱在中国的销量达到 1908 万台，比去年同期增长 22.7%，预测 2020 年智能音箱在中国的销量将达到 4260 万台，同比增长 15.6%。[①] 全球目前有超过 30 亿语音助手在为人类服务。阿里巴巴客服已经采用了最新的 TTS 产品，为用户提供更有表现力的智能音频服务，2019 年“双十一”期间为数百万用户解答问题。联想、华为、中兴、金立、步步高等都推出了智能语音手机。TCL、海信、长虹、康佳、创维、海尔等均已开始采用智能音频交互技术作为智能电视主要交互手段。

广播可以通过双向多种方式融入智能音频。一方面，随着语音转换技术的日渐成熟，“语音—文本”双向转换的人工智能技术在广播中有诸多应用：例如将语音识别技术在采编环节中使用，将现场的语音生成新的音频、文字、图标版（疫情期间，武汉医护人员使用科大讯飞语音系统，可以直接生成报表），迅速处理，大大提升效率。另一方面，语音合成技术可以基于深度学习模型，把文字报道转换成语音版。甚至可以根据不同受众群体的需求，针对性地生成特定的声音供用户收听，打造更贴切、更有亲和力的智能音频体验。目前不少媒体都推出或合作推出智能音频主播，2018 年，搜狗联合新华社，发布了全球首个机器人新闻主播——“AI 合成主播”，各地广播也采用了不同形象的音频主持人。

人工智能承担起广播的一部分信息收集、数据整理和内容制作、播报

① 戴夫·马基丘克:《越来越多中国消费者正使用智能商品》，香港亚洲时报网站 8 月 13 日。

等工作，将广播人从一些重复性的繁冗工作中解放出来，从而节省出时间用于创造性工作。更重要的是它通过云计算、语音识别和大数据等技术再度对音频赋能，使广播的直播流和播客等音频资源得以进行重组推送，使得交互的智能音频，进入比广播更广泛、更垂直的应用场景。去年，英国广播公司(BBC)把广播的直播流和播客都汇入了亚马逊Echo等智能音箱等平台，成为平台的内容提供商。但2020年6月，BBC推出自己的人工智能语音助手“Beeb”，与相关智能音频软件抗衡。用户可以要求Beeb播放广播、混合音乐、播客，并朗读新闻和天气预报。①

智能音频产品还在发展之中，智能语音识别技术使声音在电流和数据中实现转码、储存、扩散和计算。② 就像100年前，声音和电磁波结合的前夜，各种创新活动和产品方兴未艾，声音的未来，一切皆有可能。

四、城市广播“四全媒体”的未来之路

回顾当代中国广播发展经历和正在经历的5个阶段，每个阶段都是坚持党性原则，坚持正确舆论导向，解放思想，尊重新闻传播规律，技术发展规律，市场规律，艺术规律，开拓进取，不断取得成绩的过程。中国城市广播在当前准类型化时代、融媒体时代、智能音频时代的叠加过程中，进入了一个“四全”媒体的发展新阶段。

今天的城市广播面前，挑战和机遇并存。吃着“碗里的”(传统广播)、看着“锅里的”(互联网化的音频)、想着“地里的”(智能音频)，发现新的蓝海，并制定面向未来的蓝海战略是当今城市广播都要面对的主题。

(一)要完成广播的传统品牌转型，建设以智能音频为目标的一体多维的新型主流媒体

广播百年之际，当声音不只是通过AM、FM方式传播时，当声音以多种

① www.thesun.co.uk/tech/11771904/bbc-beeb-voice-assistant-amazon-alexa-apple-siri。

② 朱宏宇、姬德强:《“声声”不息——声音传播视域下智能音箱的功能与原理》，《现代视听》2020年第4期。

形态通过网络特别是移动互联网呈现时，当智能音频在算法的引导下成为互联网交互方式时，传统广播的转型不可逆地发生了，这是挑战，也是历史性机遇。

中国城市广播要深刻把握信息技术发展而形成的全程、全息、全员、全效媒体的融合趋势，以建设智慧主流媒体的目标来引领传统广播的转型，满足用户（听众）日益强烈的场景化、沉浸式的需求，实现内容生产和分发平台的一体多维战略架构。① 一体指的是“声音媒体”这一主体，多维则是以“声音”为主的，包括图文等多媒体内容的一体化采集、集成、跨平台发布。也就是传统广播要转型成为以音频为主的多媒体内容提供商。

一体多维表现在内容生产方面，不仅要做好传统广播节目，经营好广播频率资源，还要大踏步进入以音频为主的网络多媒体内容生产领域，同时吸引和筛选优质的社会组织和个人的OGC、UGC内容。利用品牌优势，布局智能音箱、智能家居等智能音频内容生产。

一体多维表现在分发渠道和平台方面，广播智能音频平台应包括数字化的多媒体内容生产平台，云化的大数据PGC媒资库和OGC、UGC内容库，基于大数据的算法，拥有传统广播、互联网、移动互联网、智能音箱等跨媒体的播出和发布系统，海量用户等。具体说，广播媒体不仅要有传统广播频率的播出平台，还要通过网络，进入网站、手机移动端、智能音箱、智能家居、智能健康、车联网等平台。目前，央广的“云听”，北京、上海广播的“听听FM”“阿基米德”，天津广播基于“津云”的音频平台，都在朝这个战略方向探索。当然，智能音频之路刚刚开启，很多迭代的内容和应用软件正在探索阶段，还有很大的不确定性和调整的空间，但方向日益清晰。

一体多维体现在组织管理方面，就是要实现基于数据的平台型的内容生产组织和扁平化的高效管理。

（二）形成内容发布矩阵，完成业务部门重组和流程的转型再造

一体多维体现在组织架构和管理方面，就是要完成业务部门的重组和整个生产流程的再造。（如图1）

① 胡正荣：《迎接智慧声音时代的到来》，《中国广播》2018年第11期。

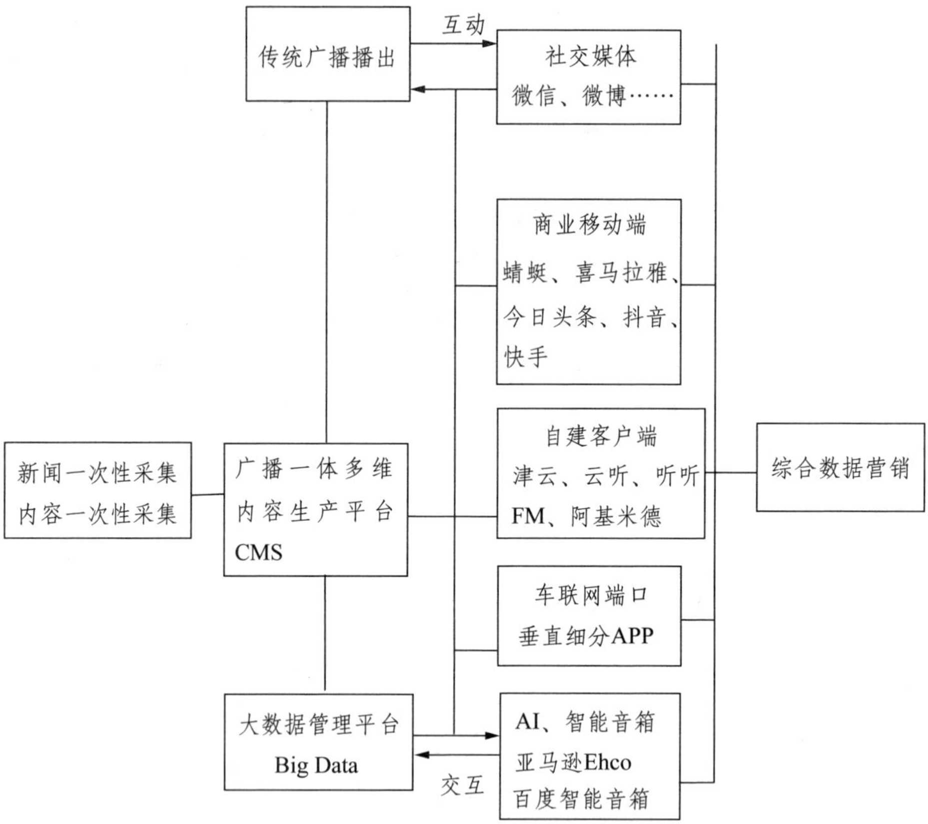

图1　广播一体多维运营示意图

这一过程和新媒体在体制外的创业路径不一样，不是在一张白纸上画最新最美的图画，必须不断改革，艰苦探索完成融合之路。

传统广播业务的流程从生产到播出，业务链条短，瞬息即逝，附加值小。而目前和将来，通过多媒体的采编制作系统、网站、不同客户端和智能音箱等的内容发布系统，能够大大扩展和永久留存内容生产链条。广播一次性采集、集成的内容，由过去单一广播平台的制作，变为经过多平台的加工制作；内容产品不仅在传统的调频、中波进行播出，还要统筹以不同形式，在微博、微信、抖音等其他手机客户端、网络、智能音箱上发布，形成原来不曾有的传播矩阵。

广播内部的内容生产部门也因此要通过改革完成重组。以天津广播为例，2014年，广播在总编室下成立了新媒体部，主要目标就是举全台之力培育广播融合发展的实体和人才。新媒体部运营了广播的一网双微、自建的“劲听”音频客户端以及“今日头条”“抖音”等账号，其中“天津广播”微信公号已成为天津地区最具影响力的社交账号。2019年，新媒体部并入广播新闻中心，与传统广播业务深度融合。新闻中心的内容生产部门也因此重组，成立了中心层面内容生产的指挥协调部门——策划部，之后又与原来编辑部门融合，成立融合策划部。而原有的采访、节目部门，也逐步在传统广播业务外加入了新媒体内容的采集任务，实现深度融合。

原来的策、采、编、发流程也为之改变。以天津广播新闻中心的微观日常运转为例：早间、下午的例会不仅要梳理白天广播的重点新闻内容和进展情况，还要梳理其中适合在新媒体传播的内容；不仅涉及舆论导向、主题、角度、事实背景挖掘和广播特点，还涉及新媒体可能要求的音视频内容；不仅要协调新闻播发的时间节点，还要配置重点报道的人员，因为有的情况要加派记者，比如疫情下的天津医护人员出征武汉，就要加派音视频编辑记者，现场及时剪辑小屏客户端和社交媒体播发，契合新媒体传播的大众情绪线。再以“发”为例，广播突发事件的插播、直播有一套成熟的流程和把关机制，记者口播或录音报道的发布相对简单。但新媒体时效性强的特稿发布，是另一种运转流程：长度达六七千字的稿子，带有图文、音视频等，要在一两个小时审定分发，必须记者、新媒体编辑、审稿编辑、多位主任同时“非线性”作业，这都是过去的广播前所未有的。为了保证采访质量和足够的多媒体信息支撑后期的内容生产，对重点选题、有时效选题和活动，还要开小范围的视频会议，对接前后方进展的各环节和补充有关内容采集。

笔者认为广播多媒体内容矩阵的策、采、编、发是一体多维运转，单一传统广播是单维运转。多维运转基于舆论导向、互联网大数据、算法、用户思维的综合分析，其复杂性和综合协调性大大高于单维运转，要求记者编辑采集信息的深度、广度大大加强。多维运转形成的且经过传播数据检验的优质内容，一般会带动单维内容的优质化生产（尽管不是绝对的，大部分如此）。笔者和大家曾经分析过一个报道案例：一位新来的记者去进行一个地铁司机春运的体验报道，制作广播稿时比较简单，进一步修改新媒体稿件时，发现无论是现场的细节和情节，还是人物内心世界的刻画、故事叙述的矛盾冲突都缺乏深入采访。要求再度去一线体验。记者一天跟随地铁司机采访，收获颇丰，新媒体报道有了丰富的图文和故事细节，足以做一篇比原来感染力强得多的广播报道。复盘时，大家一致认为，这些采访素材，说明记者提高了眼力、脚力、脑力和笔力。所以，媒体内容矩阵流程的再造，有利于“此涨彼涨”，广播和广播之外的内容生产质量共同进步。

当然，要推进“内容、渠道、平台、技术、管理”等融合，建立广播媒体“一体多维”的生态和平台，使这一方式制度化，还需要广播组织的管理者和内容生产组织者提高媒介素养，强化转型意识，提升多媒体采制能力，实现部门和流程的重组以及一系列有效的改革制度的支撑、保证。

内容矩阵为广播采、编、播人员赋能，给有多媒体内容生产能力者以宽阔的跨界传播渠道，大大提高了广播的影响力。以天津广播微信公号为例，2020 年新冠疫情下天津广播的近百篇新媒体报道阅读量超 10 万，传播规模、互动程度、传播力影响力获得广泛承认，成为天津最具影响力的移动端新媒体平台。传统新闻广播的收听率也同比获得 20% 以上的增长。

（三）再造传统广播

对传统广播品牌的重新定义和包括新媒体在内的媒体内容矩阵的建设，不仅不是要削弱传统广播，而是在遵循规律的基础上，增强互联网思维和用户思维，利用大数据开掘传统广播的潜能，使之成为世界广播大家庭中的粲然星群。

传统广播还有强大的生命力。传统广播高强度的伴随、互动、快速便捷的信息传播（相对手机解放了手），与移动互联网微博、微信、移动客户端（App）的特点有许多高度的一致。从互联网和广播业发达国家的经验看，广播市场不仅没有像报业断崖式滑落，还在平稳增长。普华永道 2018 年预测：美国广播广告以 0.1% 低速度增长，收入总额在 2019 年达 159.2 亿美元，2020 年 159.4 亿美元，2021 年 159.6 亿美元，2022 年 159.9 亿美元。

英国商业广播近两年以5%的速度增长，由下面列表可看得更加清楚：

英国商业广播年收入列表

（单位：百万英镑）

年度	地方收入	全国收入	品牌收入	网络收入	总计
2018	168.0	377.6	122.5	45.4	713.6
2017	174.3	360.3	109.7	34.8	679.1
2016	166.4	338.8	113.1	27.5	645.8
2015	163.5	325.7	103.2	20.4	612.8
2014	165.8	308.5	101.1		575.4
2013	158.0	270.0	108.7		536.8
2012	152.9	287.0	112.8		552.7
2011	143.5	283.9	105.1		532.5
2010	144.3	276.2	102.6		523.0
2009	144.7	259.4	101.5		505.9
2008	149.6	304.8	105.8		560.2
2007	159.4	337.3	101.5		598.2
2006	157.8	322.7	101.2		581.7
2005	172.7	347.7	93.0		613.4
2004	183.1	364.1	93.7		640.9
2003	168.7	359.3	75.97		603.97
2002	149.1	342.3	71.3		562.7
2001	142.5	344.3	62.1		548.9

对于中国城市广播，尽管北京、上海、天津等11个城市当前机动车已超300万辆，但与欧美发达国家相比，千人汽车保有量仍然较低，因此随着中国现代化、城市化的进程，私家车市场未来有较大增长空间。而车载传统广播移动收听尽管受到车联网和网络音频的挑战，但仍然是中国城市广播发展的强劲动力，必将迎来进一步的发展。中国的广播广告体现的发展规模与服务6000多万人口的英国广播（英国BBC广播部分加上商业广播）相当，低于德国的广播规模，只是美国的十分之一，有着潜在的巨大发展空间。

那么，在媒体融合的背景下如何拓展传统广播的空间？再造传统广播有4个着力点：

一是加强新闻内容的集约化生产，实现新的“内容为王”。

党的新闻舆论工作在中华民族伟大复兴战略全局和世界百年未遇之大变局中意义和作用重大。中央广播电视总台2018年集结中央三台新闻力量成立了新闻中心，央广《中国之声》可以依托整个新闻中心的资源，对新闻力量的集中配置，发挥广播优势对新闻进行快速滚动发布和权威解读。中国城市广播也都逐步成立融媒体新闻中心，成为所在城市最权威的声音。而广播权威的声音是凝聚人心、形成共识，特别是在突发事件中成为社会动员的重要力量，这也是应急广播重要和必要性所在。这次新冠疫情证明了广播在“坚定信心、同舟共济、科学防治、精准施策”，打赢疫情防控人民战争中的重要作用。以天津新闻广播为例，天津1月24日启动重大公共卫生突发事件一级响应后，广播随即启动每天13小时直播，每隔两小时发布所有天津市发热门诊应诊人数，进行信息引导。权威疫情和有关信息随时插播，记者赶赴武汉、天津海河医院、天津宝坻区等一线发回报道，还开设了特别节目《空中问诊》，满足疫情下听众高度关注的信息，引导和疏解市民内心的焦虑不安和求医问药的实际需要。新闻广播不仅有力传播了党和政府的声音，有力引导了舆论，还用多种具有广播特点的方式服务受众，满足需求，收听率影响力也节节攀升。

二是推进传统广播的准类型化进程。

中国城市广播的准类型化阶段还在发展之中。如何调整频率结构，分众化满足听众日益变化的需求，设置类型化和准类型化频率，是下一步拓展广播空间，实现高质量发展的重点。天津广播近年来细化了文艺音乐类广播的分工设置，由文艺广播分出单设了小说广播、相声广播，在音乐广播之外增设经典音乐广播形成细分，都以较低的成本赢得了听众，赢得了市场。其中，天津相声广播的本地垂直设置，探索了中国气派的类型化广播频率新路，获得了可观的经济效益和社会效益，说明这条路大有可为。

广播频率的投入产出性价比有其特殊规律，和报纸和电视频道运营的高成本不一样，一个高度垂直化的文艺、音乐或者服务类频率，投入的人力资源可能只有十几个人甚至几个人，服务的垂直受众也非大而全，比如音乐的细分可达十多种甚至几十种，国外有的非盈利性社区电台只服务若干个中心街区。中国城市广播至少在以下几个方向可以进一步实现垂直化的细分：谈话节目类除了新闻谈话台还可以有服务老年听众的谈话台，服务婚姻爱情、低幼儿童培育等主题的谈话节目群落。以老年谈话台为例，天津台服务老年听众的节目《枫叶正红》广受欢迎，但还没扩展成全时符合老年人生理、心理特征，服务其养生、保健、知识、情感等需求的节目群落和频率，也缺乏相应的具有一定专业知识的主持人才。其他城市广播也大体如此，但中国社会已经进入老年社会，养老问题成为全社会的问题。音乐类频率也可以进一步按照需求细分：为古典、民族、流行等。国家也可以鼓励跨地域的资源整合和公司化运作来推进广播频率的分众化。美国卫星广播天狼星 Sirius 和 Xm 公司，集中整合和生产 100 个类型化广播频率，提供给全美 2600 多万用户。2019 年还兼并了以算法为特点的美国移动互联网音频聚合平台首屈一指的 Pandora 公司。

随着 WiFi 的普及和移动流量资费的降低，车内视听接收装置的网络化。频率资源不再是瓶颈和稀缺资源。中国广播的类型化可能会在这样一个复杂背景中加速。类型化频率的细分在网络电台上已经实现，“信息化促进工业化”，它在新的条件下会催生传统广播的分众化设置—类型化程度进一步深化。

三是打造和培养主持人 IP，使之成为广播主流媒体的核心竞争力。

无论是回顾广播百年，还是展望未来，媒体格局潮起潮落，广播作为声音媒体，核心竞争力就是有内涵、有个性、有影响力的播音员和主持人。这个核心竞争力，即便在音频和智能音频时代仍然不失其魅力，[①] 这是因为声音符号有其独特的价值：时代的印记，文化的密码，情感的互动，价值的共鸣。

新中国广播事业奠基人之一，中国人民广播事业的第一位男播音员齐越曾经是那个时代的“国家声音”，他与丁一岚向全世界现场直播了 1949 年 10 月 1 日开国大典的盛况。他还以特有的直抵人心的庄重和深沉，播出了《谁是最可爱的人》《县委书记的好榜样——焦裕禄》等名篇，其声音感染了千百万听众。他的声音作为党和政府的庄严宣告和人民的心声，有这一种特殊的魅力，他深情地吸引着听众，打动着人心，给人以启迪。正如齐越同志所说的：“我是中国人民的播音员、中国共产党的播音员。我传达的是中国人民战胜艰难险阻走向胜利的声音，我传达的是中国共产党的堂堂正正的真理之声。我以此引为自豪。”为新中国播音事业做出突出贡献的天津广播著名播音艺术家关山，以清脆悦耳、铿锵顿挫、声情并茂、朴实自然的声音，播出《欧阳海之歌》《林海雪原》《闪闪的红星》《雷锋之歌》《四世同堂》《乔厂长上任记》等小说和报告文学，塑造了与寻常中国百姓心灵共情共鸣的众多真实英雄和文学形象。

虹云、傅成励的声音和主持艺术，是和中国改革开放后央广第一档谈话节目《午间半小时》联系在一起的。1987 年，这个探讨改革方方面面的“午餐桌上的话题”的录播节目开播不久就引起了全国轰动。主持人不再高高在上，女主持人的人设是有学识、有抱负、有母爱，感情细腻，豁达大度，乐于助人；男主持人的人设是阅历丰富，知识面广，分析问题鞭辟入里。他们与普通听众有着一样的喜怒哀乐，通情达理说人话，感情丰富且富有智慧，这在当时习惯了“你播我听”的中国广播，十分罕见。虹云回忆，当时很多人都是中午一下班往家跑，干吗？就是赶着听 12 点的《午间半小时》。收听率调查推算，这个节目当时拥有空前的 4.9 亿固定听众。此前，地方台的主持人直播新

① 张彩等：《广播百年看广播学：声音本位与听觉传播规律探索》，《现代传播》2020 年第 4 期。

闻版块节目由于始于1986年的广东珠江台改革而遍地兴起，一批各地名闻遐迩的主持人异军突起。天津经济台开播于1989年，张谦和砼磊主持的《天津早晨》节目以激情四射、亲民平视、互动共情的主持风格令人耳目一新，时任天津市主要领导，后来担任过全国政协主席的李瑞环欣然为节目题词："天津早晨好，声情系万家！"

随着时间的推移，全国城市广播的主持人节目星罗棋布，主持人队伍日益庞大。体制内外确实涌现出一批优秀的有识别度的广播节目和节目主持人。以新闻类、知识类谈话节目为例，全国层面的《王冠红人馆》《海阳脱口秀》《冬吴相对论》等，省市级台层面，浙江广播的《方雨时间》、江苏台汪玲的《新闻早高峰》、天津台孙阳的《公仆走进直播间》等。但与听众提升了的需求相比，与互联网赋能草根主持人的兴起（比如，微信公号"夜听"的主持人刘攸，2017年粉丝数即达1100万，每天新增粉丝4万）和音频聚合平台以巨资打造的头部主持人相比，广播这类节目主持人，无论是综合素质、节目人设、节目形态、节目质量都有巨大的提升空间。寻找、培养、打造有影响力主持人的IP，是城市广播未来发展构建战略高地的工作重点。

首先是寻找。英雄不问出处，国内外广播优秀主持人决不是单纯由学校培养的，字正腔圆过好播音关只是重要基础，真正决定有影响力主持人成长的是综合素质、实践锤炼和对播音主持职业的热爱。上述的齐越、关山、傅成励都不是专业学习播音的，后来成为著名主持人的崔永元是虹云、傅成励所在节目《午间半小时》的记者，白岩松是《中国广播报》的记者，水均益是新华社记者（尽管是电视主持人，但都是内容生产组织者慧眼识珠、不拘一格选来的）。天津经济台成立时招聘的一批在天津有影响的主持人不少都不是播音出身，天津广播每天热播的《话说天津卫》的原主持人刘云，也是编辑、记者出身。河北广播多媒体联播的广播节目《有缘天空》的主持人晨露是专科学校农田水利专业的毕业生，后来在承德市某区级劳动人事局工作。而美国全国公共广播公司NPR早间重要新闻节目《Morning Edition》的主持人都是从那些长期从事新闻采访的记者中遴选。笔者曾经考察过的美国、英国、澳大利亚城市电台，其著名主持人来源广泛：律师、报纸主笔、退下来的州长等。列举这些事实不是说播音专业出身的播音员主持人不具备成为有影响力主持人IP的条件，目前中国城市广播大多数有影响的播音员主持人还是播音专业出身。只是说广播要更上一层楼，必须看到互联网赋能普通用户后，“人人都有麦克风”的时代，需要有更多政治素质强，综合素养高，对事物有高度个性化认识和声音识别度，能在谈话交流中不只是悦耳，还能直抵人心的人才。未来头部有影响力广播主持人，要在这个目标下寻找、遴选。中国城市广播要以改革的精神为寻找主持人开通绿色通道，改革和形成特殊的人才发现、使用机制。其次是精心培养。各地城市广播在听众喜爱的主持人评比，内部的考核、激励，外部的包装等方面都积累多方面的制度、措施和丰富的经验。但这里的培养是指突破传统观念，在寻找发现有影响力主持人IP的过程中，给予“换道赛跑”的使用机会，给予容错的时间和空间，在政治方面严格要求，在主持人个人思想、语言、交流、价值判断等综合素质和业务领域给予充分的培养、锤炼、指导。目前的传统广播，因为体制的原因和社会存在一堵无形的墙，如何使广播内外适合的人才得到合适的成长空间和平台，特别需要传统广播解放思想，像20世纪80年代改革那样选人、育人、用人。天津广播著名播音员孙阳转型为新闻时政谈话节目《公仆走进直播间》主持人的过程中，广播新闻中心配置一名副主任协调内外部资源，以团队方式支持节目运行和主持人。天津广播因为海河传媒中心的成立，得以在报纸、电视诸多领域引入、培养主持人，目前这一进程还在持续中。再次是多方打造。要从主持人、节目、频道、活动、多媒体传播“五位一体”打造品牌，实现IP影响力、引导力最大化。河北广播把晨露的《缘分天空》节目延展到与电视、互联网一同直播，当前广播主持人的网络直播带货活动，也是疫情特殊情况下主持人影响力延伸的新变化。

四是利用互联网用户大数据推进广播节目形态创新、质量提高和各项改革。

传统广播过去通过抽样调查了解广播频率与节目传播和收听情况，并据此进行频率和节目的调整。听听FM、阿基米德、津云广播频道等城市广播移动音频平台（App）的设立，形成了依靠实时大数据对节目更精确、更全面的测量和判断，阿基米德拥有90个万人用户社区，这些社区互动的数据，对节目如何满足听众（用户）需求，创新内容产品，有着前所未有的价值，也将推动再造传统广播的进程。

（四）把握时度效，推进中国城市广播网络化、音频化、智能化进程

全媒体不断发展，出现了全程媒体、全息媒体、全员媒体、全效媒体。2020年7月，习近平总书记主持的中央深改委第十四次会议审议通过了《关于加快推进媒体深度融合发展的指导意见》，为推进天津广播乃至中国城市广播的新型主流媒体建设提供了遵循。

声音与电磁波构成的媒介传统广播仍在发展，用户规模依然可观，广播广告二次售卖的商业模式依然有效。传统广播不必像澎湃转型急于关掉《东方早报》这个纸媒母体，也不必马上像《新京报》那样整体转型，只留10多人的报纸编辑部，但声音终究将与大数据、云计算相连接，在万物互联、万物皆媒的智能融媒时代对接，成为云端社会的新入口，成为新兴网络社会中分众化服务的个人媒介。当这一天来临，且用户各种场景使用成本基本可以忽略不计的时候，AM\FM的传播与接收状况大部分会被其他设备和渠道替代，可能是手机、车联网、智能音箱。实际上，BBC 、VOA在2011年后相继停掉对华短波广播，通过网站继续传播原来短波的内容，美国的NPR、PRI实际通过网络也行使着对欧洲进行国际广播的功能。中国的华语广播、外语广播也可以经由网络，通过对象化的处理，实现外宣功能。这些，都不仅是一次技术变化，更是人类传播形态和生存方式的又一次转型。①

中国城市广播要坚定不移推进传统广播的互联网化、互联网音频化、音频智能化的进程。不管这个过程是江苏广播开始时的“借船出海”，还是北京广播听听FM、上海广播阿基米德的“造船出海”，抑或美国卫星广播公司收购Pandora“买船出海”，传统广播基本上要经历“全台办网、台网互动、台网融合”等阶段。在这个过程中目标不变，因为移动互联网技术发展及其产品变化的速度太快，体制内的中国城市广播不太可能像商业音频聚合平台那

① 朱宏宇、姬德强：《“声声”不息——声音传播视域下智能音箱的功能与原理》，《现代视听》2020年第4期。

样，从资本市场获取投资持续“烧钱”发展。即便是美国的商业化音频聚合平台，传统广播清晰频道公司投资建设最大的 iHeartradio 和互联网公司建设的 Pandora，2018 年，前者申请破产保护，后者因为用户下降和版权费居高不下导致巨额亏损，被天狼星 XM 卫星广播公司以 35 亿美金收购。[①] 据普华永道咨询公司观测，2019 年，美国传统广播中新媒体的收益只占广播总收入的 10%，而 2018 年，英国传统广播的新媒体业务收益占整个收入的 6%，有效的商业模式还没有建立起来。中国城市广播融合实施步骤要蹄疾步稳，注重“时度效”。

1.建立大数据库，分析内容产品的传播情况，在比较充分的信息基础上提升传统广播的生产和进行新媒体内容的布局

天津广播将收听率调查数据和津云 App 广播频道后台的大数据打通，调取广播内容产品在微信微博等其他网络平台分发阅读、转发、点赞等数据，来综合诊断分析现有广播节目的问题，根据用户（听众）需求创新研发节目。北京广播听听 FM 开发了名为数据分析的功能应用。电台主持人可以在客户端的管理后台清晰看到每一档节目在每一个时间点的数据情况，并据此准确调整节目内容和节目形态。北京电台还正在打造大数据中心，把来自听听 FM、微信矩阵、广播网、俱乐部等渠道的数据都沉淀在用户中心，这些数据经过分析之后，将来可以让听听 FM 根据用户的喜好，实现千人千面的智能推送。浙江城市之声开发了节目实时评价体系，为广播分析受众行为、调整节目内容与形态、节目考核提供了大数据支撑。

移动互联网时代，真实的数据是决策的重要基础，也是融合的最基础环节。

2. 提升员工互联网素养，用户意识，实现跨平台内容生产

天津广播实行“一体多维”的运营，并非把直播流和音频搬到客户端上就万事大吉。大部分跨平台内容的生产，来自于传统广播的再生产。员工在此过程中熟悉“两微一端”、头条、抖音等不同平台的特点和用户要求，完成互联网意识的提升和用户意识、用户体验的积累。比如广播在津云 App 上有

① 财新：http: // database.caixin.com/2018-09-25/101329662.html.。

几十家工作室，其中新闻广播、相声广播、生活广播都提供了优质的独家内容。而“天津广播”微信公号的内容，特别是独家的特稿报道，尽管是一次性采集，但复杂程度比较高，记者们都要适应不同平台用户的需求。叙事结构不同，在标题方面，在内容、故事和细节方面，都有不同的表达。比如，此次新冠疫情下，天津广播在微信公号发布了全国城市广播唯一的“实录”“观察”“自述”“战疫”和天津抗疫时间轴等原创、独家系列栏目和数据库，尽管是一线记者采访的结果，和广播同题录音专稿、述评同源，但叙事结构、图文应用、音视频插入都不一样，传统广播新闻中心的负责人和采编人员参与整个策采编发全过程，实现了“一体多维 ”运营，其内容在微信公号领域影响力在天津地区首屈一指，形成了传统广播在内容深层生产方面理念、能力、机制、流程的跃升和完善。特别是这种能力还会提升传统广播的制作水平和影响力。

全国城市广播在这方面有不同的实践。北京广播听听 FM 为电台的节目制播人员开发了后台管理系统，可对直播流回放音频标题内容进行修改，对其中适合互联网端传播的短音频进行剪辑，进行不同平台的便捷分享（分发），提高了广播内容产品的影响力。听众也可以根据自己的喜好，通过 App 提供的剪辑功能，便捷剪辑出短音频分发到第三方平台。听听 FM 还整合北京广播主持人等资源，针对特定场景或用户群体推出自主版权的自制节目，覆盖亲子、健康、历史、情感、老年等垂直产品。如主持人马思萌的《Office Lazy 的私教课》涉及健身、减肥，合理饮食，主播郭鹏的《鱼叔讲地理》，从人文、生物等角度综合切入，给听者展示了丰富多彩的自然世界。上海广播的阿基米德为广播节目同步开通了图文、音视频社区，最高社区用户超百万。还打造了泡菜电台、话匣子为代表的融媒体产品。浙江交通广播通过“新闻 + 服务”的方式运营其微信公号，黏合用户，扩大影响，聚合营销，推广品牌，2016 年用户达 125 万，仅路况查询一年半内达 400 多万人次。

跨平台内容产品的生产会加速传统广播在“内容、渠道、平台、经营、管理”等方面与新媒体的深度融合，这一过程最终将追踪互联网、移动互联网及人工智能语音识别等技术的发展，选择最合适的方式，完成“你就是我，我就是你”的目标。

3. 加快广播与人工智能融合，以智能音频加速高质量发展

声音与互联网深度融合是声音与人工智能语音识别、大数据、云计算融合的基础。跨越这个基础，就进入“第四次工业革命”，智能音频将是人机对话的新界面，一个新时代的开端。中国城市广播应该扬声音之长，把握先机。

目前，传统广播在以下几个方面运用人工智能，实现融合：

一是在播报环节，人工智能可通过语音合成技术，实现自动识别播报。广播整点新闻资讯可以由能够将文字转码成语音的人工智能机器人承担。比如，包括河北新闻综合广播等采用微软人工智能机器人小冰与主持人共同主持新闻资讯节目。今年1月1日起，河南省林州市广播电台引进的AI智能语音播出系统正式上线。该系统引入AI智能主播，通过声纹分析引擎，对累计15年的海量声音节目资料进行模型训练、深度学习，再通过大数据计算，进行真人声音的再创造。AI主播可以做到歌曲串词、天气预报、歌曲预告、寻点报时等。目前，在语音合成、语音识别等方面拥有世界领先成果的科大讯飞与国家广播电视总局广播科学研究院共建“广播电视与语音技术融合创新实验室”，共同打造新型智慧广电业务和标准；与湖南广播电视台广播传媒中心共建“AI+ 广播新技术”联合实验室，共同研究AI技术在音频内容生产和播出领域内的应用。一旦播报环节产品成熟，将节省一般性播报的生产资源。值得一提的是，广播电台节目主持人的声音也是产品，名人熟悉的声音会被定制为导航、知识应答、音频播客等。

二是逐步实现人工智能与广播内容及制作流程的深度融合。2019年，央视网与央广网、国际在线等总台“三网”新媒体紧密协作，共同建设“人工智能编辑部”，以视听为特色，对总台的优势资源进行智能化开发。接着，又与科大讯飞合作将“人工智能编辑部”建设成集智能创作、智能加工、智能运营、智能推荐、智能审核“五智”于一体的人工智能集成服务平台，为用户提供智能化的多场景服务。“媒体 + 人工智能”深度融合，引领“媒体 +AI”生态的不断发展。上海广播阿基米德依靠人工智能技术，对广播节目音频实现自动打点、拆条、分类、标签、标题，可以在 App 上自动组合用户需要的定制专题广播。

未来广播与人工智能合作的领域主要就是智能音频。智能音频目前的产品就是智能音箱、相关联的是智能车联网、智慧家居、数字办公、娱乐休闲等场景。智能音箱的出货量将在 2021 年超过平板电脑。① 尽管目前的发展还是初级阶段，但方向已经越来越被认可，这里已是国外的苹果、亚马逊、谷歌，国内的百度、阿里巴巴、小米等各大平台公司竞争的新场域。中国城市广播应该从理念、技术、内容三个维度把握这一发展趋势，提前进行智能音频产品体系的研究、开发、布局。

广播百年，未来已来。温故知新，返本开新，机会只垂青有准备的人们。包括天津广播在内的中国城市广播，正站在媒体融合新的历史起点上，拥抱声音与移动互联网、大数据、云计算及万物互联的最新机遇，守正创新，赢得属于我们这代广播人的光荣与梦想。

---

① 朱宏宇、姬德强.《“声声”不息——声音传播视域下智能音箱的功能与原理》,《现代视听》2020 年第 4 期。

目　录

CONTENTS

第四章　技术：中国城市广播的后发优势及展望

附录 1　新媒体作品选录

附录 2

第一章

战略：对中国城市广播发展的再认识

◎中美广播比较和对中国城市广播发展战略的再认识

◎从听众细分到频率细分

——谈国外广播电台的转型

◎震撼与启示

——对美国广播的考察与思考

◎地方广播电台的优势

◎一位美国驻外记者眼里的 NPR

◎移动互联网发展带来的行业变化

中美广播比较和对中国城市广播发展战略的再认识

印永清

2014 年到 2015 年，为落实中央要求，实现传播格局深刻变化下的媒体融合及广播的高质量发展，天津广播采取“走出去、请进来”等多种方式，系统地追踪和梳理了中国广播尤其是城市广播改革开放后的历史经验、最新创新和媒体融合现状，考察了国内外城市广播并加以比较分析。以笔者 2014 年带队赴美考察为例，此行从西海岸到东海岸考察了性质和类型不同的 20 个单位（14 家著名广播电台，2 家大型的广播辛迪加内容制作公司，1 家互联网电台，1 家著名纸媒，1 家多媒体的媒体集团总部，1 家广播电视博物馆），在伯克利新闻学院和加州州立大学洛杉矶分校与当地的学界和业界做了充分的交流。

习近平总书记指出：中国已经取得举世瞩目的发展成就，但我国仍是一个发展中国家，我们既不妄自菲薄，也不妄自尊大，要更加注重学习吸收世界各国人民创造的优秀文明成果，同世界各国相互借鉴、取长补短。中国广播的发展也是如此。中国广播已取得了长足的发展，从世界广播中的跟跑者、并跑者到某些领域的领跑者，但还有升级进步的巨大空间。

就中美广播而言，由于意识形态、社会制度、运营方式、管理体制等方面的不同，发展道路大相径庭，但在这个广播业起步的故乡，这个互联网的诞生地，广播一直在蓬勃发展，其商业广播经营收益将近全球的一半（2017 年德勤调查数据①），包括我们出访期间及之后仍然在发生一系列较大变化，值得了解、思考、借鉴。

① file：///G：/Radio.pdf：2017 广播收入（美元）：美国 218.1 亿，德国 38.8 亿，中国 22.7 亿，加拿大 17.4 亿，英国 16.1 亿，法国 14.7 亿，日本 12 亿，澳大利亚 9.4 亿，西班牙 5.4 亿，意大利 5.4 亿。

由于种种原因，中国的学界和业界对美国广播的认识在一些领域至今还是支离破碎的，许多情况和数据或陈旧或不准确。上次考察后近6年来，中美广播及媒介生态继续发生较大的改变：比如，包括天津在内的中国11个城市的机动车保有量超过了300万辆，这意味着大量移动音频收听空间的增长；比如，当时如日中天的美国移动互联网第一音频聚合平台Pandora，因为版权成本居高不下引发亏损，2019年被传统广播的天狼星XM兼并了；比如，那时候智能音箱还没有像现在这样在中美和全球异军突起，应用于各个场景。

作为声音媒体的广播，在当下处在什么发展阶段，有着怎样的发展空间？将如何发展？本文持续追踪中美广播的最新变化，试图从业界比较的角度，在广播的发展空间、资源配置、网台融合、体制机制等4个维度上进行分析。在中华民族伟大复兴战略全局、世界百年未有之大变局背景下，希望这一比较分析的结果，不仅有益于凝聚中国广播特别是城市广播发展的信心，还在某种程度上填补一些广播领域的研究空白。

一、关于未来广播的发展空间

随着电视、互联网梯次对广播受众的分流，特别由于广播广告近年以来出现波动，人们对传统广播的未来有着不同观点。着眼中国的实际，对比美国广播的历史发展和现状，中国传统广播和媒体融合其实仍然存在巨大发展空间。

（一）传统广播在中国城市化现代化进程中还有较大增量空间

首先，中国广播频率在数量和质量方面都有提高的空间。如果按目前人口平均，美国的广播体量大约是中国的20倍，中美两国在国土面积和幅员方面相似，美国人口只有中国的四分之一（中国人口13.5亿，美国人口3亿多），广播频率数量却是中国的5倍多（中国现有广播频率2800多家，美国现有注册频率15000多家）。美国平均2万人就有一家电台，中国是平均40万人才有一家广播电台。

其次，中国城市广播也面临巨大的需求空间。美国大都市地区的广播数量是中国大都市的5到10倍，美国听众的收听时长接近中国的两倍。以美国

276 个广播市场中排在第一和第二的纽约、洛杉矶为例，纽约都市地区有超过 200 家电台，洛杉矶都市区则有 170 多家电台。中国的北京、上海、天津、广州等城市，多则 20 家电台，少则 10 多家电台。2018 年央视 - 索福瑞（GSM）调查数据显示，中国听众平均每天收听传统广播时长为 59 分钟（2012 年是 77 分钟），而美国阿比创公司（Arbitron2020 年报告）显示美国听众每天收听时长 106 分钟（2012 年是 124 分钟）。[①] 美国广播通过高度的类型化细分和商业化集团化运作，引领和服务听众需求，形成了可观的受众规模。中国城市化进程正在释放更大规模的收听需求，城市广播在当下和未来有着良好的发展前景。

第三，城市化和私家车增长与广播大国的关系呈正比，广播听众增长未来可期。2011 年 8 月底，中国汽车保有量首次突破 1 亿辆大关，每百人拥有量不到 10%。美国汽车保有量 2.4 亿辆，每百人拥有量是 80%，美国收听广播的地点三分之二都在车上。日本汽车保有量 7400 万辆。2013 年，天津固定收听人数与非固定收听人数基本持平。2005 年到 2013 年，1300 万天津市民拥有汽车由 150 万辆增长到 250 万辆，2020 年超过 300 万辆。而大洛杉矶也有大概 1300 万人口，拥有汽车 900 多万辆。2020 年年末我国汽车保有量将有望超越美国，但中国人口基数大，发展潜力足，未来 10 年，中国汽车消费还有非常大的发展空间。[②] 随着车辆的增长，包括天津广播在内的中国城市广播还有较大的成长空间。如何通过传统广播、互联网音频乃至智能音频满足移动用户车载场景需求，是中国城市广播的巨大机遇也是巨大挑战。移动音频聚合平台等都在布局这一市场，广播如何深化改革、加快融合，发挥原创音频内容优势是当务之急。

第四，从两国广播广告收入和占全国广告比例上来看，中国广播依然有较大的上升空间。从广告收入上比较，美国 2017 年广告收入在 211 亿美元

① https: // www.nielsen.com/us/en/insights/report/2020/the-nielsen-total-audience-report-august-2020/。

② 商务部：2020 年末中国汽车保有量将有望超越美国，http: // m.news.cctv.com/2020/04/09/ARTIgkL7pwbam1EjL4frx1Ti200409.shtml。

（1441.3 亿人民币），中国大陆广播年度广告高峰收入是 170 亿人民币左右，2016 年为 145.83 亿元，2017 年为 155.56 亿元，2018 年为 140.37 亿元，美国广播广告市场的规模约为中国的10倍。从广播广告占国内广告收入的比例看，美国广播广告一直稳定在 8% 左右，而中国广播广告占比则由前两年的 2% 逐渐上升到 3.6% 以上。

表 1　美国 2009—2013 年广播广告收入（百万美元计）

Year	Network	Spot	Digital	Off-Air	Grand Total
2013	$1,122.0	$14,054.0	$889.0	$1 ,584.0	$17,649.0
2012	$1,163.0	$14,205.0	$767.0	$1,510.0	$17,645.0
2011	$1,136.0	$14,060.0	$709.0	$1,491.0	$17,396.0
2010	$1,102.0	$14,181.0	$615.0	$1,389.0	$17,287.0
2009	$1,048.0	$13,203.0	$480.0	$1,298.0	$16,029.0

Note：The lineup of markets/stations mayvaryfromyear to year.

Source：RAB analysis - Miller Kaplan AraseLLP data

For historical Radio revenue data，please email revenuereport@rab.com or call 212-681-7200

表 2　中国 2009—2013 年广播广告收入（亿计）

年份	2005	2006	2007	2008	2009	2010	2011	2013
广告	38.9	57.2	62.8	68.3	71.9	96.3	123.3	146
增长率	18.2%	47.0%	9.8%	8.8%	5.3%	34.0%	28.0%	0.09%

（二）广播融合的经验：借船、买船、造船

中美传统广播的媒体融合，都经历和正在经历着台网互动、台网融合、合二为一三个阶段。但由于国情、制度、技术、知识产权等方面的不同，融合的情况也有不同特点。

1. 借船

美国广播最初的触网就是建立网站，后来通过“借船”，是在社交媒体

Facebook 和 Twitter 上和听众互动、传播信息并获取新闻线索等。目前，音频直播流和节目正在进入智能音箱。2014 年起美国各大厂商相继推出智能音箱，亚马逊、谷歌占市场主导地位。eMarketer 预测美国智能音箱用户数量 2020 年达 8310 万人，占人口的 1/4。① 中国广播也是在 2000 年前后建立了自己的网站，在微博微信等社交媒体诞生后，同样"借船"用作和听众互动、传播信息并获取新闻线索等，有的城市广播开发较早的微信公号拥有上百万粉丝，实现了新闻信息的融合传播和聚势营销。②

在传统广播"借船"音频聚合平台方面，中美由于对知识产权保护的不同理解，导致了不同的融合情况。美国的商业音频聚合平台很难采用传统广播的直播流和节目。比如 Pandora 是不能随便使用传统广播的直播流和节目音频的，它只能付版权费使用音乐歌曲。而在中国的音频聚合平台，蜻蜓 FM、喜马拉雅 FM，都心照不宣地使用了各地台的直播流和节目。中国传统广播也借此"灰色方式"扩大影响。传统广播的借船方式目前扩展到"今日头条""抖音"等新的商业移动平台上，建立媒体号。智能音箱方面，中国智能音箱用户规模近 8600 万，但普及率只有 10%，相比美国 26% 的普及率，中国广播智能音箱时代才刚刚开始。

2. 买船

"买船"发生在美国卫星广播天狼星 XM 与音频聚合平台 Pandora 之间。天狼星 XM（Sirius XM）广播由天狼星卫星广播和 XM 卫星广播合并而来。天狼星卫星广播于 1990 年在华盛顿成立。时任天狼星 CEO 的 Mangolese 看中车载音频市场潜力，花了五年时间游说 FCC（美国联邦通信委员会）批准部署卫星广播，并在此期间融资 16 亿美金制造了 3 颗卫星。1997 年，FCC 向天狼星颁发许可证，允许试点。2008 年，天狼星卫星广播与最大的竞争对手 XM 卫星广播合并成立天狼星 XM 卫星广播公司，合并后公司提供用户不带广告的 170 多个广播频率，涉及新闻、新闻谈话、体育、音乐类型化广播内容，拥有 1400 万付费订户，市值为 130 亿美元。2009 年第四季度，天狼星

① 2020 年美国智能音箱用户将达到 8310 万人，Emarketer，Dec，2019。

② 董传亮等编著：《融合，广播的使命》，中国广播影视出版社，2016，第 90 页、第 96 页。

XM 首次实现盈利，实现绝地逆转。2011 年起，天狼星 XM 推出了 MySXM，给用户带来更加个性化的收听体验，用户可以选择更多自己喜爱的音乐和娱乐类脱口秀节目收听。2013 年的付费用户达到 2555 万户。① 目前用户达 3600 万户。

而作为美国最知名的网络电台 Pandora 于 2010 年创办，目前覆盖美国、澳大利亚、新西兰三国，其注册用户已经超过 2.4 亿，其中活跃用户最高达到 7000 万（高峰时曾达 8000 万）。2011 年上市以来，Pandora 一直没找到盈利点。其商业模式主要靠广告营收。用户可付费跳过广告，支付 5 美元／月、10 美元／月不等的费用，但用户付费意愿较低，付费用户约 600 万，不到活跃用户的 10%，而亚马逊音乐服务 Amazon Music 付费用户已达 2790 万。Pandora 与同是音频聚合平台的 Spotify 和 Apple Music 相比，竞争力也较弱。此外，为支付高额版税等，每年亏损超 5 亿美元。

2019 年 2 月，天狼星 XM（Sirius XM）广播，以 35 亿美元收购网络电台 Pandora。“买船”为传统广播的 Sirius XM 构筑了竞争壁垒，使得其他互联网音频聚合平台难以竞争。Pandora 可利用 Sirius XM 的关系加强汽车音乐的分销。潘多拉每月有超过 7000 万的听众，也可以听到 Sirius XM 的更多传统广播的内容。

中国广播和中国城市广播无论是从其事业和产业属性，还是其资金规模和资本市场运作的模式，目前都不具备这样的并购条件，也没有出现过这样的“买船”现象。

3. 造船

美国广播的“造船”首先始于 PC 端的网站，移动端市场风生水起时，又把重点放在自有的 App 方面。美国广播通常都拥有一个以音频为主的功能齐全的官方网站。美国公共广播电台 NPR 的网站 NPR.org 是其最初媒体融合的主要平台并多次升级，博客、播客、Twitter、Facebook 等多样化的网络应用已经成为标配，通过线上线下与听众互动，汇集网民意见。美国很多地方电

① 刘军：《美国天狼星 XM 卫星广播公司的成功历程》https：//www.doc88.com/p-2781294210011.html。

台的网站建设大多是由母公司来统一完成的。以清晰频道在洛杉矶地区的 3 家音乐电台为例，清晰频道为其配置了一个 8 人的技术团队，专职负责构建和维护两个独立的网站。

移动互联时代，广播 App 是一种听众收听广播的全新方式，更是一种用户移动接受音频服务的方式。以音频为核心信息的广播 App，不仅能够满足移动用户非专注、伴随性、碎片化收听的需求，还能实现音频产品的深度社交化和用户数据积累与应用。在美国，广播电台开发 App 可分为两种方式：一种是由全国性的广播公司或广播网推出官方应用，提供旗下成员台和加盟台的网络广播服务，目前，清晰频道、CBS、NPR 等都已经推出了类似应用；另一种则是单一地由广播电台自己推出官方应用，这多见于实力较强的加盟台或独立电台。

清晰频道从 2008 年推出了自己的 iHeartRadio 免费移动网络音频聚合服务 App，2011 年进入推广，依托近 850 家电台的内容、200 多个音乐频道、4000 多个播客电台及 1100 万首歌曲、可定制体验、强大的社交网络等优势，成为美国最大音频聚合平台。目前，iHeartRadio 累计下载次数已达 10 亿次，近 1.3 亿注册用户。清晰频道早于 2014 年将公司名称更名为 iHeartMedia，能够看出这家公司数字化互联网化移动化的决心。但是由于债务问题，iHeartMedia2018 年宣布破产重组。

NPR 为各类移动设备量身订做不同版本的应用，以确保其对移动平台的覆盖率。NPR 客户端的设计理念是："让所有用户获得最佳使用体验"。其新闻应用集纳了美国国家公共电台近期报道的完整录音、文字稿件和相关图片，用户可以按报道主题、节目名称、所属电台分类查找、收听、收看。近两年，NPR 地面广播听众数量持续下滑，但其新媒体应用的发展却弥补了听众的流失。

中国广播"造船"自建的客户端，主要集中在国家广播和省级广播层面。2020 年 4 月，央广的"云听"客户端上线。之前，包括上海广播—阿基米德 FM、北京广播—听听 FM、江苏广播—大蓝鲸、湖北广播—九头鸟 FM 等先后使用。阿基米德自述用户已达 4000 多万。聚合全国广播优质内容及优质自媒体音频节目，日更新节目超过 10000 档，聚合形成近 90 个围绕节目互动的万人社区。各台在台网一体发展中，可以充分保护自身的内容产品版权，做好广播的互动，利用用户大数据提升节目、频率质量和精准定位，推进广播的数据化和互联网化，进一步形成声音产品的生态群落并向人工智能方向创新拓展。传统媒体“造船”面临的问题是运营成本、技术支撑、用户聚集规模，最重要的是还没有成功的商业模式。

以北京广播在音频网络化的努力为例，2014 年 11 月，聚合音频客户端听听 FM 正式上线，目前注册用户达 2000 万。初版的听听 FM 定位于大而全的平台，与集纳传统广播资源起家的蜻蜓 FM 等商业类音频平台的功能、定位都很相近，汇聚了近千家电台的直播节目，海量的音频节目和个性化的原创播客涵盖新闻、音乐、相声、评书、体育、综艺等细分领域。2018 年 11 月 8 日，听听 FM 改版，将原来的 800 多个广播频率，精简到只剩下北京广播的 10 套开路广播、15 套有线调频和 16 套数字广播节目，聚焦本地市场。天津所有主流媒体都进入海河传媒中心旗下，举全中心之力统一运作新闻加政务加服务的新媒体移动端津云 App。天津广播在 2013 年开发上线的手机客户端“劲听”于 2018 年下架，直播流和音频内容纳入津云 App 广播频道。

美国、中国的传统广播在转型过程中，还没有出现典型的成功的商业模式。从另一个角度看，中国广播和美国广播在转型的同一起跑线上，如果按照中央关于媒体融合的要求落实，转型意识强烈，技术融合抢先，体制机制改革深化，有可能探索并实现广播在建设新型主流媒体方面的快速超越。

（三）对广播音频市场的基本判断

音频市场有着巨大的增长空间。一是传统广播仍然是广播的利润中心，市场大有可为，但增长速度在降低。二是移动音频聚合平台在高速成长，市场份额迅速扩大。三是传统广播必须实施媒体融合战略，互联网音频技术公司则通过移动终端和车载广播软、硬件进军音频市场。

中国广播特别是城市广播首先要精耕本地市场，把节目和频率的质量提高到极致，创新节目形态，提供有效信息，打造主持人 IP，满足变化了的听众需求，提高伴随节目的黏性，最大程度占领本地市场。其次要主动转变观念，大踏步进军移动互联网音频市场，改革体制机制，再造流程，推进转型。

进一步提高广播从业人员的舆论引导能力和创新水平，将传统广播的人才和内容优势转化为互联网音频头部内容和音频平台的优势。三是探索用户管理与服务、平台运营和经营、商业模式试水和建立的多方面工作。

二、关于资源配置

世界上对广播资源的配置和管理主要有三种方式：一是由政党、政府或军队开办、管理和运营；二是不以营利为目的，通过收取执照费，或社团、个人赞助开办的公共广播运营模式；三是以营利为目的开办和运营的商业广播。这三种形态美国都有，但占主体的是商业广播的体制和资源配置方式。由于充分竞争，美国广播形成了跨地域的大生产方式，从市场调查到依此而定的节目类型化定位，从节目组合生产到管理、销售、评估、定位再调整、再生产等，构成了完整的高度工业化、产业化的闭环。广播全国网、地方网、制作公司、地方台等形成制播分离，高度分工合作的内容生产协作链条。

广播商业化的模式有不少弊端，比如在新闻的投入上少之又少，谈话节目唯收听率是从，牺牲媒体的客观性等，但我们可以关注和借鉴的是其贴近受众，高效分工，工业化集约化运作，进行资源科学精准配置和利用的优点。

（一）频率资源：对传统广播调幅调频（AM/FM）资源的充分利用

美国广播最大程度开发利用了传统广播调幅调频的频率资源。联邦通信委员会通过不同功率的组合，使得大都市地区的电台能到上百家。广播频率的增加是一个逐渐的过程，广播频率的增加特别是调频的增加，使得商业广播在竞争中，特别是应对电视对受众的分流过程中，走上类型化听众细分的道路。从 20 世纪 60 年代到目前，已发展成 70 多个广播类型（Format），15000 多家电台。投入产出的利润，价值规律和受众需求等诸多因素，推动并形成了不同类型电台的市场占有状况。就全美而言，占有率最高的是乡村音乐，其次是新闻谈话，新闻谈话类电台在市场上的占比也不过 15% 左右，大量的是不同类型的音乐台。比如，我们走访的纽约和洛杉矶，清晰频道公司和 CBS 在这两个城市各有多家电台，但新闻类广播只有一家，最多两家。中波一般用于新闻谈话等语言广播，调频用于音乐。1010Wins 只用中波覆盖，一直可以覆盖到纽约附近的新泽西、纽约州和康涅狄格州的部分。只有旧金山 KQED 公共广播新闻综合台除中波外，还有一个调频功率覆盖整个湾区，这套节目在旧金山湾区收听率数一数二。

这一情况对我们有两方面启示：一是国内频率资源仍然有很大开发空间。一套节目以 AM/FM 双频播出的大量存在，可以考虑分频垂直设置，语言类频率使用 AM，音乐类频率使用 FM。二是随着频率的增加，到底在坚持正确舆论导向的前提下，应该如何考虑频率的细分和整合？如何在舆论导向、受众服务、投入产出比和应对竞争中寻求最大的边际效应，美国的市场化布局至少提供了一个可供参照的体系和一些可以比较的规律。比如，新闻谈话类节目的占比和营运因为投入大，应该少而精，主打影响力（KCBS 采访车上只有电视新闻频道和广播新闻频率的标志，KCBS 广播每天有专门的直升机报路况，目的都是为了品牌）。音乐娱乐类节目投入小，应该多种多样，实现受众细分。

不过，中国有听众市场的实际和特色，还处在后专业化和准类型化时期，不应也不必照搬照抄，要做到的是注重本地市场分析，科学进行频率资源的定位和调整。天津广播后来新设立的相声广播、经典音乐广播都是根据市场需求而细分出来的。

（二）内容资源：通过制播分离和主持人资源来提高内容的生产效率，专业化程度，品牌节目影响力

国内很少广播同行和学者全面考察过美国广播制作公司，特别是去过 NPR 总部的人，大多也没从一个大制作公司，从制播分离的角度去分析美国广播小台大制作的运营模式。实际上，美国的广播业是建立在高度专业分工合作基础上的，是一台忙碌而精准的大型机器，反映了美国工业化时代标准化作业的全部优点和缺点，它也为数字化、网络化时代准备了进化的重要基础，同时也是沉重的负担。这是它和欧洲等以公共广播为主体的广播体系最大的不同之处。

1. 制作公司、广播网和地方加盟台的制播分离

美国的广播体系主体是由大的全国广播网，地区性广播网，地方加盟台，独立的地方台，专业广播制作公司构成。地方广播很少自己包办制作播出频率全部内容，一般都会部分购买或共享全国、地区联网台或制作公司的内容。即便是主体内容全靠自己的全新闻台，比如1010Wins，其交通和财经信息都是外包。我们在位于新泽西的Total Traffic大纽约分公司看到了专业提供交通路况的实际情况，它每小时要分6次通过网络或卫星向曼哈顿的1010Wins直播间提供播报，被称为白牌播报，也就是不出公司名称的播报。一般人听不出这是外包内容，以为就是这家广播电台自己的员工在报交通路况。1010Wins目前又属于CBS，CBS的新闻它都可以从系统中调取。实际上，谈话节目方面，辛迪加制作公司制作的产品在全美270多个市场中有举足轻重的影响，比如拉什·林堡的脱口秀，单个电台无力支付这档节目的成本。分工后的地方台，实际可以用更多的人力来办好自办节目。和我们国内一个节目一名编辑配一到两名主持人不同，纽约当地的WNYC的一档两小时谈话节目配有四名编辑。这样的规模保证了节目精品化的生产水准和创新能力。反过来，地方台和制作公司、全国网之间也是商业的购买或有广告贴片关系，一旦收听率不理想，要解除节目合约，自制或购买其他公司的节目。这层竞争制约关系也保证和促进着节目质量和专业化水平。NPR投入全国的两小时新闻节目Morning Edition达几十人。而CBSRadio News成为专业广播新闻的代名词，发展出一整套广播新闻中心的运作模式。

国内广播探索制播分离是近十年的事。

节目方面：北京台2007年成立了制作中心，台为播出机构，节目编辑、主持人进入制作中心，每年实行一次内部的节目市场交易—节目招标（由于广播电视合并带来的进一步改革，北京广播制作中心今年撤销）。南京台没有把主创人员从频道剥离出来，从2012年开始，每年进行一次节目评估，没有通过评估的节目下马，人员关系转移到总编室。上海今年整合所有的广播资源成立了东方广播中心，探索“制作人制”和适应节目制播分离的“主持人工作室”机制，启动“广播全媒体制作中心”项目。

制播分离的结果应该是广播产品不仅满足本台、一个广播地区市场的需求，还能占领其他地区广播市场。由于体制（四级办广播，地区垄断致使地区广播产品不是全国广播产品市场的主体）和版权（跨地域盗播很难约束，缺乏英美国家严格的版权制度和意识）等因素，中国广播制播分离面临一个尴尬局面，就是广播产品卖不出好价钱，背离产品的生产价值（半小时节目投入以北京台标准是100元到500元，国内市场30元到50元一集），使得制播分离，进军全国市场，撬动文化体制改革的宏愿变成了内部激发活力的制度设置，内容生产的产业链条始终延伸不出来。但随着十八大之后文化产业新政策的推动，版权制度的不断完善，网络平台的发展，优质的内容在改变这个局面。曾在央广经济之声播出的广播脱口秀节目《冬吴相对论》深受追捧，节目由做过不同职业的主持人梁冬与《21世纪商业评论》主编吴伯凡共同主持。他们由当下社会热点谈起，解读背后的逻辑，轻松、睿智、幽默的语言表达，打动了很多受众。这档节目的市场价一度卖到每集300元以上，畅销20多个省市。这类制作节目加大投入，抬高无法复制的门槛，形成精品，形成新的“内容为王”，探索出内容生产的新路，形成突破。电视节目《中国好声音》正是靠优质的内容在多套同时引进的“好声音”中突出重围，延伸产业链的。

新闻资讯的专业重组基本上是在台内层面：央广中国之声，上海广播新闻中心，江苏广播新闻中心等都做了较为成功的尝试。互联网一般新闻及时免费共享的规律，使得原来广播新闻内部各频道间分散重复的采集变得越来越没有意义，以往通过此进行频道间的竞争被质量的竞争格局颠覆了（一般性动态报道多渠道传播，不再有太大的价值，深度分析报道成为稀缺资源）。网络环境的升级，会加速催生融合新闻、集约化新闻的生产方式。我们在两大广播系统NPR和CBS的广播新闻运作变化中，都触摸到了这一脉动，看到了趋势。央广中国之声近几年的探索，借鉴了美国轮盘新闻的滚动优点，又面向中国听众市场保留了版块和谈话的特点，两者融合，兼顾网络，再造了采编流程和岗位，创造了中国新闻广播升级版的运营模式。

美国纽约的 Total Traffic 给我们的启示是专业路况信息整合如何通过公司进行运作，同时给广播、电视、网络提供信息。其网络产品可以和专业的网络巨头合作，提供个性化的定制服务。我国交通广播目前占有的路况资源不比我们看的大纽约 Total Traffic 公司差，差在产品的标准化水平，内容链条的延伸，多媒体专业化生产的规模。我们通过学习借鉴提升，一定能形成事业发展的新增长极。

2. 广播内容资源的核心：有影响力的主持人

现代广播的核心资源之一就是有声望，有影响力的主持人，美国和西方叫 Talent。特别在互联网时代，信息来源迅速、多元、免费，独具个性和魅力的主持人成为支撑新闻谈话类节目市场份额的强有力支撑。NPR 早间节目 morning edition 的影响力，除了新闻节目过硬的编辑，就是主持节目的 3 位主持人：Steve Inskeep、Renee Montagne、David greene。他们都是记者出身，都有 10 年左右国内和国外记者的经验。纽约 WNYC 的著名主持人 Brian Lehrer 也是记者兼主持人出身。纽约疫情期间，每周一纽约市长白思豪（Bill de Blasio）定时在其节目中与纽约市民对话，成为权威的、不可或缺的信息渠道。

有影响的节目主持人从哪里来？一是自己培养，特别是从编辑记者中选拔。二是从社会上寻找。在洛杉矶的大型广播制作公司 Premiere Radio Networks，大量节目的著名主持人不是土生土长的广播人，而是来自社会各界。清晰频道下的专业制作公司 Premiere 王牌音乐节目叫《The Sixx Sense（第六感）》用的节目主持人就叫 Nikki Sixx，他是美国的一个摇滚乐团 Motley Crue 的主要创作人。把 Nikki Sixx 培养成主持人的过程就是第二种选择主持人方法的典型。积云公司（Cumulus，目前美国第二大经营广播的公司）最近居然用了一位前州长做新闻节目主持人。与此相比，我们国家播音主持人的选择路径还是太窄，主持人的成长路径也很单一，对声音的条件要求过于苛刻。广播要发展，一定要重新认识主持人的问题，特别是应该有魄力开门寻找广播“新星”。当年《东方时空》选用的主持人，白岩松来自报纸，水均益来自新华社，崔永元来自广播，方宏进来自大学。前央广副台长王晓辉在谈到

《中国之声》的改革时曾说，如果中央电台有若干个白岩松，节目形态就不是现在这样了。

其实，网络媒体已经走在传统广播媒体的前面，《逻辑思维》等的流行，都对我们有所启发。发现和采用这类主持人，需要改变我们的观念和改革我们的用人机制，这点要在第四部分专门论述。

（三）技术资源：跟踪先进广播技术发展，确立技术资源的先导位置

目前，美国广播同行的办公条件、硬件设备相对国内已没有多少先进可言，甚至大大落后于中国，但其软件对内容生产的支持方面优于我们。比如CBS 新闻广播用的媒资系统；全新闻台编辑区与播出区的空间逻辑安排；计算机终端的编辑软件，都是文字嵌入音频的，文字内容和音频可以按照需要随时改动更新。Premiere netwoks 的总控机房 24 小时控制着 80 套直播录播节目进入全美不同的电台，不同的市场。

这些技术软件和设备的空间布局，国内尚未见到更好的或者相同的同类产品。我们要发展传统广播和新媒体，都应高度重视技术的发展和创新。可以考虑进一步自主创新和引进国外的先进技术软件，通过消化、吸收再创新。

技术合作、引进可以分 4 个层次：首先是基于互联网和移动互联网的内部综合服务云平台的搭建，其次是多媒体的媒资系统，三是广播的采编播系统，四是多媒体多终端的网络发布系统。在这 4 个层面上，国内公司提供的技术单方面不错，但系统集成上还有距离。我们应该密切关注 CBS 等美国媒体技术方面的发展，加速构建中国广播电视的技术高地。

（四）资本市场的资源

在美国，资本市场的运作是实现资源集中、联合、重组，突出品牌的重要途径。美国在 1996 年电讯法案通过之后，解决了广播电视网络与电信网络之间的对称性开放，允许长话、市话、广播、有线电视等业务互相渗透，取消了单一经营主体在全国范围内拥有广播电台或电视台数量的限制，一个媒体公司在同一市场中拥有的电台、电视台总数可达 8 个。比如，在洛杉矶，清晰频道没有电视台，但拥有 KOST103.5 等八家电台。基于产业融合理念的大规模并购活动迅速展开，市场日益集中到几个大型文化企业集团手中，维亚康姆以370亿美元收购哥伦比亚广播公司CBS，迪士尼以190亿美元收购ABC，此前，美国通用已收购NBC。广播市场出现了并购大潮，并改变了原来CBS/NBC/ABC广播老大的图景。目前，美国广播前三位的公司分别为清晰频道公司（Clean Channel Communications）、积云公司（Cumulus Media Networks）、CBS Radio 。我们在美期间直接接触了仍然在进行的并购过程：在洛杉矶，CBS Radio2009年购买了全新闻台KFWB980，改为新闻谈话台，因为CBS Radio在洛杉矶已有了一个全新闻台KNX，这两个台的记者资源共用。由于市场的因素，我们在美国参访期间，这个台又改成体育台。CBS Radio在旧金山买了原来ABC的KQO，在纽约买了著名的1010Wins。

在互联网广播方面，资本运作主要体现在依托美国成熟的科技创新企业的孵化和风险投资制度。Pandora网络电台创立于2000年，接受初步融资后，2010年总营收1.38亿美元，占据着全美前20大网络电台50%以上的市场份额（以时间计）。2011年6月15日，Pandora在纽交所上市，融资规模最高达约2亿美元。

目前，国内媒体重组和融合采取多种方式。有的采取行政的方式，比如天津海河传媒中心的建立，将报纸、广播、电视、网络置于一个机构之中。而澎湃等互联网机构的设立是公司化的运作，可以求得一定资本市场的力量。如何在党管媒体的前提下，将一些内容生产和资源进行商业化配置？面对国内互联网音频聚合平台豆瓣、蜻蜓FM、喜马拉雅等，我们是否可以考虑以资本运作的方式进行合作甚至并购？这是需要思考的问题。

（五）广告资源的网络精准投放

从目前美国广播电视的网站广告来看，其已实现某种数据营销的模式，比如按照地理位置推送广告，CBS网站广告栏为中国网民推送的是阿里巴巴、淘宝等中文广告。全美电台数字广告已达10亿美金以上。而这方面，中国广播音频还刚刚从空白中走出来，有很大的成长空间。

美国广播资源除频率、内容、技术、资本、广告等外，还有品牌、版权等资源可以利用和运用。

三、关于媒体融合

美国是互联网的诞生地，也是媒体格局变化最快的地方。对传统广播而言，由于工业化时代的广播细分，有能力经受网络大潮的冲击，直到这两年移动互联的浪头袭来中才开始显现局促。20 世纪 90 年代广告曾经连续以每年 10% 的幅度增长，2009 年到现在平均年增长 2%，2011 年开始几乎是零增长，2014 年前两个季度出现全行业的负增长。而传统广播的数字网络业务收入在走高，无奈体量太小，托不住整体的下滑。目前传统媒体都在走媒体融合（media convergence）之路，新媒体则通过并购，垂直运行等迅速切入原本传统媒体的细分市场。

（一）在办台观念上完成深刻变化

在办台观念上，中国广播要深刻把握媒体融合趋势，建设以智慧平台为目标的一体多维新型主流媒体，来引领传统广播的转型，满足用户（听众）新需求，实现内容生产和分发平台的一体多维战略架构。[①] 一体指的是“声音媒体”这一主体，多维则是以“声音”为主，包括图文等多媒体内容的一体化采集、集成、制作，进行传统广播、音频客户端、社交媒体、今日头条、抖音、快手等跨平台发布。也就是传统广播要转型成为以音频为主的多媒体内容提供商。

一体多维表现在内容生产方面，不仅要高质量做好传统广播节目，经营好广播频率资源，还要大踏步进入以音频为主的网络多媒体内容生产领域，同时吸引和筛选优质的社会组织和个人的 OGC、UGC 内容。利用品牌优势，布局智能音箱、智能家居等智能音频内容生产。

目前，央广的“云听”，天津广播基于“津云”的音频平台，都在朝这个战略方向探索。一体多维体现在组织管理方面，就是要实现基于数据的平台型的内容生产组织和扁平化的高效管理。

以互联网基因重塑传统广播，目的是为了主流媒体的内容能够由传统媒体的渠道延伸到新媒体，抵达信息传播的主战场。但在技术实现层面，要树

① 胡正荣：《迎接智慧声音时代的到来》，《中国广播》2018 年第 11 期。

立一个观念，要实现做“音频”的新目标，而不是“Radio”的延伸。音频是互联网概念，可多媒体多终端推送传播，音频应该包括可以通过 AM、FM 传播和以流媒体形态传播的 Radio 信号，而 Radio 不能包括后者。换句通俗的话，我们要站在宇宙飞行和高铁时代考虑马车的运营和发展，而不是按马车的原理去考虑宇宙航行和高铁时代。

美国、英国的广电网站首页突出的都是文字、视频和音频分类的重要信息。到屏幕最下方或者二级页面才是传统广播电视的频道、频率、节目、时间表、主持人等。显然，这是媒体融合尊重新媒体规律的标志。

（二）完成顶层设计，实现技术先导，搭建多媒体的云平台

一体多维表现在分发渠道和平台方面，广播智能音频平台应包括数字化的多媒体内容生产平台，云化的大数据 PGC 媒资库和 OGC、UGC 内容库，基于大数据的算法，拥有传统广播、互联网、移动互联网、智能音箱等跨媒体的播出和发布系统，海量用户等。具体说，广播媒体不仅要有传统广播频率的播出平台，还要通过网络，进入网站、手机移动端、智能音箱、智能家居、智能健康、车联网等平台。

美国广播电视转型比较成功的台网都是自上而下实行顶层设计。如，NPR 的“一次性制作，多终端发布”(create once，publish everywhere) 战略，CBS 统一的网站配置 (CBS Radio 有统一的 App)，清晰频道则有占美国网络音频市场第一的 iHeart。而单个频率大多只采用互联网和移动社交媒体做一般的宣传活动，真正建设平台，完成频率、台向多媒体平台的转变力不从心。当然，由于体制问题，相对美国媒体融合的多种多样战略，英国 BBC 的“一四十”战略于中国广电媒体更为清晰：一个品牌为 BBC，播出终端为 4 屏 (Four Screens)——电视屏幕、计算机屏幕、平板、智能手机，内容集中于新闻、体育、天气、节目、游戏、学习、广播 & 音乐、电视、主页以及搜索 10 项。

网络在软、硬件上有后发优势，天津广播应该利用最新的云平台和大数据技术搭建好技术平台，注重移动化、垂直化、社交化这 3 个重要趋势，跨越美国广播经历的台网互动阶段，直接进入台网融合阶段，完成内容生产、媒资、渠道和终端发布系统建设。这 3 个趋势里的移动和社交两个特点与广播相仿，有融合的基础，垂直则要认真调查市场，了解天津广播什么样的内容生产能深入用户生活的各个细节中去，比如是财经、汽车、交通还是餐饮等。

（三）资源整合与再造工作流程

有了观念、顶层设计和平台的变化，从内容制作角度来看，美国新媒体的发展也为传统广播的工作性质、内容生产带来了 7 方面改变：

a. 记者编辑改变：广电记者→全媒记者

PGC 编辑→兼顾 OGC、UGC 编辑

单项采集→观察平台大数据后的采访

b. 媒体空间改变：有限时间→无限空间

c. 内容模式改变：节目为本→内容为本

d. 新闻文体改变：广电文体→多媒文体

e. 受众市场改变：地方城市为主→抵达全球受众

f. 竞争环境改变：传统媒体→新旧媒体

所有这些，都在促进新的岗位诞生和组织结构的变化及流程再造。这些改变在美国广电系统有两种方向：一种方向是建立新媒体对传统广播的网络支持机制，比如清晰频道、CBS 地方台都有新媒体部门，他们和传统内容制作人员一起办公，及时完成传统媒体内容在新媒体的发布和其他新媒体运营；一种是内部的人员、生产内容同步整合，比如旧金山的公共广播电视台，广播、电视、网络的记者成立一个新闻中心。其他，按照教育、艺术、娱乐等重建分工。

从欧美的实践看，多媒体新闻采集，不是把所有的记者都培养成全能记者，而是组成采访小组，互相取长补短，完成音视频和其他文字的一次性采集。

（四）以产品为依托进行突破

美国 CBS 广播、NPR 及全国分台都有不同的 App 产品，其网站也在不断改版，重新定位突出媒体融合的内容和页面。NPR 驻北京的记者每天采访都是多媒体发稿的状态。清晰频道的媒体融合产品主要是其 iHeart 音频应用

软件系统，而 Pandora 主要就是它的带有算法的 Pandora 音乐软件系统。对英国的 BBC 来说，它的一个重要产品就是 iPlayer。

目前，央广和各省市广播都以新媒体产品为依托推进一体化运转和改革转型，北京、上海、江苏、浙江等都形成了多方面的经验。天津广播的音频部分，融入了“轻前端、大后台、富生态”的津云 App。其他部分则探索出一条以内容创新、品牌升级、管理优化、全媒体传播为思路，以 10 个传统广播频率为基础，“天津广播”微信公众号为依托，多渠道、多平台、多途径分发的“10+1+N”发展之路。天津广播官方微信、官方微博粉丝量破百万，日均阅读量超 100 万，影响力位列天津媒体所办新媒体首位、全国广播媒体融合第一集团。

（五）培养和引进人才

媒体融合是全新的事业。

广播媒体融合进程中对人才的需求和要求都进一步提高，传统媒体的人力资源结构有一定的差距，缺少进行新媒体技术研发和运维的人才，缺少创新性全媒体传播人才，缺少产品推广的运营人才。① 传统媒体一般而言对关键人才缺乏吸引力，天津广播逐步建立起激活“存量”人才与引进“增量”人才相结合的人才质量提升机制。使存量人才秉承核心价值观的优势，在“互联网”的“汪洋大海”成长，生成互联网和用户意识。增量人才跨越传统媒体思维与互联网对接。一方面，创新人才培养方式，促进广播人才向全媒体人才转型。鼓励编辑记者、主持人调整知识结构，积累垂直领域的专业知识，提升能力，培养全媒体型、专家型人才队伍；另一方面，创新人才引入方式，把更多熟悉新媒体的中青年优秀人才充实到关键岗位，实行更加积极、开放、有效的人才引进政策，提高广播的人才吸引力和竞争力。通过海河传媒中心不同事业部之间的内部优化，从电视、报业、网站引进紧缺的复合型传媒人才，丰富新媒体生产业态。同时，营造良好的媒体融合氛围，满足优秀人才职业发展需要，实现人才价值最大化，保持团队的核心竞争力。

① 赵永华：《媒体融合背景下传媒人才队伍建设探析》，《传媒论坛》2018 年第 24 期。

四、关于改革创新

美国之行看到的一切，都有其深厚的制度和文化背景，可以有所借鉴，不可照搬照抄。中国广播、天津广播还是要在坚持党性原则，确保舆论导向正确的基础上不断深化改革，探索有中国特色的传统媒体与新媒体融合的现代广播之路。应该加快 3 个方面的改革创新，思考如下：

（一）注重市场调查，进一步细分、调整广播频率定位，向传统广播要最大效益

天津广播在中国广播近 30 年的改革发展历程中始终立于潮头，与时俱进，目前已形成 10 套节目，拥有卫星广播，网络，移动网络的传播平台，尤其是近 10 年来，无论是新闻宣传还是事业发展，无论创优还是创收，都稳居全国一流电台行列。由于传统广播市场依然有较大的上升空间，应该追踪市场调查情况，优化传统广播的结构。缩小新闻类信息类政播频率的数量、规模，变做多为做强、做出影响；加大音乐娱乐频率的数量、进行类型化区隔，力争像相声广播那样，以较小的投入，获得较高的回报。

（二）在制播分离、新闻信息集约化运作等方面实现突破，进行流程再造

目前体制下的制播分离可以以渐进方式进行，尝试节目和新闻运作的不同改革。

节目内容生产方面可以有几个方向选择：一是建立每年节目的评议制度，设定淘汰率，不合格的编播人员离岗培训；二是试点成立新的节目工作室，合并目前 3 个以上同类节目中的两个，试行中等规模的制作模式（高于目前节目的投入），与频率剩下的同类节目一起实行招投标制，形成竞争；三是成立新制作公司，在原来基础上扩大谈话节目的制作能力和水平，面对台内台外，线上线下两个市场进行内容生产。总之，要在目前频率负责制的基础上加大竞争，避免同质内容重复生产，形成淘汰机制，激发活力，提升水平。

新闻资讯的集约方面：可以在现在的新闻协调机制下，尝试让记者独立于频率，先成立多媒体记者中心，提高新闻的影响力和传播力。由多媒体记者中心向频率新闻节目和网络、社交媒体发稿。这一改革主要是要再造流程，进行标准化作业，延长内容生产链条。形成一次采集、集成的同样内容，经过平台的加工制作，不仅以传统的调频、中波进行播出，还要以不同形式，在微博、微信、手机客户端、网络上发布、传播、互动、再发布。具体说，从采集的第一环节就应该是多媒体的采集，不仅有录音，还应有图片，甚至必要时有短视频等信息。在审稿环节，文字、音频、图片应伴随始终，最后是多平台共享发布。这必须改变我们现有的，习惯的工作方式。

（三）确立并实施“一体多维”的媒体融合发展战略，建设现代主流广播传媒

天津广播应该树立媒体融合的战略，变单一的，线性的，可互动的广播（radio）单位，为生产包括传统广播业务在内的智能音频（audio）机构。音频生产从源头就开始产出既能在 AM 和 FM 播出的产品，也能进行非线性传播的、可切割组合的、可进行数字网络播放的、可通过社交媒体互动传递的、可进行智能音箱互动的、可进行后台大数据分析的产品。

新的媒体平台应包括数字化的多媒体内容生产平台，媒资库，统一的跨媒体的传统广播、互联网、移动互联网、智能音箱的播出系统和发布系统。目前，天津广播做了一系列初步的转型布局，但离真正有影响力的现代主流媒体目标，还有很远的路要走。

总之，与美国广播相比，中国广播有着巨大的成长空间，中国广播、天津广播有能力完成战略转型，由广播的跟跑者、并跑者，最终进入领跑者的行列。

从听众细分到频率细分

——谈国外广播电台的转型

张　彩

主讲人：张彩，中国传媒大学新闻学院，广播新闻教研室教授、博士生导师。此文根据2014年6月21日讲座内容整理。

从业界比较认可的1920年美国KDKA广播电台开播算起，广播已经沉淀了百年的历史。广播诞生之前，大众报纸已经成为媒体市场当之无愧的“巨头”。也就是说，当我们把时间回溯到20世纪20年代时，广播人就如同今天看到的自媒体人一样，是货真价实的“新媒体人”。在近百年的发展历程中，广播从新媒体壮大为大众媒体，进而演变为传统媒体。换句话说，如果从历史的维度回顾广播的成长，可以形成这样一条线索：作为新媒体的广播——作为主流媒体的广播——作为传统媒体的广播——走进融媒体的新广播。

一个根本问题一直需要不断解释、丰富，那就是“什么是广播”。截至目前，对广播声音的表现规律、听觉特性及其感知作用的基本认识，仍然是研究中比较薄弱、有待开发的领域。对听觉符号感官性质的理解和挖掘以及如何理解声音；听觉作为一种知觉活动如何形成意义认同……诸如此类问题。广播的优势本质上应归功于作为载体的“声音”的优势，这也是广播“成为”广播的根本。这也将决定我们对未来融媒体广播的基本态度。我们在研究中应当存在这样一个方向：从听觉入手，扩展到全媒体领域。我们所观察到的媒体融合发展，实际上也正是各媒体从单一感观媒介发展成为复合感观媒介的过程。在此过程中，广播重新寻找自己在整个融合系统中的位置，实际上也就是广播通过发挥听觉优势、坚守声音使用规律，让听觉流有机地融入整个知觉系统。听众的行为实质上就是“听觉”在融媒体环境下人的知觉重组，而且是一次全面的“知觉重组”。

发现广播理论研究的逻辑原点，便于我们向新的方向出发，也正是广播理论研究从“自然进化”走向“自觉进化”的开始。笔者认为，以案例分析为基础的实证研究是将“自然进化”推向“自觉进化”的重要手段。在案例研究的实现途径上，节目文本研究将是一个高效可靠的探索方法。

目前，广播内容生产层面，已逐步呈现“多信源采集、多媒体编辑、多平台分发”的“三多”特征。广播经营层面，已出现“受众用户化、内容市场化、终端平台化、营销数据化”的“四化”特征。广播受众层面，终端多样化让受众的收听行为派生出“居家收听”“移动收听”“车载收听”等多种样态。广播如何在收听场景日益多样，场景叠加与场景切换日益无缝化、智能化中提高用户体验和黏性，建立新的商业模式成为关键。

世界广播百年开始于美国广播，美国广播在互联网如此发达的情况下依然长盛不衰，且声音的融媒体产品不断呈现。下面的讲座的内容虽然是基于5年前美国广播的信息和数据和实例分析，尽管发生了Pandora去年被美国的卫星广播公司兼并等新情况，但基本格局并没有大的改变。讲座的分析和判断依然有助于中国城市广播兼收并蓄，在拥有的最庞大听众（用户）市场中，走出一条创新的康庄大道。

一、美国广播市场的现状

（一）收听数据

英国通讯事务管理局2012年9月做了一个成人每周至少一次收听广播比例的调查数据，欧洲国家收听广播的时间普遍比美国多，德国在所有调查的9个国家中处于首位，每周至少收听一次广播的成年人比例高达79%，美国是74%，而在中国的比例是44%，日本最少，只有37%，日本就是广播收听的状况不好，但是日本的广播人是所有国家的广播人里面最勤奋、最努力的，点子也是最多的，有很多好的创意，所以说，我们国家广播的发展还有非常大的提升空间。

通过便携媒体播放设备收听音乐，包括手机。这块是通过高保真系统，音响系统，HiFi 系统然后收听音乐，这就是收听传统广播的比例。

阿比创 2012 年对美国 12 岁以上 3 大媒体的接触情况的统计，广播的接触率非常高，互联网包括移动互联网接触率也非常高，美国现在的广播趋势就是移动中的广播。实际上手机改变了社会，因为生活充分移动化了，移动技术蓬勃发展给美国广播带来最大的一个机遇就是移动受众不断增加，有一句话叫“radio to go”，就是“行走中的广播”，受众的移动化带来了媒体的移动化。那么移动受众喜欢接触哪些广播媒体？根据阿比创的统计数据，排在第一位的就是潘多拉。根据阿比创 2013 年对美国的智能手机用户做的音频 App 下载的统计，第一个就是潘多拉。第二个是美国最大的广播公司——清晰频道，他推的一款数字音频的应用排在第二位。美国广播清晰频道说 2003 年比 2002 年的收入大涨，大涨主要的原因就归功于这款 App 的应用。

美国的潘多拉电台是全球最大的网络电台，类似于我们国家的豆瓣，它 2000 年成立于美国奥克兰，是一家根据听众的收听音乐的偏好来传递音乐的互联网广播。它根据听众收听音乐的 480 项特征，包括旋律、和声、节奏、形式、作品、歌词等，对歌曲的音乐结构进行分析，形成音乐基因组，为用户提供音乐搜索、点播，提供高度个性化的服务。

根据潘多拉 2013 年 1 月的财务报表，它有两亿的注册用户，月活跃用户是 7600 万，2012 年收入是 4271 亿美元，它的盈利模式就是广告和会员费，会员费一年 36 美元，广告才是它最重要的收入来源。

由此可见，潘多拉已经是一个移动互联网公司了。因为音乐版权的限制，潘多拉以前只在美国本土播出，现在澳大利亚、新西兰都可以听到，所以潘多拉网络电台的强劲势头主要是得益于美国这些移动用户中的一部分人的使用。所以美国使用智能手机的这些广播听众越来越变成广播的用户。大家知道，广播与电视是不同的，电视与移动互联网，我们更认为它是一个互相代替的关系；而广播与互联网更是一种互补、融合的关系。在美国有一句话说："我们有必要在移动互联时代，把广播受众当作移动互联的用户来看待。"

（二）广播与互联网的互补性

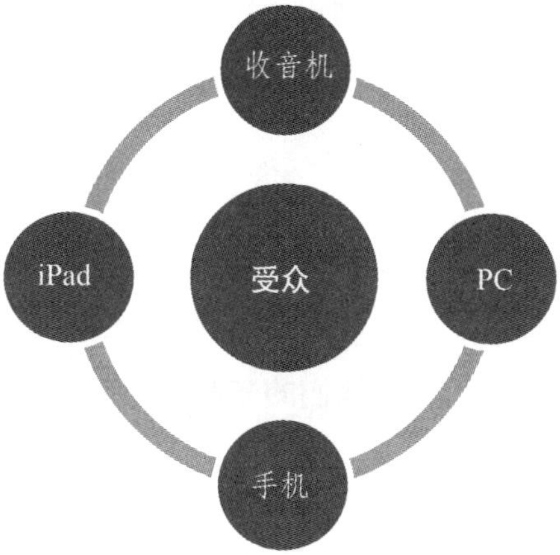

图 1

这个图 1 是美国一个老师画的，我翻译了一下，他说如果我们孤立地来看广播与受众的关系，那么受众对广播，比如说对 radio、PC、iPad、手机接触都是平行的，发生相同的关系，从表面上看都是四分之一，都是占 25%，但是手持终端的不同一定会影响和建立广播与受众的全新的关系，我是用 PC 听？还是用 iPad 听？还是用手机听？还是用传统收音机听？这就是建立一种全新的关系，就变成用户在使用任何一个终端的时候都可以把广播和其他的媒体融合在一起，所以广播原来的那种固有的属性，就是移动收听、伴随收听被移动互联的技术扩展到一个更大的空间，广播受众变成移动互联的用户，在美国潘多拉是起到了最大的推动作用，同时广播受众变成了移动互联的用户以后，那么这些用户将成为推动广播发展的新的动力。

这段话是什么呢？就是说这家研究中心认为在媒介市场成为买方市场之后，用户决定着哪些内容以哪些方式呈现，媒体业的未来属于那些既懂得公众不断变化的行为又能准确投放内容，并将广告按每个用户偏好投放的人。他是强调了这一点，用户决定着哪些内容以哪些方式，未来以哪些方式呈现，这是未来的一个趋势。那么我们看到了美国的广播在新媒体背景下，传统广播的这样一个现状，就是潘多拉对他的影响很大，还有很大的一些音频 App。

阿比创 2013 年的总结调查数据里面也在讲，92% 以上的人每周平均收听广播一次，约有 90% 的人是通过无线电广播、卫星广播、互联网等多种形态来收听传统广播。

（三）收听习惯

阿比创 2013 年的年度调查数据，在收听方式上，在家中和汽车里收听广播直播节目的传统收听方式是最多的，达到 58%，因为广播的陪伴性。广播被大多数美国人普遍收听，无论他们的年龄、性别、种族、教育、收入有着怎样的不同，无论是高端还是少数族裔的，还是年轻人，他们都偏爱收听传统广播。第二个是听 CD15%，然后是 MP3、卫星广播，HD 就是数字广播只有 4%，数字广播在美国最近这些年推得一直都不是特别好，因为美国的政府有规定，就是电视必须是哪一年完全转数字，但是广播他没有要求，很多商业台认为转数字太贵，所以数字广播在美国发展一直不是很好，数字广播发展最好的要去英国，英国数字广播是全世界的领头羊。美国人在车中更多的选择还是收听 AM、FM radio。

那么美国人工作的时候通过什么途径收听广播？实际上经过调查统计，也是传统广播，占到 62%，19% 是通过电脑网络，14% 是智能手机，所以传统广播在美国仍然是主要的收听方式。还有一项统计表明，受众在购物前半小时，大多数人在收听传统广播。而且购物前半小时收听的传统的 AM、FM radio 以后，与他后面的购物行为和餐饮行为是有关联的，就是很多人是听了广播，通过广播的推荐，然后去选择哪家商店、去哪家餐厅。

我们再看一下这个图 2 所示，购物前重度电视收看者和重度网络用户也更多地收听传统广播，就是喜欢看电视的人也是听 AM、FM radio，喜欢上网的人也是喜欢听 AM、FM radio。

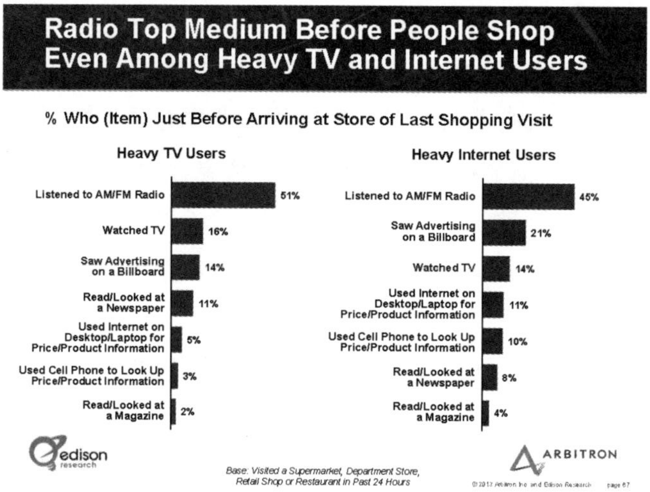

图 2　购物前，重度电视收看者和网络用户也更多收听传统广播

还有个调查：你是使用哪种媒体了解最新音乐的动向？传统广播占到 78%，通过朋友、家庭的介绍占到了 73%，还是传统广播主打。

实际上从这几项调查我们看出来，传统的收听方式仍然是主流。美国是广播大国，世界广播的两大模式中的一条是美国走出来的，另一条是日本走出来的。

我给大家介绍一下美国传统广播怎么走出来的，它走的哪条道？实际上就是这条——从听众细分到频率的细分。这是美国走的一条道。日本完全跟它不一样，这两大模式影响着世界各个国家广播的调整。

世界上第一座正式的广播电台叫 KDK，是开播在美国的，它 1920 年 10 月 2 日开播，标志着世界无线电事业的一个开端。美国实际上一直引领着世界广播的动向，从 20 年代它的谈话节目到《炉边谈话》，它的黄金时代是二战，二战结束以后，在电视出现之前，它还有一段黄金时段，但是因为美国的商业电台最多，都是私人资本运营，商业化程度很高，电视的出现对它打击是最大的，广告费急剧减少，商业化程度高的国家，电视的出现对广播的打击更大。欧洲不是这样，欧洲就是 BBC 主导的欧洲大陆的公共广播的模式，所以广播的调整并没有在欧洲起步，而是在美国开始的。当时广播走到了低谷，怎么办？1955年开始，掀起了“再认识广播”的运动，调整的措施就是走类型化的道路。美国当时是世界上广播调整最积极的国家，欧洲不是，欧洲收点税、收点收听费就行了，英国的商业电台是1973年才开始播出的，所以导致了所谓的“海盗电台”，为什么“海盗电台”诞生在欧洲而没有诞生在美国？就是公共体制导致的，公共体制也导致了美国的大众流行文化比欧洲整体起步要早。

二、从听众细分到频率细分：美国广播模式

（一）10年间美国广播类型化的进程

美国走了类型化的道路，提出了听众的细分，类型台是在20世纪60年代走出来的，1986年发展到16种，2000年以后有70多种类型，达到了一个顶峰，一家电台以一种专业节目类型取胜，虽然有几十种类型，但是真正最有影响的也就那么20来种。

2014年美国广播广告局RAB统计，商业电台从1943年的960家，一直到2013年达到10867家。那么这10867家里面哪种类型占的比例最大呢？第一位还是country music，就是乡村音乐；第二位是谈话，新闻谈话；第三西班牙语；第四体育。

我给大家比较一下2003年的数据，第一个也是country台。

2003年排行前13的类型和数量

1. Country 乡村 2134
2. News/Talk 新闻/谈话 1762
3. Oldies 老歌 816
4. Religious 宗教 734
5. Adult Contemporary 当代成人 708
6. Spanish 西班牙语 695
7. Contemporary Christian 基督教 564
8. TOP40 排行榜 504

9. Variety 综合 463

10.Hot adult Contemporary 热门当代成人 404

11.Sports（391）体育

12.Classic Rock 经典摇滚 382

13.Classic Hits 经典金曲 262

2013 年排行前 13 的类型和数量

1. Country 乡村 2014

2. News/Talk 新闻 / 谈话 1497

3. Spanish 西班牙语 827

4. Sports 体育 711

5. Classic Hit 经典金曲 665

6. Adult Contemporary 当代成人 603

7. Oldies 老歌 577

8. CHR - Contemporary Hits（Top 40）成人金曲 575

9. Calssic rock 经典摇滚 484

10. Hot AC 热门当代成年 422

11.Religion（Teaching，Variety）宗教 345

12.Rock 摇滚 298

13.Adult Standards

这 10 年间，美国商业电台排名前 13 的广播类型以及数量发生了很大变化。第一、第二还是 country 和新闻谈话。第三位，10 年前是老歌，10 年后的今天是西班牙语。第四位是体育，10 年前体育是第 11 位，有 391 家电台，现在上升到 711 家。第五位是经典金曲。老歌变到第七位。

（二）西班牙语广播

我先讲一下西班牙语广播，10 年前的第六位升到了现在的第三位。大家知道历史上西班牙移民和后续不断的拉美裔的移民，他们主要居住在美国的南方，墨西哥人、委内瑞拉人、秘鲁人、智利人、尼加拉瓜人等。

2000 年，在美国的拉美裔人口超过了非裔，成为少数族裔的第一大人口，西班牙语成为英语外的第二大语言。全美 70% 的拉美人都居住在德克萨斯、加利福尼亚、新墨西哥、佛罗里达等州，有很多西班牙语广播为这些人服务。

这里有一家区域性西班牙语广播网的节目表（表 1）。这家广播网给这 6 家电台提供节目，还拥有自己的卫星，它叫“双语广播”，服务美国、墨西哥近百个拉美社区，专门制定广播节目，拉美浓郁风格的音乐，还有非常温馨的表达。不少电台发现西班牙语广播收听率会上扬，所以就转型了。

表 1 Radio Bilingüe's 节目表

<table>
<tr><th>时刻</th><th colspan="2">周一至周五</th><th>周六</th><th>周日</th></tr>
<tr><td>0：00</td><td colspan="2" rowspan="3">老歌金曲</td><td rowspan="5">手风琴民谣、拉美民歌</td><td rowspan="6">手风琴民谣、拉美民歌</td></tr>
<tr><td>1：00</td></tr>
<tr><td>2：00</td></tr>
<tr><td>3：00</td><td colspan="2">热线电话咨询节目（重播）</td></tr>
<tr><td>4：00</td><td colspan="2" rowspan="2">墨西哥流浪乐队歌曲</td></tr>
<tr><td>5：00</td><td rowspan="4">手风琴民谣、墨西哥北方音乐</td></tr>
<tr><td>6：00</td><td colspan="2" rowspan="3">墨西哥流浪乐队歌曲导听</td><td rowspan="4">拉美民歌、浪漫民谣</td></tr>
<tr><td>7：00</td></tr>
<tr><td>8：00</td></tr>
<tr><td>9：00</td><td colspan="2">手风琴民谣、拉美民歌</td><td rowspan="8">拉美流行乐、爵士乐、乡村音乐</td></tr>
<tr><td>10：00</td><td colspan="2" rowspan="2">社区通告：育儿服务、社区预警</td><td rowspan="4">移民工人打电话问侯在墨西的亲人</td></tr>
<tr><td>11：00</td></tr>
<tr><td>12：00</td><td colspan="2">热线电话咨询节目、脱口秀</td></tr>
<tr><td>13：00</td><td colspan="2">美国、墨西哥及世界新闻</td></tr>
<tr><td>14：00</td><td colspan="2" rowspan="2">手风琴民谣导听、墨西哥北方音乐</td><td rowspan="3">美国南部音乐、巴西音乐</td></tr>
<tr><td>15：00</td></tr>
<tr><td>16：00</td><td rowspan="3">加勒比音乐、拉丁音乐</td><td rowspan="3">周四是法律知识普及
周五是青年人</td></tr>
<tr><td>17：00</td><td rowspan="3">拉美音乐，歌词表达政治愿望</td><td rowspan="2">流行音乐、社会公共事</td></tr>
<tr><td>18：00</td></tr>
<tr><td>19：00</td><td rowspan="2">墨西哥流行乐、浪漫</td><td rowspan="2">周五是面向年轻人的摇滚乐</td><td rowspan="5">非洲音乐、拉美爵士、嘻哈、世界音乐</td></tr>
<tr><td>20：00</td><td rowspan="4">非洲音乐、拉美爵士、嘻哈、世界音乐</td></tr>
<tr><td>21：00</td><td colspan="2">热线电话咨询节目（重播）</td></tr>
<tr><td>22：00</td><td colspan="2" rowspan="2">老歌金曲</td></tr>
<tr><td>23：00</td></tr>
</table>

（三）体育台

体育台在很多国家收听率都特别好，体育台在美国是一个上升趋势，10年间数量翻了一番。美国因为有特别多成功的职业联赛，不光有橄榄球，还有棒球、篮球，而且美国大学的体育联赛也特别多，大学体育联赛不亚于职业联赛，它有丰富的体育内容支撑着体育电台的发展。

体育节目主持人熟知各项体育项目相关的赛程、各项的赛事知识、专业术语、裁判规则，我在佛罗里达州坦帕的时候，特别喜欢听一家谈话台的体育节目，就是因为那个主持人可以说 3 个小时的不同的球类，一会儿说明星，又有八卦，又有专业，运动员以往、现在的动态等，从一个节目里你可以获得丰富的体育信息，而且是轻松愉快的收听体验。

（四）成人标准台

成人标准台，10 年前没上榜，10 年以后处于第十三位，这个成人标准台是什么台？从年龄构成看，听这个台的 65 岁以上的人占到了 49.83%，55—64 岁是占 20.21%，听众是在摇滚时代到来前就已经成人了，是成熟的成年人，所以叫“成人标准”。

我找了一家电台的节目表，看出来，实际上它还是经典怀旧音乐台，经典怀旧音乐加上时事、钓鱼、人物访谈、宠物、饮食这样一类的构成。“成人标准”电台数量的增加实际上标志着美国广播受众逐渐老龄化的现实。老龄化是全人类面临的一个共同课题，有一句话说得好：“一场寂静的人口革命，它将彻底改变社会结构，促使媒体变革。”美国老龄化程度在西方发达国家里面是最轻的，最重的是日本。

下面我结合我在佛罗里达州坦帕（Tampa）的考察情况，给大家介绍一下美国广播的类型化。佛罗里达州在美国的最南边，墨西哥人特别多，坦帕这个城市市区人口是 34 万，城市群人口是 270 万，城市群人口包括旁边的 Saint Petersburg 还有 Clearwater。为什么选这个城市？有一所大学叫南佛罗里达大学，南佛罗里达大学是一所没有名气的大学，但是它的传播系特别强，它的两届系主任都是美国传播协会的会长，我是慕专业而去。这个城市是典型的美国南部城市，军人很多，伊拉克前线总指挥部就在这个城市，而且 AC 尼尔森的总部在这个城市，也是 IT 业很发达的一个城市。

我们看一下这个小城市，它的 FM 台有这么多，这是 FM 台，它(表 2)基本全是类型化的。

表 2

电台呼号	电台频率	电台类型
WMNF	88.5FM	Variety（综合台）
WYFE	88.9FM	Religious（宗教台）
WUSF	89.7FM	Public Radio（公共台）
WBVM	90.5FM	Religious（宗教台）
WKES	91.1FM	Religious（宗教台）
WYUU	92.5FM	Spanish（西班牙语台）
WFLZ	93.3FM	Top-40(前 40 首上榜歌曲台)
WSJT	94.1FM	Smooth Jazz（柔和爵士乐台）
WWRM	94.9FM	Adult Contemporary（当代成人音乐台）
WBTP	95.7FM	Hip Hop（嘻哈音乐台）
WSUN	97.1FM	Alternative（另类音乐台）
WXTB	97.9FM	Rock（摇滚乐台）
WLLD	98.7FM	Hip Hop（嘻哈音乐台）
WQYK	99.5FM	Country（乡村音乐台）
WMTX	100.7FM	Hot AC（热门当代成年音乐台）
WPOL	101.5FM	80’s Rock（80 年代摇滚音乐台）
WHPT	102.5FM	Classic Rock（经典摇滚音乐台）
WFUS	103.5FM	Country（乡村音乐台）
WRBQ	104.7FM	Oldies（老歌台）
WDUV	105.5FM	Adult Contemporary（当代成人音乐台）
WXGL	107.3FM	Classic Hits（经典金曲台）

在这里说明一下，美国的电台不是以 K 打头的就是以 W 打头的，这是美国 20 年代相关法律规定的，以密西西比河为界，以东 W 打头，以西 K 打头。像这个就是 W 打头，这里面收听率最高的就是 WFUS 103.5FM，是一家乡村音乐台。在美国什么人是听乡村音乐的呢？red neck 的人，就是“红脖子”的人，“红脖子”的人就是干活把脖子晒红了，就是蓝领，是它主要的听众群体。这家台瞄准了它的主要听众群体来做宣传。比如，坦帕这个城市有一个球队叫巴肯尼尔球队，这个球队曾获得过美国橄榄球联赛的冠军，喜欢看橄榄球的美国人是什么人？就是 red neck 的人。橄榄球比赛的前一天，那些人就开着车从佛罗里达各个地方来支持这个球队，开着车来，好朋友或者一家一家地在那儿住，在那儿弄饭吃，就为了看第二天的比赛。所以，这家电台就跟这家球队捆绑在一起推广，凡是有这家球队的比赛，就会有这家音乐台的 Logo 在，橄榄球队比赛的时候，那个屏幕上全是 103.5 的广告。喜欢收听它的是 red neck 的人，然后橄榄球主要的爱好者是 red neck 的人，所以这两个就捆在一起。

（五）谈话台

坦帕的中波电台（表 3）收听都挺好，这家 1250 AM 台就是这里面收听率最好的，是一家谈话台。

表 3

电台呼号	电台频率	电台类型
WTBN	570AM	Religious（宗教台）
WDAE	620AM	Sports（体育台）
WRMD	680AM	Spanish（西班牙语台）
WLCC	760AM	Spanish（西班牙语台）
WMGG	820AM	Spanish（西班牙语台）
WGUL	860AM	Talk（谈话台）

续表

电台呼号	电台频率	电台类型
WTWD	910AM	Religious（宗教台）
WFLA	970AM	News/Talk（新闻/谈话台）
WQYK	1010AM	Talk（谈话台）
WWBA	1040AM	Talk（谈话台）
WTIS	1110AM	Religious（宗教台）
WTMP	1150AM	Urban contemporary（当代城市音乐台）
WHNZ	1250AM	Talk（谈话台）
WQBN	1300AM	Spanish（西班牙语台）
WTAN	1340AM	Talk（谈话台）
WWMI	1380AM	Children’s（儿童台）
WHBO	1470AM	Sports（体育台）
WXYB	1520AM	International（国际台）
WAMA	1550AM	Spanish（西班牙语台）
WRXB	1590AM	Urban contemporary（当代城市音乐台）

这家台收听率最好的一档节目就是《杜克与医生》。

太太：Jan ——畅销书作者，对减肥、营养等领域非常熟悉，会在节目中提供很多建议。

丈夫：Duke——经营一家健康食品的公司。在节目中主要负责平衡节目表现力，充当热心听众角色，将晦涩医学知识用听众接受的语言解释清楚。本人对于预防各种疾病有一定的研究。

节目寓教于乐 。“有趣、有用”。

早上 9 点到 11 点，就是这夫妻俩的节目，它是全美收听率最高的健康类节目。它是买来的，日常健康、营养、无脂饮食、无副作用的减肥，解答问题、普及健康知识，听了很过瘾，它随时都有互动，两个主持人多才多艺，配合默契，都是专业人士，侃侃而谈。节目成功的精髓是什么呢？用他们的话翻译过来，就是“节目内容深深嵌入听众的生活”。这就是节目成功的精髓！

这个节目是 1993 年开播的，我们在研究日本、美国、英国这些广播大国的节目时，就发现了有很多叫“常青树”节目，像日本有些节目 1967 年就开始播，一直播到现在，英国更多了，英国有 20 世纪 40 年代的节目播到现在，他们都有意持续培育这个“常青树”节目。

《中国好声音》一夜爆红，但是一档广播节目要靠长年累月的播出，广播节目就是一个费时费事的孩子，它跟电视的节奏是完全不一样的，有一种说法就是“广播是中药”，这句话是不是就是说广播节目不是一开始播出就能体现出效果来，而是像通过中药改善体质一样，需要慢慢渗透，这些广播大国的一些广播收听率都是依靠长寿节目来维持提高的。

电视节目的生命力在于不断地推陈出新，广播不应该是电视这样的节奏，改版的理由应该根据听众的生活形态来进行。现在我们去一些台，一些节目几年后就没了，把原来培育起来的听众可持续发展的生活形态给割裂了。所以广播跟电视是不同的，广播节目的主持人与听众之间的信赖关系的培育是需要时间的。但是这些“常青树”节目题目没换，它内容仍然是主打健康，有的节目 1967 年播出到现在也没换题目，但它里面的内容和环节都做了一些创新和优化。

（六）类型台案例一：老歌台

我结合美国类型化广播的特点给大家介绍一下老歌台。

类型化的台节目表有一个特点就是特别简单。这家台 KLOU（表 4），我选它的一个主要原因就是：它是网上某一年收听率最高的地面老歌台。

表4 老歌台 KLOU（周一至周五）

"My Life，My Music"

播出时间	节目名称	主持人
0：00—5：00	Music（音乐）	Joe Sonderman（乔·索德曼）
5：00—9：00	The More Music Morning Show（早间音乐秀）	David Craig（大卫·克雷格）
9：00—12：00	The Show House（秀之屋）谈话＋音乐	Julie Buck（朱莉·巴克）
12：00—14：00	Music（音乐）	Mike Thompson（麦克·汤普森）
14：00—18：00	Rock and Roll（摇滚乐）	Paul Arca（保罗·阿卡）
18：00—0：00	Music（音乐）	Dodie Rahlmann（多提·莱尔曼）

这家台位于密苏里州的圣路易斯市，它是103.3FM，它是清晰频道下的一个音乐专业台，这家台就是清晰频道在密苏里州圣路易斯市的连锁(Chain)，或者叫加盟台、会员台。这家老歌台一天最重要的节目就是《早间音乐秀》。

美国音乐类型台的"早间秀"的重要性

音乐类型电台的节目运作策略和运作结果可以用"3 M＝M"来概括。即：

Music（准确音乐类型定位）＋ Marketing（市场营销）＋ Morning Show（成功的早晨节目）＝ Money（广告收入）

去英国你会发现英国早晨起来听BBC的人特别多，所以在英国有一句话："早晨接触媒体第一就是广播。"在美国，即使是音乐台，也要办一档包括新闻、大量信息、各种资讯、天气、交通、服务这样的一个早间版块节目，主要面向上班族的早晨，而大多数的电台都会用品牌节目拉起频率收听的高点，所以这个早间节目很重要。因为下午那段新闻就少了一些，到了晚上基本就是音乐，就是回归其忠实听众，晚间的节目更聚焦它的核心听众。

我们看到 NHK 做的调查，说人们早间最想获得的信息和嵌入信息是什么？个人兴趣最高、重要度最低是占卜，就是算算你今天的运气、你的星座。重要度高、个人兴趣高是：交通信息、天气、时间，这条信息对我和我家人有什么不好的地方？或者有什么关联？几点了？下雨吗？交通顺畅吗？这条信息对我有用吗？所以这些嵌入信息在节目中是非常重要的，人们上班或者上学前就可以获得。所以我们也就理解为什么音乐专业台，早间节目对他们这么重要，对音乐电台也这么重要。

我最近听到一句话："广播不是新闻媒体，广播是生活媒体。"我特别认同。说到底，做新闻媒体的中国就一家，就是《中国之声》，其他的新闻媒体都应该主打服务。我去郑州台，郑州台的台长跟我说，他们郑州的新闻频率在整个郑州地区是收听率最高的，就是主打服务，别人找不到的东西他们郑州新闻广播一定能找得到，找人、找东西一流！

你们去美国的 1010Wins 电台，就会感觉到这家电台就是一个生活媒体，不是一个新闻媒体。1010Wins 仍然是纯新闻台，但是它主打就是为生活服务的，给人提供新闻信息，一句话的新闻或者解读介绍新闻跟生活是不矛盾的。所以早间版块他们注意了什么问题呢？就是嵌入信息，然后注意了什么呢？注意了听众在听和倾听之间的一个转换，那么这个听和倾听之间靠什么呢？靠主持人的评说和串讲。

还有一个特点就是与听众互动的较少，因为早间是战斗的清晨，人们 40 分钟要完成那么多的事，我看了一个《生活动态调查》，上班族一般是从起床到离开家门要有 40 分钟，起床、如厕、刷牙、洗脸、看报、吃饭，要有 7 种动作，所以早时间段是有强烈生活节奏感的一个时段，让听众深度参与是困难的，所以这个时间段不用太强调互动。

麦克卢汉在《理解媒介》里面说有一段话："新闻公报、时间信号、交通数据，尤其是天气预告，现在都有助于增加广播使人联系的固有的力量。天气是使所有人都同样卷入的媒介，它是电台的首要节目，它像喷泉一样，把听觉空间和生存空间连在了我们身上。”

我们从两个方面理解这段话：一是从应急这个公共服务视角来看，广播从一个娱乐的媒介转变成一个中枢信息的系统；二是告诉我们如何去看待广播的内容。所以说对任何一家电台来说，准确的早间天气信息都是非常珍贵的财富，特别是在黄金节目的时段里面，电台需要使用专业的气象服务来赢得可信度。1010Wins 早间时段的新闻，出女声的时候就是它的交通信息了，出女声的时候任何的垫声、衬音都没有了，然后就是气象专家来解读气象信息。

日本怎么播天气和交通、路况的？都用女生，因为女声比男声清晰度要高，听觉上的辨析度也高，有的时候还播两遍。就是让人听清楚。

老歌台听众定位：“婴儿潮”

继续来介绍老歌台。老歌台的受众都是些什么样的人？就是 55—65 岁的人，就是“婴儿潮”的一代。美国二战之后出现了一个生育的高峰，1945 年至 1964 年的 20 年间，美国有 7800 万人出生，这一代人被美国称为“婴儿潮”的一代，他们的特点与美国的上一代人、上几代人是不同的。他们比较喜欢时尚，比如说流行乐、牛仔文化都是他们来创造的。他们不会温顺地步入老年，特点就是唯我，个性很张扬。老歌台有一句话说：“如果向婴儿潮一代推销产品，就要远离年龄这个词。”在美国你要说两个字他认为你是骂他，一个是“胖”，一个是“老”，他要你尊重他，但是实际年龄在那儿摆着呢，是吧？你就是老了嘛！所以对“婴儿潮”一代，要使年老成为一个不断体验和求知的一个概念。

我们看一下，一家老歌电台网站上登出来选歌的名单：

阿巴组合（ABBA）：瑞典的四重唱组合，成立于 1973 年。迄今为止 ABBA 是世界最受欢迎的流行音乐组合之一。

甲壳虫

诺拉·琼斯（Norah Jones）

狄昂·华薇克（Dionne.Warwick）：美国著名黑人女歌手，对走过 20 世纪 60、70、80 年代的人而言，永远不会忘记她的“*I'll Never Fall In Love Again*”（我不会再坠入爱河）、“*That's What Friends Are For*”（朋友的意义）等脍炙人口名曲。

达丝蒂·斯普林菲德（Dusty Springfield）：英国著名女歌手，1939 年出生于伦敦。在 20 世纪 60 年代成名，与披头士一起风靡美国。

弗兰克·辛纳特拉（Frank Sinatra）：出生于 1915 年，是《时代》选出的 20 世纪美国最具影响力的艺术家。他的歌是美国老乐迷心中永恒的歌曲。

莫琳·麦克高文（Maureen McGovern）：乡村女歌手，经典情歌“*A Love Until the End of Time*”（直到时间尽头的爱）是世界范围内传唱的歌曲。

汤姆·琼斯（Tom Jones）：1940 年出生于威尔士，是与猫王同时代歌手。近年来，他与年轻音乐人合作，使他获得一些年轻歌迷的喜爱。

托尼·本奈特（Tony Bennet）：1926 年出生于纽约，是 20 世纪美国巨星级男歌手，受到了出生于 20 世纪五六十年代全球歌迷的喜爱。经典曲目有“*The Good Life*”（美好的生活）、“*Smile*”（微笑）等。

还有船长与坦妮尔（Captain & Tennille）、珍梦海（Jane.Monheit）等。

我们看它的选曲的范围是非常广的，克林顿是最喜欢弗兰克的，还有诺拉琼斯、甲壳虫、阿巴组合，还有好多。虽然说老歌台“婴儿潮”的人的特点就是会使“年老”成为一个永远不断追求快乐与健康的这么一个词语，那他们为什么还如此怀旧呢？他们自己说了：“怀旧是一个正面的词义，跟乡愁不是一回事。”他们认为怀旧是正面的自传式的记忆，无论 7 岁还是 70 岁，都有怀旧情结，都能从怀旧中获得成熟的体验，更重要的是在怀旧的过程中，人们的身心拥有了无法估量的通畅、滋润的快乐。

老歌电台一般都播放这些老歌，然后还有什么呢？翻唱老歌。在美国，音乐的沉淀和音乐的种类是非常丰富的，对翻唱也特别有传统，所以一些美国的歌手一旦到了一定的地位，他才会开始翻唱一些前辈艺人的经典作品，前辈的人会视为一种身份。就是老歌台有很多翻唱的歌曲，不同人翻唱不同的歌曲，更能显示歌曲本身蕴藏的多种感受。

美国老歌台的“非老年化”表现

美国的老歌台的呼号，都是有一些非老年化表现的，它要适应“婴儿潮”这一代人的诉求，就是不能说我们老！我们是很酷的一代！所以它没有明显地说年老，没有说“你好老人家”“桑榆情”还有“夕阳红”……它努力避免了。他们使用的呼号和栏目名称有“永恒的音乐”“全天的最爱”……所以老歌台的非老年化的这种表现，折射着美国的一种社会文化，在节目编排、内容、构成、情感上去迎合“婴儿潮”的听众。

音乐台最重要的就是它是怎么编曲的？同样的曲子为什么经这个 DJ 的手出来就这么好听呢？别人编出来就这么不好听呢？日本有一个 DJ 跟我说过，我说你怎么成为日本著名 DJ 的？他说他给老 DJ 光搬黑胶唱片就搬了 5 年，我就看着他一张一张唱片给他搬，我就整天盯着他怎么选曲，他就慢慢成长起来了。我说你是学音乐出身吗？他说不是。他爱好音乐，真正学音乐出身的并不一定能够成为好的 DJ，你那个 sense（感觉）要培养，所以他现在成为一个日本著名的 DJ。

因为大家收听音乐的渠道越来越多元化，音乐台也面临着将来音乐广播会不会消失的局面？大家都去听 Mp3、CD，以后车联网就更方便了，放一个 iPad 听就行了，使用电脑编程，谁还听你的广播？那么音乐广播的价值在哪儿？有一个广播人说的话特别好：“电脑编程永远没有人的感悟思想、语言的温度在里面。”无人驾驶状态的音乐，很容易失去忠实的广播听众。即使简单说几句话也要让听众知道你是主持人在陪伴，而不是只有音乐在陪伴你，这是很重要的，这就是广播音乐台，你要是全都电脑编程播，你就败给了 CD 和 Mp3。

我们国家“婴儿潮”的一代就是跳广场大妈舞的一代了，1962 年至 1973 年有 3 亿人出生，我们怎么去迎合他们？怎么去引导他们？我觉得特别重要。

（七）类型台案例二：新闻 / 谈话台（这种古老且悠久的节目形式每年都有较好的收听率）

我介绍一下数量排行第二的新闻谈话台，在美国新闻谈话台主要有两大类：一类就是全新闻模式的。最典型的就是 1010 Wins 电台，24 小时不间断播出。全新闻电台是时事的驱动者，具有普遍性，就是播一些简要新闻、天气、气象，谈话台就不一样了，它是意见的驱动者，具有强烈的个性在里面。主持人轮番上阵，与听众互动讨论各种话题，引人入胜的谈话，但是它也有交通、天气；还有一类就是在这两者之间的新闻谈话电台，有一些在节目中插入体育比赛的现场报道和少量音乐片段，但是即使是这样的“混血”电台，也仍然以信息服务做主打节目，会有信息服务在里面，这就是广播的陪伴。否则，听一些谈话节目直接下“播客”就可以了，所以信息服务的随时跟进，这就是广播的生命力。

接下来我们看一下新闻谈话台，数量在10年间一直是位居第二，在美国新闻谈话台这两年发展得非常好。新闻谈话台的年龄构成——all news（全新闻台），从45岁就开始多了，最高点是45—54岁的占24.7%；55—64岁21.7%。all talk（全谈话台），核心听众也是45—54岁的人，占20.7%，然后新闻谈话就有点“混血”，最高点也是45—54岁的人，占23.5%。55—64岁的人是“婴儿潮”一代的人，也挺高的，占21.6%。这些人是全新闻台、全谈话台和新闻谈话台的主要听众。

2008年美国最受欢迎的广播节目

1. 《美国流行音乐排行榜40》——音乐节目
2. 《拉什·林堡脱口秀》
3. 《西恩·汉尼提脱口秀》
4. 《晨报》——新闻节目（NPR）
5. 《综观全局》——新闻节目（NPR）
6. 《格伦·贝克脱口秀》
7. 《马克·莱文脱口秀》
8. 《萨维奇的国家》
9. 《大卫·拉姆齐脱口秀》
10. 《劳拉脱口秀》
11. 《黛莉拉脱口秀》
12. 《尼尔·波兹脱口秀》

2008年美国最受欢迎的广播节目里面，前12个有9个谈话节目，只有3个不是，第一个是《美国流行音乐排行榜》，它就上榜了一年，唯一的原因是美国偶像的评委“毒蛇”主持了这档节目，所以它就上榜了，他不主持这个节目，节目就不上榜。

第二个，NPR 的《News》，新闻节目做到收听率高都是大台，全国性的大台。

我们再看 2011 年美国最受欢迎的广播节目（见表 5）：

表 5

Program	Daypart	Weekly Listeners in Millions
1. The Rush Limbaugh Show	Midday	15+
2. The Sean Hannity Show	East Coast PM Drive	14+
3. Morning Edition	AM Drive	13+
4. All Things Considered	PM Drive	13+
5. The Savage Nation	West Coast PM Drive	9+
6. Marketplace	PM Drive	9+
7. Glenn Beck Program	West Coast AM Drive	8.5+
8. The Mark Levin Show	West Coast PM Drive	8.5+
9. The Dave Ramsey Show	Midday	8.5+
10. Delilah	Evening	8+
11. The Neal Boortz Show	West Coast AM Drive	6+
12. The Laura Ingraham Show	West Coast AM Drive	6+

名列第一的是 NPR 的《拉什林堡》。NPR 在美国的公信力是特别高的。但是美国只有 10% 的人会听 NPR，90% 的人会听商业广播，但是 NPR 的听众层次比较高，医生、老师、律师等高端人群比较爱听它的新闻节目，剩下的全是谈话类的节目。

我们再看这个 2014 年第一季度美国最受欢迎的广播节目（表 6），只有 5 个不是谈话节目，其余的都是谈话节目。第一仍然是拉什林堡，除了这 5 个，都是 NPR 的节目。

表 6

Program	Format	Daypart	Weekly Listeners in Millions
The Rush Limbaugh Show	Conservative talk	Midday	14+
The Sean Hannity Show	Conservative talk	East Coast PM Drive	13.25+
Morning Edition	Public news	AM Drive	12.3[12]
All Things Considered	public news/talk	PM Drive	11.8[12]
Delilah	Adult contemporary	Evenings	8.8[13]
Marke tplace	Public news	PM Drive	8.7[14][15]
The Dave Ramsey Show	Financial talk	Midday	7.75+
The Glenn Beck Program	Conservative talk	West Coast AM Drive	7.5+
The Mark Levin Show	Conservative talk	West Coast AM Drive	7.5+
The Savage Nation	Conservative talk	East Coast AM Drive	5+
Fresh Air	Public news / talk	Midday	4.5[16]
A Prairie Home Companion	Public old-time radio	Weekends	4.3[14]

谈话电台听众特点

一般来说，比较成功的谈话电台会比音乐电台拥有更多、更持久的忠实听众。音乐电台的听众比谈话电台的听众善变，他会不断调换，寻找自己的音乐。谈话台较长的收听时间（一般是 2 到 3 个小时）、较高的稳定性，表明了它拥有较高的听众忠诚度，所以它一直是这几年美国最受欢迎的广播节目。

谈话电台的听众构成

听众教育程度较高，超过 75% 听众大学毕业。

近 40% 听众年收入达 7 万 5000 美元，这个人数大于其他类型电台。

五分之三的听众是 45 岁以上，一半以上大于 55 岁 ——比其他类型电台岁数更大。

谈话电台听众的特点就是 45 岁以上这部分中年人，听众特点就是教育程度高、家庭收入高。

谈话电台受到教育程度高、年龄超过 35 岁的中产阶级的喜爱，这些人欣赏主持人大胆的表露观点，高收入和高教育的收听群一直被广告商所青睐。美国还有一个统计，表明新闻谈话电台的听众是经常爱看电影的人，他们喜欢背包徒步旅行和看网球。乡村音乐台听众更多的是“红脖子”的人，新闻谈话台的听众更多的是白领，他们更多喜欢打网球、参加各种健康俱乐部，更喜欢高清电视、卫星数字广播，一年中更想买一辆新车，也更想换一辆新车。

我给大家作了两张节目表（表 7、表 8），这是亚特兰大的一家全谈话电台——

表 7　全谈话电台：WSB AM750 http: // wsbradio.com/（亚特兰大）

节目名称	播出时间	介绍
TALK with Chris Krok 克劳克谈话秀	10：00pm—2：00am	亚特兰大唯一的一档夜间本地谈话秀。
Atlanta's Morning News 亚特兰大早间新闻	5：00am—8：30am	由斯科特·斯雷德主持的亚特兰大早间新闻，该节目拥有优良的记者团队直播重大事件的直击报道，还有 3 倍于其他电台次数的交通信息以及每 6 分钟一次的天气预报。
Neal Boortz 尼奥·拨兹	8：30am—1：00pm	他会谈到一些平时大家想到的但不会大声说出来的问题。主持风格爽快、明朗、果断并带有娱乐和信息性。
Clark Howard 克拉克·霍华德	1：00pm—4：00pm	主持人会教你如何节省开支，花费更少。每天下午 3 点 50 分还有他的“每日出游小贴士”节目。

续表

节目名称	播出时间	介绍
Sean Hnnity 西恩·汉尼提	4：00pm—7：00pm	政治类谈话。在他的节目中可以听到对最顶级的律师、政策制定者以及新闻制作人的采访。
Michael Savage 麦克·萨维奇	7：00pm—10：00pm	他是一位独立思考的记者出身主持人，不拘泥形式。常常抨击政府和媒体偏见，同时是一位环保主义者。

表8　全谈话电台：WOR-AM 710 （纽约市）

播出时间	节目名称	节目内容
12pm—1am	乔伊·雷诺斯 脱口秀	健康、心理
5am—9am	乔 & 唐娜早间秀	
9am—11am	琼·汉堡脱口秀	关于消费者权益的报道和谈话
11am—12pm	迈克尔脱口秀	美食脱口秀
12pm—2pm	乔·布朗脱口秀	心理医生主持心理节目
2pm—4pm	比尔·奥雷利的广播头条	针对当天头条新闻进行评论和讨论
4pm—6pm	海内肯与瓦尔特的娱乐新闻脱口秀	
6pm—7pm	萨维奇脱口秀	美国开车时收听最多的脱口秀
7pm—9pm	麦克·萨维奇的国家	新闻类
9pm—11pm	史蒂夫·马兹伯格脱口秀	对当天最重要的事件进行机智风趣的点评
11pm—12pm	雷纳德．霍夫曼医生脱口秀	健康脱口秀

它的电台《早间秀》之外的时间，都是以主持人命名的各类谈话节目，谈时事、政治、政治人物、谈明星，美国还有热辣类的谈话，比如性、毒品等尺度比较大的一些过激的话题，谈日常生活、谈宗教科学……无所不谈。

再看这家在纽约的全谈话电台的节目表。24 小时无所不谈，8 个主持人，有一些节目是买来的，像拉什林堡一样。年薪可能上千万美元，谈话电台是养不起这类的大牌谈话明星的，每周美国有 2000 万人收听它的节目。CNN 这么大的一个机构，每周才有 350 万观众。所以拉什林堡对美国人的影响是非常大的，这些人都养在节目制作公司里面，它的节目叫辛迪加节目，它的节目就是卖给全国各地的电台，或者以打包的方式进入地方电台的黄金时段。辛迪加节目谈话的明星主持人就是人气王。他们也不跟广播电台签约，他们只是跟节目制作公司和销售公司签约。萨维奇也是辛迪加节目。

人们对想法肯定是有渴望的，所以谈话节目满足了听众一种对想法的需求。接下来这两段话是英国的桑德兰大学教广播新闻的安德鲁教授说的。

他说："大部分的语言类广播节目不包括广播剧，它们都是新闻类、时事类或者谈话类的节目，这里给我们的启示实际上广播满足了我们一种独特的需求，对想法的一个需求。"他接着说："在如今这样一个读图的时代，人们能够通过图像来理解周围的万事万物，但是很多抽象的概念比如智慧、道德、信仰观点、理论等，是无法仅仅通过影像来表达这些概念的，如果非要表达则会误读。"

确实如此，BBC 有很多这样的节目，美国也有这样的科学与宗教的对话，谈智慧、道德、信仰、观点是没有办法用影像去表述的。

谈话节目内容及播出时间的变化

这几年，谈话节目的内容和播出时间有所变化，从内容上看，娱乐性、服务性谈话节目逐渐成为广播发展的一大趋势，从时间上看，周末夜间谈话节目在增多。

1. 服务性、娱乐性谈话节目是广播未来发展的一大趋势

第一个趋势，谈健康、心理、美食的节目增多，刚才举的例子《杜克与医生》就是谈健康的。生活服务类，我听了一个创新的节目叫《两个奶爸》，是谈话节目，两个人谈育儿经。面向年轻爸妈群体的谈话、职业女性的谈话，呈现"积极心理学"的谈话节目很受欢迎。

2. 周末、夜间谈话节目增多

我查了几个国家的FM广播电台，夜间谈话在增多。以前是无人驾驶，现在变成我要么就重播白天的节目，要么就是歌曲、谈话节目，可能人们更喜欢在晚上这么孤独的时候有人声的陪伴，又有歌、又有谈话。

全新闻电台：1010Wins

全新闻电台，1010Wins的知名度太高了！它隶属于CBS。

纽约是美国最大的一个广播市场，它的理念是服务纽约当地听众。纽约人的生活节奏快，它就服务这种快节奏，每条新闻很短，我听20分钟、半小时就能够得到想要的东西。锁定本地化就是它的特点，短而快。大家到北京说北京人节奏快，到了香港以后呢，觉得香港人走路好快，到了东京发现东京人走路都那么快！到了纽约你发现美国人都是小跑。这家1010Wins在纽约生存得好，适合了纽约的生活节奏，但是拿到任何一个地方它都可能会水土不服。

这是1010Wins晚高峰的编排结构——

全新闻模式："纽约1010Wins"

北京时间2011年11月23日6：00—7：00

美国时间11月22日18：00—19：00

18：00 整点新闻预告（新闻、天气、体育、路况）

18：01 路况

18：02 广告；新闻（Wall Street股票指数下跌；经济危机严重）

18：03 新闻（伊朗总统在联合国例会上对种族屠杀和"9·11"大放獗词，导致外交官集体罢会）

18：04 新闻（巴勒斯坦向联合国申请正式国家资格；总统竞选佛罗里达辩论）

18：05 四天天气预报

18：06 广告

18：08 新闻（Facebook页面个人资料改变；加州大学伯克利分校找到脑电图显示新方法）

18：09　广告
18：10　新闻（纽约市长支持吉普赛出租车合法化）
18：11　广告
18：12　路况
18：13　4天内天气预报
18：14　新闻（纽约连环性罪犯再次作案）
18：15　广告
18：16　体育新闻（AJ Thomson 赞助）
18：18　CBS 宣传（新闻、剧集商业活动等）；广告
18：19　广告；新闻（隧道竣工）
18：20　新闻（中央公园罢工结束）；警长竞选宣传
18：21　广告（Indian Point "Right for you"）；
　　　　电台呼号（新闻预告）
18：22　天气；路况
18：23　新闻（Wall Street 股票指数下跌、经济危机严重）
18：24　新闻（奥巴马总统为增加工作提案宣传）
18：25　新闻（本尼迪克教皇言论遭非议；下周三开始纽约地铁由 AT&T 和 T-Mobile 提供手机和无线网络信号）
18：26　广告
18：27　Money Watch 金融分析
18：27　广告
18：28　广告（CBS 剧集宣传）
18：29　广告（宗教传教）；
18：30　新闻（两男子被警察无辜枪杀，引种族歧视非议）
18：31　路况
18：32　4天天气预报
18：33　新闻预告；广告
18：34　新闻（加州一男子视频中调侃星巴克被解雇）

18：36 新闻（公园财政危机）

18：36 广告

18：37 新闻（纽约市图书馆同意对20岁以下学生只要还书就免收过期罚款）

18：38 Sleepies® Entertainment Report 娱乐新闻

18：39 广告

18：40 电台呼号宣传；新闻预告

18：41 路况

18：42 新闻（股市大跌）

18：43 新闻（纽约市连环性罪犯再次作案；隧道竣工）

18：44 天气预报；广告

18：45 体育新闻（AJ Thomson 赞助）

18：46 广告

18：47 新闻（伊朗总统在联合国例会上对种族屠杀和“9·11”大放厥词，导致外交官集体罢会；纽约市长为吉普赛出租车合法化做宣传）

18：49 新闻（总统竞选佛罗里达辩论）

18：50 新闻（Facebook 页面个人资料改变；杀虫剂副作用）

18：51 路况

18：52 4天天气预报

18：54 广告

18：55 新闻（自由女神像125周年纪念，法国总统出席庆祝仪式）

18：56 广告（CBS 剧集预告 The Big Bang Theory）；Money Watch 金融分析

18：57 广告

18：58 警长竞选宣传片

18：59 Sleepies® Entertainment Report 娱乐新闻

19：00 4天天气预报；导播、作家和主持人介绍；整点新闻预告（新闻、天气、体育、路况）

路况、新闻、新闻、天气、体育、新闻……就是这样的一个结构，一年

365天，24小时天天这样的一个结构，除非是特别重大的新闻，每条新闻不超过60秒，每20分钟一个循环。它广告是随时插，很碎，绝对没有超过1分钟，你刚听，它就结束了，就进路况、天气了，这就是全新闻电台的编排结构，1010Wins的结构。

它有300万至400万听众，纽约市区人口是700多万，加上郊区人口是1700多万，每个人听这个台是20分钟、40分钟左右。那么新闻无所不在的一个全新闻台，每个人平均就听20分钟，你生存的基础是什么呢？它自己说是“高累计收听率，低收听时间”的策略。这样的策略首先就是要求听的人口要多，有足够整体的听众来不断地收听这个电台，所以它这样的全新闻台在美国并不多。

它还有一个特点，就是主持人对新闻报道不做任何点评，没有任何倾向在里面。

三、从类型化到专业化

（一）什么是类型化广播

美国传播学教授苏珊·泰勒·伊斯特曼等学者认为：“类型化电台定位于特定的目标受众（人口统计学和心理统计学角度分析）。”台湾学者郑翰林认为：“类型化电台（Format station）就是指受众的特殊口味的电台。”我们讲老歌台就是给“婴儿潮”一代听的，那么新闻谈话台它的受众的特点，比如说男性多，45—54岁的人是它的重度听众，高收入、高学历是它的特点，它是有这种人口统计和心理统计的特点的。

我认为这个定义对类型化广播是最贴切的。美国的电台是类型化的广播，“每家都有明确的目标受众，他们是电台节目编排所针对的基本人群，目标受众通常是由其基本的人口学特征来定义的，包括年龄、性别、民族和经济收入等。”

（二）类型化与专业化的区别

类型化——受众导向（针对特定人群）；

专业化——内容导向（按内容分类）。

那么类型化与专业化的区别是什么呢？我们从它的定义里面可以看出，类型化就是受众导向的，专业化是内容导向的，类型化是专业化的高级阶段，在专业化的基础上再往前迈一步才是类型化的广播。

有人说专业化是超市，类型化是精品店，也可以这么形容。

美国从 1955 年开展了“再认识广播”的运动，从 1955 年开始进入了广播的调整，走出了一条道，这条道路就是从听众细分到频率细分，带来了类型化，这是世界广播的模式之一。

世界广播还有一大模式，从听众细分带来了时段的细分，那就是带来了版块化，是日本广播的模式。

我上课的时候，美国的一个老师对四大传统媒介做了一个评价：

Newspapers：fewer readers

Magazines：specialization

Radio：constant companion

TV：confused giant

他说报纸是少数读者，大家知道现在纸媒生存都非常不容易，而且在很多国家你还要花钱购买，所以报纸仍然是少数读者；他认为杂志是对象性的，就是专业性的，可能杂志的发行数量在减少，但发行的种类会越来越多，比如说一份女性杂志它可以从 18 岁到 60 岁的分类，是对象性的；广播我翻译成——永远的朋友、坚定的伙伴、忠实的伴侣。从美国这个老师对广播的评价来说，他也是讲广播的这种富有丰富感情人声的东西，是无论科技怎么发达都无法取代的，广播话语的力量就是人的故事、思考、感动，是任何时代都不可替代的。

此外，广播还有一大功能，就是对保护和改善地方文化的作用越来越重要。所以联合国从 2011 年开始把 2 月 13 日定为“世界广播日”，表彰广播在推动社区文化和突发灾难时的积极救援功能。

总而言之，在美国虽然有潘多拉，有声破天，还有 Tunein，相当于我们的蜻蜓电台，有很多这样的移动终端的 App 都可以下载。实际上我们看到，传统收听方式仍是主流，而传送形态会越来越多元。

震撼与启示

——对美国广播的考察与思考

李　静

主讲人：李静　深圳广播电影电视集团副总编辑。

2014 年到 2015 年，天津广播组织了两批年轻的业务骨干和管理干部赴美培训考察。广播是地域性媒体，由于这个原因，也不仅限于此原因，无论是学界和业界，从国际化的视野去进行广播特别是比较城市广播比较研究的人凤毛麟角，其成果也远不如报纸、电视媒体领域来得丰富和深厚。而天津广播为了通过短短的 20 多天的境外培训真正学到东西，真正看到“典型”，真正取到“真经”，花大力气邀请国内外业界、学界对此有深入研究，有见地者，有创新精神者前来讲课，力图把知己知彼的笨功夫下到位。李静女士无疑是业界内的佼佼者，她不仅带领深圳广播的同行干出了一番无愧于改革开放前沿的辉煌业绩，还多次深入美英国家的广播媒体悉心学习、考察，形成了宽阔的国际化视野，反过来推动中国城市广播的创新发展。

她的讲座是一次来天津出差时被“抓壮丁”的结果。此文即根据她 2014 年 6 月 15 日的讲座内容整理。尽管是即兴而讲，却因为她日积月累的思考和丰富的实践经验，使得讲座既高屋建瓴，又针对性强；既纵观中西，又脚踏实地，连接同学们的最新实践，因而受到极大的欢迎和共鸣。

李静的职业生涯由广播而电视，后来又回到广播。她的一个重要看法是：美国依然是在全球广电发展方面是走在最前沿的国家，而且说到媒介融合、媒体融合，美国的新闻集团 CNN 和英国的 BBC 值得研究。李静结合深圳广播去美国学习考察的收获和体会做了深入浅出的介绍，使大家获益匪浅。

一、密苏里大学新闻学院学习经历

（一）上课、考察、头脑风暴

我们的日程安排是每天白天上课、考察，晚上一定要有一个讨论。我们的考察学习目的就是要了解具体 how to do this，怎么去做？但是对管理层可能这次去会影响 5—10 年的发展战略，高层有高层的想法，中层有中层的想法，一线有一线的做法，是不一样的，因为白天学的东西太多了！你回来以后如果是一个肉饼一样挤在一起，你自己分不出层次来，如果晚上马上讨论出来，自己就会豁然开朗，就会感悟。所以结合我们自身的实际碰撞出火花、形成思路非常重要！

我觉得我们出去的人可能比较多，可以分成几个组，我们临走的时候我专门做了几个课题。比如说，融合后的新闻编辑部它应该是什么样的，所以专门有两个人负责这个 news room；还有两个人针对中国广播主持行业的现象，带了这样的一个课题：到底是青春的激情重要？还是人生的阅历重要？我们中国的主持人，都是非常年轻的漂漂亮亮地坐在那儿，对着题字板念念稿子，可是我们到了美国一看，真正坐在大主播台上的没有 40 岁以下的，像 ABC 旗舰的那个新闻节目老爷爷，后来收视率也开始下降了，给他配了一个 50 多岁的女主播说提提收视率吧，后来这个老头强烈抗议："我不要花瓶！"我们说：天哪！哪有 50 多岁的花瓶呀？所以我们把这个也作为了一个重要的课题，回来也形成了这样的一个论文《主持人阅历经验与创新激情的博弈》，就是倒逼我们的主持人应该来做什么，这是一个课题。再有就是对一些节目我们专门做考察。在国外，不管是广播还是电视，现在最火的节目只有两种：一种就是真人秀，一种就是脱口秀，所以我们将节目形态也作为一个课题。

（二）考察公共与商业广播电台

我们一到美国，他们就会问，你是 Public 的呢？还是 Commercial 的呢？你是公共的？还是商业的？他们这两个泾渭分明。可是我们呢？好像是 Public 的，可是还有点我们经营广告好像又是 Commercial 的。

我们考察了这么几个地方，KBIA 其实是密苏里大学的广播站，但是它也是公共发射的。别小看它，一个是从这里走出来的学生全是美国新闻机构的总裁、副总裁级的人；第二个就是因为密苏里大学是美国最好的新闻传媒大学，这里的教授是全国或者是全世界超一流的，他们都在这个电台里边指导着学生，他们自己也做访问、也做节目，基本上有几位有名的教授每个星期还都有一档节目，所以考察了这个电台。我们还考察了 NPR，就是一个公共电台，再一个就是联合国的中文台，然后我们还参观了 5 家商业电台，其中这里面有一个是圣路易斯电台。圣路易斯是我们所在的密苏里大学的省会，圣路易斯是美国中部最大的城市，号称有 150 万人口，在美国也是一个大市场。

（三）恰逢美国两大新闻事件

我们在美国学习期间非常有意思的是，我们在纽约亲临了两件事情：一件是奥巴马就职，一件就是哈德逊河上一架飞机迫降。我们当时亲身感受到了美国新闻业的运作。

当时中国还没有微博，更没有微信，但是美国当时有了 Twitter。哈德逊河迫降飞机的时候最早报出来就是有一个人站在那个飞机翅膀上说，我现在在这架飞机上，但是我已经逃出来了，我站在飞机翅膀上……。他们的这些记者和编辑，因为他都有 Twitter 和 Facebook 这样的群落，在里面看到了以后，他们再去经过核实，核实了以后第一个就发了。像我们知道包括孟买袭击案这样的都是最早是从社交媒体报出来的，但是我们的新闻编辑部和记者是和这些群落是紧密相连的，他们会几方核查以后然后报出来，这个给我们的感受非常强烈，因为所有的大电视台都停止了正常的节目，就是 broken news，就是突发事件打破正常的播出，上这种 broken news，上边是他们的直播，下边的走马字幕全是 Twitter 上的这些人在讲什么，包括有很多飞机上的人。所以这个给我们的震撼非常大。

2009 年 10 月开了一个世界华人电台台长高峰论坛，我在上面有一个讲座就是讲 Twitter 和 Facebook，国外的电台台长都知道，可是中国这些电台台长都过来问什么叫 Twitter 和 Face book，但是第二年转过来 5 月就是我们的“微博年”，所以我说我们离美国有一点距离，但是也没有那么远，这个我们感受很强烈。

（四）美国在媒体融合方面的领先

观摩 ABC《早安美国》节目的制作

在我们参观的 ABC 的《早安美国》，那个节目给我感觉是，过去认为很神秘的媒体能和受众如此之亲密！

这个节目很长，它每天有 20 个观众可以进到一个区域里面去观摩他们，而他们的天气预报是15分钟插一次，天气预报的主持人春夏秋冬都是在街头，站在自己纽约时代广场直播室大玻璃窗的外边。我们是冬天去的，外边在下雪，他也穿着很厚的衣服给大家报天气预报，我觉得那个感受特别好，纽约的市民和游客也都很习惯过来跟他打招呼，就像老朋友一样的，然后该上班就上班，该上学就上学，这个感觉非常强烈。

参观在媒体融合方面非常领先也非常成功的彭博通讯社，某种程度上，有种令人仿佛看到了未来的惊异感

布隆伯格的彭博通讯社，是我感觉真正的媒体融合做得最好的地方。他是专注做财经的，受众人群非常清晰。就是富人，宝塔尖上的那一点，而且给他们是定制机。他们的电脑、手机、iPad 都是定制机，你交多少钱，得到的资源是不一样的，其实我们现在的这个有线电视里边都有彭博财经，可能是收费电视。看了它才知道什么叫 Personal touch，就是很私人性的、很一对一这样的服务，把你不是当成一个受众，而是把你当成一个用户。

平常我们老说受众，我们的听众，其实现在我们如果还是说受众和听众的话，你不知道那个人是谁。而用户的概念是，我知道那个人是谁，我知道他的需求，我觉得布隆伯格在这方面做得非常好。而且它真是叫多媒体，你要报纸有报纸，你要纸质的有纸质的，你要即时的数字电视也有、网络也有、手机也有、广播也有，广播而且是很多种语言，你要订什么语言都可以，我不想看我想听也可以，就是说他完全从你个人的需求来给你设置媒体的呈现。

我在布隆伯格的那个大楼上突然有那种感觉：在这里仿佛看到了未来。虽然说看似好像和我们关系不大，但是可能会启迪我们大媒体的一个理念。

二、美国同行给予我们的 4 点启发

（一）办广播的策略——办“聪明智慧”的广播

美国有 1 万多家电台，包括 Clear channel（清晰频道）都有上千个，虽然现在在缩减，但是这个 Clear channel 除了广播它还有一些其他的，包括会展、娱乐、户外媒体等。

我们还参观过那种“阁楼电台”，就是要走一个特别小的楼梯上去。小得不能再小，里边台长、记者、主持人、技术都是他一个人。但是我觉得不论是 NPR 那样的，或者是这种小阁楼电台，他们的广播充满了智慧，非常适应环境，非常知道我的听众们要听什么，效率非常高，具备“巧实力”，叫 smart power，现在有硬实力、软实力，其实这个巧实力非常重要！我觉得办广播必须要办聪明的广播，办智慧的广播，低成本办出高品质，小制作写出大手笔，这个应该是我们的一个共识。

（二）办广播的目标——办“高端高品位”的广播

在美国是什么样的人群在听广播呢？80% 是白人男性，他们的主流还是以白人为主，收入高、受教育程度高、喝红酒、逛商店、听音乐、住郊区、开豪车，年龄在 35—50 岁之间，他们的家庭年收入在 4.9 万美元以上，因为全美的平均年收入大概在 4.4 万美元。

这些受众特征恰恰就是广播人自己包装、培养出来的。现在我们一些传统媒体的人，经常在微信里面发一些牢骚，新媒体怎么都好，我们什么都被它们搞走了。但是我觉得美国从事广播的人他们依然很执着地做这件事，而且这样长此以往会形成一个概念：听广播的就是这些高端、高品位的人，这个也很重要。

美国的电台，我们问人家怎么考核？他们说我们不考核。我们说有没有广告指标？有没有收听率？他们说这些数字我们内部都不关心，我们唯一关心的是它受听众喜爱的程度。那我们说难道广告数额和收听率不重要吗？他说非常重要，这些数字主要是对着我们广告商。他告诉我们，你看我们有 50% 的收听率，那就等于是被市场认可的程度。所以说他们非常清楚，广告

商不是投了我们的节目，而是投了听我们节目的这些人，所以我们要做的就是把听我们节目的这些人打包卖给广告商。这听着好像也跟我们差不多，理念却完全不一样！他会细分我的人群，听数码节目的他把这群人会卖给谁，听服务类节目的他会把这群人卖给谁，他们这些数字做得非常漂亮，但是他们主要是为了卖给广告商。

（三）办广播的依靠——办“终生学习”的广播

办广播依靠的是什么？

第一，我们要有一个高素质且终生都在学习的团队。在这个过程中这就是刚才我们说的另外一个课题，确实我们觉得办广告的依靠就是今天在座的各位，因为必须要有一个这样的高素质的终身学习的广播队伍，其实今后广播和电视还有台没有台这都要打一个问号，但是音频和视频是永远要存在的，所以我们也应该把锁链卸掉，用一个更开放的心态去学习和包容，所以有一支高素质和终身学习的广播队伍这是我们发展的依靠和基石。

第二，成熟的主持人。我们在美国发现有一个这样的职业晋升通道：很多人大学一毕业没有幸运地来到一个大市场的大台，他们通常会到一个叫作county，就是一个小郡、县台去做交通台的主持人，这跟我们国内很不一样。美国有一个业内的玩笑话，叫作“交通台是年轻漂亮女主持人的贫民窟”。因为年轻漂亮的女主持人，她们这个时候也没有阅历，也没有深阅读的能力、读懂问题的能力，也没有判断能力，她们只能报报天气和交通，她们在那个地方3—5年基本上没有钱，就像实习一样，可能有一点点生活费，3—5年以后，她们就会到一个州、市台做上3—5年的记者，开始真正知道美国底层的社会是什么样，高层是怎么想的，她就会完全了解这个情况，这个时候如果她是有天分的，就会到一个大市场的台，然后再做上3—5年的编辑，有处理和指挥记者的能力了，再做上3—5年，对全台的情况了解了，这个时候，如果她的形象也还可以，声音也还可以，她才有可能走上主播台。

所以说，如果大学毕业20几岁，成长为一个成熟的主持人，就是40多岁了。在美国有一则谚语：“人逢四十才开始。”原来我以为是安慰我们这些中老年的，其实在他们那儿确实是一个铁律，你没有这样的履历就没有资格坐在那个台上，没有资格跟你的听众和这么多追随你的人讲话。

我们在纽约看到了一个80多岁的老行尊，在直播间里，老头穿着一条牛仔裤，穿着一件T恤衫主持摇滚音乐节目，就觉得他老而弥坚、老而不衰，很有激情！很有活力！内心非常充沛！做节目的时候站着，自己一边做一边跳，我就真正能感觉到一个成功的、成熟的主持人应该是什么样子。我们的青春阅历和人生经验到底要走在一个什么样的十字路口才是我们人生最好的时候？这个时候千万不能虚度光阴！

一个成功的主持人应该具有什么样的条件呢？

一是要有特别深厚的修养，所以说活到老学到老真是没有错，我觉得在座的都这么年轻，学习能力强，应该一年读50本到100本书，不管是电子书还是实体纸质的书，应该有这样一个学习的积淀，没有这个基石起不来金字塔。

二是时间的感悟，这就是我们人生的阅历，我们自己感悟出来再给听众的东西就跟我拿着念稿子是完全不一样的，而且心理有听众和没有听众是完全不一样的。有一天早晨我听新闻，我们一个年轻的记者说美国发生了无差别射击事件，我就请教他，什么叫“无差别射击事件”？他就说逮谁打谁呀，没差别嘛！我不管是谁我就打。那我说你妈妈听得懂无差别吗？他说老太太肯定听不懂。这就是年轻的记者心理没有听众，他就觉得网站上或者是通稿上是这样的，那么就照搬，你说有错吗？没有错，但是你说这是一个好的广播消息吗？确实不是。我们广播跟其他的媒体都不一样，我们有很多字是为了听众要改变的，比如说今天我们全部到齐了，不可以。在广播里边，要说我们全都到齐了。所以，你心中有了他，你可能就不会说那种不是人话的东西了。

三是“永远”这个词非常重要。你要想知道真正的答案，必须要会问正确的问题，有些做了很多年的记者依然不会问问题。我们那儿有20句话是不准问的，“您对这件事怎么看呢？”这句话就是不准问的。你去了就问两句话，你必须得准备好了20句话才能去，要把握与人的沟通能力。其实主持人、记者，我们广播的从业人员就是靠说话为生的，所以这个能力对我们特别重要。要读万卷书，行万里路，还要阅人无数，我又给加了一个就是你要有十八般武艺。这十八般武艺是什么呢？就是你什么都得会。什么微博、微信、App 这些都不在话下，你在微信上怎么跟人沟通？你在微博上怎么跟人沟通？你的粉丝群怎么能由一个几万的变成一个几十万的或者上百万的，这里边其实是有规律和技巧可循的。怎么样把一个话题策划成一个事件，然后你让别人跟帖或者是你转发别人再加上自己的东西，这里面有很多技巧，这个很重要。不能说我年龄大点就算了，不行，必须得会。

我们那儿的记者每年更新苹果手机和三星手机，台里给，但是不白给，比如说你每一天要给台里的网站发一条新闻并且采用，半年你做到了，这个手机就归你了，你如果半年做不到，那我们还有点讲究，是个良性的互动。作为高层必须向大家施加压力，施加学习的压力。我们在座的从业人员要有主动性，终身学习，做一个怎么样朝着全媒体记者发展的人才。

（四）未来办好广播的手段——办“媒体融合”的广播

媒体融合，在美国、欧洲，包括在中国现在完全是一个潮流。

广播跟新媒体的融合比其他的传统媒体都来得相对容易，因为我们经常说广播具有 Solomon（所罗门）的特征，so 就是 social，就是社交的；lo 是 local，就是本地的，得接地气的；mon 就是 mobile，移动互联网的。

所以说广播在这几年移动互联网大潮里面还能有一些发展，应该说和它这个媒体特质是有关联的，做广播的人应该有这样的清醒的认识。马化腾讲新媒体就是一个工具，谁用都可以。默多克也说新媒体就是一张画布，谁在上面画图画都可以。我们这些人是在那个上面画图画的人，我觉得通过这种媒介融合让广播变成传播，让我们的传播更广，其实我们可能从 broadcast 变成 podcast，podcast 很多他们翻译成“订制”，现在美国很多大的旗舰节目，包括像 CNN 的那个 360 度，那么大的旗舰节目它依然有 VOD 和 POD，就是有音频的订制和视频的订制。现在年轻的孩子不看电视，不听广播，但是却听音频，看视频，他们现在不是一个线性消费了，那我们也要有这样的手段和这样的呈现方式来匹配他们的消费。

我做广播的时候，1984 年进中央台，那真是媒体人的黄金时间，那个时候媒体在哪里受众就跟随在哪里，小收音机放在饭桌上，放了学往家跑，因为要听刘兰芳讲《岳飞传》！可是现在呢？年轻人消费的方式都是“以我为中心”的，我想在什么时候我想听什么，只要一个谷歌、一个百度，天下都为我所用，那我们的媒体至少在网上让他能找到我们，至少在他想相遇的地方能遇到我们。这是从美国学回来的最重要的办媒体理念的根本转变，高层做战略规划的时候应该转变这种媒体的理念；而我们的中层和骨干也应该有这样的理念和共识，这样才能上下同心，就是受众在哪里，媒体就应该在哪里。

我们广播的传播方式由无线电波向无线网络转变，现在早都实现了！我儿子在美国每天早晨开车上班的时候，听的是我们交通台晚上的直播，他在蜻蜓里面用 on air 听，但是在 5 年前我们觉得这是个很奇妙的事，美国也能听到我们吗？

麦金教授预测 10 年以后美国所有的发射塔都将消失，但是在中国呢，发射塔可能不会消失，但是我们的新手段一定要跟上，我们可能要长时间地并行并存。而且这个异地收听给我们带来的机遇和挑战是非常大的。10 年以前广播还是一个区域性的媒体，你做得好和不好大家只能听你的，现在广州人也可以听上海的广播了，我深圳的广播办得好和不好，他们可以不关注你，这个也是一个挑战，也是机遇。我们如果能把节目办好，能把我们的受众变成用户，那我们失去的就是锁链，得到的就是全世界。因为无论走到哪里，天津的广播都会陪伴着大家。

三、美国之行的成效

（一）知识转化成生产力

我们从美国回来大概 3 个月后我们就改了轮盘制播出，深圳是个小城市，我们的人从上车到工作单位差不多就半个小时，所以我们现在基本上是以半个小时为一个新闻轮盘，但是我们每一个轮盘之间内容都是要行进式发展，不能说我这块硬新闻到了下一个轮盘里面还是这个，新闻嘛，新闻就贵在它新！

从美国回来以后，我们 2011 年又在英国 BBC 住了 20 几天，就是死磕他们那个融合中心，我感觉这5年来世界上的各大新闻媒体发生了至少是3个共同的变化：

第一，都成立了24小时的叫作滚动新闻编辑部。为什么成立滚动新闻部呢？他们信奉的宗旨叫作“新闻永不眠，报道永不止”。新闻不会因为你睡觉而停止的，所以他就是第一时间。

第二，所有这样的大新闻机构都成立了UGC部门，就是user generated content（用户产生内容），其实就是我们的通讯员爆料，说得挺高大上的，但是他们是用的新的手段。2011年，每天BBC收到来自中国大陆的视频的UGC的内容平均是1000条，他们慢慢学习了我们中国人的做法，就成立了通讯员队伍，他们有自己的专业的user，他培训这些人，比如新闻报道应该有5个基本的要素等。他们现在有200多个比较专业的user。他们第二个成立了PGC部门，这又是一个变化，这个P是professional，就是专业人士，现在很多包括像逻辑思维的罗胖儿，都是从专业队伍里面的佼佼者，包括那个凯文·赛思，就是最著名的那个战地记者，天天拿着一个小DV，泡在伊拉克战壕里，他现在都不是专业记者，你说不清他是我们的掘墓人还是我们的合作者，但这个确实也是一个趋势，就是PGC。

第三，所有这些尊贵的新闻机构，无不低下高贵的身段和社交媒体合作。现在你去美国看就能看到，不管是ABC、CBS还是CNN，每天晚上的旗舰新闻里面必定有一个栏目，内容就是说看看Twitter上今天的话题是什么，就是网络热点，他们都和这种大的社交网站在合作。大的新闻里面都是有走马字幕，这个走马字幕全是社交媒体上正在进行的就某一个热点事件的呈现。

（二）思想观念的转变

学习之后，我们的思想观念上发生了根本的改变，采编播人员的积极性和主动性大大转变了，因为大家办媒体的方式都有了共鸣和共识，工作的领域也扩大了。原来我们可能就是在编辑部、办公室和直播间，那么现在虽然还是在这个地方，但是我们心灵的疆土、灵魂的疆土无限扩大了。

我们一回来，当时没有微博、微信，我们就和腾讯申请给我们每个主持人建立了企业群、QQ群，每个主持人、记者和编辑至少有500个铁杆粉丝，而这些人是我们上节目之前就会提前在网上征集来的。比如说我们有一个《民心桥》节目，下个星期是市长来做，那么我们这个星期就会说我对市长有话说，那么看看你有什么话说，这样呢大家就会在这个QQ群里面提他的一些建议，最后等于是你这个社交媒体的群落，你的听众变成了你这个节目话题的制造者、策划者、过程的跟踪者、收听过程的忠诚的粉丝以及这个节目完成之后的反馈者和监督者，这是我们借助社交媒体所做的。

（三）媒体融合飞跃性发展

我们对记者的要求发生了变化，原来就是线性的报道，现在要随时为听众提供时序性的报道、行进式的报道。你不但要在广播里边报一条新闻，你还要在网络上给听众提供更全面、详尽的信息，包括事件的背景、链接和评论。就是说可能在线上是一个30秒的短消息，但是在网上可能是一个5000字的一个长篇的背景链接和评论，这是我们现在这个手段完全能够做到的，不仅是报道内容的增加，更是报道方式和我们广播从业者生存方式彻底的改变，这里边牵扯到编辑部的流程再造和记者岗位的重塑重造，牵扯的是一个大话题。

我们首先改造了新闻编辑部，原来我们的news room其实是一个记者来稿中心，记者来稿处理中心，而他们的新闻编辑部首先是一个记者指挥中心，是一个全台新闻的指挥中心而不是来稿处理中心。

前方和后方的关系也发生了逆转，原来前方记者采回来什么我们就报什么，现在是我编辑部需要你什么你就去哪儿给我采什么，全世界的链接都在编辑部手上，它的深度的背景反而会反馈给这个记者，是完全不一样的。

我们在向香港电台同仁学习的时候，他们现在把编辑部主任叫tiger chair（老虎椅），就是一个很有权威的人，也就是说，编辑部主任的权力非常大，他们那个香港的新闻部是三班倒，有3位新闻部主任，每个人值班8小时，这8个小时他们都没有什么跑线记者，他派谁去哪儿就是哪儿，而且一个记者每天平均是5单，就是要采访5个事件回来。当然，我们记者比他们可能富余一点，我们可以更专一点，他们就是派你先去司法局，完了以后说现在生产力局还有一个什么，现在什么街又在着火了。他们那个指挥中心运转得非常强大有效，这个给我的感受非常强烈。

★ 强化新闻主编的主导功能：通过抓主编的编辑思路来抓新闻节目的质量

★ 推行轮值新闻主编（老虎椅）制度：建立新闻运作指挥系统

★ 强化编辑部的策划功能：策划不是提想法，而是通过专业标准落实为实施方案

★ 强化编辑部的整合功能：增设网络音频连线编辑，最大限度地发挥广播的声音优势

★ 强化编辑部的新媒体功能：增设新媒体编辑，负责新闻频率官方微博、微信及新闻客户端的热点新闻资讯的编辑和推送

（四）办聪明智慧的广播和高端高品位的广播初具雏形，初步探索广播转型新路

一个媒体的特质主要是来源于它的判断力，一个媒体的影响力也是由它的判断力所决定的。比如说，我们深圳有一档节目叫作《直播港澳台》，是在黄金时间里，各大卫视都是拼综艺的，但是这个节目我们去年是 43 次在同时段全国排名第一，我们集团是这样的，你只要卫视上的节目不管什么时段排名第一，第二天奖 20 万元，立马兑现，所以他们这个团体到年终的时候合计起来有 1000 多万奖励，非常难！全国的你都是要跟什么人去拼呀？你要跟《花儿与少年》《中国好声音》，你要去跟它们去拼，为什么这个节目能够脱颖而出？主要是我觉得有自己的深理解、深阅读和深判断。

朱克奇是我们广播独家新闻的主持人，他一年能读 400 本书，他是中大历史系和法律系毕业的，非常聪明，有判断力。原来这个节目的主持人都是漂漂亮亮的女孩子，后来嘉宾不干了，因为和嘉宾没法对话。我们也是差不多 5 : 1 的剪辑，就是说我如果有 1 个小时的节目，其实我是有 5 个小时的素材的。大家都可以畅所欲言，最后是按照我的编辑思路在剪。我们现在又在剪一个广播版，要不然太可惜了！现在真正的高端、高品的人喜欢听这样的节目。这个独家新闻现在就不是独此一家的独，而是阅读的读。朱克奇每天晚上在下班的黄金时间是他的节目，每天晚上陪伴着大家说今天世界上发生了 5 件大事，《纽约时报》怎么看的，《基督教箴言报》是怎么看的，然后他给

你介绍我理解这件事怎么样。而且他那个社交的互动有很多高层次的铁杆粉丝，就是这样的一个节目，我觉得是符合高端、高品的一个呈现。当然高端、高品不局限于此，但是我觉得今后大家光靠着好声音、好形象的混日子的时代没了！这样的日子没有了！就是你不但漂亮你还得聪明，你不但聪明还得有智慧，你不但有智慧你还得把你的智慧感悟了，再反馈给你的听众和受众，对大家的要求应该说是更高了。

四、广播发展的广阔前景

我们广播的前景怎么样呢？现在就是说整个美国的广播还是覆盖着整个全美的 80% 以上的人口，这表明广播仍然是一种最基本的重要的传播手段。我们经常说是坏消息，车越来越堵，好消息是他在路上除了听广播他也干不了别的，因为我们是一个陪伴性的媒体，而且在美国，广播还是一门挣钱的生意，因为美国广播的广告占所有媒体的份额是 10%，这两年略有下降，大概在 7%—8%，而相比中国的数字，中国广播占全广告总额只有 2%，所以我感觉我们应该还有提升的空间。

当然了，广播里边又有很多新的课题，网速越来越快了，那么我们听“蜻蜓”“考拉”“爱听”“荔枝”更容易了，再有将来电池问题解决了，可能听音频的更多，这个又给我们带来了新的挑战。

今天跟大家其实不是什么讲课，主要是给大家分享一些心得，很多也没有结论，其实我们面对的蓝海，大家一说蓝海好，蓝海没有竞争，可是蓝海也是没有北斗七星和航向标的，靠着我们自己要摸索航道的，那我们是往东呢？还是往南呢？还是往北呢？这需要我们的聪明和判断。

地方广播电台的优势

关娟娟

主讲人：关娟娟，时任中国国际广播电台英语环球广播中心副主任。

关娟娟长期从事国际传播，熟悉包括美国在内的西方国家广播的现状和受众情况。几年前，她曾经带领国际台的同行，到美国密苏里大学参加专业培训考察。那次考察强化了两点印象：一是广播在美国的影响力非常大，绝不是一些人唱衰的夕阳产业；二是美国的广播电台影响力大的原因在于地方台的做大做强。因此，她将这次讲座的题目设定为“地方广播电台的优势”。从城市广播角度看，地方广播电台的优势就是城市广播的优势。此文根据她2014年7月19日的讲座内容整理。

一、广播电台的生存之道

广播的特点，大家都知道，比如，Fast-传播迅速、Sound-用声音讲故事、Company-伴随性，这也将一直是我们的优势所在。除此之外，我想广播电台的生存之道，一个是Live-直播，另外一个就是Local-本地。大家知道现在有很多自媒体平台，比如“荔枝”或者是“喜马拉雅”这样的平台出来以后，很多人都在做这种audio（音频产品），当时就有人怀疑：“那我们的电台还有没有生存的空间？”

实际上广播电台生存的空间就是两点：一点是直播，一点是本地化。直播和本地化是“蜻蜓”和“喜马拉雅”这种平台上目前的自媒体产品代替不了的。

二、美国广播电台的现状

（一）传统地面、卫星广播、互联网电台、数字广播，影响巨大

说到美国的广播电台为什么影响很巨大呢？最近 PEW（美国皮尤数据研究中心）的数据显示：在 2013 年，在美国听广播的人数占到美国 12 岁和 12 岁以上人口总数的 91%。这个数据是很大的。

从类型上看，按照载体来分，美国广播基本上是这 4 大类："传统地面"指的就是像我们国际台、天津台这样的，英文是 Terrestrail。此外，还有互联网电台、卫星电台和数字广播。

2013 年，通过互联网在线的方式收听广播的人比 2012 年增加了 33%，增长比较快。2012 年年初，市场调研公司阿比创（Arbitron）和爱迪生研究（Edison Research）联合发布了关于美国网络数字音频服务行业的调研报告《频率无限 2012》（*The Infinite Dial 2012*）。该报告显示，39% 的美国人（约 1 亿人口）在过去一个月中收听过互联网广播，2011 年同期收听率为 34%，2008 年则为 21%；受众每周平均收听互联网广播的时间也大幅度上升，2012 年年初为 9.46 小时，而 2008 年同期则为 6.13 小时。

还有一个数据增加比较快，就是在车里通过互联网听广播的人数比 2012 年增加了 27%。我们原来是做"传统地面"的，现在要考虑未来车联网建立起来以后，车载的广播不再是那几个台，而是有一个像一个小电视屏幕一样，可能有 1000 多个台都在那里，我们怎么在这里找到我们的位置？这很重要。美国现在部分已经开始实现了这种技术。

（二）1.4 万家电台，类型化电台占先

美国的电台有 1.4 万家，全都是类型化电台。按照内容来分类，有几十种。我们国内还有综合台，有点像中央电视台的一套，什么都有，有电视剧、有新闻，也有一些法制类的节目，在美国这种综合台基本上只是零星存在。

音乐台在美国分得相当细，能分成几百个类型的音乐台，其中最受欢迎的台就是乡村音乐。现在流行的除了音乐台以外就是新闻和谈话台。

美国的新闻电台，就是要用新闻轮（news wheel）。全美国这样的纯新闻

台的数量是在下降的，最新的 2013 年的数据显示只有 37 家新闻台。但是这 37 家做得都很好，就是因为它有一些跟当地受众特别贴近的内容。

在美国把谈话台叫 talk radio，当前在美国比较受欢迎。talk radio 在美国的数量有 4000 多家。其他受欢迎的还有体育台。

（三）商业化电台与公共电台

按照资金来源分，美国电台的类型当中有商业化的电台、公共电台。公共电台大家比较熟悉的是 NPR（National Public Radio），美国全国公共广播电台。公共台的收入基本上是靠捐款，靠政府的投入，其他基本上都是靠捐款，是没有广告收入的；与商业电台集团，比如 CBS（美国哥伦比亚广播公司）、ABC（美国广播公司）、NBC（美国全国广播公司）不一样。我去年 12 月去了 CBS 底下的 KMOK，它是在美国中东部城市圣路易斯，也是一个商业台。

三、美国广播电台吸引受众的策略

（一）电台播报关注本地新闻

这一条是非常重要的，它播送本地的新闻、本地的交通、本地的天气，跟本地受众相关的这些新闻，全国的新闻包括国际的新闻不是没有，但是量会非常小。

（二）网络受众及其重要性

它会用一些社交的媒体去吸引自己的受众，Twitter、Facebook 上的这些推广每天是不遗余力地做。

（三）空中推广

在 on air 的时候，在播出的同时做推广，比如说让播报员每 15 分钟必须播一次自己的或者这个台的名字，这一点是一个硬性规定，例如 NPR 规定每小时提到电台的名字必须是 35—40 次。

（四）线下活动

线下活动是最重要的。线下活动是电台跟本地受众保持关联度的一个特

图 1

别重要的活动。我们国际台也一直都强调：广播在现在的这个时代要生存，必须让它变成你的受众的一种生活方式，你跟他的生活变成了密切相关以后，他就不可能不收听你，你也不可能失去他。所以怎么能把自己变成你所要想触达的那些受众的生活方式？必须要做线下的活动。

我在美国感受最深的一点就是广播未来的出路就是在于直播和本地化。你要想做一个全国性的广播电台，然后让它在未来能做得特别流行或者是特别受欢迎，这几乎不可能！因为你无法与当地的受众做到紧密的链接，满足他们地域化的需求。

我举的这个例子是澳大利亚当地的一个 FM 电台跟 Cruze（科鲁兹）雪佛兰做的活动（图 1)。这个汽车在当地的一家 4S 店销售的时候拿出两辆汽车，然后在悉尼全城发起一个寻找这两辆车的活动，声明谁找到了这辆车就是谁的。怎么寻找呢？就是通过广播，这个广播电台在手机上有一个 App，下载了这个电台的 App 之后，它有一个 push up notification（推送通知)，听众如果在这个城市里走，当你离这个目标车特别近的时候就会有一个 push up notification 告诉你，说“你现在距离这个车有多远，你可以怎么去寻找”，通过这样的方式，它就把广播、手机全部调动起来。这个活动当时在悉尼挺轰动的，这个厂家也很高兴，电台的收听率包括电台的 App 的下载量也高，同时受众也很高兴。

还有做现金的活动，就是从厂家拿现金出来奖励，你寻找这个宝物，比如说寻找 1000 美元，这样在当地也都做得很多，这种跟广告是不一样的，相当于做一个活动，但是这个活动跟电台的新媒体的平台，还有跟受众、跟客户绑得很紧。当时我们听这个的时候就是觉得，未来在中国，尤其大城市里，肯定会有很多这样的活动。只有电台有这样的优势。

四、美国公共电台转型的实例——NPR

NPR 有特殊性，它的总部在华盛顿，350 多名职员负责新闻，是一个没有传统地面电台的公共电台。它在网上做了一个 24 小时的网络广播，实际在它的技术平台上也搭了一个 24 小时的广播电台，但是它在任何一个州、任何一个城市没有一家电台就叫 NPR，但是全美 93% 的民众可以收听到 NPR，全美每周有 2600 万人收听 NPR 及其 975 个成员台。它知道拼不过地方台的地方新闻，所以它拼国际新闻，拼美国的重大的国内新闻。

NPR 有两档明星栏目：一个叫《早间版本》(*morning edition*)，每周有 1230 万听众，一个叫《面面俱到》(*all things considered*)，每周有 1180 万听众。《*morning edition*》是早间的 drive time，就是早间开车时间直播的节目，《*all things considered*》是下午 4 点到晚间 7 点这 3 个小时的直播节目。NPR 把这两个节目做成了格式化、版块化。比如说 NPR 做的天气严格控制在 1 分钟。第一个版块的新闻是 7 分钟就是 7 分钟，中间片花的推广，比如说 1 分钟就是 1 分钟。下面有一个财经类的报道，给它安排成 5 分钟就是 5 分钟，它把这个详细的节目单传给了它在全美的 975 个成员电台，成员电台就根据这样的节目单，插自己的节目。

比如说交通和天气的版块时间是 1 分钟，那么当地的电台就可以在这 1 分钟的时候把全国的天气报道替换成当地的天气报道。比如前面的 top news (头条新闻) 版块是 7 分钟，作为一个当地的电台想用，就用 7 分钟，但是到 biz（商业报道）的时候可能考虑到本地的受众不关心这个，biz 如果是 5 分钟，当地使用时就把这 5 分钟换成当地的新闻。基本上每个成员都只用 NPR 的部分节目，不是完全转播。因为 NPR 是非营利的，要成为 NPR 的成员电台，就不能有任何广告收益，没有广告的收益就是一个 Public Radio（公共电台），只有做得这么细的时候才能保证在全美有很多电台转播它的节目，否则它就没有生存空间了，因为没有一个实体的电台是归它的，所以 NPR 的特点就在于：

第一，它知道自己的定位，知道自己的优势，又考虑到地方台转播它节目的需求，所以它把所有的东西做得特别格式化，所以才会有那么多的受众，然后它给自己的定位就是“要去服务美国受众”(inform American public)，就是“告诉美国的受众这个世界在发生什么，美国在发生什么，剩下的那个城市在发生什么交给我的加盟的那个电台”。

第二，因为它没有自己的实体电台，所以它在新媒体方面就特别下功夫。它的网站，包括它在苹果手机或者是 iPad 上，NPR 的 App 应用都做得非常好，最近它的网站改版，原来网站的 layout（布局、构成）跟在手机上的是不一样的，现在改成一个能适应所有界面的，不论是 PC 端还是移动端，你只要打开 NPR.org，就能根据你现在看的这个终端去自动适应你的 layout 去改，他们的 NPR.org 每月有 1900 万的点击量。

第三，NPR 也在跟汽车合作，它做了一个专门做给盲人用的导航，盲人坐在车里想听东西的时候，只要说就可以听到了。

NPR 作为美国公共广播电台的旗舰电台，适应受众又适应地方，实现了双赢，这是值得我们国内广播行业参考的。

五、美国商业电台转型的实例——CBS

（一）关于 CBS（哥伦比亚广播公司）

CBS 就是哥伦比亚广播公司（图 2），就是我们说的商业电台，类似的商业电台还有 ABC。它是一个综合性的媒体集团，既有电台也有电视台，同时还拥有一些出版物，它的电台现在在全美大约 100 多家，ABC 在全美有 200 多家电台。

CBS 360 Approach

CBS Radio surrounds and engages potential clients

through a variety of integrated touch points.

图 2

（二）以圣路易斯城市电台为例

圣路易斯在美国的中东部，有 200 多万人口，当地有很多商业电台，也有电视台和报纸。CBS 在圣路易斯拥有 3 家电台，分别是 KMOK1120、Fresh102.5、Y98。在圣路易斯最赚钱的是新闻台，而最赚钱的新闻台就是 KMOK，CBS 在当地的播出频率是中波，1120AM，不是调频。在美国人的印象当中，新闻台基本上是以中波台为主。音乐台和谈话台才会到 FM 频率，这与国内不一样。国内中波基本是被放弃的，但是在美国中波台的发射功率特别高，有 10 万千瓦，白天天气没有任何阻碍的情况下能覆盖到全美的 44 个州。

CBS 是发射功率很大的台，KMOK1120 新闻节目采取新闻轮盘的结构，每小时固定播出 18 分钟的广告，其他是新闻，新闻也是按版块划分：头条新闻 + 财经 + 社会 + 体育。这个新闻电台有 5 名主持人、7 名记者，还有 2 名网站编辑。网站编辑负责把电台播的新闻用网民更易接受的语言重新编写，之后再配图，放到网站上，同时还要做一些新媒体的更新。这么一个特别赚钱的台，人员是非常少的。当然，这里没有包括它的技术人员、管理人员和销售团队。

我们去美国参观当地电台的时候发现，销售团队的数量特别高。CBS 在圣路易斯这个城市除了新闻台还有两个音乐台：一个是 Fresh 102.5，一个是 Y98。这 3 个台的销售团队是合在一起的，有 30 多人，而新闻记者总共才 7

名。销售团队要负责3个台的营销，除广告外，还组织线下活动。美国的电台对硬广告的依赖性很大，占美国电台广告收入的比例非常高，最新数据显示，KMOK1120的硬广告占68%左右。

KMOK1120是从早上5点半就开始，全天都有直播，早上5点半开始的《尖峰时刻》(*rush hour*)。5点半到8点半连续3个小时直播，然后开始播新闻轮盘。美国最新关于新闻台的调查，发现美国人现在早上起来听新闻、看新闻的人特别多。早上4点半的时段，2013年电视新闻广告增加最多，收视率实现20%的增长幅度，广告也开始往这方面投入。

还有一点可以给大家提供参考，它中午11点到下午2点的这个时段收听率不是很高，他们做了研究，发现这个时间段做不出来，因为成本挺高的。他就把这个时段包出去了，包给了一个叫“拉什林堡”的谈话类节目。美国电台的节目类型有一个叫辛迪加(Syndicated)，相当于一个节目制作公司，就是美国一些特有名的主持人，把自己的节目变成了一个单独的制作，有点像《鲁豫有约》这种节目。但是拉什林堡的这个节目不是独家的，全美各地有上千家台都转这个节目。这个节目在美国所有广播电台节目当中，自有收听率调查报告以来，永远是稳居第一的，拉什林堡的节目在每个州都有两三千万的听众。

当时我问KMOK的新闻总监，你为什么要把你的整个时段都给他，而且不从当中去提广告分成？因为辛迪加的节目要不你就付钱买，要不你就把那个时段都给他，他自带广告进来。他说是因为中间这个时段他们怎么做都做不起来，就拿拉什林堡的这个节目来保留他的听众，不让听众流失，因为接下来2点以后是他的一个主打节目，他希望通过拉什林堡的节目能留住一些受众，让一些受众关注到接下来2点到5点的这档节目，这样对他来讲就会很划算。

圣路易斯这个城市在美国的整个广播市场排名是第22，比不上我们刚才说的纽约、洛杉矶、芝加哥和旧金山，但是这个城市重点的就是地方台，它用为地方受众服务的心态去做。

还有一点，KMOK之所以主持人、记者、网站编辑的数量那么少，是因为它把交通和天气都包给了一家专业公司去做，更好地利用本来就有限的人力资源。

（三）CBS 的整合营销

CBS Radio Integrated Marketing Department（哥伦比亚广播公司电台综合市场部）：

- Deliver advertising solutions to drive new and incremental business（提供广告解决方案，以推动新的和增加的业务）
- Devise new strategies to increase existing business share（制定新的策略以增加现有的业务份额）
- Strive to create a Win-Win-Win Scenario（努力营造三赢局面）
- Win for the listeners（听众赢）
- Win for the client（客户赢）
- Win for the station（电台赢）
- Facilitate the coordination of a wide variety of communication strategies to deliver results for clients（协助协调各种传播策略，为客户提供成效）：
- Events（事件）
- On-Air Promotions（在线促销活动）
- Product Sampling（产品抽样）
- Show Sponsorships（显示赞助）
- Hospitality（酒店）
- Personality Endorsements（个性代言）
- Experiential Marketing（体验营销）
- Relationship Marketing（关系营销）
- B2B Marketing（B2B 营销）
- Merchandising Programs（销售计划）
- Custom Programs（定制项目）

图 3

我们去美国培训的时候，很多的广播人、电视人，包括出版界的人都提到了一点，就是 custom programs ，也就是现在国内叫“软广”（软性的广告）。

软性广告现在在美国那些特别有名的电台、电视台、出版物当中很多见。现在有一些人在质疑它的新闻伦理问题，但是媒体基本上都在做。以前他们会把它放在广告页上，但现在，比如说一个公司的一条新闻出来了，就找编辑记者去写这个公司的报道，然后把这个公司的名字放进去，但是当作正常的报道发布。比如说这条新闻是社会新闻，就把它放在“社会”那个版块里；如果是关于财经的，就放在财经版块，把它当作一条常规新闻处理。电台为此专门成立一个叫 custom content department（客户需求内容部）。他们认为，相信受众有这样的智慧去判断哪篇报道是软性广告。当然那些文章写得非常漂亮，不是我们经常在国内的报纸上看到的通稿，都是让编辑、记者去找好角度去编去写，跟新闻的很多的点都很契合。

他们怎么跟当地的广告客户去合作？有一些东西可以给大家看一下，还是以圣路易斯的电台（图 4）为例——

图 4

这是它的活动，最上面 Fresh 102.5、Y98、然后 KMOK 这样的一个电台，这是它在圣路易斯做的一个当地特别有名的音乐节。每年的夏天都做，把音乐节变成当地人的一种生活方式，门票是靠企业赞助，包括现场的一些活动，喝的饮料都是赞助商提供，同时把全美最有名的流行歌星请来。3 家绑在一块儿做，3 家电台都出现在广场上，这个是他们觉得做得比较好的一个销售案例。

一位美国驻外记者眼里的NPR

孔　安

主讲人：孔安（Anthony Kuhn），NPR驻北京记者站站长。

Anthony Kuhn的中文名字叫孔安，2004年加入美国全国公共广播电台NPR，2013年担任NPR驻北京的记者。他介绍了NPR及美国公共广播系统跨平台传播的情况，特别是通过分析和比较，说明了NPR在美国广播市场中的定位和实际影响力。他还介绍了自己作为一位驻外记者服务NPR的经验，表达了他对传统广播转型的看法。

由于Anthony Kuhn提供的关于NPR的情况大都是2014年的信息，5年里，NPR自身也发生了不少的变化，为了便于大家了解最新变化，我们在有些背景资料后加入了2020年的信息，比如目前最新的雇员规模和全国会员台数量；新冠疫情对收入和雇员薪酬的影响等。其他保持了原样。

一、NPR概况

图1

现在你所看到的（图1）是去年NPR刚搬进去的新总部，在华盛顿。它这个楼有点像其他的大媒体，比如CNN、BBC那种楼，都是开放型的，在这儿能看到几个编辑在这儿开会。NPR是1970年2月26日成立的，原来的想法是想效仿其他国家的公共广播电视机构，比如英国的BBC或者日本的NHK，但是我们的模式跟他们不太一样，他们有更多的官办色彩，我们更多是民间的——我们没有直接收到政府的拨款，但是间接的是有的。

1970 年（NPR）成立了第一个节目，1971 年 5 月 3 日开始播出。我们主要有两个重要的节目：一个是上午上班时间的，一个是下午下班时间的；美国有 3 个时区，从东海岸到西海岸，从东海岸的早上 5 点到西海岸的晚上 10 点，可能只有几个小时没有广播，其他的时候都有广播。我们 NPR 只是负责做节目，播节目是通过覆盖全国的、很多的地方台。

二、数据中的 NPR

（一）员工、受众规模

2014 年：NPR 所有的员工共 849 人；去年裁员裁掉了 10%，这是因为经济困难；800 多人当中新闻部有 355 人；总共有 1001 个地方台来播我们的节目，其中 800 多家是 Member station，是会员，他们要缴纳一些作为会员的费用。此外，每个星期的听众有 3460 多万。每个星期都有这么多听众，听起来数量很多，但是听的时候会听多长时间呢？听进去多少内容，了解到什么程度呢？这是另外一码事。每个星期听我们的 newscast ——就是我们的“新闻简播”的有 2680 万人，这个数字听起来很多，因为像《纽约时报》这样的大媒体的发行量也只有 200 多万份，所以，我们每个星期的听众比他们多得多。

2020 年情况：NPR 所有的员工共 1029 人，新闻部门有 450 人。总共有 1076 个地方台来播我们的节目，其中 1011 家是 Member station，是会员。每周跨平台的受众 5200 万。受众通过收音机、智能音箱、NPR 网站、社交媒体、现场活动、NPR 客户端和播客等不同平台和介质接触 NPR 的内容产品。其中通过收音机听所有公共电台的听众每周在 3560 多万，听 NPR 新闻和其他 NPR 制作节目的每周有 2820 万。每周网站浏览用户达 1820 万，App 移动端每月收听用户达 240 万。

（二）数字产品及预算

我们网上的数字产品，2014 年，平均每个月有 2000 多万读者浏览我们的 NPR.org 网站，我们所有的内容、所有的广播都可以在那儿免费听；我们 podcast 的 MP3 格式节目每个月有 2700 多万次的下载，最近这几年 podcast 的下载还是比较成功的；所有的数字产品的访问者总共有 2300 多万。最后一个数字就是我们的财政预算：2014 年是 1.83 亿美元。

（三）国际分社

图 2

我们的国际分社目前有 17 个。在亚洲，北京是一个，就我一个记者在这儿，上海还有一个；平时东南亚也应该有一个，我是去年从雅加达搬到这里的；东亚，以前在日本也有过分社，但是 1990 年年末撤出来了，以后可能还会开；在南亚目前有 3 个分社，分别在巴基斯坦、阿富汗、印度，不过，今年大部分美国兵从阿富汗撤了出来，我们就也准备撤了，南亚就留两个。美国国内有 18 个分社，也有若干个记者是从美国派到全国各地临时去做报道。

这是我的一个好哥们儿，叫 David（图 2），他是我们仅有的几个职业的摄影师，他比较狼狈的一次经历是，跟一个美国兵徒步行走在阿富汗，没有帐篷，只能睡在外面，比较辛苦。这个摄影师获过很多奖，每次有什么灾难性的新闻我都会跟他一块儿工作，最近的一次就是去年 11 月份，在菲律宾"海燕"风暴来袭的时候，我们一块儿在那儿工作。

现在，大部分美国媒体没有国际分社，他们依靠的是美联社、路透社等通讯社的供稿。NPR 的国际分社有 17 个，跟《纽约时报》《华盛顿邮报》《华尔街日报》差不多，但是值得提出的是，《纽约时报》在北京有 5 个记者，NPR 就我一个人。

（四）资金来源

这个（图 3）是 2011—2013 年的情况：

AVERAGE UNRESTRICTED OPERATING REVENUES BY CATEGORY(FY 2011-2013)

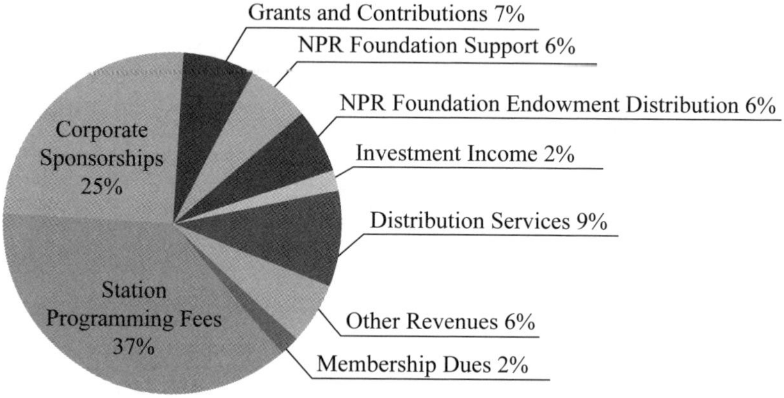

图 3

最大的一块来自地方台买我们节目的费用。NPR 不直接做广播，除了网上的，就是把自己做的节目卖给地方台，这个收入占我们经济来源的 37% 左右，是最大的一块。

其次就是公司赞助。我们是一个非营利的组织，不是商业的电台，不是商业就意味着没有真正的广告，不用广告公司制作的广告。那么，怎么让听众知道是这个公司的赞助呢？就是节目中会简单地念几秒钟，说明是哪个公司提供的赞助，cooperate sponsorship。

其他占比较大的一部分是捐款。捐款对地方台更重要，但是对我们也很重要。NPR 有自己的基金，6% 的资金来自与 NPR 基金，这个基金从哪儿来呢？主要是一个人捐的款。是这样的，NPR 的经营者每过一段时间就要组织募捐，要筹款。这是因为我们的模式不同于英国 BBC 的模式。BBC 模式实际上是一种纳税制度，你如果有电视、有广播，你就要为此专门给政府一笔钱——类似于一种税——来维持 BBC 的运营。而我们就没有，听众愿意捐款就捐款，不喜欢的可以不捐。有些人是 10 块、20 块的捐。而在 2003 年，我们获得了比较大的一笔捐款，金额有两亿多，捐款人是一个老太太，这个老太太是谁呢？她叫 Miss Kroc，Mr Kroc Ray Kroc 是谁呢？她就是麦当劳的创始人呀，所以她有点小钱，就给了我们一点零钱。（笑声）这笔钱我们就拿来做了基金，争取不动它，用的主要是它的利息。最近因为经济情况有点紧张就用了一些基金的钱，但是基本上是不用的。我们的主要资金来源就是卖节目给地方台所收取的费用，还有这笔赞助。

再来看地方台（图 4）：

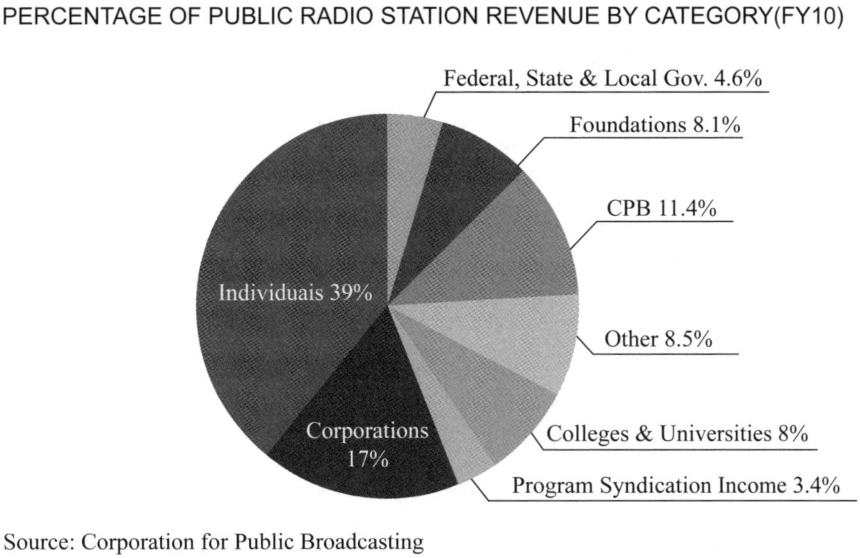

图 4

个人捐款占 39%，也就是说听众的捐款是地方台的主要资金来源。另外，17% 来自公司，4.6% 来自联邦省和地方政府。所以说，虽然 NPR 没有政府的直接拨款，但是地方台还是需要的。还有 11.4% 来自 CPB（Corporation for Public Broadcasting）公共广播公司，这是由美国国会拨款的，它是一个中间的组织，设计它是为了做一个防火墙，也是作为政府和广播电台之间拨款的一种方式。

虽然说 NPR 是一个非官方的媒体，不代表官方的立场，但是也间接受益于政府的拨款，有时候就成为一个问题了。有的人对我们的内容不满意的话，他就会表示：NPR 不应该接受政府的拨款。很多人不完全了解情况，以为我们是直接拿到政府拨款的。当然，尽管并不是，这个问题也还是存在的。

Should the U.S. Government Stop Helping Fund National Public Radio?

	Yes	No
Total	39%	45%
Democrats	25%	58%
Republicans	54%	28%
Independents	38%	49%

Poll Position survey conducted 0ct. 25, 2010
1,074 registered voters nationwide, margin of error ±3%

图 5

这里有 2010 年的一个民意调查（图 5），提出的问题就是：美国政府应不应该停止给 NPR 拨款？有 45% 的人表示反对。其中，你可以看第二行 democrats——民主党派人士中，25% 的人认为应该停止拨款，58% 的人反对停止拨款；Republicans 共和党派人士中，54% 的人认为应该停止拨款，28% 的人认为不应该停止。此外，Independents——无党派独立人士中，38% 的人认为应该停止拨款，49% 的人表示反对。

2020 年，COVID-19 大流行困扰美国国家公共广播电台，导致广告收入严重短缺。尽管 NPR 是一个非营利组织，依赖捐款来维持生存，但也受到严重影响。NPR 预计未来两年预计将面临高达 5300 万美元的损失。NPR 将高管薪酬削减了 10% 至 25%，NPR 员工的基本工资将在 9 月底之前以浮动幅度降低 9%。NPR 在最近的一份声明中表示："我们没有盈利动机，也没有股东像商业媒体一样提供服务，所以我们所有的资源都用于公共服务。""我们将继续在整个组织范围内密切管理我们的预算，我们的首要任务是保住工作岗位，这样我们就可以继续为不同平台的受众提供必要的公共服务。"

（五）听众分布

接下来我会分析，我们的听众都是什么人，是什么群体，有什么样的观点。

1. 先从教育水平来说

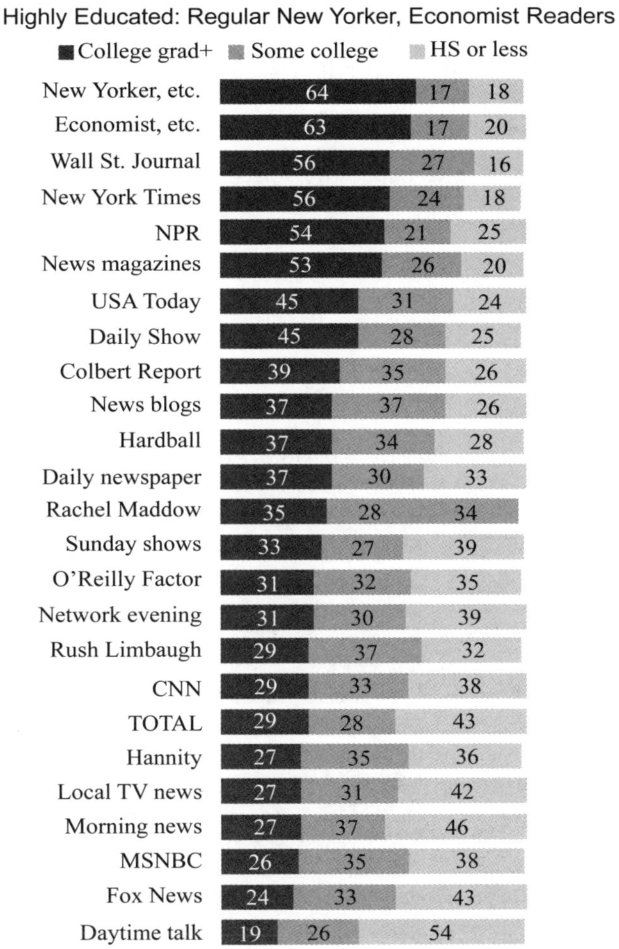

PEW RESEARCH CENTER 2012 News Consumption Survey. Figures may not add to 100% because of rounding; don't know not shown. Based on regular readers/viewers/listeners of each news source.

图 6

你看到的这张图表中（图 6），第一个是《纽约客杂志》（*New York magazine*）；第二个是《经济学人杂志》，英国的一个刊物；第三个是《华尔街日报》；第四个是《纽约时报》；第五个是 NPR；还有很多其他的媒体，比如 CNN、NBC，及一些其他的。图表中左边那个黑色部分代表大学毕业的，中间那个蓝色部分代表上过大学但未读完4年的，最右边最浅的部分代表高中文凭以下的。可以看出，学位最高的是《纽约客杂志》，它是一本跟我们有类似之处的媒体，会比较集中地写时事方面的报道，还有很多文艺、社会文化方面的东西，这本杂志的受众中有64%的人有本科及以上学位。NPR的听众中有54%的人拥有大学学位或更高的学位，只有25%的受众是高中及以下文凭，所以，在这个排行中还是比较靠上面的。你看排在下面的CNN，只有29%的受众上过大学，所以那个才叫真正的“大众化的媒体”，我们虽然也是大众化，但是听众的层次不太一样。还有中间有一个叫daily news paper的媒体，就是《美国日报》，有37%的受众有大学以上的文凭。

2. 按照收入来分析

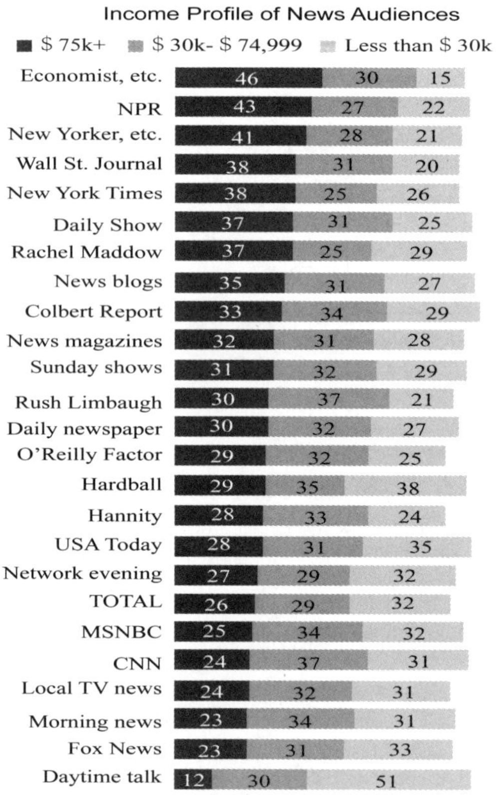

PEW RESEARCH CENTER 2012 News Consumption Survey. Figures may not add to 100% because of rounding; don't know not shown. Based on regular readers/viewers/listeners of each news source.

图7

图 7 所示，最左边表示的是年薪 7.5 万美元以上的受众，居榜首就是《经济学人杂志》，他们的读者群是比较国际化的，但是因为是英文杂志，所以美国和欧洲的读者比较多。其次就是 NPR，年薪 7.5 万美元以上的占 43%，3 万—7.4 万的占 27%，3 万以下的只有 22%。3 万在美国就算中等偏下的收入水平了，所以，从收入来看，我们的听众水平还是在《纽约客杂志》《华尔街日报》《纽约时报》之上的。而 CNN 就排在下面。

3. 按照性别来看

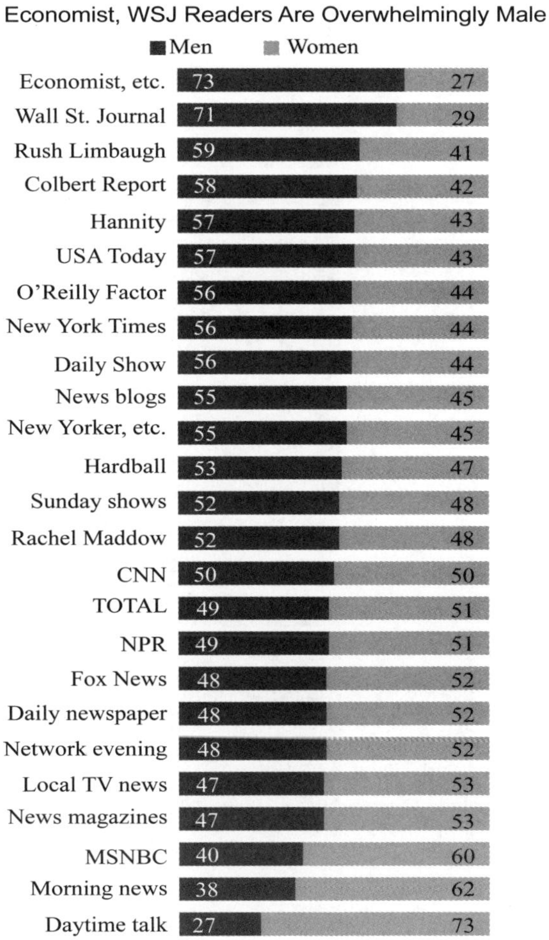

PEW RESEARCH CENTER 2012 News Consumption Survey. Figures may not add to 100% because of rounding;Based on regular readers/viewers/listeners of each news source.

图 8

图 8 所示，《经济学人杂志》73% 的读者是男士，27% 是女士。这 NPR 比较接近，NPR 的读者中 49% 是男士，51% 是女士。CNN 在这一方面跟我们也是接近的，Wall Street Journal 也是男士看得比较多，不过值得一提的是它的听众比我们的多得多。

4. 按照年龄段分析

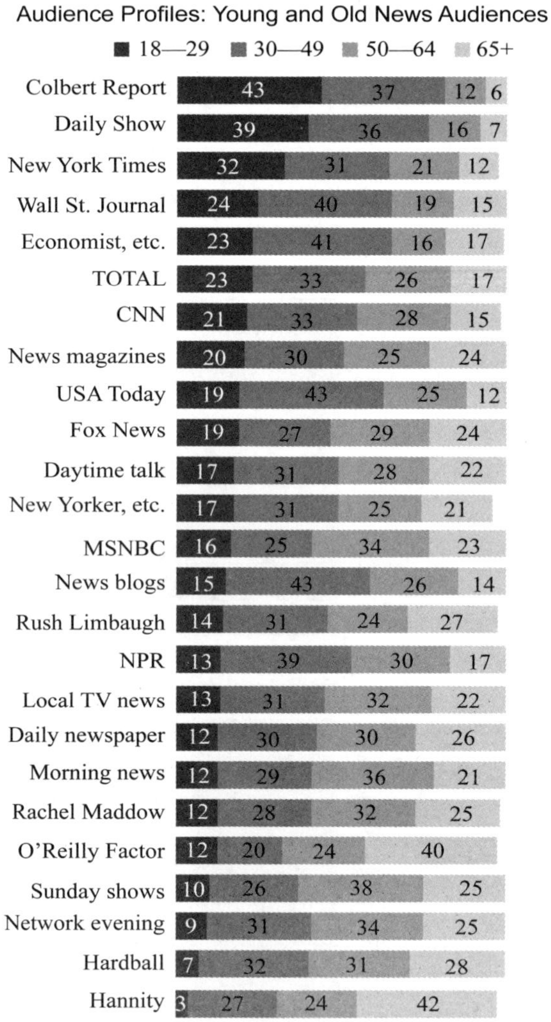

PEW RESEARCH CENTER 2012 News Consumption Survey. Figures may not add to 100% because of rounding;Based on regular readers/viewers/listeners of each news source.

图 9

这个分析结果（图 9）跟我的设想中的不太一样，我以为我们听众的年龄会稍微有些偏高，但是结果显示并不是：这里面，65 岁以上的听众只占 17%，占比最大的部分、也就是 39% 的听众在 30—49 岁之间，50—64 岁之间的听众占 30%，29 岁以下的只有 13%。这些数字是一个叫 Pew Research Center 的民意调查公司 2012 年做的调查。我认为，要分清的是，我们现在有两个听众群：一个是广播中的，是广播电台的；另一个是网络上的，是数字网站的，这两个群体很不一样，而且互相交叉的地方比较小。

5. 按照政治观分析

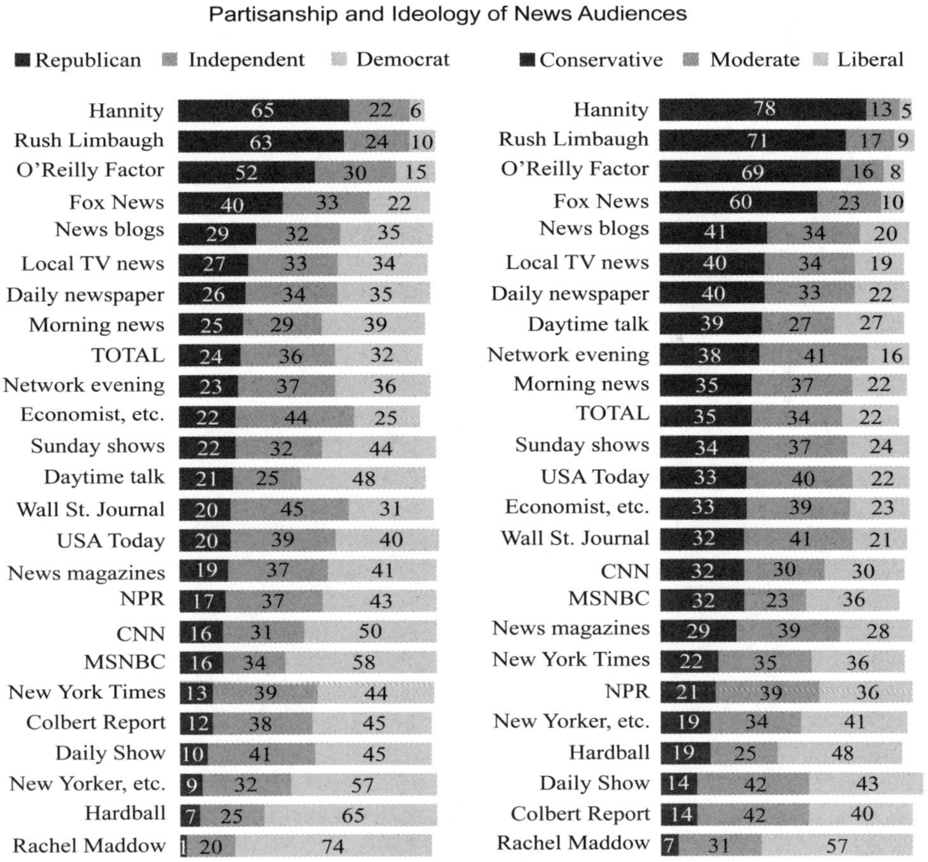

PEW RESEARCH CENTER 2012 News Consumption Survey. Figures may not add to 100% because of rounding; don't know not shown, Based on regular readers/viewers/listeners of each news source.

图 10

图 10 所示，左边是政党关系，图表最上面的两个脱口秀分别叫 Hannity 和 Rush Limbaugh，它们都是极右派的，听众中 65% 的人都是共和党派，只有 22% 的人是民主党派，6% 是独立无党派。而在 NPR，43% 的受众是民主党派，37% 的人说自己是无党派，17% 是共和党。反正两边的都在骂我们，要么说我们太左，要么说我们太右，不过我们也正希望保持中立，希望两边都骂。右边这排表示的是：把自己定位为保守、中间还是自由派？在 NPR，21% 的人说自己是保守派，39% 的人认为自己是中间派或者温和派，36% 的人认为自己是自由派。20 世纪 70 年代 NPR 成立的时候，很多人认为 NPR 是相对靠左派的。所以，在共和党执政的时候，尤其是在布什的政府之下，有好几次有国会议员要切断我们的经济来源，停止给 CPB（Corporation for Public Broadcasting）拨款，但是最后都没有成功。

（六）受众收听变化

1. 新闻来源的变化

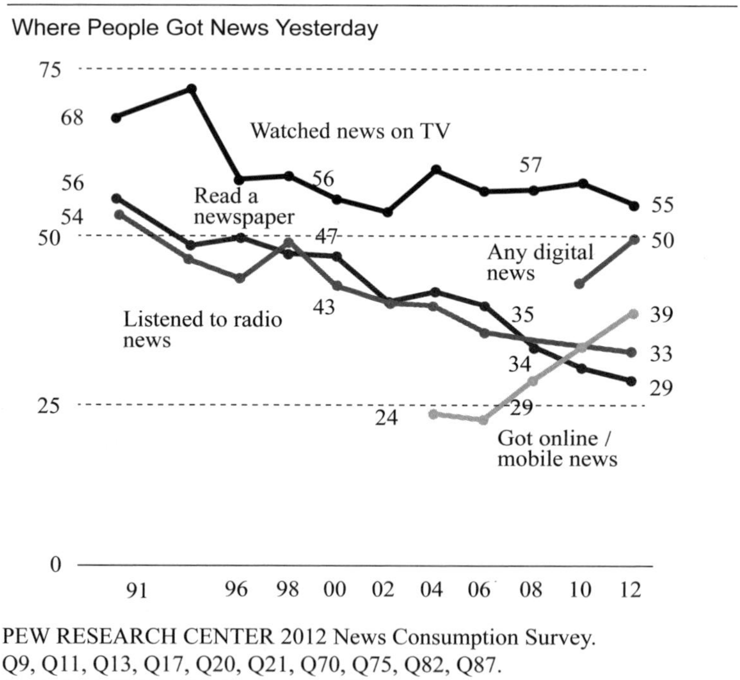

图 11

美国的老百姓以前的新闻来源是什么呢？这张图（图 11）显示的是从 1991 年开始算起到 2002 年的变化，排在最上面的是电视。1991 年，68% 的老百姓的新闻来源就是看电视，到 2012 年，这个数字下降到了 55%。第二个是看报，从 56% 下降到 33%，广播所占比例也同它一样降了下去。占比上升的就只有通过网络看新闻这一项。但是，与此同时呢，从“9·11”开始，也就是从 2001 年到 2008 年，NPR 的听众翻了一番，增加了一倍，跟这个趋势是不完全一致的。

2. 数字产品渠道的变化

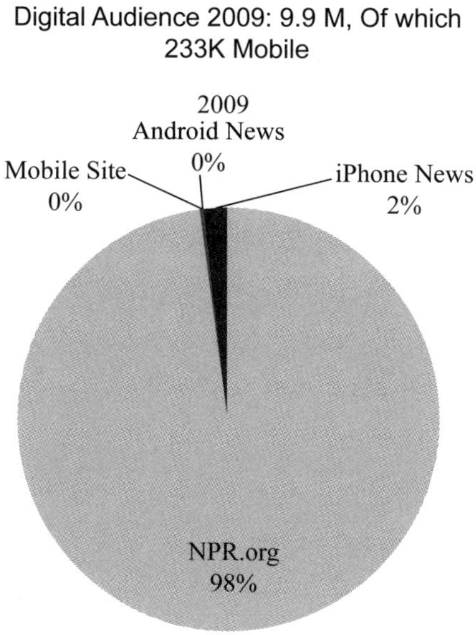

图 12

图 12 这是 2009 年的情况，浏览我们的网站的，98% 是通过电脑网站 NPR.org 看我们的。我们现在有几个平台，一个是 NPR.org，是普通电脑网址；还有一个 App 软件，iPhone 系统和安卓系统的手机都可以免费下载，另外还有一个专门做 NPR 音乐的 App 软件，这个软件的听众也挺多的。

2009 年，iPhone 的比例只有 2%，移动网站 0%，当时所有的读者群有 990 万，990 万当中只有 23 万是通过移动平台接收我们的节目的。

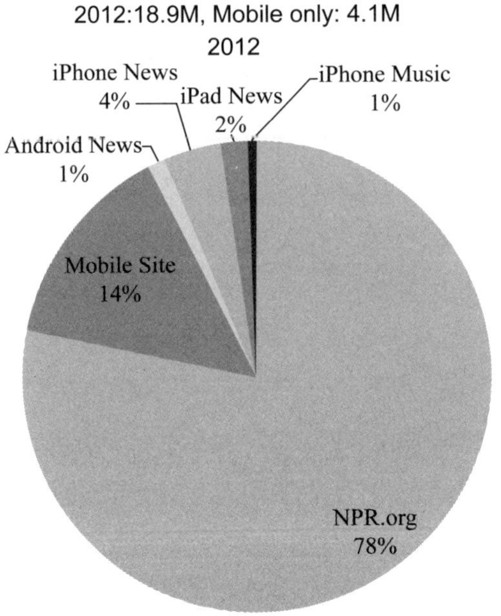

图 13

再看 2012 年的情况（图 13）：听众数量从 990 万增加到 1890 万，增加了差不多一倍。其中，移动平台有 410 万，增加到 4%，普通的电脑网站 NPR.org 下降到 78%，iPad 平台有 2%，iPhone 平台有 4%，安卓平台有 1%。这 3 年的时间里，看数字产品的增加了 1 倍，增速是比较快的。

问题是，这两个群体是不太一样的，年龄等各方面都不一样。比如说，听广播的听众中，只有 4% 的人在一个礼拜以内看了我们的网站，重复的人不是很多，两个群体是很不一样的。我觉得，这就造成了很多问题：第一个问题是，广播是我们传统的东西，而数字产品是比较新的，也就是说最重要的、我们的看家本领就是做广播，而我们的数字产品比较新，人比较少，做的时间短，很难跟那些平面媒体竞争。

我个人的感觉是，目前我们没有资源，根本没有经验能做得过像《纽约时报》这样的媒体——但是同样的，他们现在也做一些探索，做一些视频、音频，我觉得这方面他们没法跟我们比——所以，这就有一个挑战，数字产品跟广播要有同样的质量、同样的水平的话是一个挑战。目前，整个新闻行业在美国有一种恐慌：怕过几年年轻人没有人听广播了，全都变网上看了。比如说，浏览我们的主要网站 NPR.org 的人有百分之多少会听网上的音频呢？只有 10%。我刚才说到有个 iPhone App，就是我们 NPR 的音乐节目，有 54% 的人在听，就是说只有一半的人听那个音频呀，这就是一个问题。

我们数字化的产品怎样把这个适应过去呢？怎样让人愿意听呢？这对我们来说是很棘手的一个问题。对记者来说，我也觉得负担特别重，因为我首先要照顾的是广播的任务，就是采声音做采访，做完这个我才能顾得过来照相，写文字版。

我们主要有两个 App 可以下载：一个是新闻的，一个是音乐的。刚刚没有提到我们新闻的 App，它的重点放在我们主要的网站 NPR.org 上，只有 10% 的人听我们的音频。在网上，有的报道有文字版而有的报道没有，说实在的，这是因为人手不够，它要先照顾广播，后面如果有时间才能再把它弄成文字版。另外，我们不要机械化地把广播的内容变成文字版，一定要有适合文字的结构。第二，因为 NPR 的一个特色就是有很多文艺方面的节目，所以我们有一个专门的 App 来介绍新音乐，里面有音乐会的录音和直播，有新唱片的介绍和评论，这个全都是音乐的 App，只有一半的人才听里面的音频，很多人根本就不听。所以，怎样让用手机的人听音频？这是一个很大的挑战。

如果我们要保持我们这个传统的优势，也就是说音频、声音来讲故事，怎样来适应这个数字时代？这是很大的挑战。

三、身为 NPR 记者

我说一下关于我自己的经历吧，告诉你们关于我的工作。

图 14

这张照片（图 14）是我今年 2 月份在福岛核电站里面做报道的时候拍的。他们很少让记者进去，我获得了机会，进去看到有的核电站变成了废墟，而有的反应堆辐射特别厉害，根本就进不去，只有第四号反应堆能进去。

目前，我们在整个东亚只有两个记者，在北京只有我一个，在上海还有一个同事，我们要负责所有东亚的报道。所以，我在路上的时间不少，在东南亚的时候更多，东南亚有很多国家，缅甸、泰国、柬埔寨什么的，所以，我在路上的时间大概有百分之六七十左右。缅甸的新闻比较多，最近一两年，我大概去了六、七次，上个月刚从那儿回来。

NPR 的新闻报道就是要求我们到地方上去采声音，去做即时的报道。我在北京的时间稍微多一些，中国的新闻比较多，我在中国国内的出差也多，但是还好。虽然我们在 2008 年有过一次裁员，去年也裁掉了 10%，但是我们出差去做新闻基本上还是没有问题的（经费有保障），有重要新闻肯定是能去的，我周一就要去一趟香港。

这是我前年在黎巴嫩采访一个逊尼派阿訇的时候拍摄的。采访的是关于逊尼派、什叶派之间的斗争，他支持的是在叙利亚的逊尼派的反对者武装力量。我是不会阿拉伯语的，所以我左边坐着一个翻译（图 15）。

图 15

图 16

这一张是在东南亚的雅加达的时候拍的（图 16），做的是东南亚的新闻。但是说实在的，东南亚的受关注的程度不够，所以，偶尔会让我当“消防队员”，派我去别的地方，比如黎巴嫩、伊拉克、以色列、巴勒斯坦这些中东的地方我也去了。然后这个阿訇后来就失踪了，在混乱当中失踪了，现在不知道去向。

我目前在中国的时间最多。我第一次来中国是在 1982 年，我那个时候是大学一年级的学生。然后，1984年，我在北京外国语学院待了一个夏天，在那儿读书，这正好是30年前。1992年，南京大学跟美国霍普金斯大学有一个中美文化研究中心，我在那里读过书。1992年之后在香港的一个叫《远东经济评论》的杂志工作过，很可惜它现在不存在了——那个杂志后来被道琼斯公司买了下来，把它给毁掉了，现在不存在了。90年代我在《洛杉矶时报》工作过一段时间，而正式在NPR工作是在2004年，正好是10年前。开始工作后，我在英国待了1年，在东南亚待了3年，其他时间基本上都是在中国，去年6月，我从东南亚回到了这儿。

我觉得，去的国家越多，我的视野就越开阔，对我报道的质量就越有好处。所以，虽然任何时候在中国我都愿意工作，在这儿很得心应手，朋友挺多的，但是我也愿意到其他的国家去学新的语言、新的文化、写新的故事。

那张照片（图16）的内容是：印尼快要有总统大选了嘛，雅加达州长是一个竞选人，就是坐在左边穿白衬衫的那个，我就坐在地上录他的声音。他去访问一个贫民窟，和老百姓对话，我就坐在那儿录音。

我喜欢我的工作的重要原因就是我做的大概90%以上报道都是我自己想做的，是我自己认为重要的。说实在的，我们在美国的编辑对亚洲的了解是比较有限的，我们有一个新任的负责编辑亚洲新闻的编辑，是一个很年轻的印度人，所以南亚的新闻他了解得比较多，但是对东亚还是新手，他刚刚来中国访问过，那是他第一次来访问中国。

最后这张（图17）是前年在柬埔寨雨季的时候拍的。我正要进入那个森林，你可能看不见，我的脸上是一个比较无奈的表情，因为工作是比较辛苦的，制作、采访、写稿都是我自己要做的，最后整理成文章是在华盛顿做的，就是把我自己写的稿子、念稿、录音、背景声音……所有的这些都要发到华盛顿做最后的编辑，然后播出去。所以，平常就是白天采访、晚上写稿，睡觉就是在

图17

路上，时间很少，但是这些经历我觉得还是非常可贵的，我能写到我自己感兴趣的题目，我感到非常高兴。

我一般就是比较集中做环境方面的题目，尤其在东南亚比较多，但是NPR的强项就是社会、文化、文艺，所以这方面也做得比较多。

给你们听一下我怎么做的节目吧。首先我要采集原始声音，这是其中一个例子。

（音频：唤头声）

这叫唤头，还有叫卖声。你们能不能猜出来我写的是什么题目呢？

（音频：叫卖声）

上次来北京，我住在故宫附近，就是景山东街，那个胡同里有个邻居是养鸽子的，所以我就到他那个鸽子窝录音。我在东南亚待了3年之后，再次回到北京的时候发现，“老北京”好像很少很少了，都是很年轻的外地人住在北京这个城市里。我觉得很新鲜，感觉走了3年回来大不一样了，所以，我回来之后做的第一个做的报道就是：老北京到哪儿去了？我是不是要到天津才能吃一碗炸酱面呢？这个节目是2006年做的，我采访了我的邻居，我问他，你听到这个鸽哨的声音，你脑海里产生一个什么样的场景？ 你看到了什么呢？

（音频：邻居回答）

这是我自己写的稿子，自己念的。

（音频：英文念白）

写稿呢，实际上就像写一个剧本，每一段都要用声音来介绍，把听众引入其境，这个报道里面还采访了老舍的女儿，叫舒济，她解释这个唤头是什么。

（音频：舒济解释唤头）

我还录了鼓楼的声音，这个是只有旅游的人听到的，但是过去老北京夜里还能听到那种声音。

（音频：鼓楼的鼓声）

你可以听得到我怎样去采声音、去做采访，然后自己写稿，把所有这些内容都通过网络发回华盛顿编成报道。

我每天的任务是根据我们的几个广播形式来做的，一个是每个小时有短讯，一天可能要做几个；长点的报道两分钟、4分钟、8分钟的都有，这个没有固定的任务，但是一个星期怎么也得做一两个吧；我们也有一种特别即时性的新闻，可能要做连线要做直播，这个也经常做。总体来讲，我每天要给编辑们发一个电子邮件，告诉他们我在做什么，但实际上我在做什么他们也不知道，所以我算是很自由的，大部分的文章由我自己来选题，90%都是我自己选的题材，因为编辑们不是很了解亚洲，我说什么是新的，一般他也只好同意。我下午得回去发一个报道，要留充分的时间回答大家的问题，所以我先罗唆这么多，大家有问题尽管提吧。

移动互联网发展带来的行业变化

刘　毅

主讲人：刘毅，九安医疗电子股份有限公司董事长。此文根据2014年7月7日的讲座内容整理。

这次讲座的主讲人刘毅先生是九安医疗电子股份有限公司董事长，虽然他并不是广播行业的从业者，相对于新闻媒体而言，是业外人士，但是由于其所从事行业的原因，他对移动互联网产业的变化十分敏感，对于其给世界和某些领域带来的变革感受深刻，主动将企业传统产品与网络尤其是移动互联网和物联网对接、改造，并把分公司开到了硅谷。而我们面临的变局实际正是来自于“业外”，这也是我们请他来，给即将出国考察传统广播如何与新媒体融合的同事进行一次“头脑风暴”的原因。他的讲座，让我们从另一个角度，去思考一家企业、一个团队如何适应变化和创新，从而应对移动互联网将会给广播行业带来的深刻变革。

一、移动互联带来的颠覆性行业变革

这个问题实际上我在很多场合都讲过，第一个首先讲iPhone是什么，到天津大学、南开招人的时候，第一句话问同学们说iPhone是什么？有人回答是听音乐的，有人回答是上网的、是导航的，就是没有人回答iPhone是电话。其实iPhone最基本的功能还是电话嘛，大家说的这些功能跟电话无关嘛，这个地方带来一个巨大的变化，实际上它是一个移动互联网的终端，它已经变成了我们人体的一个器官了，是我们现在人体之外使用频率最高的一个东西了。它比钥匙、钱包、笔、本子的使用率都高了，它是电话、游戏机、POS 机、导航仪、笔记本，我们有一家合作公司在全世界很有名——AVENNOTE，完全是用 iPad 笔记本，所有的笔记都在云端存储，所有的笔记都能共享。就是说 iPhone 的出现甚至对笔和本子都有可能把它颠覆了。

其实对新闻行业来说，iPhone 的出现对新闻采访也带来了极大的便利，包括录音、录像、拍照甚至还有手电筒。手电筒功能现在已经成为标配了，刚开始的时候苹果公司觉得把这个东西做成一个手电筒是很耗电、很麻烦的，不过，现在苹果公司把它变成标配功能了，照相机、卡片机直接淘汰了，这个变化是很大的。这种变化在历史上曾经出现过，比如汽车，还有电力。电力是很明显的一个基础设施，电灯、电话、电台、电视这些都是在电出现了以后慢慢有的，我们现在的 iPhone 就是个基础设施，将来可能 POS 机就没了，手机支付了。

在 iPhone 出现之前，手机这个行业存在很多年，手机各式各样，摩托罗拉的有摩托罗拉的外形，诺基亚有诺基亚的外形，现在全长得一样了，其实我们的 PC 长得也都一样，这都是乔布斯定义的。电的发明是很伟大的，这种移动智能终端的发明也是非常伟大，它改变了所有的行业，像 IBM、惠普、微软这些行业都得到迅速发展，30 年的时间他们都成为世界级的公司了。

30 年后，我们看到有可能变了，PC 也不这么玩了，PC 将来会变成云终端了，将来大家的 PC 只有一块显示屏了，有一个简单的网络连接器，所有的信息都在云端了。一旦变成云终端的机器，就完全根据你订制了，你需要什么软件和功能直接就用了，信息在云端被存储、收集和采纳。

世界的变化也是很有意思的，互联网时代讲的是没有中心，到了移动互联网时代超级控制有可能出现，因为你的所有信息都能被追踪，极有可能就把所有的信息都掌握，这是我们看到的第一轮变化。

当然，电脑的普及、互联网应运而生又引发了新的一轮产业革命，我们看到了 Google、eBay、亚马逊、Facebook。咱们国家也有啊，人家有 eBay，我们有淘宝；人家有 Amazon，我们有京东；人家有雅虎，我们有新浪；人家有 Twitter，我们有新浪微博。这个过程中很重要的原因就是互联网发展得非常迅速，政府干预相对也比较少，这是我们看到的第二轮变化。

这一轮是一个非常大的行业洗牌机会，就是一轮新的产业革命开始了，对我们国家也是一个非常好的机会。中国制造已经走向全世界了，要走向中国创造。原来我们公司做的是电子血压计，发展速度比较快的时候是给欧美的公司做贴牌，我们在德国市场能占市场份额的 50%。那时候面对我们为什么不做自己品牌的疑问，我回答说："我们这么小的公司哪有那个本事？"你是在一个追赶的状态下，你想成功，要付出的成本和代价是非常大的。

但是现在突然变了，这个行业洗牌了，游戏规则不这么玩了，机会就来了。所以像我们这个公司到了 2010 年的时候就开始在美国做自己的品牌了，这是跟移动互联网结合的结果。刚刚说的 iPhone 是你的电话，是你的导航仪，是你的 POS 机，在我们这儿 iPhone 是我们个人的健康管理工具，这是一个新的行业洗牌机会。现在看到的移动互联网带来的新变化还是美国创新居多，我们在学习追赶，青出于蓝而胜于蓝。微信就是这样，微信既非原创也非首发，最早美国在黑莓上有一个叫 WhatsApp 的，现在依然仅仅局限于即时通讯。微信现在是什么？我们刚刚说了一个无所不能的 iPhone，我们现在看到了一个无所不能的微信，它是一个语音通讯工具、视频通讯工具，是陌生人的社交，是熟人的社交，下一步应用，微信还具有硬件社交平台了，下一步微信可能就是你的新闻来源、信息来源、购物来源。

在这点上我们青出于蓝而胜于蓝。在 iPhone 上也看到一个例子就是小米，小米的雷军绝对反对人家叫他"雷布斯"。小米做得更极致了，小米现在没有渠道，就在自己的网站上卖。没有渠道，传统行业根本就没法想象！人家还没有广告，所以方式全变了。大家现在看到的这些东西传统公司首先是看不起，小米做手机能卖多少个？第二个就是开始看不懂了，他怎么卖这么多手机呢？第三个就开始学不会了，第四个就是赶不上了。

芯片行业原来最牛的是 Intel，现在移动互联网时代，没有芯片了。手机行业不用说了，在几年前，以为手机行业已经天下定了，就是摩托摩拉和诺基亚了，话音还没落几年，就没了。软件行业也是这样，给 iPhone 做应用的、给安卓做应用的软件人才急缺。

互联网行业在前几年好像就这几家了，阿里巴巴、腾讯、网易、新浪、搜狐，突然大家看到马化腾在说微信，凭微信拿到了船票，马化腾说，他拿到的不是船票，是站台票。但是我们看到阿里巴巴、百度非常着急，站台票在哪儿还不知道呢！那种颠覆来自不知道的地方。

Intel 的老总叫格罗夫，写过一本书《偏执狂才能生存》，讲企业的，后来他又写了一本书叫《十倍数才能发展》，讲的就是行业搬迁。麦克·波特不是有一个理论吗？这个公司做得好不好，并不是这个公司管理多好，是这个公司所处的行业环境，比如说竞争对手的力量、替代技术的力量、潜在加入者的力量、消费者的力量、供应商的力量，这些力量决定了你好不好。如果行业环境很好，这些力量都很弱，你公司肯定发展得很快。格罗夫当时就说，这五个环境中突然有一个变量十倍数变化了，作为公司的领导人，你要能够感觉到或者意识到，带领公司适应这种变化。我们看到柯达为什么会倒掉，柯达不就是数码相机吗？柯达没有数码相机？都不是，是适应不了这种变革。

大鱼和小鱼的界限模糊，一夜之间大鱼会突变成小鱼，小鱼也能“跃龙门”了，快鱼吃慢鱼，消费者越来越重要了，不仅可以接受信息，现在能创造信息和传播信息了，而且消费者是真正主导了，它跟传统行业的结合会颠覆和改变传统行业。原来你买我一个硬件，我们俩之间只是一个产品关系，现在我卖你的不仅仅是一个硬件，你还是我一个用户，用户这种关系能够持续产生信息和互动，这是移动互联网发展带来的变化。

二、移动互联变革的实战案例

讲几个例子：

（一）微信

美国 WhatsApp 公司的创办人是一个乌克兰移民，16 岁到的硅谷，然后他创办了这个即时通讯。这家公司最近被 Facebook 收了，Facebook 出价 190 亿美金 ,Facebook 的老板今年也不到 30 岁。几年前有个应用程序叫 Instagram，是一个什么程序呢？朋友圈 !Instagram 在两年前的 4 月份，Facebook 的老板和 Instagram 的小伙子创办人谈了三天，然后对外宣布 10 亿美金收购 Instagram，这个新闻当时在全世界行业内炸了锅，所有人都觉得，一个照片分享的软件凭什么值 10 亿美金呢？所有人都看不懂。现在如果说微信的“朋友圈”能值多少钱？微信“朋友圈”的信息量已经超过中国所有其他行业发的信息量了，超过微博，超过所有的地方，它就是移动的 Facebook。

有一个小伙子更年轻，23 岁，做了一个 Snapchat，就是阅后即焚。我发一条信息给你了，你看完了之后一两分钟没了，消失得无影无踪了，它也有三千万用户了。Facebook 这个年轻的老板又坐不住了，又去找人家，要不咱们一起干吧？ 10 亿美金行不行？ 23 岁的小伙子说了，NO！过了一段时间 Facebook 又找他们，30 亿美金行不行？ Snapchat 这个小伙接着说 NO！不接受！他说不愿意把公司卖掉，这么年轻他要继续干！当时这个新闻传到全世界，说这个小伙子到底是一个傻子呢？还是一个杰出的未来的 Mark Zuckerberg ?

这就是我们看到的过去几年由于 iPhone 出现所带来的剧变。Facebook 在 2005 年融资的时候估值 1 亿美金，所有的风险投资都说太胡扯了，太贵了。只有一家说 1 亿美金可以，Facebook 就接受了。这家公司现在因为这个投资，Facebook 市值 1000 多亿美金。这个风投老板叫 Accel，因此在硅谷成为知名的风投之一，美国每年都做风投排名，这个人当第一名当了好几年，得到了巨额的回报。

（二）Uber

Uber 的出现，在美国出租车行业掀起轩然大波，最近我看到的新闻是美国的出租车司机罢工抗议这个东西。Uber 今年新的一轮融资估值是 170 亿美金，短短这么几年，它怎么能这么高呢？第一个就是原来叫车的服务被轻而易举地颠覆了，提高了效率，提供了方便，但不仅仅是这些原因。实际上原来都是中心调度，做不到按需提供服务，现在它还可以收发快递，更简单了。

如果我要发一个市内的快递，信息发布之后，附近最近的一个人说他正好开车去那儿，给你捎过去吧，钱不就挣了吗。如果这个做成了，将来从美国飞机回来的全部是大家代购的产品，代购的人也合适，我回来一趟帮他带了这些东西我赚了钱了。这种服务就变了，就是无缝服务了。

（三）Airbnb（爱彼迎）

Airbnb 最早的时候是做旅行社的房屋租赁，现在变成什么了呢？如果大家去美国你们可以体验体验，直接在上面订房，多便宜的都有，免费都可以。

有些人的家里面有五间房，拿出两间房可以来住，一间房就是 30 美金或者 20 美金，大家就在这个 Airbnb 一登记就完了。这样酒店行业都会变了，这个 Airbnb 估值也是 100 亿美金，它改变了酒店这个行业，然后旅行社也可能会改变，以这个点为中心，把周围的旅游资源给你介绍得很详细很清晰。

（四）小米

学习乔布斯、领会乔布斯最好的人就是雷军，他现在这样的干法干下去，不仅仅在手机行业，将来会在其他的相关行业产生巨大的影响力。

举个例子，小米说我要出小米电饭锅，那好，市面上最好的电饭锅多少钱呢？最好的电饭锅松下的要卖 2000 多块钱，2000 多块钱的电饭锅成本多少钱呢？四五百块钱差不多。小米说我就做四五百块钱的电饭锅就完了，那大家谁不买？

小米最近出了电视 3999 元的 4K 电视，小米盒子对大家的威胁比较大。将来的发展就是变成屏幕加内容，屏幕可能是笔记本的屏幕，可能是手机的屏幕，可能是电视的屏幕，然后就是内容。

苹果公司每年的 6 月份在旧金山有一个开发者大会，我参加四年了，最开始邀请的传统媒体居多，今年一看，互联网的媒体有很多。将来的变化就是屏幕加内容，原创内容永远是有市场的。过去传统的工业社会，产业链条太长，内容也就是产品的重要性在不断地下降，产品可以功能不那么强大，但只要营销做得好依然可以卖得好，信息不对称的原因。《乔布斯传》最后有一句话是乔布斯本人说的，讲得非常好：“我追求的是做出一个伟大的产品，伟大的产品能够赚钱非常好！但很多的公司不是这样想，很多的公司是要赚钱，我不是。”

他说随着一个产品做好之后，产品人员在这个公司的力量越来越弱，因为营销把他卖到了另外一个地方增加了销售额，采用新的营销方法又上了一个台阶，营销人员的力量越来越强大，产品人员越来越微弱。他说他不是，他要做出一个伟大的产品。但是在移动互联网时代这个事情确实有点变化，产品即媒体、广告即内容、品牌个人化，乔布斯跟苹果是合一的品牌。整个传播行业也要剧变，那些做电视平面的4A公司要下班了，我们的智能血压计也能代替电子血压计。2010年的时候，乔布斯他们在WBC大会上说，将来iPhone不仅做游戏、娱乐，还能干严肃的事情，可以测血压。后来他们就做到了，2011年首次用iPhone和iPad测血压。我们在全世界拿了很多奖，血糖仪也是，我现在手上戴的这个运动记录仪，也是新的变化。

以前这个产品就是一个功能性的产品，以前是计步器，十多块钱能买到。现在叫运动记录仪，能跟手机相连，可以监测运动、睡眠，这个产品现在用的人越来越多了，比原来记步器的功能强大，但是强大得够不够呢？不足够！不足够让每个人都戴。所以我们就开始脱离硬件本身，在移动互联网上产生新的东西，我们把它跟微信联上了，把微信的社交关系拉进来了，至于说这个社交关系拉进来会产生什么样的变化，这是刚开始，还不知道呢。我们在美国的心脏病协会开年会，3万多人参加，他们鼓励大家走路。我们做了3000多台发给医生，每天开始比赛，个人比赛前30名是谁，团队比赛前30名是谁，这就开始发生变化了。比如我们刚才说免费走到巴黎，你走的步数如果加起来能达到巴黎这么长的距离，我们就送你一张巴黎的机票。这些变化开始了！

这个变化的开始也具有时代意义。PC是什么？PC是人联网，我跟网联，PC时代没有看到物联网，移动时代突然说物能联网了，物能产生信息源了，物能跟人交流了，这是新的大的变化，所以硬件行业迎来了巨大的机会。

三、移动互联大趋势下的传媒行业新特点

我随便找了点资料跟大家聊聊传媒，属于班门弄斧，这是传媒行业的新特点。

第一个就是碎片时间是主流，现在我的碎片时间全被微信占了，我把我的朋友圈看一遍过来，我的碎片时间彻底没了，内容也个性化了。你看电视的时候你还在拿着手机看，电视广告来了我就看手机了，也就是说移动互联网成为用户上网的重要选择途径，大家原来在 PC 端上网，现在在移动端上网，这是一个巨大的变化。碎片化时间被利用了，这是好的，但另外一方面碎片化时间扩展了，它原来不是碎片的也变成碎片了。

内容个性化这是肯定的，就是说信息的筛选需要筛选更有用的新闻，而且移动互联网的广告方式要变了，现在的信息能够准确理解这个人是谁，是不是给他相关的信息了，都要被重组、分配、投递。其实这是大家的机会来了，谁能创造有价值的内容，谁就将在这个过程中成为真正的主角。小米的黎万强谈小米模式的时候说企业就是自媒体，所有的企业员工都是自媒体重要的组成，每天都要上头条，天天要有故事，让员工成为粉丝，让粉丝成为员工，这点小米确实在全世界做在前面。Elon Musk 也这样，特斯拉也这样，特斯拉也不打广告。如果你问 Elon Musk 怎么定义自己？你是一个 CEO ？你是一个公司的形象代言？是一个工程师？是一个什么管理者？ Elon Musk 说我应该更是一个工程师，一谈到营销这件事情他说我不愿意谈营销，我觉得产品不应该使用营销，这就回到本质了。

当然还有一个，你们应该更熟悉。罗振宇每天早上有一个一分钟的罗辑思维，他现在的点击有一百万，微信的粉丝有 108 万，已经变成了商业现象，他在群上招集会员，第一天募集了 800 万，这是内容的价值，他说了人们愿意听的、喜欢听的和听了觉得有意义的东西，这就是内容的价值。现在如果我们做一个新闻发布，我们会邀请传统媒体、新媒体、自媒体。这些新媒体的用户越来越忠实，他们做的就是移动互联网未来的发展方向。

中国的创业环境这么好，创业环境完全是由市场自然而然产生和推动出

来的。只要你有一个创意、想法，很快就能找到创业的环境。有免费的孵化器，投资人从A轮投资到B轮投资，整个产业链的服务非常有效。

十多年前电视行业跟电脑行业之间有一个未来之争，将来是我电视取代你电脑？还是你电脑取代我电视？当时他们都在为未来拼命构想，我是做这个还是做那个？但是现在这个争议没了。内容提供从互联网来，所以这些行业可能都面临着被洗牌。和趋势站在一起，你现在要做的就是不要掉队。

第二章

融合：对英美广播转型的比较分析

连接未来　柳暗花明

李芙苓

2019年，“视频当道、音频逆袭”是全球视听新媒体产业发展的突出特点。随着5G的深入推进和互联网用户的不断增长，视频消费和音频消费占互联网流量的比例越来越高。

受益于城市化和汽车时代，广播受众回流，中国城市广播经历了近20年的飞速发展，在专业化、本地化、市场化等路径上风生水起。但近年来，基于互联网和移动互联网业务的新生态音频内容冲击传统广播，也深刻重塑着受众的音频消费习惯。无论是国内还是国际广播媒体发展呈现共性——拥抱新媒体，特别是在新媒体新技术的应用和内容的研发上，融合成为不可逆转的趋势。在国内，广电体制改革持续深化，广播媒体在压力中寻求突破。如何在新一轮布局和洗牌中继续保持和扩大受众规模和媒体社会及市场的影响力，成为一个硬指标。

发达国家经验可借鉴，然而，美国经验和欧洲配方不是万能的。国情不同，文化不同，资方不同，媒体性质和社会责任不同，把可以参照的经验提取转化为生产力，才是智慧的选择。

本文将从连接技术、连接受众、连接未来几个层面铺陈开来：首先，广播媒体连接服务本地受众依然是本；传统媒体积极连接新平台新技术，研发新内容是基本动作；连接和借鉴辛迪加背景下久经市场考验的海外媒体产业运行经验，三步并成两步追赶是捷径；连接商业化思维方式，积极顶层布局，重塑组织结构和流程，连接新工作伙伴是必然道路。

一、连接本地受众

传统广播的传播特点以及在特定时代与地域背景下的长期经营，累积了巨大的媒介资源，集中体现为对特定物理范围与人群的地理接近性、资源集中性以及文化适应性。本地化是城市广播的天然优势，也是发展的铁律，即使在融媒体传播理念的指导下，通过本地化路径也是广播媒体能够有效突围受众流失困局的首选策略。中国城市广播的地域化依然有深耕空间，本地化是广播人的重要坚守！

美国同行的本地化探索值得借鉴。

在美国，广播普遍发射功率不高，电台密度又大，一个频率覆盖和服务200万至300万人口已经是规模不小的广播机构。以我们拜访的考克斯集团旗下，位于长岛的新闻谈话电台WBLI和经典摇滚电台WBAB为例子，他们只定位于长岛200万居民，覆盖半径几十公里，哈德逊河对岸的康州小镇的居民也忽略不计。他们的逻辑是，河对岸，有康州的摇滚音乐台，虽然我们和他们可能排一样的歌，但他们依然不会听长岛台的节目。

立足本地化，不贪多贪大，但把本地受众之所需摸个透彻，把这条鱼吃足就够了。只播放本地天气、交通、本社区资讯、打折购物消息，仿佛小镇上的每个人都是街坊。我们参访时，正遇到两个中年女粉丝来电台拜访，音乐台同龄女主播放歌间隙与粉丝合影留念，更售出两张近期慈善活动门票。

长岛电台总监介绍说，作为一个城镇电台，他们一直以来招聘员工的标准之一就是，必须是长岛出生长大的长岛人，因为他们了解长岛的每一条街道，了解他们出生长大以来发生在这个地区的故事，他们的语境和听众更加亲和，这种黏性，是一个外地主播无法做到的。

纽约全交通天气广播公司的主管提出了同样的观点，制造内容的员工，必须是纽约出生长大的人。

社区化活动不间断，这既是增加黏性的方法，也是创收的手段。人员构成方面，他们有3个专职人员，带领外包团队负责地面活动，频繁时，全天进行20余场活动。

国内同行从来没有停止过本地化的探索。过去 30 年，频率专业化服务和内容的本土化，一直是城市广播的基本路线。

在信息多元化、传播手段多样化的今天，城市广播不仅面临音频平台、网络传媒、移动多媒体电视、手机电视、接收卫星电视等多种新兴媒体的竞争，也受到来自央广等高质量广播媒体的压力。如何迎接挑战，在激烈的竞争中获得一方立足之地，求得生存与发展，成为摆在地方广播面前的严峻课题。天津广播微信公众号 5 年多在天津本地市场后来居上的探索和实践表明，在有限的人力、财力、物力条件下，把好钢用在刀刃上，下大力气办好本土化内容的快速传递，是天津广播公众号在新老媒体竞争中突围的主要原因。

二、连接新平台新技术、研发新内容

2019 年，“视频当道、音频逆袭”是全球视听新媒体产业发展的突出特点。随着 5G 的深入推进和互联网用户的不断增长，视频消费和音频消费占互联网流量的比例越来越高。

2019 年，在线音频消费不断增加。用户屏幕使用时长见顶，搭载了人工智能的音频终端，例如智能音箱、智能耳机等设备日益普及，促进在线音频迅速发展。在线音频的形态更加丰富，除了在线广播、卫星广播、在线音乐之外，有声书、播客、智能语音搜索等应用越来越广泛。iiMedia Research（艾媒咨询）数据显示，2018 年中国在线音频用户规模突破 4 亿，增速达 22.1%，相较于移动视频及移动阅读行业，呈现较快增速。超六成受访用户表示愿意付费成为在线音频平台会员。2018 年第四季度喜马拉雅、荔枝、蜻蜓 FM 这 3 家主流在线音频活跃人数分别达到 8909.3 万人、3439.2 万人和 3020.8 万人。美国和欧洲也经历了相似的井喷，60% 的美国人听过在线音频，平均每周收听时间超过 16 小时；英国在线音频用户数量持续增长，2019 年 10 月达到 2960 万。在其他欧洲国家，人们收听广播的方式也逐步转向在线方式，如瑞典 12—79 岁群体 9.8% 收听在线广播。2020 年全球有声书市场收入将增长 25%，达到 35 亿美元；全球播客市场收入将增长 30%，达到 11 亿美元。

（一）平台不分你我，内容多屏发布

社交媒体是每个从业者，每个节目和媒体机构的基本配置。走访了美国多家传媒机构，包括报纸、网站、电视、电台、媒体资方不论商业还是国有，内容在自有 App、社交媒体、汽车仪表内置平台、苹果播客平台、音频集成 App 平台同时发布，是基本动作。

美国国家公共广播 NPR 有 5 个团队，专门针对播客平台研发制作音频节目，他们制作的“声音实验室”和“怪诞经济学”两个节目，不仅是传统广播中的名牌，在播客语言类节目中，也位居高位。其中“声音实验室”节目，还不定期在户外直播间播出，更是有商业收益的好节目。好内容一鱼多吃，把影响力和吸金能力最大化，是标准动作。

（二）视频内容崛起

先看数据：2019 年年底 5G 用户总数达到 1300 万。预计到 2025 年，全球将有 26 亿 5G 用户，占移动用户总数的 29%。随着 5G 的深入推进和互联网用户的不断增长，视频消费和音频消费占互联网流量的比例将越来越高。2019 年移动数据流量中 63% 来自视频消费。一方面具有视频功能的智能设备日益普及且屏幕向更高分辨率发展，大量在线应用程序增加了嵌入式视频；另一方面移动用户观看的视频越来越多，按用户数和观看时间的视频点播流媒体服务增幅较快。

再看实例：美国各主要互联网平台积极布局短视频，市场竞争激烈。Facebook、Instagram 等多个平台都推出短视频服务。Netflix、Hulu 等传统流媒体平台也不断涉足短视频业务。Netflix 于 2019 年 4 月上线每集 12—17 分钟的短剧。Hulu 也将短片作为其原创内容的优先选择。Townsquare Media，是一家在美国中西部二三线地区拥有 310 家音乐娱乐类电台的传媒集团，2014 年开始组建视频部门，5 人配置。全年收入来源分布大致为：60% 来源于电台广告，5% 来源于公司网站；10%—15% 来源于音乐节等大型活动，3% 来源于视频内容，他们全年共生产 1500 条总长 15000 分钟的视频内容，年度点击量 3300 万，年收入 700 万美元（1000 个点击值 5 美分）。Townsquare Media 上传的节目内容来源于广播资源，以名人访谈为主，时常小成本制作病毒营

销类视频，节目追求小而美。通过日常节目累计黏性和粉丝。数百万的广告收入，是通过大客户定制和发布视频网络广告（branded contents）获得。

（三）布局车联网，可穿戴设备

移动受众不可忽视。密苏里大学未来实验室主任拿出一份中国受众媒体消费时间分布表格，16—44 岁群体，平均每天移动设备时间 170 分钟，平板 59 分钟，台式 / 本机 161 分钟，电视 89 分钟。

车上受众不可忽视。长岛电台总监给我们展示了自己的车上广播终端，而他们一直跟踪车联网的发展，一方面与各大汽车制作厂商单独研制车上播出平台，一方面不放弃与苹果安卓等车上整合平台的合作。

新设备即新平台。ABC 公司展示了他们针对苹果手表屏幕制作的新闻内容，当突发新闻时，震动提醒，两行显示标题内容，并很方便把受众引导到大屏（手机或平板电脑的 App）上去。

欧洲也非常重视车上数字收听设备的布局。欧洲电子通讯法规规定，2020 年所有欧盟销售新车必须搭载数字广播接收设备。有些国家比如法国、意大利，早就强制要求销售的模拟广播收音机必须有数字接受装置。

（四）技术生态体系进一步成熟，大量技术落地应用

GOOGLE 眼镜、拍摄飞行器、运动镜头等设备和技术的出现，让未来的报道样式也推陈出新。ABC 电视台就实验在报道现场架设多台摄像机，实现三维立体视觉效果的实景报道。

密苏里大学的未来实验室与《纽约时报》合作，在纽约地铁中搭建多个摄像机，采集视频资料后三维创模，研发游戏和实验进行三维实景新闻报道。

技术生态体系进一步成熟，大量技术落地应用。一些“指日可待”的服务和产品 2020 年将进入市场。单一技术不再是一个个的孤岛，而是变得越来越紧密，技术间相互依存、相互影响，技术应用的价值不断增值。在这些技术的交互作用下，未来移动视频的相关应用将更智能、更高速、更有价值、更个性化、更互动化、更有预测性且更加真实。例如，消费视听内容的联网终端会不断增加，到 2020 年物联网设备数量将达到 146 亿。加载人工智能芯片的智能手表、消费级无人机、电子阅读器、3D 打印机、AR/VR 眼镜和智能音箱等将大量进入市场，与5G、区块链等技术交互作用，进一步与视听生态结合，带来视听新媒体服务的升级。

技术升级带来用户画像的变化，也带来内容和消费方式的变化。

iiMedia Research（艾媒咨询）数据显示，在我国2018年月收入5000元以上的在线音频用户超五成，月收入10000元以上的用户达到22.0%，音频用户群体整体较为高端。艾媒咨询分析师认为，在线音频平台能够在更碎片化的场景为用户提供信息内容，更适合中高端人群内容获取需求。

在英国，DAB收音机和虚拟收音机销量都在下滑，但2017年到2018年智能音箱设备销量大涨83%，一年销售250万台。由于智能音箱需要语音来选择节目内容，节目品牌效应直接影响到搜索效率。根据美国国家公共电台联合市场调研机构爱迪生研究进行的调查显示，70%的智能音箱用户购买设备后，听了更多的音频。而从收听内容上看，65%的人选择听音乐，28%的人选择听新闻和脱口秀，20%的人选择听播客，18%的人选择听有声书。

三、连接成熟市场的媒体经验（产业化经验）

音乐广播是美国市场细分程度最高、最流行也是最赚钱的电台样式。我们以音乐类电台为例介绍他们多年摸索出的办台经验。音乐台有多赚钱呢？长岛经典摇滚台和新闻谈话台台长告诉我们，他们台两个频率的广告收益约1亿人民币，其中音乐台的收益为6000万元，盈利率为30%。

从市场中来，到市场中去，用数据说话。他们每年花100万美元用去做收听率调查，仅次于人员开支。尤其音乐台，收听数据是他们的命根子，是他们了解的听众的重要渠道。他们每年进行一次曲库调查，共分列出700首歌曲，每曲播放7秒钟，与NELSON合作，有偿邀请100名目标受众代表，进行试听投票。投票最高的300首歌曲进入曲库。这300首歌曲，还会根据投票情况分列成4个群组，最受欢迎的歌曲每天重复播出两次，次之受欢迎的歌曲，每天1次，再其次的歌曲，每两天或4天播放1次。

这只是收听率调查的一部分，每周、每月、每季度都有相对调查。他们使用 NELSON PPM 系统，志愿者携带像手机一样的设备接收信号。例如大洛杉矶地区，有 1000 万人口，PPM 系统在那里就有 2800 个取样表。销售团队利用 PPM 的季平均数据去谈广告，每天、每周、每月、每季度，制作人的工作都会被打分。如此精确的收听率调查和市场分析为广播电台提供了足够丰富的信息，在某种程度上促进了商业化的进程。

根据调查结果调整节目、人员，也调整广告价格。

没有哪个改变，不是有数据支持的。

与我们每年改版不同，大多数电台整体运行下来，格式、时间表和主播，30 年没有大变化。由于市场竞争激烈，一个大区的各类电台的配比是市场验证的，各类电台之间似乎也没有很强的竞争关系。一旦市场实验成功，收听受众相对稳定。电台只需要严格遵守格式运行下去。平日节目，大多采取 5 个大时段进行，5 个大主播掌控，每个时段 3 到 4 个小时，由主播的名字命名，大致分为上午 6—9、9—12 点，下午 13—16、17—20 点，晚间 20—24 点。主播从固定曲库中选择歌曲，负责歌曲的具体编排。互动广告内容由市场部门负责安排。每个时段的轮盘是固定的，比如每个小时分为 3 个部分，每个小时的 01 分、21 分、41 分插播气象、服务、路况内容。周末节目，由成长型（有些为兼职）主播担当。编播团队极度集约化。让专业的人做专业的事，交通、气象信息内容由专业外包公司提供。

除去 TOP40 类音乐广播外，大多数音乐广播只有音乐曲库 300—400 首，一方面是音乐类电台充分竞争和细分的结果，一方面是处于版权支付费用的考虑。

四、连接利润，不干不赚钱的事

办广播必须盈利。美国主流广播以商业广播为主，这不难理解。即使市场份额很小的少数族裔电台，和以政府拨款和民间捐款为主要资金来源的公立电台，商业思维也一样写进骨髓。

人员配置，营销团队比编播团队规模大。中国国际广播电台派团队去美国参观当地电台的时候发现，它的销售团队非常强大，比如说 CBS 在圣路易斯这个城市有 3 个台，除了新闻台还有两个音乐台，这 3 个台的销售团队绑在一块儿做，它的销售团队有 30 多人，而新闻记者总共才 7 名。这个销售团队要负责去帮这 3 个台做销售，除了广告以外还有一些线下的活动，就是我们说的地面的活动。

主业之外的营收方式和比例在悄然变化。采访中，我们了解到，2014 年，美国电台线上广播广告经历了 11.7% 的下滑，整体收益下滑仅为 1% 。这也就意味着，除了广播广告营收之外，线下活动、互联网节目、播客、移动平台音频节目，视频节目的吸金能力在提升。

我们走访的洛城中文电台，在当地收听效果不佳，但活动却搞得风声水起，我们拜访时，他们正在积极筹办第七届中美电影节，国内近 300 名影视界大腕前来，在当地，在亚洲，这个活动都颇具影响力和成长性。

五、看得多不如走得远，如何把所思转化为所为

（一）广播不死

当电视出现的时候，人们认为广播已经是日薄西山了，没想到广播活得更好了；当互联网出现的时候，人们认为广播的日子可能不好过了，但新媒体的出现，特别是音频技术的发展使得广播仍然能够保持生机，从听觉来获取外界信息的形式会一直存在下去。自己的体会，自从有了手机移动端，笔者听广播的时间不是短了而是长了。数据显示，美国人每周平均收听 6 个播客节目。

BBC 新媒体负责人在 2019 年广播节演讲中表达了这样的观点：比起纸媒体的日落西山，商业广播的基础还算牢固，每年依然有 7 亿英镑的创收，但长期趋势不乐观，过去 10 年，受众听广播的时间少了 10%，而苹果和 SPORTIFY 已经占据了 60% 的播客和音乐流媒体市场。

他建议要思考今天，更要做好服务明天受众需求的准备。

我们要破的题不是广播没了，怎么办，而是当我们老了，广播听众老龄化怎么破，怎么迎合吸引和服务年轻人的音频需求。走向移动端是必须的抉择。

移动端音频产品虽然已经琳琅满目，但业界估计，目前仅是市场需求的十分之一，如冰山一角。BBC 为例，他们意识到虽然美国新媒体巨头已经先到先得，但从公共媒体角度出发的 BBC，依然有许多垂直市场值得精心耕耘。他们甚至提出以公共媒体角度挖掘数据，根据数据研发新音频产品的产业链建设。

技术研发而言，拿来主义和订制的性价比平衡点在哪里（此处不赘述）？理念、人才、技术，资金都需要跟着“走向移动”这根指挥棒走。

广播互联网加什么？洛城中文电台的结论是：加媒体人，加工程师，加银行家。

（二）中国城市广播的未来点滴

世界广播的两大模式的一条是美国走出来的——从听众细分到频率的细分，是美国道路。另一条道路是欧洲模式，以欧洲广播联盟“抱团取暖”的布局理念和政府媒体的“社会责任”为亮点。但两个模式都不适合全盘照搬到中国。

中国城市广播注定应该走自己的路。中国广播一直集合着政治责任、市场义务和公共使命三鼎大任于一身。媒体工作者首先要把握时代的脉搏，认识新闻的作用，新闻事业是党和人民的喉舌，担负着反映舆论、引导舆论的一个重要任务。其次在市场和媒体使命方面，中国广播道路的底层是认知，认知的核心问题是媒体新格局观的建立。新格局必然会在技术和市场需求的推动下逐渐演变。

守业和创业之间；本地化和全球化之间；市场与使命之间；风口与缓流之间，隐藏着重重玄机。中国城市广播亟待解决的问题包括：新思维、新人、新机制。能摸准和跟上市场和技术节奏的机构，才是赢家。

从广播采编流程再造到节目融合创新

翟婧秋

近年来，媒体融合已经成为国际传媒发展的大势所趋。从2010年微博元年算起，近10年，中国传媒业也发生了翻天覆地的变化。从网络时代进入移动互联阶段，媒体先后经历了微博、微信、今日头条，也被称为“两微一条”时代，进而随着4G网络的普及，各类手机客户端、自媒体开始蓬勃兴起。伴随着5G时代的到来，如何突破以往的思维定式，走出属于自己的广播新媒体融合之路？2015年起，带着如何遵循新闻传播规律、以互联网思维创新发展、丰富广播形态、提升影响力等问题，我们基于天津广播的实践探索，分别对国内各地广播电台、美国纽约和洛杉矶的商业电台以及公共广播电台机制体制、内容建设、媒体融合、创新营销等几个方面进行了研究和分析。

一、媒介融合背景下对广播采编流程进行再造

（一）媒介融合既是时代发展的需要，更是受众的需求

美国密苏里新闻学院迈克尔·麦金教授认为“媒介融合的本质是生产形态的融合，核心是开发和共享内容资源，生产和发展融合新闻”。在几乎人手一部智能手机的今天，一个个手机App逐渐取代了原有许多固体存在的实物，比如报纸、收音机、电视机，但新闻、音频、视频并没有消失，只是以其不同形态分别在各类平台播出。美国受众在阅读时更倾向于Twitter、Facebook，中国受众逐渐习惯了微博、微信、今日头条……收听广播时可以打开蜻蜓、喜马拉雅，在美国人们使用NPR News、ABC News，使用Reuters TV替代电视，不仅因为他们能整齐地排列在一部小小的手机上，还因为它们的及时性、

互动性以及最为重要的个性化。人工智能算法自动抓取信息，依据每个人观看、收听、收看的习惯能够迅速帮助受众达到“听我想听，看我想看”。近5年，各大新闻传媒集团纷纷对客户端进行更新换代，从单一类别逐渐走向“聚合”平台。ABC News、CastBox不仅有文字阅读、还包含了旗下广播公司的电台节目、视频以及对某一事件的链接报道。我国音频方面也相继诞生了云听、喜马拉雅、罗辑思维等平台。

（二）改变新闻及节目生产流程

与以往相比，受众的需求正在发生改变，人们开始期待通过更简单、更便捷的方式获取更多资讯，这就是从受众端对传媒业者提出的新课题。因为新的生产流程将不再是单兵作战、不再是单一采编能力的需求，更不是单一介质的传播，而是需要一批日趋“全能型”记者、编辑的出现，打通整个新闻生产流程，实现新的“共融”。

1. 采编人员能力从单一向一专多能过渡

2001年前后美国媒体开始了媒介融合的探索与实践。2002年，美国又开始设立工作站，培养“多媒体记者”。2005年密苏里新闻学院设立了世界上第一个媒介融合专业，进行媒介融合新闻人才的培养。目前，美国、英国、新加坡等多个国家和地区的传媒机构都在进行媒介融合工作，都表现出了对“全能型”媒体人的高需求度，要实现融媒体时代生产流程的再造，最核心的内容是多媒体信息采集。也许我们不能在短时间内培养出“超级记者”，但“背包记者”的确就在眼前。2020年新冠肺炎疫情发生后，多家媒体派出最强采编阵容前往武汉、各地定点医院和疫情严重区域，受制于疫情防控的特定需求，各家媒体要在最大限度压缩前方人员的情况下完成融媒体报道任务。疫情之下，传播渠道和传播路径已经发生了明显变化，具体体现在：互联网传播已经成为媒体传播的主渠道。疫情期间，各地都采取最严格的隔离封控措施，一方面是受众有了更多的时间来浏览新闻和资讯，另一方面物理隔离又对不同的媒介有着不同程度的影响。在传统媒体的既有传播渠道中，电视不受物理隔离影响，收视率在疫情高发期间大幅度提升（图1）；广播的应急传播功能得到了充分发挥；报纸受制于递送渠道影响遭受最大。相比之下，互联网传播既获得了用户关注度，又获得了更高的关注时间，从而迎来了井喷式发展。

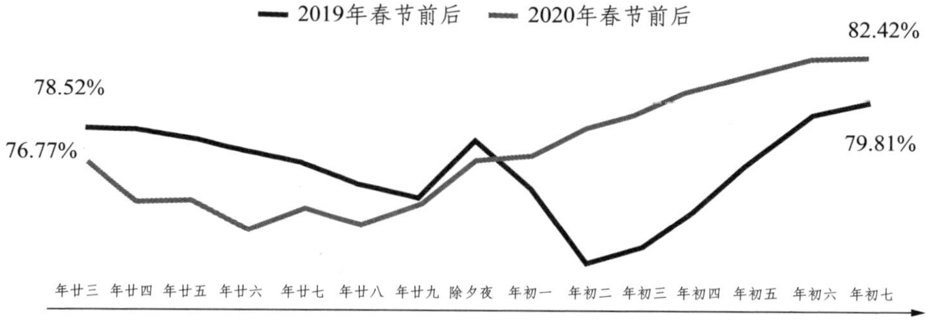

图 1　农历春节期间电视整体每日触达

资料来源：尼尔森

但相比于传统电视节目，OTT（互联网提供服务）收视获了更大幅度的增长（表 1）。

表 1　2020 年春节假期 Top3 电视收视率

2020 年春节假期 Top3 电视收视率				
电视频道	每日覆盖人数（百万）	增长率（%）	市场份额（%）	每日时长（分钟／人）
CCT–1	38	1.35%	13%	128
CCT–13	22	0.71%	7%	115
CCT–3	16	0.34%	3%	76
2020 年春节假期 Top3 OTT 应用平台				
媒体	每日覆盖人数（百万）	增长率（%）	市场份额（%）	每日时长（分钟／人）
爱奇艺—奇异果	33	4.6%	32%	281
腾讯—极光 TV	30	4.3%	22%	237
CIBN	27	2.1%	15%	194

资料来源：Gozen ORS（OTT Ratings system）

疫情期间，主流互联网新闻 App 由于之前普及率已经较高，这次增长不大。但其中相对最明显的是今日头条的增长率遥遥领先。

居家隔离期间，微博、微信等社交 App 进入高度活跃期，春节期间移动社交日人均使用时长增长了15%。例如央视频利用5G技术对火神山、雷神山工地的“云监工”视频直播累计访问量超过2亿人次，这给“央视频”App一夜之间带来了巨大流量，也进一步扩大了主流网络媒体的影响力。《财新周刊》的系列报道因其权威性、真实性，成了受众最为信赖的疫情资讯主要媒体。“回形针”等通过音视频的表达方式进行知识科普，让广大受众充分得到了疫情相关知识。《南方都市报》推出的抗疫题材动画片吸引了不少青少年关注。因此，如何在这一背景下迅速实现“互联网+”也是疫情之下传统媒体面临的一次大考。

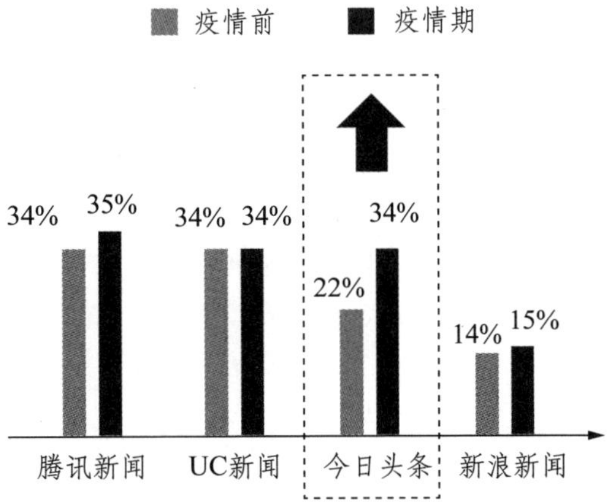

图2 新冠肺炎疫情前后新闻App使用增长情况

资料来源：Publicis DMP，based% of DAU

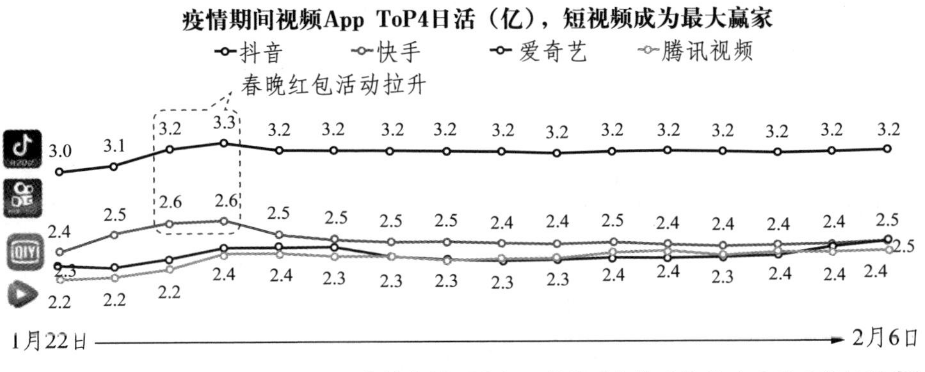

资料来源：Mob研究院《疫情下的移动互联网数据洞察》

疫情下我国的城市广播也对媒介融合进行了充分的探索。

从2020年1月21日至4月29日，也就是天津出现首例新冠肺炎确诊病例到天津市将突发公共卫生事件应急响应从一级下调为二级，天津广播微信公众号累计发布权威疫情报道、服务信息7000余条，总阅读量超6572.8

万。微信端 10 万 + 稿件达 101 条。其中广播记者采写的原创报道 40 余篇，《实录 | 宝坻：被确诊的一家四口和他们的村庄》《独家 | 张伯礼：我比钟南山更乐观！》等报道，涉及防疫重点领域和民情关注焦点，平均单条微信阅读量超过 5 万；《重磅 | 天津开学时间定了！》《急转 | 辽宁确诊夫妻上周来过天津这些地方！》等稿件阅读量近百万。清博指数榜单显示，天津广播微信公众号连续 12 周蝉联天津地区微信榜单第一，在全国广播微信榜单上，跻身前 5。

微博方面，借助天津市蓟州区东头百户村接地气、深入人心的防疫宣传大喇叭，话题“天津广播你别太自信了”阅读量超 2 亿，全国各地网友纷纷参与讨论，讨论量超 2.5 万，话题一度登上微博热搜，及时对天津基层防疫工作的肯定，也在全国产生了广泛影响。此外，天津广播微博参与央视发起的“我为家乡医疗队打 call”活动，3 月 12 日为天津主题日，由天津交通广播担任天津地区主持人，话题“我为天津医疗队打 call”阅读量超 421 万。

此外，天津广播还与津云新媒体合作，打造战地日记漫画短视频和纪实类有声漫画—歌诗达赛琳娜号 H5，结合天津防疫抗疫实际，展示天津战疫成果，实现全网传播。

我们注意到，新冠肺炎疫情期间的融媒体传播，应该算作一种在特定环境、特定背景下传统广播向融媒体领域进行的积极探索，报道中一线编辑记者能力得到锻炼，采访视角不再单一定位于广播，不仅要以声动人、声临其境，更要学会跨界运用文字、图片、视频等丰富立体的形式，依托前后方联动，实现融媒体报道。值得关注的是，融媒体报道不仅需要记者在现场全方位调动个人感官的综合采编能力，也需要后方编辑部的全力支持，形成从武汉—湖北—全国—天津不同层面的疫情背景资料收集、整理，进而形成融媒体报道。

与此同时，从新闻传播规律的角度来看，新闻报道的根本是新闻的真实性，而媒体的竞争力则体现在时效性，内容和时间就是两个最好的衡量坐标。如何发挥不同媒介的传播特性并加以合理利用。美国道琼斯公司曾有一个著名的“波纹理论”：一个事件发生后，如同平静的水面中扔下了一块石头，一个一个波纹逐渐扩散。他们的传播顺序是道琼斯通讯社、华尔街日报网络版、广播、电视，最终抵达《华尔街日报》，实现了从第一时间采写到第一时间发布的转变。当然，这是在已经形成上下游产业链的大型传媒集团中，而以城市广播为代表的地方媒体，应该做到的是记者、编辑能够熟练掌握两到3种媒体报道能力，这样才能在大型（例如：全国两会、大型体育赛事、世界经济论坛等）报道中，做到人员最精简、资源最大化。

2. 融媒体编辑区，进行新闻资源整合

为了实现从单一媒体报道向多媒体报道转变，我们也许需要打破原本条块分割的形态，搭建一个从初级采访信息到发布的整合共享编辑平台，这一点上海台已经开始实践，就是在一个大的编辑区里以新闻调度指挥中心为核心。美国最大的报业集团甘奈特集团（旗下拥有美国发行量最大的《今日美国》）就提出了多功能的信息中心。将原本的时政、经济、科技等采编部门进行了再次融合和分散，分为几大功能部门：数字部门（数据库快速搜集资讯）、公共服务部门（媒介监督）、社区对话部门（评论专栏延伸，并与受众交流互动）、本地新闻部、内容定制部（为小众市场定制信息）、数据部（发布及时有用的资讯）和多媒体内容制作部。而融媒体时代的编辑，不仅需要的是与记者沟通选题、选择播发哪条新闻、播出顺序，更需要兼具策划能力和担任新闻把关人的重要角色。首先是对记者采访信息的再整理，用多种手段将文字、声音、图像等信息再加工附上图表、动画、相关新闻链接等内容以多种媒介形态播发。另外一项重要内容是从互联网上寻找新的信息，在Twitter、Facebook、微博、微信、客户端被不断开发以后，我们已经来到了一个“人人都能发声，人人都可能被关注的时代”，很多信息的首发是从自媒体上开始的，通过对这些信息进行整理和编辑让个人化的内容走向传统广播和新媒体。同时，新媒体编辑还能够根据受众的不同需求和反馈对内容进行分层处理，通过建立起广播和网站、手机App联动的综合媒体播发平台，可以快速地获取受众反应并对内容进行优化，达到让受众通过单一终端就可以兼容所有类型媒介的特点，完成新闻、专题、日常节目向多媒体转化，形成数字化产品，从而让广播电台从传统的新闻宣传单位向内容提供商转变。

3. 对数据的开发

如今美国传媒界对数据有着极大的尊重，从NPR、WNYC到长岛地区两家类型化的音乐电台，都呈现这样的状态。调查公司通过对受众发放网络问卷和社区地面调查，针对受众对主持人的播报方式、每条新闻收听的时长和通过哪类工具收听等一系列问题进行打分细化，目的就是为了获取受众的大数据。在数据面前我们往往会发现，传媒人以往的经验往往并不能让我们真正了解受众。NPR 电台研究发现，通过社交媒体，听众收听节目的时间长了，通过主持人在节目中的交流和社交网站的推送，人们在网络平台上听广播的频率明显提高了、话题讨论度也超过以前，而通过收听率等数据也能明显看出不同地区的受众对不同新闻类别的偏好，人们对自己身边事的关注度明显高于“总统大选”等国家大事，这就能直接影响到编辑在节目编排上的顺序。长岛的音乐电台每半年就对 1000 名社区群众进行一次歌曲喜好程度的调查，用来给歌曲分类，人们喜欢的歌曲一天内甚至能听到两次，而随着级数播出频率递减。相比起当地 3 万受众的 1000 个样本，我国城市广播的收听率调查从抽样角度讲还不够严谨科学，学界近年来也在关注这一问题。而如今我们获得另一个了解受众的机会，可以通过网络客户端进行收集，且往往比个人主动填写的信息要精确、真实、全面，这就意味着人们在客户端上停留的时间越长我们就越了解他们。NPR ONE 的客户端不仅将每一条新闻长度标识，而且用户可以选择分享、感兴趣等标签，通过关系类数据交叉分析对此进行解读，这样积累下来的大数据就可以帮助我们与受众“面对面”。

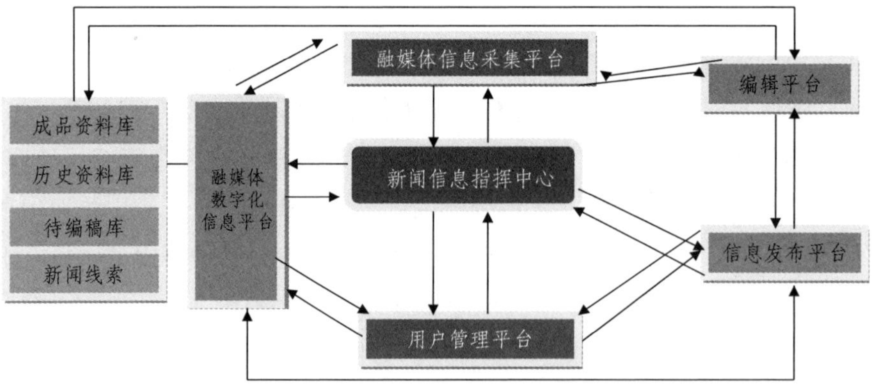

图 4　融媒体时代新闻生产流程

资料来源：栾轶玫：《融媒体时代新闻生产的流程再造》

二、创新节目、开发新平台、突破广告营销理念

在移动互联网飞速发展的时代，传统广电媒体遭遇了前所未有的挑战，资本市场的寒冬已经到来，市场份额开始被 BAT 这样的互联网企业和他们投资的 App 率先抢占，蜻蜓 FM、荔枝 FM、喜马拉雅、罗辑思维等一系列网络广播平台也迅速加入竞争，短音频节目已经成为最新的细分市场。通过调研发现，人们选择这些新的网络播出平台的原因是随时随地能够获取到“我想要的内容”，老梁脱口秀、黄西脱口秀、罗辑思维、股市、财经一应俱全，虽然都不是首发平台，但各路明星强势下场。反观传统广播在线性播出之余有多少被二次利用的资源呢？纽约 WNYC 公共广播电台专门设立了研发小组，一方面将原有的空中节目迅速切块放到网络中，适应受众在不同场合、不同时间段的聆听需求，广告可以单独进行招商，庞大的阅读量足以让他们吸引更多的广告客户；另一方面专门为网络平台制作节目，在苹果播客平台全美地区 TOP TEN 的排行榜中 TED Radio Hour、Hidden Brain 两个节目来自 NPR，Radiolab、The New Yorker Radio Hour 两个来自 WNYC，且大多属于为博客平台专门制作的。在节目制作理念上，我们应该率先拥有互联网思维，更加开放、分享。目前国内各大广电媒体热议的还有个话题就是——是否要自建手机 App？放到现实层面来讲，如果我们无法做到上述平台的聚合能力，可以先选择将已有节目上传这些网络平台。比如广播主持人最擅长的睡前小故事、长篇小说，我们的品牌栏目像美食、美容、养生、音乐脱口秀、相声等，甚至与天津本土化相关的吃喝玩乐都可以以音视频同步的形式进行融媒体制作。现阶段我们迫切需要的是流量入口，只有获得这些才能打造主持人 IP，创造品牌影响力，这样后期的用户迁移才可能实现。

目前在路透社纽约总部，专门设立的媒体融合小组就是为了监控网络流量，并对此进行分析寻找网络传播与广告的最佳结合点，并辅以地面活动宣传推广线上广播节目。以天津的广播市场来讲，最具市场性的是音乐、相声、脱口秀类节目，影响力甚至覆盖京津冀地区。

（一）城市广播的探索——天津新闻广播《新闻二人转》

《新闻二人转》节目诞生于2017年，立足于“有趣有用有态度、有情有景有观点”的节目定位，让听众开心听新闻的同时能够在欢乐中长见识，拓视野。两位主持人“大卫、黑丹”用风趣幽默的语言风格塑造了两位广播IP人物，一个热情暖心的天津小姐姐和一个耿直幽默的东北小哥哥。节目中既有热点话题、政策解读，也有态度鲜明的新闻评论。从最初的版块化录播节目逐渐走向直播，节目时长从15分钟、20分钟、半小时一直延长到1小时。这档节目的融媒体之路从节目的第三年也就是2019年开始，逐渐提升在天津上空的影响力，随着天津媒体融合的发展，节目每天与天津电视台新闻频道合作，由电视台编导对每周一到周五中午11：00—12：00的直播节目进行录像，剪辑后将精华部分在当天下午电视台的《新闻这一刻》中播出，从每天选择一段三五分钟剪辑到后来每天选择3段将近15分钟播出。通过双方互动，电视编辑会在当天《新闻二人转》中的类似话题进行全国范围内的搜索，再次整合后进行梳理并播出，从而实现了二次传播。同年1月，节目同步在津云新媒体集团打造的“津云”平台上正式成立“津云·三有工作室”，取传统媒体采编力量之所长，通过津云App提供的网络平台和贴身服务，打造个性化的短音频及动画短视频产品。其中10篇看似很“政播”的稿件点击量过万，最高已实现4万+。特别是探索“动画+短视频”新模式创作的《关于两会的小知识》《【两会热议】外卖火了！如何保障舌尖上的安全？》等作品，将看似严肃的新闻内容，以轻松活泼的口吻进行解读，牢牢把握“哏都”定位，用年轻网友更乐于接受的动画元素表达出来，从而实现良好的传播效果。

如何实现这样的转变？由于这档节目采取采编播一体化方式，主持人对节目的把握能力、人物塑造能力和编辑选择能力就显得至关重要，通过大卫、黑丹两人常年搭档节目的磨合，找准了当下受众最关心的话题，以百姓化的互动方式、幽默风趣的语言风格适宜天津地区的听众接受。但这也对主持人的能力提出了很高的要求，“三心二意”是目前主持工作的常态。这并非是不认真、不专业，而是分别要照顾广播、电视、互联网受众的不同接受习惯，分别在主持中进行强调、设定不同的模式。节目主持人之一的黑丹常讲，广播讲求铺陈，但这在电视节目中就需要单刀直入，而放到互联网上就需要又短又有趣，因此对节目的再次深加工必不可少。为了将“孩子起名生僻字要不要”这一话题给不同受众讲清楚，他们不仅在直播中将生僻字拆开，一点一点讲清楚，还专门打印在白纸上给网友和电视观众进行互动，充分增加了节目的参与感。2020 年 6 月，《新闻二人转》节目开始尝试“抖音”直播，开播首日就实现了 4 位数的粉丝增长量，主持人大卫认为当今时代，科技方式改变人们的行为方式，进而带来传播方式的改变。如今的广播节目开始通过不同平台寻找新的出路，选对方向、找对路子都可以实现逆市上扬，而这一切的根基还是“广播内容”本身，要探索从播音员到主持人甚至是网红的不同路子，为用户在不同平台带来更愉悦的听觉和视觉体验。

（二）首档以广播为基础的融媒体节目诞生——河北综合广播《有缘天空》

2019 年 7 月 8 日，河北广播电视台综合广播一档 20 年的老节目《有缘天空》迎来了新生。在电视相亲节目从风起云涌到日渐式微的今天，似乎让传媒从业者认为婚恋类节目已经过气。但这档节目却依然坚守，且拥有广大受众，还首次实现了在河北综合广播、河北影视剧频道、“冀时”客户端 3 家平台同步直播。这无疑是一次突破，节目改版播出近 1 年，除原有的广播广告吸纳外，还实现了 300 万 + 的电视盈利、客户端短视频播出以及 50 万 + 的线下活动，可谓得到了受众与市场的双认可。这背后的原因何在？在对节目主创人员也是主持人晨露的采访后，传递出了一个信号，就是做节目的信念和情怀——始终如一的下接地气、上合三观，真心实意为单身朋友服务，解决城市中单身青年的婚恋问题。而晨露本人更是一个有才华、有个性的优秀广播节目主持人。因此河北广播电视台以她为核心组建了工作室，并投入人才、资金、技术进行创新实践。

图 5 河北综合广播《有缘天空》

3个平台同步直播，不是简单地“谁+谁”的问题，也不是单纯将广播节目放到电视和互联网上，这既是平台的融合也是团队的融合，更是内容制作团队的融合。单就直播这一点来说，就有明显不同，广播与电视时延系统时长不同步，节目组通过网上购买+技改的方式实现同步，自主创新研发设计了直播间时延及影像时延保障系统，既保证了安全播出，又保证了播出效果，充分体现了广播花小钱办大事的风格。但在节目播出后，也收到了不少电视同行的建议，主持人、嘉宾、第二现场化妆、灯光、制景也先后进行了几轮修改。这样一来，节目让神秘的直播间不再神秘，清晰的画面让相亲不再是想象，活跃的互动也不仅是在互联网；通过弹幕及互动平台，增加互联网移动端用户的黏性；通过两个现场的主持人与嘉宾互动，产生爆点故事和爆款人物；互联网的拆条二度传播提高了相亲的成功率和节目的影响力。

与以往单独依靠广告、线下活动盈利模式不同，《有缘天空》构建了VIP会员增值服务体系。每期节目后会有工作人员将来访意向人的联系方式交给嘉宾，同时整理后发布到微信公众号上，普通会员仅可以在节目开放日向自己中意的嘉宾提供联系方式，如果想了解更多人的信息就需要购买VIP增值服务，这体现了典型的互联网思维。VIP增值服务包括：按条件搜索会员、查看对你感兴趣的人、直接联系嘉宾、每天为用户智能匹配一个对象。由于VIP会员服务门槛并不高，因此快速积累会员数量并实现增值收入。通过一系列流程完成从受众到用户再到消费者的转变，这也适用于用户黏性较高的老年节目、育儿节目、养生节目等。

在互联网策源地体会城市广播的融合之路

李　晨

2015 年，我正在天津广播从事新媒体运营及管理工作时，有幸与来自编委会、技术、采编、新媒体等部门的同事一道赴美国进行了一次媒体融合专题培训及考察，这为自己的现实工作带来了很多启示性的收获。

如今这次培训已过 5 年，尽管 5 年间对互联网行业来说足够发生深刻巨变，但结合 5 年来的实践，当时的一些实地观感和部分纵深了解，对于我们当下的融合工作仍有参考价值。例如注重在融合过程中保持好地方媒体的本地化优势，又如对广播融入互联网传播市场的再认识等，值得与大家分享。

一、本土化是地方广播在融合过程中特有的核心竞争力

对传统广播而言，撬动市场竞争格局的不仅仅是音频平台。就像我们曾经讨论过网约车软件会不会把驾驶员的耳朵抢走一样，很多以声音为输出、交互形态的互联网产品都能成为广播的竞争对手。在音频内容产品平台之外，互联网音乐平台即为收音机的另一个对手。

2019 年，eMarketer 发出数据预测报告，“预计 Pandora 美国移动广告收入在未来两年将继续增长，2019—2021 年增长 3.7%，达到 9.318 亿美元。Spotify 在美国的广告收入同期将增长 38.4%，达到 6.476 亿美元。”同时报告还指出“预计 2021 年 Spotify 的听众人数将超过 Pandora”。但是作为互联网音乐平台，在我们前往美国考察时，Pandora 风头正劲，是我们与美国同行交流时非常重要的话题。首先美国的广播媒体将互联网收听份额视为很真实的市

场份额，被音乐服务软件所抢走的收听，即视为很真实的市场流失。其次这也与美国传统广播类型化的分布有关。美国广播电台市场中，超过半数的电台是音乐类型台，这些电台拥有明显的类型化特征：专业定位、严格限制语言时长、乐曲连放、以调查数据作为选曲标准……而互联网音乐服务平台的诸多产品特征恰好替代并升级了这些功能，因此它所撼动的，恰好就是美国广播市场的这半壁江山。如何应对Pandora以及更为多元化的网络音频产品出现？我们非常希望听到美国同行的观点。

对这个问题，我们走访了两家美国电台，共计3个音乐频率，分别是考克斯传媒集团下属的一个长岛经典摇滚频率、一个长岛流行频率，以及洛杉矶的一家经典摇滚频率。之前我们认为，会从这些音乐台的口中听到一种紧张，但事实上并没有。这些音乐电台相信，虽然同为一个类型的音乐频道，但是不同广播市场的受众口味是不一样的，例如洛杉矶和纽约不同，曼哈顿与长岛不同……为了遵循本地的受众口味，这些电台每年都要在各自的广播市场中进行歌曲调查，从而确定要播放的曲目。事实上，在调查之后，300首左右的曲库就可以满足一家全音乐频率的播出之用。

长岛这两家音乐频率的负责人约翰·什介绍说，他们通过这种调查来保证自己的本地化属性，他们了解自己受众，与自己的受众成为朋友，他们在社区内开办各种活动，例如教社区的小朋友如何驾驶挖掘机，从而成为真正的本地化媒体。再问及Pandora对他们的冲击时，这位负责人对他们的本地化特征充满自信，他坚信技术产品不能取代传统的本地化电台。他说："如果Pandora也像我们这么样开始专注于本地化，我们才会真的感到害怕。"

在新闻电台我们也听到了类似的表述。一位新闻电台的从业者讲，大多数美国居民并不关心国家大事，他们最关心的是自己所在的城市或社区发生了什么。纽约1010Wins的主播哈里斯介绍，虽然1010Wins是一家全新闻电台，但是他们关注的区域就是纽约，如果受众需要了解纽约以外的新闻，他相信受众可以有其他更好的选择，而不是1010Wins。这是一种在取舍之间提炼自身价值的市场策略。2020年，纽约市成为美国新冠疫情震中，之后又与其他城市一样爆发了大规模的反种族歧视抗议活动，1010Wins 依然聚焦本地，纽约市市长白思豪、议长约翰逊等地区官员也将 1010Wins 作为主要发声媒介之一。

二、社交媒体化、视频化——传统媒体的融合初体验

中美两国的广播市场格局与运行机制截然不同，中国基本以行政区域来划分广播市场，而美国则根据居民分布和消费市场来划分广播市场，上万家广播电台服务于全美市场，小体量、低投入是大部分广播媒体的基本特征。这些小体量的广播媒体往往从属于大型的传媒集团或公共广播联盟，但从管理运行上来看则相对独立。

因为体量和规模的限制，媒体融合的具体动作往往由大型传媒集团的下属专项部门负责，而广播电台的日常业务并未因新媒体的出现产生太多的转变。包括广播在内大部分传媒机构优先开办的新媒体业务就是在社交媒体开设媒体账号，这一点与中国非常相似。从国际公共广播电台（PRI）社交媒体总监安吉利·沙尔女士的授课可以看出，中美两国的媒体社交编辑思路大致相同，例如：在社教媒体上设置议题，进而在广播节目中引入网络观点、调查数据等。

对社交媒体的应用，不仅仅限于 Facebook 和 Twitter，在美国很多 UGC 平台都被视为很好的社交媒体平台，传统媒体也会根据自身特征在不同的社交平台上建立自己的媒体账号。例如，虽然美国的 YouTube 常常被用来比对国内的视频平台，但实际上 YouTube 也用来实现社交媒体的功能。虽然我们的视频平台、新闻聚合平台也具有相应的社交功能，但中国网民则更喜欢在一个专门的社交平台上完成所有的社交需求。

Townsquare 传媒集团拥有 200 多家广播电台，当时已经开始向网络视频制作领域拓展业务。为此 Townsquare 设立了一个视频小组，专门利用旗下专业娱乐 / 音乐资源及品牌制作视频内容。这些内容被上传到视频网站上，按 Townsquare 下属的传媒品牌设立账号，并根据这一分类进行视频内容的策划

制作和发布。至于这些视频都是什么样的内容，在视频团队中供职的阿德南·汗举了两个代表性的例子。

有一天，一位重金属乐队的青年鼓手来到电台录制节目，根据这个信息，视频团队马上花费 70 美元购买了一套儿童使用的 hello kitty 架子鼓，并邀请这位鼓手在现场进行表演，以便录制一条视频。外形强悍的重金属鼓手和这套粉嫩而渺小的架子鼓形成滑稽的反差，并因无法得心应手使用而带来诸多尴尬。虽然录制环境、后期制作几乎毫无投入，但这个视频依然在网络上获得非常火爆的传播效果。阿德南·汗用这个案例介绍了如何在网络上以最低的投入来制作最有影响的内容产品，并借此扩展媒体自身影响。对这种做法或带来什么收益，阿德南·汗介绍，虽然这种做法并没有直接经济受益，但是他们也会利用媒体活动、广告客户资源、明星资源来策划一些商业视频。

他介绍了另外一个案例，就是在一个活动中请某位著名歌手乘坐丰田汽车亮相，这个广告植入是集团为丰田打造的一个系列广告服务中的一个重要环节，而这个广告全案为 Townsquare 带来了 150 万美元的广告收入。不过经过询问，这个案例并不能代表阿德南·汗及其视频团队的常规业务，但他们相信这是一个好的开始。除了 Townsquare，我们在路透社、纽约公共广播电台也都看到他们开始将视频业务作为新业务拓展的突破口。

而时过 5 年之后的 2020 年，中国的互联网也已印证，短视频已经成为很多传统媒体采用的重要新闻语言。一件能由文字表达清楚的事情，用户也更期望看到现场的核心镜头。而具备这类镜头的一条新闻，往往能让一条传统标准上的普通社会新闻成为内容爆款产品。

三、扩大自己的市场份额是拥抱互联网的根本目的所在

对中美两国的城市广播来说，几乎全员都已登陆社交媒体，并且或多或少地推出了一些视频化内容，但是这都不足以用来诠释广播的媒体融合之路。如何在互联网视角下回看广播业务，并且让广播业务借此实现良性发展，这

才是广播媒体融合发展的核心命题。

除了社交媒体和视频，美国传统广播媒体更为重视的是第三方音频平台的应用。苹果的播客平台在中国也可以使用，其影响远不如蜻蜓、喜马拉雅、荔枝等本土音频平台，不过这个平台在美国拥有很高的普及程度。因此，美国广播媒体非常乐于在播客平台上开办或上传自己的节目。我们接触到的多家广播媒体都介绍自己利用苹果播客来实现自己的网络传播。例如纽约公共电台当时已经增设了发展部门，用 20 人的工作团队制作一档趣味科普广播节目，用以在播客上播出。同时，这档广播节目还被出售给其他电台来换取收益。除了苹果的播客平台，iheart radio 也是当时很多电台用来上传节目的另一个重要音频平台。

至 2019 年，根据市场研究公司 Edison Research 和 Triton Digital 携手发布的数据显示，“2013 年，美国有 7% 的人每周收听播客，2019 年，这一比例增长到 22%。”而每月收听播客的人数已经达到 32%，即一个月中有三分之一的美国人存在收听播客的行为。硅谷知名风投机构 A16Z 的市场报告则指出，iheart radio 如今仍与 Spotify、Pandora 共同位于音频互联网应用的第二梯队中，苹果的 Podcasts 依然稳定地独居第一梯队。

2015 年，考克斯传媒集团属下的长岛音乐电台负责人约翰·什在谈论自己的新媒体发展步骤时，提到了自己正在积极地向 iheart radio 上传广播节目。与之类似，几乎我们接触到的有所电台也都在向苹果的播客系统上传节目。为此有一个很大的疑问就是为什么考克斯集团会向竞争对手的新媒体平台提供内容，如果说苹果公司和传媒公司还不属于同一市场领域，那么考克斯和 iheart radio 当时所属的清晰频道传媒完全是同行业的竞争对手。

约翰·什回答这个问题时介绍，广告是商业电台的收入来源，在美国，广告的投向和价格受调查数据指挥。而尼尔森在调查收听数据时，已经把网络收听并入调查结构中，因此抢占收听市场份额依然是很重要的事情，为此他们并不认为在 iheart radio 上播出节目是一件错误的事情。同时，作为一家音乐电台，他们向版权管理机构支付了版权费用，而这个费用是包括网络传播的，因此在网络上播出这些以音乐为主的节目，也并不会产生额外的版权花费或者法律问题。

四、相信科技，也永远相信人的作用

在我们发展媒体融合事业的过程中，技术应用是我们非常关注的着眼点。我们曾经非常希望拥有一个与融合作业相互匹配的“超级编辑工具”，流程上集纳策、采、编、发，形态上包括图、文、影、音，同时满足广播和新媒体业务的需要。我们曾在研讨过程中会发现这是一把双刃剑——假设可以成功建立这样一套全媒体平台，固然可以实现媒体融合作业的流程化、工业化生产；但同时，研发这样一套大而全的系统，其中细枝末节的干扰因素和不确定因素是非常庞杂的。这些因素往往会影响系统的研发和运行，在维护过程中也会产生牵一发动全身的问题。所以选择怎样的工作系统，就成为很现实而具体的问题。经过考察，从几家接触到美国媒体来看，他们也并未采用这种大而全的方式来解决所有需要。

在1010Wins，主播在直播间中面向四块屏幕，这4块屏幕都服务于播出，分别对应着4套独立的工作系统。第一块是广告播出系统，第二块是读稿和音频播出系统（即Burli系统，在直播间只服务于读稿和音频点播），第三块是播出版块及即时信息提示系统，第四块是音乐音效点播系统。在国内，至少第一、二、四块屏已经被集成的一套系统中。由此可以看出，美国人并不追求大而全的技术平台，他们更喜欢把相对独立的功能需求交给相对独立的专有系统。

同样，在传统业务和新媒体业务之间，他们也会用不同的系统平台来工作。在1010Wins的编辑部内，一个办公区域被单独提供给网络编辑，这些网络编辑的办公相对独立。他们一面打开着广播内容管理系统Burli，一面使用着wordpress进行网络内容编辑，据介绍，这些网络编辑是被派驻在1010 Wins的，她们为1010Wins所属的哥伦比亚广播公司网络产品编辑新闻。从这点上看，这种工作模式与中国并没有太大区别。

在各就其位、各司其职以及协作制度、分工流程的保障下，美国同行似乎没有必要建立一套复杂、庞大的平台来“一统江湖”。人的作用仍在其中发挥着巨大的价值，内容取舍、文体转换、编辑思路依然需要发挥人的能动性。在没有更好地解决方案诞生之前，媒体本身并不需要执着于技术平台的一统江湖，也不需要苛求一套人马在几个平台上同时生产内容。与之相比，更有实效的办法仍是科学分工以及设计最为实用有效的协作流程。

这种分工协作不仅仅体现在工作团队的设置和工作系统的使用上。在各项技术产品的研发过程中，美国拥有非常健全的社会化分工市场。在我们接触到的不同机构中，除了路况信息提供商 Total traffic 拥有自己的技术研发团队外，其他机构无一例外都在使用技术外包的方式来解决研发需求。而往往在机构中负责产品项目的，都是一些从内容领域转型过来的产品负责人。这些产品负责人更了解广播业务以及应用需求，从他们的表述中能感受到他们对这种研发方式以及向他们提供技术服务的厂商是满意的。

五、广播最终将抵达车联网

“车联网”是我们与美国广播同行交流过程中非常重要的一个关键词，显然我们都觉得在车联网普及前应该做出充分的准备。在当时，虽然美国很多小型广播机构满足于使用第三方平台，但是大型传媒集团更希望研发出自身独有的网络平台来，用以抢滩车联网市场。不过谁都知道这种研发是有很大的不确定性的，很难避免走上弯路。对一些未知的弯路，负责美国国家公共广播电台数字产品部的乔伊·萨科曼打了一个有趣的比方，他以汤姆·索亚为例——汤姆·索亚把刷油漆的劳动讲得非常有趣，从而让别人去争抢着劳动，自己则在一边吃苹果坐享其成。他认为媒体在进行产品研发时就可以借鉴这个故事的启发，言外之意，很多弯路最好交给别人去走。

这个态度从侧面说明，由于车联网时代尚未真正到来，广播在车联网生态中的最终形态也没有人可以清晰地给出定义，因此一些积极的探索仍是未雨绸缪式的热身。这个热身过程本身更像一种实验室产品，而并非商业化产品。据乔伊·萨科曼介绍，他们确实遇到了一些意想不到的困难，例如他们原本认为把移动终端嫁接在某款汽车上只需要和制造商达成合作即可，但在实际操作中发现这还需要逐一去攻克汽车制造商的供货商，不仅工作量巨大，而且制约因素非常庞杂，这都是制约着传媒产品在车联网领域中发展的客观因素。

但是，时至今日再重新思考，随着播客产品广泛融入美国传统的广播行业之中，并且依然拥有着较为强劲的市场增长势头，广播抵达车联网时代似乎并没有那么复杂，而是已悄然成为现实。

六、参考、比照之后的启发

比起美国的访问收获，更多的是亲身在广播行业中体会互联网发展以及城市广播媒体融合进程，城市广播的媒体融合之路，最终还是需要广播人在观察和实践中找到“怎么判断”和“怎么做”的答卷。以下为本人对现实工作方向所做的一些思考。

（一）发挥传统媒体优势，做强本土化新闻产品

在互联网产品的红海竞争中，城市广播仍要随时检视自身的独有优势。不可否认的是，很多广播曾经自认为无人能及的“专业能力”，在互联网发展的过程中已经出现了用户体验更为出色的替代品。而时值当下及思考未来，作为传统媒体、官方媒体，城市广播相较于商业媒体（平台或内容产品）仍将具有如下比较优势：(1) 信息的权威性与公信力；(2) 对相同信息的本土化报道与解读；(3) 拥有本地新闻生产的资质、专业团队与技能；(4) 传统广播仍具有“开机即得”的便利性。而这不仅是城市广播在移动互联网时代的优势，同时也是广播媒介在面对互联网蓬勃发展之态势下，仍不可被网络媒体所取代的核心竞争力。

考虑到用户（受众）在随时随地获取本地权威信息、实用资讯、专业解读等方面的需求，不论以网络还是电波的方式予以传播，仍将作为一种市场刚需而存在，因而城市广播仍应在融合发展的过程中不断巩固这一优势，并在电波与互联网上不断优化相应的内容产品，提炼内容品质，则仍能在市场当

中维护好自己的基本盘。

（二）充分利用互联网渠道扩大自己的传播市场

利用互联网扩大自己的传播力是很多传统媒体已经在做的事情，但是一路实践下来，依然很少有媒体能回答“如何盈利”这个提问。然而更让广播人存有顾虑的是，这非但不能见到清晰有效的盈利模式，更有一种可能，就是自己向互联网输出内容后，最后自己的行业会不会遭到互联网反噬。这个问题一直让我们很难大踏步地拥抱互联网，而是每一步都在思虑中走得极为慎重。

但是可见的是，受众市场已经向互联网转移，2020 年 CNNIC 发布第 45 次《中国互联网络发展状况统计报告》显示，我国网民规模为 9.04 亿，互联网普及率达 64.5%，“庞大的网民构成了中国蓬勃发展的消费市场，也为数字经济发展打下了坚实的用户基础”。这说明向互联网转移的不仅仅只有受众市场，还有消费市场。

美国同行的思路或许可以带给我们启发：市场在哪里，就应该去哪里挖掘我们的市场份额。将内容产品、内容资源分享至互联网，并探索其中的经营之道，或者这并不意味着一定能获得立竿见影的收益与成功；但是反过来讲，放弃主流市场，则必然意味着放弃了这种成功的可能。

（三）在互联网的土壤上培育内容产品的新种子

经过长期以来的实践，现在从业者已经达成一个基本共识，就是传统媒体的内容产品直接上传至互联网，并不能取得明显的传播效果。对城市广播而言，自从捕捉移动收听市场后，大量的广播节目倡导“伴随性收听”理念，而这种“伴随性”往往就意味着内容产品本身“听也无妨，不听也无妨”，不能构成刚性需求。这种制作理念下所产生的内容产品，往往与互联网所需要的内容产品思路相悖。换句话说，传统广播的编辑制作理念，并不能适应互联网的内容产品生态。

那么接下来的问题就是，什么样的产品才是互联网所需要的呢？对广播人而言，其实很难从以往的专业经验中总结出答案。例如近年互联网上非常受欢迎的“吃播”“直播带货”，这些内容产品就完全颠覆了以往专业内容生产者的从业认知：为什么有人会去观看别人在镜头前长时间地吃方便面呢？为什么曾经被受众揶揄的电视购物广告会在网络上成为一种“现象级”内容产品呢？如果不去了解互联网的内容生态和运行模式，恐怕这些永远是无法理解的问题。

因此，传统广播想真正参与到互联网的内容市场中，既不能依靠简单地上传广播节目，也不能指望依据现有经验闭门造车，而是要重组内容资源，以实践的方式在互联网的土壤上培育内容产品的新种子，并最终以实践构建出新的产品生产标准，推出适应互联网所需的内容产品——特别是音频内容产品。如此，待他日 5G（或更高一代）开始分配调频传输市场的时候，或者说车联网悄然普及之时，城市广播才能做到已有准备，而不是空手应对。

（四）探索新的管理机制以支撑内容产品研发

对传统广播而言，在适应互联网内容生产过程中面对的真正难题，还是对现有运行机制的创新改革。大多数广播电台与其员工之间，仍是传统的雇佣关系，有着较为稳定的聘用关系，相对均衡的薪酬标准，在人员管理上也有完善的规章制度。而这些前提条件往往并不支持电台员工在内容运营上有过多自选动作，特别是涉及商业操作的限制则更加严苛，这些已有的管理模式一直都在很好地维护着广播节目的生产制作与媒体经营工作，但是也压缩了培育互联网内容产品的可能性。

互联网产品的一个显著特征就是将产品人格化，大大小小的内容产品往往贴上“人”的标签，从而成为一个清晰具体的、便于认知的、独树一帜的、兼具情感与思想的产品。但是，传统广播虽然拥有众多具有地域影响力的“名嘴”，但是仍然没有机制支持这些“名嘴”向人格化产品的方向做进一步培育。很多主持人运行自己的自媒体不会获得额外的稿酬，同时他们也被禁止用这些平台去实现个人利益。而电台这一边也不愿鼓励某个员工在互联网上过度发展，一来投入后有无产出还是未知数，二来没有制度支持电台从员工的个人业务中分取收益，三来员工有不务正业之嫌，四来如个人业务发展一旦受到市场认可又有人才流失之隐患。换言之，传统广播如有意研发适合互联网所需的内容产品，则须重新认识商业化内容产品的市场规则，并亟待在人才、版权、市场化合作等内容资源的管理运行上创新出新的模式和手段。

诚然，无论广播还是互联网，中美两国之间都有着明显的基因差异和市场差异，在融合发展的大命题上难于进行直接比照，特别是时间越发证明两国在互联网发展上也有着全然不同的规律、特征及路径，内容的流量走向也不尽相同。但是，彼此在具体问题上仍有可以相互借鉴的操作经验，例如广播将用互联网来达成什么样的目标？可以通过怎样的方式方法？如何保持并发挥好自我的独有优势，又如何少走一些弯路？等等。这些问题不仅是我们在融合之路上起跑时所面对的疑惑，还将是我们在坚持融合发展的过程中贯穿始终的思辨主题，这需要我们具有一个积极的全球视野，特别是捕捉到每次移动通信技术迭代（3G到4G再到5G）对互联网应用形态带来的深刻变革，并且最终要在具有中国国情的互联网发展之路上用实践进行回答。

关于广播多栖声音产品布局的几点思考

何　娟

广播诞生 100 年，走过“大众”“窄众”“分众”等多个传播阶段；近 15 年，随着互联网的发展，广播“触网”（首先转化为电脑端的播客 Podcast，同时期萌生的，还有一大批个人播客），逐步产生了“声音产品”的概念；而近 10 年来，日新月异、飞速发展的移动互联技术带动着传播格局和舆论生态进一步深刻裂变。

中国互联网络信息中心 4 月 28 日发布的第 45 次《中国互联网络发展状况统计报告》显示：“截至 2020 年 3 月，我国即时通信用户规模达 8.96 亿，较 2018 年底增长 1.04 亿，占网民整体的 99.2%。”用户聚集的地方就是音频产品线应该开发布局产品的“阵地”，除了手机外，车载终端、平板电脑、智能穿戴、智能家居等各类移动终端对分类清晰、指向明确、场景化的音频产品同样有着巨大的需求。在此背景下，“声音产品”立足风口，近年来，产品样态逐步清晰、快速迭代，诞生了一大批音频聚合型的互联网平台，并逐步探索出了明确的盈利模式，不少头部音频产品点击过亿、营收千万起步。①而作为专业生产有声内容的广播，打造适应移动互联世界“多栖”传播的音频产品时不我待，因为这不仅是盈利与生存的争夺战，作为政府治理的重要环节、

① 喜马拉雅 FM 用户 4.7 亿，进入知识付费领域后，2016 年举办的首届“123 知识狂欢节”，消费总额就达到 5088 万元 。第二届“123 知识狂欢节”中 ，《蔡康永的 201 节情商课》销售额也已超过千万，位列榜首，成为又一个内容消费的爆款产品 。狂欢节当天，喜马拉雅 FM 的内容消费总额达 1.96 亿元，是 2016 年的 4 倍之多。摘自《网络音频平台发展现状与前景》，作者：田丽、张华麟，而 2018 年喜马拉雅“123 知识狂欢节”消费额 4.35 亿元，带动了蜻蜓 FM、得到等多家移动音频平台参与，成为内容付费类第 一大节日，有力地证明了内容付费这种商业模式的可行性。

意识形态舆论阵地的广播，这也是一场舆论、话语权的保卫战。

一、何为广播“多栖”声音产品

“多栖”声音产品中的“多栖”，借用了生物界“多栖生存”的概念，这里既包括适应多渠道，也包含适用多场景，以及多渠道、多场景转换中的耗能问题。

（一）多渠道

《新媒体蓝皮书：中国新媒体发展报告》针对中国城市居民媒介接触和使用的连续调查显示，2018 年手机成为被调查者获取新闻的最主要终端，占比为 93.5%，遥遥领先于其他媒介；其次为电脑和电视机，均在六成左右；再次为报纸和广播，分别为 13.1% 与 9.0%。这一排序与 5 年前形成鲜明对照：2013 年选择手机作为获取新闻终端的比例仅为 51.6%，位于电视机和电脑之后。多渠道，就是要“傍大腿”，用户在哪里，声音产品的发力就朝向哪里。

必须指出的是，广播声音产品之所以提出“多栖”概念，而不是“多媒体化”，是因为广播声音在向移动互联网转型的发力过程中，绝不可忽视目前传统的 AM/FM 受众。虽然身处“互联网 +”的语境中，但从实际来看目前无论是网络广播还是音频客户端的各种探索对用户的影响仍相对有限，变现模式尚未成型，而传统的线性广播长期以来凝聚了数量庞大的听众资源，积淀了大量优质的私家车主收听群体，具有广泛的社会影响力，仍是“多栖”化生存中最重要的“一栖”，是“广播电台矢志坚守的基本盘，是广播电台扩展媒体影响力与进行广告经营创收的主力与基础。因此，如何做好线性传播下的传统广播，仍然是广播电台未来很长一段时间需要深入思考与大力加强的工作”。①

据 KBIA 电台（美国国家公共广播电台 NPR 的成员台）调查，该电台 2600 万广播受众、600 万网站受众中，重合度非常低，广播受众中仅有 4%

① 陈红叶：《试论传统广播的现状、存在的问题与改进方法》，《中国广播》2017 年第 7 期。

会收听网站内容，网站浏览者17%会收听广播节目，网络与传统广播面向的是两个完全独立的受众群体，基于不同收听介质传播的内容受众也有区分。因此，在生产音频产品时，需要考虑不同受众人群的收听习惯和喜好，并有针对性开发产品，才能把握当下，着眼未来。

（二）多场景

多场景是指传统广播直播流、App上的直播流、适合互联网、移动互联网、智能穿戴、智能家居播放的不同场景下的声音内容或产品。

一方面，在传统广播直播流的“基本盘”上，伴随着终端升级与结构变化，传统广播的节目制作与品牌推广要相应进行调整升级，面向车载与年轻听众的交通、音乐类频率成为目前各地广播市场收听竞争与广告创收的双主流频率，音乐、娱乐、脱口秀、时政、民生新闻等节目成为主要的节目形式，节目内容编排倾向于短平快，节目风格类型倾向于娱乐伴随服务，品牌推广围绕特定群体进行针对性的地面推广、活动渗透，与社群粉丝经营。在广播直播流这一栖的“基本盘”的供给侧改革上：

首先，要继续深刻反思频率定位的思路，在综合类广播转向准类型化广播后，要进一步对目标听众“靶向”定位。在营销学上，常能听到“获取一个新客户的成本，要比维护一个老客户的成本高”“销售额的80%来自20%的老客户”等营销“铁律”，放在广播直播流供给侧改革上，就是首先要服务好已养成收听广播习惯的既有听众，其中，年龄在55+的中老年受众是既有听众人群中的“富矿”——对广播直播节目依赖度、忠诚度高、时间相对充裕、更热衷于人际传播、有一定经济基础。以天津为例，天津老龄化程度在全国排名第三，仅次于上海和北京，60岁以上户籍人口在2019年的统计中已经达到230.37万，占天津市户籍人口的22.43%，在此基础上，如果锁定年龄55+的中老年听众，做专、做精、做深他们感兴趣的健康保健、家庭关系、第三代教育、理财、资讯服务、情感倾诉等内容，形成这一群体的必听性和专业性，形成社群效应。要达到这样的效果，单个节目的力量显然是不够的，因此在收听的供给侧改革上可以着手由节目收听型升级为频率锁定型，塑造频率而不是个别节目的个性特色，在统一风格下打造节目集群，打造收听平台，将单个节目的孤岛收听连接成片，形成频率的整体辐射，在较短时间、较低成本下，打造出“交通”和“音乐”外的一方强势频率，形成影响力与盈利创收。

其次，管理机制方面，引入团队运营模式，优化绩效管理体制。例如天津广播在新媒体融合中就以工作室制度或主持人为中心的工作组制度，全方位包装、策划直播流节目，在新媒体上推广直播节目；例如重大事件发布、政务访谈节目、高考咨询等节目因独特的资源优势引发网络传播，同时也将节目内容中的爆点内容，制作适合网络推广的音频产品，扩大影响力；还有一部分主打主持人个性魅力的节目更需要团队协作，实现新的突破。

再次，新媒体环境的蓬勃发展使得原有的传统广播内容产品模式，也就是“内容与形式”的结合，无法适应平台发展的需要，针对这一问题，北京师范大学新闻传播学院执行院长喻国明教授提出，要将传统的“两要素”内容产品模式，即“内容 + 形式”，转型升级为“四要素”模式，在传统的两要素之外再加上关系要素和场景要素。《从资讯到关系，未来媒体如何构建影响力?》一文中，喻国明教授进一步指出，互联网传播与传统传播的区别之一就在于互联网环境中的传受双方是一种平等对话的关系，主体在对话的过程中就可以得到他人的回应，每个个体在这个过程中都有自己的位置。因此他认为，任何目前媒介产品内容对一个用户群体的价值，在很大程度上都取决于它所能连接和匹配的用户数量，当某一内容对用户的需求匹配得越好，其价值也会越大。

以近年来在音频付费领域异军突起的“得到 App”为例，以“致力于服务所有终身学习者”的定位为关系锚点，吸引和集聚音频产品的听者和讲者，打造独立单元的精品课程和较高的单课付费，曾在一段时间内让安装使用 App 的用户有了某种积极人设的优越感，有了分享这种“标签”的冲动。“用户可以从这种传播活动中表达自我，获取关系，继而实现在网络上的归属感和自我认同，这种归属感和认同感会正向影响用户对媒介使用的情感，从而提高用户黏性。因此，通过对用户使用意愿的争取，可以在一定程度上提高平台的影响力和预期利润。”① 而高场景度的信息内容也是广播分类打造多栖声音产品的一种思路（所谓高场景度，是指具体问题具体分析需求下运用全部专业

① 喻国明：《从资讯到关系，未来媒体如何构建影响力？》，《广电观察》2020 年 4 月。

知识与经验的结构化解决方案，譬如一个病人的诊疗方案、一场官司的诉讼策略方案等）；另一个特征是“低频度需求”的信息特征（所谓低频度需求，是指小众的、非常见的需求类型，它需要在某一个领域或方面垂直细分，加大某一专门领域的知识与经验的“颗粒度”的内容）。这些内容在直播中可能优势并不明显，但是放到网络终端合适的介质、平台上就有了不可替代的高需求、强黏度。

对场景因素下多栖音频产品打造国外一些同行的实际、高效的做法值得借鉴，这部分内容在下文中详解。

二、欧美媒体“多栖”声音产品的生产、构架侧记

（一）美国媒体的做法

美国拥有海量的商业广播。几年前考察纽约地区广播市场，类型化广播林林总总分布在纽约以及各个州镇，多家媒体此前种种“多栖”声音产品的尝试也各有特色，总体来说分为两大类：

1. 非突发性的节目的常态化管理

（1）基于调查数据中目标受众对节目内容的需求排序而调整不同类型化节目的制作投入：美国广播公司（英文全称：American Broadcasting Company, Inc）调查结论为，客户愿意接受为提示信息的新闻一般为：日常某一地区的新闻、天气、体育、财经。

（2）根据需求，强化对这些针对日常信息（虽每天都会有些许变化）新生产的类型化节目的特点，制作过程中，要时刻贯穿设定的鲜明个性标签，这一做法不仅强化直播流节目鲜明的特点，也为后期节目各平台分发。

（3）挖掘原有声音节目，面对受众海量类型化就需求，要有足够的类型化、不同时长、节奏的节目储备供受众搜索。这方面，美国联合通讯社（The Associated Press）的做法是激活城市档案资料，例如他们曾在2015年时在App上制作了一款名为《虚拟世标》的产品，在历史素材中深度加工一段70年历史的地铁，做成3D视频，在视频中可以检测实地情况，吸引大批受众追

随。考克斯媒体集团（Cox Media Group）高级数据总监艾伦·西格尔曾（Alan Siegel）建议，在美国的电台节目中，受众偏爱较长、故事性，有人物，有同期声的声音产品。其实，天津广播这类节目储备数量庞大，包括小说、相声等传统保留节目，以及珍贵的录音素材，这部分节目可以作为珍贵素材被加工为声音产品，面向用户提供订阅、多渠道分发、营收。

2. 突发、时效性强的非日常信息处理方法

(1) 新闻事件的差异化：以美国大选为例，ABC视频直播在PC端不间断进行，其余手机App、PAD、XBOX都可以点播内容个性化处理，制作平台就像是不同餐馆的厨师，工作是将新闻适位于不同的平台，数据来自第三方公司，会对数据内容进行认真分析，经典视频会放在最黄金时间段推出，做到以上，各家互联网终端会“不请自来”做内容的“搬运工”。

(2) 最大限度满足车载收听需求。车载收听是美国传统广播最主要的收听环境，随着车联网的发展，互联网音频产品也必将逐步替代车内广播设备。未来，广播新闻如何更适应车载收听？NPR数据产品高级经理乔伊萨科曼(Joey Sarkozy)介绍，NPR目前的做法是：通过LBS方式定位用户地址之后精准推荐内容，因为据NPR统计，车载端受众在车内最喜欢收听的不是直播流当中的全国新闻，而是地方要闻。

(3) 适应不同收听介质的不同收听行为。据NPR根据数据分析得出的网络消费新闻的“纽约”曲线是，最高峰中午，次高峰晚8点钟；而广播收听最高峰是早高峰，次高峰是晚高峰，两者间有明显差异。

（二）独特的欧洲广播“触网”经历，保持尊严与独立

与美国海量的商业电台模式相比，欧洲的广播除了一定数量的商业广播外，公共广播占据主流。在北欧5国，“广播”一词一直是国家公共服务广播的代名词。[①] 他们的广播产品“触网”经验可能更值得国内借鉴。BBC（英国广播公司British Broadcasting Corporation）在2018年年底启动了全新的个性化

① 北欧5国所有的广播机构都是在1925年和1933年之间建立的，丹麦的DR，芬兰的YLE，瑞典的SR在20世纪50年代和60年代又开始了第二和第三频率的广播。进入80年代以后，欧洲各国对广播垄断法案进行了修改，允许私人经营地方电台。自此，商业电台像雨后春笋般在北欧大地蓬勃发展起来。《在比较中寻找——欧洲广播一瞥》作者：赵多佳。

音乐、广播和播客应用程序 BBC Sounds。BBC 广播与教育总监 James Purnell 在 2019 年伦敦广播节上介绍说，尽管 BBC Sounds 进入市场较晚，但已经在英国 Sportify① 上提前登录并占市场份额六成以上。在向用户推送声音内容过程中，BBC 研究了新的算法、适合公共广播的算法，这种算法似乎更适合国内公共广播声音产品的转化与分发。这种算法的核心：

一是对目前商业算法的思辨，商业算法重视娱乐功能，而公共广播需要教育和信息功能。

二是算法是按照设计者的形象制定的，可能会对不同的人产生偏见。但当它们是为公共服务目的而设计时，它需要去除偏见。

James Purnell 认为移动互联网不是广播的掘墓人，反而是广播的补充，“BBC Sounds 进入市场很晚，但反馈不错：周用户 130 万，84% 的用户表示会把 Sounds 推荐给其他人”。BBC Sounds 利用移动互联网和各种音频平台，可以将声音覆盖全球，目前在法国、德国等欧洲地区拥有广泛的受众。与中国众多声音聚合平台的做法一样，他们在转化和孵化声音产品时，是按照孵化模式进行，允许正在进行的、或不成熟的产品进入市场，由市场和受众决定产品的去向、去留。James Purnell 表示：“公共广播应该与已经成功的商业音频比肩，起码占有一席之地。”

（三）国内商业音频聚合平台对音频“场景化”的打造经验

广播节目在很长一段时期内收听场景相对固定，出租车、公交车和私家车等车载广播是广播直播流收听的要场景。然而正如喻国明教授所言，伴随移动支付、大数据、移动互联网等相关软硬件技术的高速发展，移动音频产品与市场经过 10 年的发展，一步步迈进“全场景”时代。步入 2019 年，移动音频盈利模式将更加成熟，用户规模将更加庞大。随着智能技术、内容和用户规模的发展，喜马拉雅等音频平台的竞争从版权、有声书和音频直播等细分领域转向全场景竞争，以智能音箱、智能家居、车联网等为代表的 IoT 产品

① Spotify（声田）是一个正版流媒体音乐服务平台，2008 年 10 月在瑞典首都斯德哥尔摩正式上线。

进一步拓展用户的使用场景。① 正是下一轮分发渠道升级移动音频平台为广播打造多栖声音产品提供了空间。因为未来的音频产品的“星辰大海”是车联网、智能家居。这需要与智能硬件厂商建立深入合作，在保护用户隐私的前提下，以用户 ID 为中心，通过技术手段打通用户和内容库之间的识别壁垒，实现跨设备联动，提升用户的网络音频跨设备收听体验。

跨设备间音频内容的断点续播成为用户的新需求。不同场景下用户收听内容会有差异，因此要将内容与场景整合，通过大数据分析、人群画像等技术手段，根据用户的收听习惯精准地推送内容。内容与智能终端的融合，会极大地拓展了用户的收听场景，并触达用户 24 小时中的各种 应用场景，如交通出行、卧室、厨房、健身、家务等场景，使得音频场景更加丰富，市场更加广阔。②

三、关于转化耗能问题的思考

从目前各地电台的实践中可以看出，对广播来说，横向的新媒体融合多是指图文、小视频、视频直播等多形式与广播节目的融合，很多广播电台和节目在这方面的尝试已初见成效，创新的积极性也很高。但更应该注重的是纵向的融合，即深耕广播擅长的声音资源，打造适合网络传播的声音产品，这些产品将独立于广播节目在多渠道、多场景下存活、传播、互动，引发衍生话题，最终形成新的生态。但在媒体融合的浪潮中，几经沉浮的广播要从这个方向突破，要解决的最大问题是低成本、高效率转化问题。③ 这个问题如何解决？

① 移动音频的全场景时代，是指硬件制造商、移动音频平台和内容生产商联合，通过构建音频场景生态，满足用户在特定场景下的音频收听需求。移动音频是指通过网络流媒体播放、下载，使用智能手机、车联网、智能家居等终端设备收听的音频节目、有声书、音频直播和网络电台等内容。移动音频的内容涵盖 了有声书、幼儿教育、商业财经、人文历史、相声评书等，其具有信息性、情感性、娱乐性和陪伴性 4 个特点。《全场景时代移动音频行业的生态变革》作者：方爱华、金美贞、张解放。

② 方爱华、金美贞、张解放.《全场景时代移动音频行业的生态变革》。

③ 刘萤萤：《让广播节目不再“趴”在网上》，北京人民广播电台。

美国广播公司（英文全称：American Broadcasting Company，Inc）新闻中心新媒体负责人罗伊介绍，2015 年开始，他们就在使用一款由第三方公司研发、根据自身要求改造的客户端，这个客户端可以内容生产平台（类似国内广播媒体的制作和播出系统）与互联网播出系统打通，并基于数据分析移动收听人群收听特点，将 ABC 每天播出的广播内容审核后做标签化处理，“人工重点推介 + 智能推送”给多终端用户。

其中，在人工处理部分，新媒体团队每天将直播流内容人工选出 3 条主打新闻置顶在移动端 App 上，在移动收听端高峰期推出。在这个过程中，编辑决定着哪些传统媒体中播出的内容重点在移动端推出，这就要求这些编辑既熟悉新闻业务同时具备互联网传播经验和能力。此项内容的干预包括了互联网传播思维下的内容筛选、整合、新闻标题制作以及必要的新闻及内容策划，原有新闻采写的记者也亟须对图片拍摄、新闻追踪、内容拓展等能力的培养。

智能化处理部分相对复杂。目前 ABC 记者采写的新闻在审定之后，作者要标注新闻关键词，审定人要给每条新闻打标签，比如是体育新闻、时政新闻、环境新闻等，互联网分发系统会根据标签内容智能对接，将不同标签内容分发给不同喜好的订阅客户。这一过程中，打标签是重要环节，新闻标签如何科学设定？审定内容者如何打标签？记者如何提炼关键词，并让内容与关键词及标签贴切满足受众需求？都是需要着重锻炼的能力。

2014 年，ABC 已经将自己的客户端扩展到了除手机外的其他可穿戴电子设备与 Apple Watch“CASE STUDY”合作，成为苹果界面客户端之一，目前可以做的是新闻标题式提醒。例如，Watch 最佳新闻提示，不容错过的音频提示，还会提示追踪新闻、突发新闻等，不同的颜色标识不同性质的新闻，阅读全文暂时还是要回到手机端。可见，转化中，尽快实现内容的标签化是低耗能、高效率产品转化的有效手段。

四、结语

基于以上分析，于广播而言，对直播流节目进行精准的标签、分类、摘要、标题，通过智能重构广播全平台工作量还是巨大的。因此，BBC 按照设计者的形象制定的音频产品和适合公共广播的算法的思路更具有可操作性，将公共广播频率主体打造为个性鲜明、有魅力的个体来吸引受众、引导需求，具体实施可充分借鉴影视歌明星的粉丝经济套路。

以上提到的关系要素和场景要素的加入为转化提供了新的契机，这就是网络音频平台基于关系要素推出了音频直播。荔枝便是这一业务的领头羊，围绕聊天室、虚拟通话等直播功能，打造直播社交生态，将自身发展成为适合于年轻人的音频社交平台。直播业务是广播的看家本领，通过打造头部节目，以订阅方式参与不同场景终端、实现多终端无断点播放。与传统直播不同，声音产品的直播需要在制作过程中，就根据不同场景，充分考虑到受众心理变化，播讲人应该更倾向于把情景设定为一对一或一对多的对话，即对面的人对话题是感兴趣、有了解的。带着这样的设定，听觉上会与传统广播节目形成明显区分，加上更为专业的节目包装，更有针对性的网页海报的设计、专辑介绍等，经过独立打造的声音产品将在互联网上更具竞争力。另外，广播具有明显的地域色彩，这也是关系、情感场景与连接。要充分发挥地域优势，比如本地固定时间的路况信息、本地新闻有声版集纳等都适合此类“订制”，与传统广播不同，例如可以订制女司机版路况直播、萌娃上学路上伴随听等；各地的广播利用珍贵的医疗资源打造的各类健康节目，往往因为广播节目时间有限，内容也有限，此类节目如果参与“订制”，则会同时具备专属性与分享力；当然，打造方言节目、地域化直播明星，也是实现多终端“订制”的有力抓手。因此，广播生产上既要保持自信、独立，利用现有优势，又要打破管理体制，拒绝平均用力，给予明星音频直播产品“李佳琦”式的资源倾斜与打造，借鉴管理学上的“赛马机制”，培育一批，广泛测试，适者生存，优者胜出。

关于中国城市广播的市场
——产业维度运营的思考

吴震巧

移动互联时代，依托多种通讯手段和媒介形态，跨地域和跨文化的信息传播早已不足为奇。在传播媒介中略显劣势的广播，在新媒体的冲击下，勇于尝试新技术，拓宽新思路，探索出多种新的合作融合途径，展开了一场“圈地运动”，这也是近几年天津广播乃至中国广播的新作为。

从历史的角度看，有时候，一些重大的发现或者市场需求的形成，都可能导致生产要素的大规模重新配置。1998 年，我国结束了福利分房政策，房地产开始逐渐市场化，“圈地运动”成为地产业最炙手可热的大戏，它深刻影响了国人的生活方式和思维方式，从而推动了多个领域的“圈地”，使“势力范围”的划分更加凸显其重要性，因为在某种意义上说，拥有了“地”，便拥有了一切。作为社会发展前沿阵地的媒体，非常敏感地投入了这一“圈地”大潮。当然，媒体圈地，圈的是受众，圈的是品牌，圈的是自己的影响力。

一个蓬勃的市场正在形成，曾经功能单一的广播媒体，解放思想，从单纯的“耳目喉舌”转变为新闻宣传、文艺作品传播、多元化经营的综合体，借助新媒体迅速扩张。

一、改革杠杆：中国城市广播市场—产业化运营简要回顾

广播发展的每一次热潮都源自中国社会的发展、受众需求和市场需要，每一次热潮都进一步促进了广播潜能的发挥，推动着广播专业化进程。

1986 年珠江经济台开播，随后各地纷纷创建经济台，大版块、主持人直

播，开通热线电话，户外直播，广播给听众带来了耳目一新的感受；20 世纪 80 年代末到 90 年代末期，各地音乐台异军突起，打歌榜，点歌，明星走进直播间……掀起一场全民娱乐盛宴，校园、宿舍里听音乐节目几乎成为一代人的集体记忆；第三次热潮则是以 1991 年上海交通信息台的创办为标志，各地特别是发达地区相继出现交通台，播报路况信息、出行资讯等，交通台至今依然是各地收听率最高、广告吸纳最大的频率；进入 21 世纪，广播则掀起了第四次热潮：即各地兴办小说故事类广播，一时间全国出现了 50 多家故事广播。2005—2006 年，天津广播也根据地域特点创办了天津相声广播和天津小说广播。

经济台、音乐台、交通台、故事台（小说台）……广播一路走来，专业化发展日臻完善，这样既整合了频率资源，有效地进行差异化、错位竞争，规避了同质化节目的内耗，同时更是满足了受众的个性化需求。有人说："越是专业化，便越容易产业化。"所以专业化是广播人对市场进行的主动思考与转换。

广播业生存和发展的首要问题就是依据广播自身的媒介属性，在激烈竞争的媒介市场和信息市场上找准自己的定位。作为天津广播的系列台之一，小说广播立足本市，辐射周边，制作各类有声文学作品 2000 多部，被誉为"性价比"最高的广播。直到如今，仅有一个中波频率的小说广播仍然保持着每年 1000 多万元的广告收入，拥有一大批忠实听众和广告客户。而工作人员不足 20 人的天津相声广播，在天津地区稳步占据着前三位的市场份额，这在全国是绝无仅有的。

在移动状态下收听广播，已经成为越来越多的受众收听广播的方式，这主要是由收听设备的泛化和听众人群的扩展相关联的。收听工具的泛化主要体现为由传统的收音机发展为 MP3、网络、手机、车载设备等；收听场所的泛化表现为从原来较为固定的在家、在学校、在公司发展为在车上（包括公共交通工具和私家车）、餐厅、公园及一些特定的公共场所。由此带来的直接后果是广播这块市场蛋糕被重新切分。一个简单的推论开始形成：谁占有更多土地，即收听工具和收听场所，谁就能切走较大份额的蛋糕。

天津广播于 2014 年、2015 年分别派编播及技术团队赴美考察培训——既为天津海河传媒中心搭建信息平台，又为产业化发展提供了理论依据和实际经验。

二、他山之石：美国广播产业化运营的特点

（一）当今美国广播市场中比较典型的几种类型化电台

通过 1996 电信法案（*The Telecommunications Act of 1996*），美国的广播公司爆发了兼并大潮，奠定了目前商业化运作的基础。

20 世纪 60 年代，美国广播的类型台只有 10 种左右，1986 年发展到 16 种，2000 年以后有了 70 多种。目前比较受欢迎的类型台包括以下几种：

1. 专业化的音乐节目

不难看出音乐节目在美国广播市场的主导地位。美国的几大广播市场——纽约、洛杉矶、芝加哥——这些地区收听率排在前 3 位的都是乡村音乐节目，而其他类型的音乐台，如经典摇滚音乐台、老歌台、排行榜音乐等等，也拥有众多的拥趸。

2. 新闻化的谈话节目

News & Talk 的兴盛意味着谈话节目的政治倾向越来越强，比如连续 20 多年排在美国广播电视政治脱口秀节目收视率第一位的“拉什林堡秀”（Rush Hudson Limbaugh）就代表保守派。这也是美国媒体的“政治导向”，绝对的新闻自由是不存在的。除了 *Morning Edition* 这种王牌新闻节目之外，现在美国商业新闻电台也在逐渐减少，取而代之的是谈话类节目，而非纯新闻节目。

3. 轮盘制的新闻节目

全新闻电台 1010Wins 被誉为“全新闻电台的先驱”，首创轮盘式全新闻广播格式（All News All The Time）。24 小时不间断的新闻滚动播出，节目制作高度结构化和公式化。每 20 分钟就有一条重要的头条新闻，每小时 6 次交通路况，每 20 分钟播报 5 次天气预报。电台的口是：You give us 22 minutes, we’ ll give you the world.

但是，虽然新闻频道利用 Twitter、Facebook 积极推广节目，对收听率提升却并不高，很多年轻人已经不听纯新闻类节目了。备受瞩目的 TMZ.com (Thirty Mile Zone) 正是在这样的背景下打开了一片新闻娱乐化的新天地。

4. 本土化的公共信息

对全美广播电台来说，“本土化”是他们最为看重的一点，扎根本地的故事，服务周围社区，报道投票情况，以寻求本地居民的认同。

特别是路况、天气这样的公共信息，听众都知道电台逢 8 就会播报路况 (8 分、18 分、28 分……)，这些路况信息有很多是由加州高速公路巡警局提供，Total Traffic & Weather 这样的公司拥有属于自己的城市摄像头和直升机，会实时监视交通状况。和我们一样，气象信息大多关注的是微气候，也就是本地气象和周边地区的情况。

5. 体育节目的崛起

来自美国广播广告局的数据显示，2003 年，全美 Sports 体育台的数量有 391 家，排在第 11 位，当时排在榜首的是 Country 乡村音乐台，共有 2134 家。2013 年，体育台数量已经翻番，达到 711 家，排到了第 4 位，此时位列冠军的乡村音乐台数量反而略见减少，为 2014 家。当然，体育台的兴起与当地赛事较多、民众较为关注有关。

（二）美国类型化电台工作流程中的显著特点

上述几种典型的类型化电台模式，在公司化运作方面都有很多成功的经验，总结起来大致为：公司管理层具备商业化的思维，员工普遍掌握标准化的操作，致力于为受众提供生活化的服务，这几个特点体现在日常工作的许多细小环节中。

1. 商业化的思维

洛杉矶华人创办的鹰龙传播公司 (EDI Media INC.) 主脑苏彦韬就认为，没有赞助商的节目不可能播出，在美国广播市场，“曲高和寡”不存在，除非“寡”很有钱。这个观点深刻揭示出美国媒体人对商业化的直白见解——赚钱才是硬道理。

正是因为对商业价值的敏锐洞察，鹰龙传播公司与北京音乐台、交通台、文艺台合作，在洛杉矶举办了第一届中歌榜的颁典礼；每年奥斯卡颁奖礼结束后，公司会直接从庆功晚宴中邀请明星到直播间录制节目，并于次日上线，可以说，商业价值是美国电台高效运转的最强动力。

鹰龙公司对“城市宝宝”项目的商业挖掘令人印象深刻。从每年的母亲节开始到儿童节的这段时间，参与竞争的所有小朋友照片都被做成展板放在商场里供市民投票，参与投票的市民就会得到商场提供的礼券，展板放在哪个商场的童装部，商场也要付广告费。6 岁的孩子，父母正是 35—45 岁的消费者，票选较高的宝宝照片会制作成月历，12 人一组，每页上面是宝宝照，下面是品牌，这些宝宝就会成为品牌的代言人；月历的封底广告卖给麦当劳，成为“麦当劳城市宝宝”；照片拍得不是太可爱的孩子如果会画画，就参加公司举办的画展，今年是在亚太博物馆展览，由华美银行赞助，主题为“绿色生活”；相貌一般又不会画画的孩子，公司会邀请他们参加朗诵比赛，举办颁奖晚会，现场可以领礼物，是由贷款银行提供的 500 元金额。这样一个活动能延伸 3 个月的周期，全方位招商，既提升了公司的影响力，又赚到了大把的广告费。“城市宝宝”项目自 2000 年启动，至今每年仍在进行。

2. 标准化的操作

高度集约和精确化，节目的切换细化到秒，这是 Total Traffic & Weather network 带给我们的巨大冲击。

在纽约地区，政府安装的城市摄像头中，Total Traffic 拥有其中 1/10 的摄像头使用权，他们的路况和新闻来自纽约都市的各个区域，在固定的时间提供给其他合作台，同时他们自己也将这些信息存储起来，并在网站上对公众公开。

在公司总部，我们看到编辑人员熟练地操纵帝国大厦楼顶的一个摄像头，推拉摇移都可以轻易做到，而且信号高清，360 度全景记录。通过一个信息转换台，这些图像信号就可以传送给别的电台或电视台。此外，听众热线提供的线索和公司直升机拍摄的画面也是对即时路况和新闻的重要补充。

公司内部有几个贴着特殊标签的直播间，其中一个房间上贴着“1010Wins”字样，到了“逢 8”的准确时间，节目信号迅速切换给 1010Wins，由一个主持人播报路况，60 秒准时结束，信号切走。1 小时中，这个主持人大概播音 10 分钟，每次 1 分钟，路况、广告都由他直播，语速很快，但富有节奏感，亲切自然。类似标签还有“Bloomberg traffic & news Center”“WCBS 880 Sports”等。针对不同的合作台，公司提供不同内容，音乐、运动、交通、气象都有，这本身也是一种人才训练。在 Total Traffic，无论编辑、主持人都要经过培训，由公司高层和从业者组成的团队共同判断人才的去留。这样一个高度集约化运行的公司在 2014 年只有 82 人。

这种情况在天津广播复制难度较大，一是我们的频道之间没有如此紧密合作的关系，二是我们内部资源的整合尚未达到那样的程度，三是我们的广告时间不会像他们那样完全占满，不可想象我们司空见惯的垫补乐来凑广告时间的做法如果放在他们的公司会怎样，大约会被视作巨大的奢侈和浪费，因为对他们来说，每一秒针都是用来挣钱的。

（三）美国广播公司化运作的盈利模式

《华商报》副总编辑宋俊峰曾经表示，传统媒体和网站之间从长远来看，是对新闻资源本身的竞争，传统媒体进行原始采集，网站无偿使用，结果网站盈利，传统媒体却不赚钱，这种现象从长远来看只是暂时的。

在竞争白热化的美国广播市场上，存在多种多样的盈利模式，他们的昨天或许就是我们的今天。总体来说，美国广播的市场相对来说还是更加规范，也就是说——各挣各的钱。

1. 财政拨款

美国的公共广播集团拿到国会的拨款，再分给公共电台，商业电台就是卖广告。

如今传统广播的传播手段被打破了，不是大家聚在一起听广播了，变成了智能手机，大家各自听自己喜欢的节目，相应的广播创收模式也已经发展成熟。

2. 广告

不同地区、不同行业的广告各有不同，有收费，有贴片，大多是综合使用。商业电台就是靠广告，内容往往占第二位。1 个小时节目中，往往要播出将近 20 分钟的广告。

清晰频道下的 Premiere Networks 给全美 800 多家电台提供节目，同时也会买断一些电台的广告时段，对所有电台的广告总时长约为 20 万分钟 / 周。其中有些电台只播放 7 分钟 Premiere 的广告，其余时段由自己经营。Premiere 会系统化地管理这些广告时段，根据情况安排广告，对广告进行分类，例如会根据性别投放广告，采用收费与广告时段交换相结合的方式。

洛杉矶 KOST103.5 成人音乐台 1 小时有 12—13 分钟广告，每段为 6 分钟至 6 分半的广告时长，47—48 分钟的音乐和主持，其中主持人的语言只占 3—4 分钟。广告前 3 位为保险、家居（工具）、快餐。

Total traffic 的主持人有时也会在节目的开头或结尾把赞助商信息放进去。广告商有合作台的，也有他们自己的，有的会分成，呈现多种合作方式。由于提供了最大范围的信息，他们拥有了最大范围的听众，为他们带来很多广告商。

3. 捐款

公共电台现在也有了预算的压力，国会分给他们的钱越来越少，电台必须自行筹款。KQED 这样的传统公共电台现在对收入的抱怨也很多，在节目中能听到很多筹款的广告。

KQED 公共电台的收入构成：社会捐款占 60%，每个志愿者捐 5 美元—10 美元，类似会员费，广播听众的捐款一年就有 600 多万美金。此外他们也有一些广告、基金会的赞助和制作辛迪加节目卖给其他电台的收入。现在车载互联网对他们的冲击力很大，应对方案是把实时广播信号接入互联网，让人们在网上也能听节目，还能选播节目。但是音乐方面的广告很快输给了 Pandora（潘多拉）这样的音乐播放软件（App）。

4. 付费

“潘多拉”利用音乐基因工程 MGP（算法）给客户免费提供服务，通过广告来盈利。这个音乐播放软件占有全美所有电台市场份额（包括互联网、传统地面和卫星电台）的 2.3%，全美网络电台市场的 68%，其用户访问有一半来自于移动终端。有注册用户 2.4 亿，经常使用的有 7600 万人，每天收听的达到 2500 万，最高一天的收听人数达 2800 万。

潘多拉有务实可行的商业模式：公司向受众提供两种不同的商业服务方案，含有广告的免费订阅方案以及不含广告的收费方案。免费账号用户每月有 320 个小时的收听上限，超过上限则需缴纳 4.99 美元；高级会员的套餐收费标准为 9.99 美元 / 月。潘多拉的收入来源以广告为主，而用户订阅费的比重相对较小，只有约 400 万人。

潘多拉在 iPhone 的应用里 Pandora 是最早一批，一直排在前 5 位。2014 年开始和谷歌眼镜、穿戴设备合作，并且和 90% 的汽车品牌有合作。经过一系列并购操作，2019 年，潘多拉以 35 亿美元的股票被 Sirius XM 卫星广播公司收购。

未来，潘多拉期待与唱片公司达成更好的合作，降低每首歌的版权费，增加广告回报率，并且倾力打造乐曲首发平台，力求给艺人的待遇和唱片公司一样好。由于美国政府的版权管控非常严格，因此自己独立拥有版权的美国音乐人很少，潘多拉这样的公司只需认真处理与唱片公司的关系即可。

（四）与新媒体的融合

2014 年 9 月 16 日，清晰频道正式更名为 iHeartMedia，以旗下著名的 App 命名本身已说明很多问题了。对美国广播市场来说，传统媒体与新媒体的关系似乎从来不是“融合”，而是“一体”。

例 1　音乐播放软件——iHeartRadio

下载量 3.5 亿，主要提供 3 种体验：实时收听全国各地的节目；自建电台，自动搜索到哪个电台在播喜欢的歌；拥有丰富音乐资源的音乐库，也是目前美国广播市场上唯一能与潘多拉抗衡的 App。2013 年阿比创市场调查“美国智能手机用户对音频 App 下载比例”，Pandora 占 47%，iHeart 占 15%。

2018 年 3 月，公司在背负了 200 亿美元债务而无法喘息时，申请了破产保护，从母公司剥离，并没有停止业务的运营，保护了公司的核心资产。根据破产重组计划，iHeartMedia 将重构资产负债表，母公司和 iHeartMedia 需变成两家独立的上市公司。目前公司已按计划完成重组，此次上市也给了股东较好的交代。

很多人会质疑广播服务的市场难免会继续受到数字音乐的威胁，iHeartMedia也回应了这一点。公司在招股书中提到，美国有很深厚的广播文化，广播仍有很广的用户基础；音乐文化在美国也很牢固，但数字音乐是一种单向而偏封闭的体验，广播可以与用户双向互动，让用户通过广播了解各类信息，包括获得音乐的信息。对用户来说，广播与音乐服务不是非此即彼的关系，数字音乐是无法替代广播的。

另外Bridge Ratings近期的一项调查也显示，75%的受访者表示，他们收听广播就是为了寻求“陪伴”。同时，青少年也更青睐广播，每月有93%的青少年受访者收听广播。

例2　传统公共广播电台——KQED

目前，KQED集团中的电视、广播、数字部分按照内容组来区分，分为4个内容版块：新闻、艺术、科学、生活方式。

在与新媒体的融合过程中，广播记者需要学习摄影、摄像、数字等技术。KQED点播较高的新闻类型包括：政治、教育、健康、环境、交通、美食。新媒体部分有6个人在一个工作间工作，他们同时也能做广播电视新闻。

（五）需要解决的一些生存环境问题

在媒体市场已成为买方市场后，用户决定着哪些内容以哪种方式呈现，媒体业的未来属于那些“既懂得公众不断变化的行为，也能准确投放内容，并将广告按每个用户偏好投放的人”。传统媒体需要新的生态环境和人才。

1. 规范的市场调查体系

在新媒体冲击下，广播低投入、高产出的时代已经一去不返，要想在激烈的竞争环境中脱颖而出，前期必须舍得投入、敢于投入，当然，这是以科学精确地市场调查作为前提的。

美国广播以前使用的尼尔森是日记系统，现在是PPM系统，志愿者携带像手机一样的设备接收信号。例如大洛杉矶地区，有1000万人口，PPM系统在那里就有2800个取样表。销售团队利用PPM的季平均数据去谈广告，每天、每周、每月、每季度，制作人的工作都会被打分。如此精确的收听率调查和市场分析为广播电台提供了足够丰富的信息，在某种程度上促进了商业化的进程。

2. 专业的营销团队

营销 = 创意 + 买单，如果节目创意和广告推广能够有机结合，广播电台拥有一支熟悉业务又了解客户需求的营销团队，那也将有可能脱离广播对广告的绝对依赖了。

CBS 在圣路易斯这个城市有 3 个台，除了新闻台还有两个音乐台，这 3 个台的销售团队绑在一块儿做的，它的销售团队有 30 多人，而新闻记者总共才 7 名。这个销售团队要负责去帮这 3 个台做销售，除了广告以外还有一些线下的活动，就是我们说的地面的活动。

3. 呼唤适合的版权法规范市场和灵活的人才使用机制

美国具有比较完善的版权保护法律体系和严格的征信执行体系，很少有广播从业者敢于铤而走险非法使用别人具有知识产权的内容产品。好的原创性的广播节目都能有效保护，乃至互联网的传播。互联网电台潘多拉每年要向相关音乐版权协会缴纳巨额使用费。

明星化的主持人是广播的核心资源，也是灵活的用人机制在保障这样一种广播原创力最强的内容生产。Premiere Networks 最具代表性的是摇滚乐团成员 Nicky Sixx 主持的一档经典摇滚乐节目 Sixx Sense，每天晚上 7 点到 12 点，播放经典摇滚盒新摇滚，收到了很好的效果。因为名人的时间都被占满了，他们节目制作的地点甚至包括酒店、后台……策略是找已经成名的明星，他们合作意识都很强，当然投入也很高。不过这档节目在 2017 年已经停播。

美国广播谈话节目是造就广播明星的重要渠道：拉什·林堡秀、西恩·汉尼提秀、格伦·贝克秀、萨维奇秀都是打造明星的成功案例。因此，对明星主持人的打造应该是广播节目长久着力的重点。

4. 资金运转更加多样化

国内广播制播分离热情不高，主要原因在于竞争没有迫在眉睫，另外新闻资源整合难度太大也是重要原因，这背后当然是不同社会体制造成的：垄断行业与市场运作的矛盾就在资金运转，美国很多独立公司背后都有风险投资，开始时多是亏损，后来才能把开始的损失挣回来。未来美国独立制作公司的份额会增加，因为它的发布平台更多了，可以放到网上，放到亚马逊上，收入更加多元化，但是这一步在国内广播很难实现，只能逐步转变意识，使资金运转更加灵活。

以美国的卫星广播为例，天狼星 XM 公司的卫星可以覆盖整个北美大陆以及沿岸 200 英里海域，拥有信号传输可靠性高、音频质量好、容量大频道多、收听方式简便多样等优势，同时还可从互联网上收听卫星广播节目，费用也颇为合理，用户每月支付 21.99 美元的服务费即可享受所有的卫星广播节目，年费为 199 美元。盈利之前先投入，需要巨大的政策支持和改革决心。

三、光荣与梦想：中国城市广播产业经营的巨大空间

要发展广播媒体产业，必须围绕广播产品的投资、研发、生产、销售及配套服务设计出一条完整的产业链，并要使这条产业链在市场经济运转时不断实现增值，成为价值链。

（一）解放思想，改革机制

从整体上看，我国广播媒体的产业化尚在初级阶段，规模不大，实力不强，创新能力薄弱，克隆现象严重，自主品牌匮乏，经济增长模式单一。要改善这些困境，首先要解放思想，突破传统的经营模式，培育发展新兴文化产业。

因此，2020 年天津文艺广播开始着手在抖音等视频网站上推介、包装主持人，打造网络红人。首期样片即通过精美的戏曲服装和化妆来展示戏曲主持人在传统艺术领域的“网红气质”，期望通过持续创意推送，尝试在新媒体上占有一席之地，与广播的线上体验相结合，形成制作—营销—传播—产出的另一条产业链。

（二）定位明确，精准营销

精准的市场细分和受众定位至关重要。

天津小说广播自开办之日起，就精准定位了目标受众为40岁以上具有一定文化基础的中老年听众，在选择书目进行录制的时候，也都以该人群的喜好入手，选择那些名家新作或畅销著作，辅以作家访谈、读书会、在北京书展搭建展台等衍生产品或活动，同时在新媒体上进行推广，短短几年间，就在全国树立起“有声小说制作基地”的品牌，北京、上海、南京、山东等众多兄弟台争相播出天津小说广播录制的作品。

广告商也青睐这一人群。2020年天津小说广播的创收仍能维持在1500万，相对于仅有几人运营的盘面来讲，这是天津广播10个频率中投入产出比最高的频道。

（三）整合资源，搭建平台

广播的媒体影响力依然存在：重大活动、重大体育赛事的报道资质、受众资源的即时获得与精准互动，都为我们搭建更为广泛、更为深入的聚合平台创造了基础。

为庆祝中华人民共和国成立70周年，天津文艺广播特别制作了《见证初心和使命的“十一书”》短音频，由天津海河传媒中心、中共天津市委组织部党员教育中心、北方电影集团红色光影院线联合出品。“十一书”来自11位革命先烈，他们的“宣誓书”“绝命书”“请战书”“托孤书”“行军书”“两地书”“无字书”“就义书”“示儿书”“决心书”“明志书”用生命和鲜血铸就了共产党人的信念与忠诚。11部作品由天津广播的著名主持人倾情演播，英雄事迹感人至深，是开展“不忘初心、牢记使命”主题教育的生动教材。2019年9月27日至10月7日，音频作品在传统广播和新媒体都受到关注。

（四）打造品牌，复合经营

新媒体的出现打破了传统广播单一的营销方式，广播媒体的发展需要优秀的编辑、记者、主持人，同样需要出色的推销人才、策划人才、公关人才等企业必需的角色。

天津文艺广播的“轻骑兵小分队”就是一个品牌打造的典型案例。它能深入文化馆、公园广场、学校医院、工厂车间、田间地头进行文化宣传演出并进行“津云”新媒体视频直播，延伸打造了品牌。

（五）创意翻新，满足消费

21 世纪，在消费主义所奉上的饕餮盛宴的背后，围绕产品生产和价值让渡的竞争比以往任何时候都更为惨烈。中国媒体的公益性不容置疑，但同时，广播媒体也以越来越丰富的手段，将节目资源部分转化为消费品，使受众成为名副其实的消费者。广播电台与听众的互动平台、品牌衍生品的售卖、知名主持人的直播带货、以各种名义举办的演出及各种收费互动活动等，都成为一种消费行为，加之广告客户有针对性的投放广告，广播节目已经具备了“消费属性”。也成为维系城市创意活力、激发城市创意潜力的平台每个频道的发展、每个节目的诞生、每个重大活动的展开，无不依赖精彩的创意，没有创意的广播媒体注定要在激烈的媒体竞争中被淘汰，在稍纵即逝的电波中迅速被遗忘。

第三章

创新：中国城市广播的发展和未来

◎ 天津广播微信公号发展之路与媒体融合

◎ 中国城市广播新闻频率融合发展方向探索

——中美城市新闻广播频率的比较研究

◎ 创新以主持人为中心的新谈话节目形态

——中美广播谈话节目对比研究

◎ 相声广播：探索中国气派城市广播频率新形态

——以相声谈话与脱口秀的比较为例

◎ 开拓中国城市音乐广播的“黄金时代”

——从海外音乐广播现状谈我国城市电台音乐广播愿景

◎ 美国广播电台受众发展战略

天津广播微信公号发展之路与媒体融合

霍然　陈彤

随着互联网的日益普及，新兴媒介在大众传播方面表现出强劲的势头，对传统主流媒体，特别是对地方广播电视媒体所造成的影响愈发突出。融合传播是传统广播必由之路。天津广播在媒体融合实践的过程中，强化互联网意识、用户意识，深入推进内容生产供给侧改革，将移动优先、声网融合具化到传统广播的采编工作中，推动主力军进入主战场，探索出一条以内容创新、品牌升级、管理优化、全媒体传播为思路，以10个传统广播频率为基础，“天津广播”微信公众号为抓手，多渠道、多平台、多途径分发的“10+1+N”发展之路。天津广播官方微信、官方微博粉丝量破百万，日均阅读量超100万，位列全国广播媒体融合第一集团，强有力地引导了舆论，丰富了天津广播的媒体形态，实现了传播力、影响力的提升。

一、以创新为动力，赋能广播融合发展

随着技术的飞速发展，新媒体平台对广播进行了重塑，微博、微信、抖音、快手、知乎、蜻蜓、喜马拉雅等诸多不同类型的新媒体平台已在公共事务中扮演日益重要的作用。

在媒体融合进程中，传统广播如何将移动性、平民化、覆盖广与网络的及时性、互动性、敏感性相结合，推动策采编发播流程的转型，成为摆在传统广播“保值增值”、建设新型主流媒体过程中一道“必答题”。

（一）创新思维方式，强化用户意识

互联网赋能听众为随时可以发声的用户，传统广播转型融合，首先要树

立“用户为本”的基本理念，替代“媒体为本”的观念。

天津广播新媒体从诞生起，就并非是传统广播的简单搬运延伸，而是首先以强烈的用户意识，在充分考虑受众心理和感受的前提下，创新传播内容，创造价值。例如，2014 年 11 月，为了满足受众早间利用碎片化时间，获取地方新闻资讯的需求，天津广播打造了天津首个早间新闻资讯产品“早读天津”，通过时间差异化、形式差异化的探索，在天津地区打造了独具竞争力的核心“拳头”产品。2020 年年初，天津广播又创造性地以“新冠肺炎疫情”为切口，将国内外每日疫情防控形势集纳整理，形成了每日推送的“战疫”栏目，给受众带来最新、最全、最权威的疫情报道，实现了信息的高维整合和精准投放。“战疫”栏目共编发稿件超 220 篇，总阅读量突破 1000 万。疫情高发期间，“战疫”栏目日均阅读量超 5 万，每日栏目内容被全国多家媒体转载、引用。整合信息，创造并满足互联网用户的需求，形成黏性，是“天津广播”微信公号诞生时不同于同类媒体融合产品的鲜明特点。

“天津广播”微信公众号在运营初期，就明确了内容要求质量而不是求数量的基本要求。在内容生产中，始终思考能给用户带来什么？ 2016 年 7 月 20 日，天津遭遇强降雨天气，根据广播记者在当日现场采访的内容，新媒体编辑在后方汇总并核实众多信源后，于 2016 年 7 月 21 日早间发布了头条文章《重磅 | 天津 7.20 大暴雨全纪录：段子、谣言、故事和思考》，集纳前一日天津雨情的音视频、图片资料，满足了读者的知情权，澄清电线杆漏电、海河水位暴涨等谣言，在网络舆论中激浊扬清。①

天津广播还顺应互联网传播规律，善于借助网络热点与用户互动。2020 年 1 月 25 日，“天津广播 你别太自信了”话题冲上微博热搜，面对重大疫情，天津人的乐观、自信被全国网友点赞。天津广播紧抓热点，迅速发布文章，引起用户的关注和参与。针对网友留言，天津广播还会以幽默的方式回复，增强互动性，拉近了媒体与受众的距离，塑造了亲民和贴近生活的形象。2019 年 12 月，天津市多个高速收费站因推行 ETC 取消人工收费窗口，引发

① 梁波、于婧：《重大新闻网络舆论引导的理念与实践——以天津广播微信公众号为例》，《青年记者》2017 年第 2 期。

拥堵问题。此事件在网络上引起广泛关注，天津市交通运输委负责人在依托于广播新闻中心《公仆走进直播间》节目开展的“向群众汇报——2019 年委办局长年终访谈”中首度公开回应，最新进展通过天津广播微信公众号、澎湃平台号同步推出，新媒体舆论影响力，促进有关部门改进工作，回应了社会关切。

（二）坚持移动优先，满足多元需求

移动优先，是天津广播媒体融合进程中的核心概念和关键实践。传统主流媒体移动化进程中，最为重要的任务就是在坚持正确舆论导向的前提下，形成用户黏性，积累用户，打通用户圈层，深耕用户价值。

2017 年以来，天津广播聚合全台新闻资源成立新闻中心，在做优、做强广播新闻频率和重点新闻节目的同时，调整媒体发布结构，坚持移动优先。例如，2017 年 8 月 27 日晚，第十三届全国运动会在天津成功开幕，开幕式上的一个小插曲成为当晚新闻焦点：在“天津之眼”变为“奥运五环”过程中，其中最右侧一环始终未能点亮，让五环成了“四环”。在开幕式后召开的新闻发布会上，主创成员鞠躬致歉，坦陈出现问题的原因。传统广播记者还采访到全运会开闭幕式总导演孟可，迅速将新闻发布会及采访信息、照片等第一时间传送新媒体编辑，天津广播传统业务部门和新媒体部门通力协作、无缝对接，于当晚 22 时 41 分在天津广播微信公众号率先推出《独家 |“五环”为嘛变“四环”？全运会开幕式总导演这样回应！》的融媒体产品，成为天津第一家就此事发声的媒体机构。

尽管这一失误引发高度关注，但通过第一时间发布信息，引导舆论，网络舆论氛围异常“祥和”，也体现出天津人民的幽默感。很多天津网友第一时间表示，非常理解。网友“一叶一花”在天津广播后台留言：“向那些雨中还依然坚持工作的人们致敬！像志愿者学生们致敬！向那些苦练一年在雨中坚持表演的演员们致敬！全运缺一环，这些坚持在雨中一线的人们就是那一环！”更有网友替全运会开幕式导演组设计出情怀满满的解释，网友“小媛”表示：“五环只亮了四环，因为它永远留在了天津，成为了天津之眼。为工作在一线的全运会的工作人员、运动员、演出人员致敬！”现场观众也在后台留言表示，“雨真的很大，心疼演出人员”。

又如2019年8月2日早晨，天津遭遇短时强降雨天气，天津广播根据记者在凌晨提供的最新资讯，集纳相应的天气展望、路况信息，在当天7点前发布最新资讯，为当天天津人早高峰提供了一份丰富的出行指南，2小时阅读量即突破10万+。对繁杂信息进行快速处理，对公共信息最大限度公开，发挥了传统主流媒体的社会智能，这样的融合报道充分调动受众情绪，成为同类报道的典范。

当然，移动优先不仅仅体现在一些突发新闻的传播上，还要有大量原创的独家报道还原真相，传递主流媒体价值。为此，必须努力摆脱传统广播媒体“短、平、快”的束缚，将报道做得深入，制作有思想、有深度的独家内容。2020年2月22日凌晨，在抗击疫情一线连续工作了30天的天津滨海新区政协副主席、区应急管理局局长单玉厚突发心源性猝死，倒在了值班的宿舍中。在获悉消息后，广播记者第一时间赶赴前方采访，还原了这位战疫一线的人民好干部。该融媒体报道在天津广播微信公众号首发后，引发社会广泛关注并转发，仅天津广播微信公众号浏览量超6.8万。单玉厚的许多生前好友都在文章后留言，诉说了与他之前的点点滴滴，引发了身处疫情一线的人员的集体共鸣，成为了天津人抗击疫情的共同记忆。这些留言也组成了这篇深度人物报道的一个不可或缺的部分。天津广播随后再次以这些留言为线索，继续采访老单的生前故事，采写《那个雨夜，单局在现场抽了我最后的潮湿香烟》一文并在天津广播微信公号发布，又一次引起群众对这位抗疫好干部的怀念和致敬。

（三）创新表达方式，与受众建立亲密关系

新媒体的迅猛发展带给传统媒体的影响和变化是深远的，其中重要一点就是在表达方式上。

实践证明，创新表达方式，适应受众需求，宣传工作反而会如虎添翼，更好履行广播媒体作为党、政府和人民的喉舌的功能。例如，天津广播近年来在“两会”期间推出的《一图看懂〈政府工作报告〉》《今年天津人将享受这10大民生福利！》《高速免费、城际月票、一卡通……京津冀这些都要实现了》

等具有鲜明“网言网语”特点的稿件，发出后迅速引起热议。市委、市政府的中心工作与民生热点高度结合，从现场报道、数据新闻到深度观察，立足天津，面向全国，放眼世界，聚焦网络焦点问题，让受众不仅能读文字，听音频，还可以通过最直白的方式快速捕获新闻“干货”。

在“读图”时代，内容是否能够被受众接受，内容的展现形式和理解的难易程度起到非常关键的作用。在媒体融合进程中，天津广播充分运用视觉元素，将图片、动图、动画、海报、视频、H5 等视觉符号融入报道之中。在制作新中国成立 70 周年的报道时，他们开发了原创漫画 H5《寻找地下党》，通过将短音频产品多重融合，形成互动性极强的闯关游戏，展示了我中共地下党员的光辉业绩，增强历史题材深度报道的二次传播。在新冠肺炎疫情期间，天津广播推出《清零》系列主题海报新闻，用一个个醒目的“0”展现天津疫情防控结果，形成强大的视觉冲击力，重点突出、主题明确，清晰呈现出疫情最新动态，既省去了文字描述的繁琐，又可让受众及时了解关键信息。2020 年 7 月 1 日、7 月 6 日，天津广播还分别以《报到！我是天津 119 万分之一！》《冲吧！少年！》为主题发布新闻海报，运用视觉隐喻和转喻的手法，让受众产生情感共鸣，体现报道的贴近性，展现媒体的社会责任。

天津广播在媒体融合产品的正文编辑过程中也更注重口语化、贴近化，用通俗易懂的方式传递信息和观点，并用“广播君”的拟人化手法，建立与受众间更为亲密的信任关系。不管是早读最后的每日寄语，还是气象信息中的温馨提示，抑或传统习俗的讲解、生活常识的传授都投出朋友般的平等、关爱和善意。很多受众都愿意在这些微信下方给“广播君”留言，甚至提醒“广播君”注意身体，给小编“加鸡腿”，形成良好的互动。

二、以改革为支点，实现融媒一体发展

微博首发、广播和微博同时直播、微信深度解读、其他平台跟进……这样的模式形成了广播与新媒体融合报道的核心。融合，要求广播人通过体制机制、工作流程、平台运营的改革，更好地掌握信息在网络移动端传

播的特点，在一体化运转中突出时效和新闻价值，构筑新的“内容为王”的优势。

（一）突破体制壁垒，打造新型协调运转机制

长期以来，传统主流媒体策、采、编、发运作模式处在各部门各自为战的状态，传统广播也是如此，部门之间互不通气。为了从根本上解决这一问题，天津广播突破了部门之间的壁垒，再造运转机制。

第一步，将天津广播新媒体编辑部从总编室下属部门划归天津广播新闻中心，进入产品生产一线。第二步，将新媒体编辑纳入广播新闻中心新闻协调运转体制，成为其中一个环节，从新媒体发布角度提出具体需求。第三步，新媒体编辑部和新闻中心策划组共同组建策划团队，通过每天的例会制度和沟通平台，将全天监控的新闻信息汇总筛检，总结出值得关注的新闻线索并交由传统广播记者跟进采访，全程参与到传统广播的整体策划中，助力传统广播突破原有束缚，发挥广播的速度优势，向融合化和社交化方向不断拓展，将主持人 IP 和节目形态创新等特点极致发挥，实现广播作品和媒体融合产品更广泛传播。

（二）改革产品分发机制，一次性采集，多平台发布

在媒体融合的机制再造后，有策略的对产品进行分发，同样是不可或缺的重要环节。[①] 天津广播新媒体编辑部创立时，就确立了以移动优先为导向、互联网思维为标准、市场化内容为目标，摒弃将传统广播内容简单发布的“路径依赖”。注重一体化发展方向，在拓宽广播边界的同时，瞄准目标市场打造融媒体产品。

天津广播新媒体编辑部首先建立起一套自己独特的分发体系，实现新闻产品效果最大化。记者作为新闻采集人员，可以是单独行动，也可以组队出击，对新闻事件进行采访。这个过程中，记者团队按照新媒体和传统广播策划人员预先提出的不同需求，要一次性采集音频、视频、图片等多种素材，多维度、全方位、无死角地挖掘收集。然后再按照不同发布平台的需要，进

① 赖婷婷、徐宏:《广电媒体的融媒报道转型探索——以广州广播电视台融媒生产实践为例》,《中国广播》2020 年第 3 期。

行呈现。比如，2015 年 8 月 12 日晚，天津港瑞海公司危险品仓库发生特大火灾爆炸事故。新媒体编辑首先从网友的微博上发现了这一信息，将其提供给新闻中心及主管台领导，并密切关注事态发展，广播记者第一时间奔赴现场，经过深夜对接、核实，于 8 月 13 日凌晨 3 点 41 分通过天津广播官方微博发布了此次事故的第一条权威报道。8 月 13 日 6 点 58 分，天津广播在微信公众号发布了关于此次事故第一篇全面报道《天津港危险品仓库发生爆炸，已造成 17 人遇难！习近平、李克强作出重要指示批示》，这一报道内容同步反馈给传统广播播发。该稿件汇总了截至当时所有权威信息和大量现场情况，并提供了交通、寻人等一系列服务信息，被多家中央媒体转载。这也是天津媒体关于此次事故报道第一条形成现象级传播的媒体融合稿件。在这一突发事件报道中，天津广播通过广播与新媒体的融合，向即时化、融合化和社交化方向不断拓展，这一新闻报道的探索为广播与新媒体等不同媒介的融合提供了宝贵的经验。

再如，2020 年 5 月 18 日至 6 月 24 日，海河传媒中心在天津新闻广播《公仆走进直播间》栏目联合组织推出特别策划“迎难而上 双战双赢——2020 区长访谈”。天津 16 个区政府主要负责人走进津云中央厨房直播间，向群众汇报统筹推进疫情防控和经济社会发展工作的工作进展和具体举措，听取群众意见建议，为群众排忧解难。 在特别策划中，不仅实现了广播直播、文字消息、录音报道、评论、短视频等媒体产品，在广播、电视、网络、双微、抖音等平台全方位发布。其中，重点推出的“迎难而上 区长代言”短视频互动活动，邀请 16 位区长为区域内重点文化旅游名片或重点产业等录制推介短视频，播发后引发社会各界高度关注，截至 2020 年 6 月 28 日，全网发布“2020 区长访谈”“迎难而上 区长代言”相关文章 6946 篇，累计曝光量 9028 万次。YouTube 视频网站未来电视自运营频道、WillTV 终端等境外平台累计曝光量 2900 余万次，总计超过 1.2 亿次。

（三）改革人才培养模式，建设融媒体人才队伍

垂直的广播频率，需要具有特长的采编播专业人才，但媒体融合进程中对人才的需求和要求都进一步提高，更需要一专多能的全才。传统媒体的人

力资源结构与转型目标的人才需求结构有一定的差距，既缺少能够承担新媒体功能开发的技术研发和运维人才，也缺少能够创新性运用新型传播手段的全媒体传播人才，更缺少能够分析受众需求、擅长产品推广的运营人才，部分新媒体业务存在“无人可用”的局面。①

面对关键人才类型的结构性缺失，天津广播逐步建立起激活“存量”人才与引进“增量”人才相结合的人才质量提升机制。使增量人才跨越传统媒体思维与互联网对接；存量人才在“互联网”的“汪洋大海”中学会“游泳生存”。一方面，创新人才培养方式，促进广播人才向全媒体人才转型。鼓励编辑记者、主持人调整知识结构，积累垂直领域的专业知识，提升能力，培养全媒体型、专家型人才队伍。例如，2020 年 4 月 16 日，张伯礼院士一行 3 人从武汉“战疫”返津，一名广播记者独立完成了广播采访和视频录制工作。短视频以画纪实，以声动情，新媒体编辑快速处理，通过画面实录直击现场，在音乐的高潮中凝聚情感，尽管未使用任何优质声画对位专业技巧，但凭借表达直观、情绪渲染，被《人民日报》等多家中央媒体转载，在融媒体传播中迸发出巨大能量，让主流的声音真正深入不同的舆论场中心。另一方面，创新人才引入方式，通过海河传媒中心不同事业部之间的内部优化，从电视、报业、网站引进紧缺的复合型传媒人才，丰富新媒体生产业态。同时，营造良好的媒体融合氛围，满足优秀人才职业发展需要，实现人才价值最大化，保持团队的核心竞争力。②

三、打造“10+1+N”的全媒体矩阵，形成舆论引导风向标

（一）全媒体矩阵基本成型，新媒体传播力逐步显现

天津广播从 2014 年起开始布局融合传播事业。2014 年 1 月，天津广播正式组建新媒体编辑部（时称微博编辑部）至今，形成以微信公众号为抓手，微博、抖音等多渠道、多平台、多途径全面分发的传播体系——“10+1+N”全

① 赵永华：《媒体融合背景下传媒人才队伍建设探析》，《传媒论坛》2018 年第 24 期。
② 周成华：《建设全媒体人才队伍的探索与实践》，《青年记者》2016 年第 12 期。

媒体矩阵。“10”是天津广播的10个广播频率，“1”天津广播微信公众号，最后的“N”则是微博、抖音等多个新媒体领域的全网传播。其中，“天津广播”官方微信已经成为天津广播、天津地区最具影响力的新媒体平台官方账号。在全国广播类微信影响力排名中，天津广播常年保持前20强，并从2019年起跃居全国前10，多次超越“中国之声”，成为全国新闻广播微信顶流账号。截至2020年8月，仅“天津广播”双微一抖平台粉丝量已突破200万。

（二）提升公信力，方显影响力

权威的声音、准确及时的内容会永远吸引受众。自建设之初，天津广播新媒体编辑部就以传播权威信息为宗旨，通过网友爆料、记者传稿、其他媒体信息分拣等方式，在编辑部内建立了对天津地区新闻事件的全方位监控体系。同时，充分发挥传统媒体自有的采访优势，及时回应受众关切。

在新冠疫情期间，天津第一时间启动天津市重大突发公共卫生事件一级响应。天津广播新媒体也同步提升响应级别，微信公众号申请推送次数由一天3次上升为一天10次，确保来自前线指挥部的疫情通报等群众关切的信息第一时间发布。2020年2月初，针对突然发生的蔬菜涨价问题，记者首先通过对商务主管部门、批发市场、菜店、零售商等进行采访，报道了蔬菜价格上涨的背后原因并不是传说的疫情泛滥导致市场封闭，而是包含了春节期间商家休市、零售商贩返乡等多种因素，并及时报道了政府紧急调配蔬菜生产，为运输车辆开绿灯等措施，稳定了民心。新媒体还不满足于动态报道的简单呈现，推出了融媒体报道《实录 | 天津：大白菜“退烧”记》，详细描写了天津地区大白菜价格从除夕开始上涨，一直到初五后趋于平稳的历程，记录了天津仅用时96小时实现蔬菜“退烧”的过程，有力制止了恐慌，引导了舆论。

在媒体融合进程中，人人都可以发布新闻，部分新闻内容因传播主体的不确定性和广泛性，让新闻事实的真实性和具体性更加模糊，也更难以辨别，客观上也造成了信息泛滥和谣言问题。传统媒体中立、客观的新闻专业主义精神，能够引导新闻传播的真实回归，在官方舆论场和民间舆论场中掌握话语权。2014年8月2日深夜，有网友曝光天津动物园虐虎并配发照片，被人民日报官方微博转发后引发巨大关注，网上舆情汹汹，使天津动物园乃至天津的城市形象受到了影响。但是记者却了解到，事实并不是网络传播的那样，网络阵地阻击战在深夜开始打响，编辑记者连夜策划。第二天，广播记者赶到天津动物园并实地查看了老虎居住的虎舍，了解到这只瘦老虎是生病造成，不存在饥饿饲养等问题。随后，“天津广播”官方微博开始发布辟谣帖，回应网友关切，并配发长评论《等一等，真相就在路上》，此文阅读量 1400 多万，在网上引发巨大轰动。经此一役，天津广播官方微博在天津网友乃至全国媒体微博账号中都建立起了良好的口碑。

有了公信力，才有影响力。一些弘扬主流价值观的报道通过天津广播新媒体的发布，形成现象级传播。例如，2017 年清明节前夕，天津广播记者深入天津殡仪服务总站，采访了“90 后”情侣殡葬工——马立志和王鸽。这篇新闻性强、具有核心价值引导的报道在天津广播官方微博上发表后，引起了全社会的广泛关注，24 小时阅读量将近 2700 万，来自全国各地的转发 + 评论的次数超过了 13000 次，获得 6 万多个点赞。

2014 年以来，经由“天津广播”官方微博、官方微信首发并形成全市乃至全国性热点的就有感动中国的天津退休女工王娅离世、全运会开幕式“五环”变“四环”、天津动物园疑似虐虎事件、“托举三兄弟”勇救坠楼老大娘、山海关重新回归市场、张伯礼“战疫一线”凯旋等，“天津广播”新媒体多篇报道被央视新闻、《人民日报》、中国之声、新华每日电讯等媒体转载。热点信息经过裂变式传播，形成高点击率和高转发率。

（三）围绕重大主题，强化策划，提升舆论引导力

完成好重大主题报道是主流媒体的政治任务，是宣传工作的重点。天津广播新媒体一直努力实践和探索，通过强化策划和制作，实现了在重大主题报道中“不缺位，不越位，占 C 位”，提升了媒体的舆论引导力。

每年的全国两会和地方两会报道都是重头，天津广播每年都成立专门的报道组，从新媒体角度策划选题，既传递了百姓心声，又满足了受众对重大事件的知情权，提高了人民群众参与国家大事的积极和热情。《代表提议取消老年人免费乘车》《天津代表建议：降低网约车司机和车辆准入门》等媒体融合产品利用广播和移动互联网互动的特点，直通民意，关注养老金、公交卡等民生热点，引起广泛关注。数千位网友留言发表观点，以“幸福感、获得感、紧迫感、责任感……”等主观感受映射两会讨论的社会热点问题，成功完成新媒体的传播。

在突发的重大疫情新闻报道中，新媒体报道也独树一帜，产生了巨大影响。天津广播在微信公号发布了全国城市广播唯一的“实录”“观察”“自述”“战疫”、天津抗疫时间轴等原创、独家的系列栏目和数据库。2020 年 3 月 27 日，天津广播结合自身的声音优势，联合津云新媒体，首次将有声漫画运用到新闻宣传中，推出媒体融合产品《有声漫画 H5 | 天津争分夺秒的 24 小时！》，聚焦天津 24 小时快速处置“歌诗达赛琳娜号”疫情，打造刷屏式新媒体爆款。

在国庆 70 周年的重大报道中，天津广播上线的原创 H5《歌唱祖国·我接力》页面浏览及接唱量超过百万次。由《人民日报》主持、各地主流媒体联动的微博话题“70 年 70 城”在各城市间接力。10 月 15 日是“天津主题展示日”，主话题由天津广播旗下天津交通广播官方账号和天津广播官方账号共同发起主持，设置的微博话题“嘛叫天津范儿”30 天累计阅读量突破 1 个亿，话题一度冲上微博热搜。天津主题形象宣传片以套片形式发布，最大限度地展现了天津的美丽、开放和包容，在全国产生了广泛影响。

四、结语

如何在媒体融合时代实现成功突围，是广播媒体必须面对的问题。[①] 这一方面需要广播媒体改进自身内容生产方式和传播方式，使之更加适应网络时代的受众需求；另一方面，也需要广播媒体主动出击，将原有的媒体优势和公信力复制到新媒体平台上，加强议程设置和对公共话题的参与，真正实现媒体融合，成长为“四全”新型主流媒体。

① 谢彩雯：《广播如何在新媒体时代突围》，《西部广播电视》2015 年第 16 期。

参考文献

1. 刘帅，姜胜洪．新媒体环境下传统媒体提高舆论引导力策略研究 [J]．理论与现代化，2015(04)．

2. 曾丽萍．对主流媒体传播力、公信力、影响力之间关系的思考 [J]．传播与版权，2019(02)．

3. 威廉·E·布隆代尔（WilliamE．Blundell）．《华尔街日报》是如何讲故事的 [M]．华夏出版社，2006．

4. 常江．暖新闻的传播样态和社会功能 [J]．青年记者，2016(22)．

5. 史红．主流媒体的重点突围——对当前媒体融合进程的观察与思考 [J]．中国广播，2019(07)．

6. 展江．开放与博弈 [M]．北京大学出版社，2013．

7. 胡正荣．传统媒体与新兴媒体融合的关键与路径 [J]．新闻与写作，2015(05)．

8. 蒋虎．建设“大媒体”平台探索媒体融合发展之路——北京广播电视台建设发展新媒体的思考 [J]．中国广播，2015(01)．

9. 支庭荣，汪金刚．中国媒体融合发展的成就、动能、挑战与趋势 [J]．南方传媒研究，2019(02)．

中国城市广播新闻频率融合发展方向探索

——中美城市新闻广播频率的比较研究

吴妍妍　李春怡

广播诞生百年以来，最重要的内容之一就是新闻。最初的新闻节目就是利用广播便利的直播特点，定时集纳通讯社、报纸新闻的播音员播报节目。后来的城市广播发展史中，整点新闻和以地域命名的新闻节目都是听众欢迎的常设内容产品，比如《天津新闻》《北京新闻》，还有一般录播的新闻专题节目。这种格局，在中国大陆一直持续到20世纪80年代中后期。

20世纪80年代中后期至今，城市广播在改革开放中更加遵循广播规律，不仅新闻节目的形态发生了深刻的变化，还出现了整个频率的新闻化和广播新闻与网络的融合，演化出新的生产格局和媒体生态。

本文基于当前建设"四全"媒体的目标，结合城市广播改革开放的实践和对美国新闻广播的考察比较，在更广阔的视野下探寻中国城市广播新闻频率的发展之路。

一、回顾：中国城市广播新闻频率发展历程

中国城市广播从一开始的播音员播报新闻节目，到20世纪80年代，演变成主持人主持的新闻版块节目、新闻谈话节目。21世纪初，出现了新闻专业台和类型化频率。

（一）广播新闻节目化

广播新闻以独立节目的形态出现，在广播史上由来已久。在我国，最经典的、在全国具有极大威望的广播新闻节目——中国之声《新闻和报纸摘

要》，最早的原型是1950年4月10日开办的《首都报纸摘要》，1955年7月更名为《新闻和报纸摘要》。节目的主要内容是播送国内外要闻和中央报纸的言论，在全国拥有6亿人的收听规模。而各地广播电台几乎都有以其地域命名的新闻节目，在当地拥有相当高的收听率。《天津新闻》节目在天津地区节目收听率排行榜中多年名列前茅。

伴随着广播界的变革，新闻节目化也呈现出多种变化。

1. 内容多样化

1986年，广东珠江经济台创办，成为改革开放后影响深远的广播界大变革大突破。由此引发的系列台改版也正式拉开了新时期广播改革序幕。1986年至1992年近5年时间，全国创办经济台的热潮在各地升温。1989年1月1日，天津人民广播电台经济台开播。经济台的筹办促进了新闻节目内容的深刻变化。首先是内容由以往以时政新闻为主的综合新闻节目，扩展出独立的“经济新闻”“社会新闻”“文化新闻”“体育新闻”等多样性、专业性的新闻节目。天津经济台开办前，改革已经在不断探索，先设立了《海河晨光》节目，作为《天津新闻》的补充，话筒伸向“被遗忘的角落”，大量贴近人民群众生活的社会新闻采制出来，播出了大量表扬好人好事、针砭时弊的录音新闻报道，受到听众关注。

1987年，天津台播出市长办公会解决群众关心的民生问题的现场录音实况，群众的问题、官员的认识、市长的批评和督促原汁原味回响在城市上空，引起巨大反响，听众要求不断重播。《市长办公会实况录音剪辑》获得当年全国好新闻的特等奖，也吹响了广播新闻改革的号角。天津经济台开播后，《海河晨光》成为新开播的新闻版块节目——《天津早晨》的一个栏目，继续为群众生活遇到的问题“鼓与呼”。直播中，主持人带给听众更多平等的、互动的情感和服务信息，使得《天津早晨》节目广受领导和群众的欢迎。曾担任过天津市市长的李瑞环同志曾为节目题词：“天津早晨好，声情系万家”。天津电台的改革，又推动了时政新闻报道的变化，催生了《909新闻专题》的设立和名牌新闻节目《新闻909》的创办，信息更加丰富，内容更加贴近群众、贴近生活、贴近实际。

2. 形态多样化

珠江经济台的开办创立了“珠江模式”，就新闻节目形态而言，最根本的是改变了“你播我听”的单一一统方式。珠江台的早间新闻节目《珠江晨曲》从新闻节目形态看，在主持人谈话体、节目直播式、热线电话互动、节目版块化 4 个方面进行了创新突破。而后的全国广播的第一轮改革，都推出了类似节目：北京台的《北京早晨》、天津台的《天津早晨》。新的新闻节目形态不断创新、变化、丰富，让一两人的新闻播报变为主持人主导，播新闻变成直播交流中说新闻，评热点，再到引进“时事评论员”和嘉宾与主持人一起就新闻事件进行探讨和评论，一批优秀的新闻谈话类节目也应运而生，上海台的《市民与社会》、天津广播的《公仆走进直播间——办公热线》等。近两年，互动由电话增加到了短信、微博、微信，内容演变成新闻、体育、财经等分众化新闻垂直类谈话节目，如中央台的《王冠红人馆》等。

（二）广播新闻频率化

1. 系列台改革催生的新闻综合频率

以上海交通广播成立为标志，中国城市广播的改革在 20 世纪 90 年代前后，进入专业台分工合作的阶段。全国各地系列台改革的大背景下，陆续诞生了很多家以新闻为其呼号的专业化广播频率，基本上都是由先前的各省、市级第一套频率改版而成。1989 年 11 月 15 日诞生的广东新闻台是较早成立的一家，天津新闻台成立于 1992 年 1 月 1 日。到 2008 年，中国有 23 家省级频率以“新闻台”、或“新闻综合频率”作为自己的呼号。

专业台阶段，出现了新闻节目在新闻台聚合的现象：各地台纷纷办好早中晚夜 4 个黄金时段的新闻节目。比如：中央人民广播电台第一套新闻综合频率，于2004年1月1日以“中国之声”的呼号全新改版。改版后的中国之声，全天播音 21 小时 30 分，分 8 大节目版块，由频率总主持人和栏目分主持人合作全程直播。

改版后的中国之声，新闻信息量和新闻谈话被着力突出和加强，新闻节目量占到全天播音时间的 70%，每天滚动播出的国内外新闻近千条次。中国之声以全大 30 多次整点新闻和半点新闻为发展主线，早中晚 3 大新闻密集区为重点支撑，清晨、午前、午后、夜间、午夜5大版块为延伸，30档背景式新闻专题和谈话节目为两翼，关注突发事件的特别直播为补充，共同构成立体推进的动态新闻模式，形成信息量和纵深感俱佳的立体新闻空间。

同时，经过重新定位调整的《新闻和报纸摘要》《全国新闻联播》《新闻纵横》《晚报浏览》《体育直播间》《世界报道》等名牌节目更加坚挺；全新锻造的《第一报告》《新闻直播间》《新闻观潮》《中国质量报道》《早报早读》《直播中国》《神州夜航》等节目则一跃成为拥有稳定听众群的新名牌。

赛立信媒介研究有限公司2004年调查结果显示，在北京、上海、广州、武汉、成都、沈阳等6大中心城市，中国之声拥有1/4以上总体听众份额，其中北京收听中国之声的听众比例高达47.7%。另外，听众的年龄结构也出现可喜变化，15岁至24岁的年轻听众已占到23.7%，25至44岁的社会中坚层人群占到32.2%。此外，听众对中国之声的满意度高达78.1%，说明中国之声的频率改革得到了大部分听众的充分认可。①

2. 新闻频率专业化

类型化电台，又名格式化电台、专业台、专业频率，国际上称为Format Radio。与它相对的概念是栏目化电台，或称堆砌栏目的电台（Block Programming Radio）。通俗而言，听众对类型化电台的频率内容定位和品牌有明确的认知，收听毋须节目表，可在需要时随时开机收听所需内容。而栏目化的频率，则需依照节目表收听，其播出的内容并非为听众所需的全部内容。

在中国台湾，类型化新闻台也已经有了较长时期的成熟运作。如台湾"中国广播公司"的中广新闻网，它的节目表犹如一台时钟。新闻、路况、气象、体育讯息、财经新闻，在1个小时内不断滚动，循环轮转。逢8就会播报财经指数（所谓"逢8必发"），逢6、36就会播报交通路况（所谓"行车顺溜溜"），逢15、45分一定有运动比赛最新赛况。它打出的广告是，"新闻不等人，中广新闻让您不必等"和"唯一持续报道新闻的广播频道，随时进，随时听，焦点新闻不漏听"。

① http: // www.sina.com.cn 2005年11月21日16：36中广网。

在大陆，随着频率专业化进程的加快，业界也一直坚持着对新闻频率如何建设的探索，比较有代表性的有2002年天津台成立的滨海广播、2006年上海成立的东广新闻资讯频率（东广新闻台）、2008年改版后的中国之声等。

2002年5月8日，天津滨海广播开播，成为中国大陆第一家滚动新闻资讯电台。以《都市资讯网》的全天快捷而密集的滚动播出为特色，以专业化、地域化、都市化、国际化为立台理念。

其后是2003年12月1日，中央人民广播电台的“经济之声”全面改版。它撤销了内容上与财经无关的栏目或专栏，提出了天下财经“任意时间收听，二十分钟搞定”的节目设置思路，首次提出了“轮盘式节目结构”。

再后来，便是2004年元月上海东广新闻台的改版推出。

2008年8月25日中央人民广播电台“中国之声”率先做了轮盘式的改革，采用“版块加轮盘”的结构方式，“版块”是设置早、中、晚3个版块，除此之外，每天安排10个小时的《央广新闻》，以30分钟为单元滚动播发新闻，大大提高了新闻时效。

时至今日，再次梳理这些频率发现，目前的新闻频率大多数是以“新闻＋××”的形式出现。其采用的“大新闻”架构，以新闻为骨架，包括整点、半点新闻、深度报道和新闻评论专栏、大版块中的新闻话题、交通信息、经济信息、以及有关新闻和社会事务的谈话节目及其他服务性新闻，互相补充，共同满足听众的需求。如上海地区的“上广新闻频率”，实为“新闻＋专题”频率；北京地区的“北京新闻广播”实为“新闻＋谈话节目”频率。这也是频率专业化、类型化中充分适应中国广播市场需求的情况下的合理选择。

当今社会，我们正进入一个海量资讯时代。互联网、手机短信、互动电视、卫星广播，新技术、新媒体不断涌现，对传统媒体而言，受众市场受到了分流，而对广大受众而言，有时在众多的选择面前反而可能无所适从。类型化新闻电台的出现，可担当听众的资讯过滤器，社会的舆论把关人。

（三）广播新闻进入融媒体传播时代

互联网技术，特别是移动互联网技术的发展，带来传播格局的深刻变化。广播媒介融合成为21世纪新闻传播发展的必然趋势，城市广播新闻的制作分发一路探索，呈现新的传播形态。

1. 时空上：浅接触——深合作——强融通

（1）第一阶段：浅接触

20世纪90年代末，随着新浪网等商业网站的成立，其内容成为广播新闻频率获取及时新闻的重要来源。城市新闻广播频率播出的国际国内新闻除了一些中央媒体的专供渠道外，很多内容依靠这些商业网站对各媒体新闻的即时集纳。与此同时，全国各省级电台也开始建立了自己的网站（网页），传统城市新闻广播频率也在这一时期登录互联网平台。但是此时的电台网站，还只是一个服务于电台的工具，以宣传电台及其节目为主，在网站（网页）上引入广播节目直播流，广播新闻频率的内容传播仅为其中一项内容。

（2）第二阶段：深合作

进入新千年后，博客的出现让新闻传播随呈现了巨变，人人都是麦克风的时代初步呈现。广播与新媒体合作，加强了与听众的互动交流。传统广播此时顺应这种变化，如上海东方广播电台将这些来自网上博客、播客的原创内容放在电台里播出，补充了电台节目内容并且吸引了广大网友成为自己新的听众。天津广播新闻频率及所属节目也与新浪、腾讯合作，纷纷成立自己的官方微博账号，利用其评论功能，吸引网络受众参与节目，将网民转化为听众。与此同时，各商业网站也看到地方新闻的价值，开设地方频道，与地方新闻媒体签约合作。

（3）第三阶段：强融通

伴随智能手机的普及，移动互联网展现出了强大的新闻传播效率。新闻类移动客户端App的研发使用、蜻蜓FM和喜马拉雅FM等音频聚合平台的涌现都给城市新闻广播频率的生存带来更大挑战与机遇。此时，“受众”已经转化为“用户”。大数据技术的应用，让广播更加了解用户的需求与喜好，同时，广播新闻产品也可以利用音频聚合平台和移动收听的特点实现跨地域、跨时间的传播。城市广播的一些新闻节目在音频聚合平台上有不俗的表现，天津新闻广播的一档天津方言评述国际新闻的《话说天下事》节目，有百万以上的点击量。

除了和商业音频聚合平台合作，天津广播节目的在线收听和互动也经历了由天津广播网到劲听 App（图 1），再到津云 App（图 2）等新媒体的发展过程。

最早的天津广播网上有节目在线收听和论坛互动，2016 年，天津人民广播电台推出了一款广播电台手机 App——劲听（j：Radio）。用户可以通过微博、短信、电话等多种方式实现与主播的零距离互动、实现新闻报料、分享时尚生活信息等，支持用户直播和点播收听（看）广播节目和独特的视频节目，会员可以定制私人节目单，更可以享有丰富多彩的专属权利。

图 1 劲听 App 截图

2018 年，天津广播网停更，津云中央厨房和“津云”客户端融合了《天津日报》、天津广播电视台、今晚报等主流媒体的新媒体资源，在这里可以随时收听收看天津 11 套广播和 11 套电视节目。

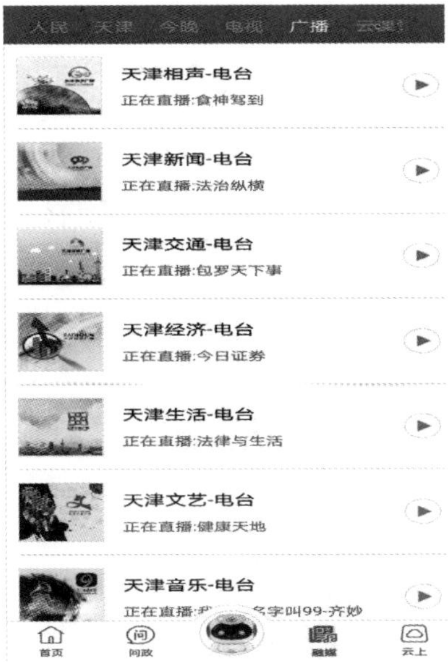

图 2 津云 App 截图

2. 产品上：网络上的音视频直播流、双微、客户端网络互动、播客、图文产品等

新型广播的最大特点是可以通过手机应用软件和车联网收听、互动。近年来，智能手机用户出现亿级、千万级的剧增，为广播提供了广阔的发展空间。

表 1　2010 年至 2014 年广播覆盖与移动电话用户

年份	移动电话用户	互联网上网数	其中手机上网人数	年末广播节目综合人中覆盖率
2014	12.8609 亿	6.49 亿	5.57 亿	98.0%
2013	12.2911 亿	6.18 亿	5.0 亿	97.8%
2012	11.1216 亿	5.64 亿	无数据	97.5%
2011	9.8625 亿	5.13 亿	无数据	97.1%
2010	8.59 亿	4.57 亿	无数据	96.3%

（数据来源：作者根据国家统计局 2010 年至 2014 年《中华人民共和国国民经济和社会发展统计公报》相关数据综合整理）

伴随传统广播与移动互联网的深度融合，城市新闻广播频率也在产品形态上走向多元化的道路。微博、微信、音频、视频产品相继推出。这里以天津广播为例：

图 3　天津广播微博截图

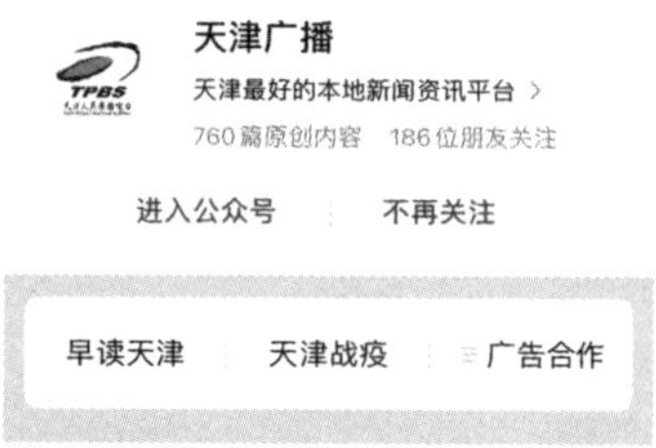

图 4　天津新闻广播微信公号截图

图 5　天津广播微信小游戏“寻找地下党”截图

图 6　天津广播“歌唱祖国我接力”活动截图

二、观照：美国城市主流新闻频率的现状

图 7

美国广播的模式是以类型化电台为主。类型化就是受众导向的，每家都有明确的目标受众，他们是电台节目编排所针对的基本人群。目标受众通常是由其基本的人口学特征来定义的，包括年龄、性别、民族和经济收入等。

新闻类型化电台大体可以分为两种：全新闻 All news 和新闻 / 谈话节目 News talk（即除了新闻报道外，还有一些从新闻衍生出来的后续探讨性的节目类型）。新闻类型化电台相对于音乐类型化电台来说，在技术上主要使用调幅，且员工多，投入大，市场压力也大。

（一）美国全新闻电台运作流程的特点——节目设置格式化

美国全新闻电台目前都已普遍采用轮盘制播出，这是美国新闻广播专业化的最重要特征。其中，纽约全新闻电台 1010Wins 是这一类型化电台的典型代表，广播业界一直奉它为全新闻台的鼻祖。笔者通过对 1010Wins 的实地考察，近距离地了解到，它的基本定位是锁定本地化（Localism），播报基本风格短而快，主要收听人群是开车族、公务繁忙人士、流动人口等需要即时信息的人。

1010Wins 采取全新的广播新闻编播方式，首创轮盘制全新闻广播格式（All news all the time）。以每 20 分钟为一个小循环、一小时为一个大循环的节目为单位，24 小时不间断的新闻滚动播出，节目制作高度结构化和公式化。

1010Wins 1 小时的节目是这样组成的。第一个 20 分钟的内容小版块有：节目概要、交通、气象、新闻、广告、广播网广告、气象、体育等内容。第二个 20 分钟：基本形式相同，减少两个新闻小版块，增加财经和娱乐小版块。第三个 20 分钟：相对前 20 分钟，去掉节目提要、娱乐，增加新闻和最后的

预告。1010Wins播出的新闻都是简讯式的，除重大新闻外，每条新闻不超过1分钟，大多在30至45秒左右。

每小时播6次交通路况，6次天气预报，2次专家对天气形势的分析，2次财经新闻，2次体育新闻和1次娱乐新闻。首先，从新闻内容来看，每20分钟就有一条重要的头条新闻，1至3条新闻形成一个“新闻组”进行滚动播出，每一条新闻在滚动播出时也有一定的规律：重大的A级新闻20分钟重播一次；比较重要的B级新闻每40分钟滚动一次；相对来说不重要的C级新闻则是60分钟滚动一次。

其次，从节目内容要素来看，所有新闻广播都将天气和交通资讯作为必不可少的组成部分，为了报道交通堵塞情况，有时还会出动直升机查看进行播报。具体到1010Wins的节目中，每小时固定播出6次交通路况，分别在第1、11、21、31、41、51分钟播出，播报时长固定为1分钟。电台的口号是:“给我们20分钟，我们给你整个世界。”短短1个小时，内容主富，形式紧凑，安排都非常有规律，方便听众养成收听习惯。

虽然只立足于纽约，只有几十位员工（9位播音员、3位行政人员，其余为记者和编辑），但是它一年的广告收入大约7000万美元。[①] 每个人平均就听20分钟，1010Wins生存的基础是什么？他们自己总结是“高累计收听率，低收听时间”的形式，依靠高累计收听率来抵消比较低的平均一刻钟的时间。

全天24小时一以贯之，形成广播新闻鲜明的特征，使广播不可能被其他媒体取代。所以，办全新闻电台是保护广播新闻的一种最有效的方式。

在世界范围内的格式化新闻电台中，“环”(Clock format)的时长划分并不统一，除1010Wins的20分钟外，还有15分钟、30分钟，乃至60分钟为一个播出单元的。澳大利亚广播电台新闻网把60分钟分4个单元，每单元15分钟，每15分钟的第一个5分钟是最新消息，接着是天气、财经与体育信息，其后是国内外新闻，最后是关于新闻背景的特定报道作为这一个单元的结束。

（二）媒介融合推动新闻电台专业流程重建

专业化的播出来源于专业化的采编团队，特别是在媒介融合背景下对采

① 《美国人很爱听广播》，《环球时报》2004年8月2日第14版。

编流程的重组，以实现对采编流程的精细化管理。

1. 采访团队由以媒体分工过渡为以专业分工

随着全媒体时代的到来，融合已是必然，而且是全方位的。

旧金山公共电台 KQED 新闻总监介绍，从 2014 年 10 月起 KQED 整合旗下广播、电视、网络等各平台记者，记者的分类从原来的电视、广播、网络变为新闻、艺术、科学、生活方式 4 部分，所有记者都在同一个平台上工作，实现技术整合基础上的全媒体运作。

该负责人以发生在当地的一次地震为例，介绍了全媒体运作的模式。地震发生在当地时间凌晨 3 点。地震发生后，KQED 网站和相关社交媒体账号首先做出反应，首席博主（blogger）在地震发生 15 分钟内发布了第一条博客，通报了地震发生的情况。同时，住在距离震中较近的两名记者在地震中惊醒后，马上开车抵达震中的社区，由于正值凌晨，照明条件不好，两名记者首先进行了录音采访，当工作条件允许后，进行照片拍摄，同时也为电视新闻做了报道。这可能是媒介融合后一次典型的报道实例。

媒介融合，除了媒介经营模式的变化，最大的改变是新闻传播业务流程的设计及其管理。传统新闻业务以单一媒介形态为基础，技术手段相对有限，不同媒介形成了自己的新闻采编流程，如报纸按 24 小时周期运转，广播根据新闻滚动与栏目架构需要操作。而在媒介融合时代，恰恰要打破这种限制和流程，要在全方位技术运用和所有形态媒介介质基础上整合新闻传播，建立新流程。

笔者在位于纽约的彭博新闻社总部也看到同样的情况。在彭博总部，除了广播或电视独享的直播、录播间外，所有独立办公室都已改成了所有类型媒介编辑记者共同办公的大平台模式。总部里最醒目的是一个由许多屏幕组成的“媒体墙”，时刻刷新着最受关注的财经新闻资讯，记者发来的稿件也会视需要出现在不同的平台上。

实际上，KQED 和彭博模式就是把以前独立的电视、广播、文字和网络新闻运营平台整合成一个跨平台多媒体新闻中心，一套人马、一个平台生产出多样态的传播产品，这套人马是全媒体编辑、记者，这个平台是全媒体传播，而不是目前国内传统主流媒体现行的多套人马兵分多路抢占“地盘”。

2. 编辑流程细化提高工作效率

笔者考察的多家美国新闻电台中，基本都采用了编辑中心制的采编体系。新闻编辑在新闻传播活动中起着“集大成”和总把关的作用。其主要职责有：对海量信息进行把关和选择；对选择的新闻进行有效编排；对需要强调意见的新闻配发言论。

尽管编辑的地位非常重要，但美国新闻电台的编辑人员非常集约，在一班编辑需要负责7至8小时直播新闻的工作模式中，一班编辑也只有3至4人。

如旧金山 KCBS 全新闻台每天分为 3 个编辑班，每班 4 人，具体人员分工如图 8 所示。

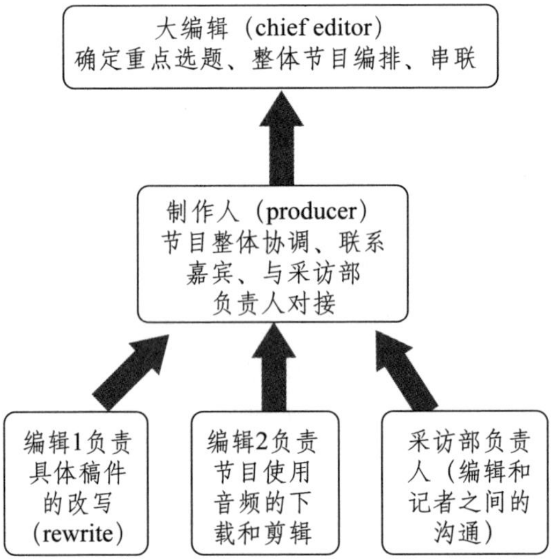

图 8　旧金山 KCBS 全新闻台每个编辑班具体人员分工

又如纽约最受欢迎的新闻电台 1010Wins，每小时平均播报 25 条新闻，而每班只有 1 个编辑，配备 2 名助手，3 个人负责 7 小时直播节目的内容编辑。全新闻电台的信息量之大与编辑人员数量之少形成了鲜明对比。支撑其顺畅运行的内在原因正是节目的高度结构化，通过将规定时段（如 1 小时节目）划分为若干不同段落，并为每一段落规定主题及节目内容要素，同时严格遵循节目时间流程，使节目编辑由“作文式”变为“填空式”，极大提高了编辑工作的专业化水平和效率，实现了美国全新闻台日常播出忙而不乱、忙而有序。

他们的交通新闻是与纽约 Total traffic 公司合作，由公司指定专人播报。这家公司向纽约市所有电台提供交通信息，公司设置有许多监控器，可以全面直观地监控到全市的交通状况。天气预报也不是由电台播报，而是由为全美许多媒体提供气象信息的 Accu 公司播报。财经资讯同样如此，他们与市场观察公司合作，该公司直接从华尔街发出现场报道。这样的安排也使得编辑工作的效率更高。

1010Wins 有 12 位本地记者，负责提供本地新闻，包括文字和音频。白天时段（早上 7：00 到下午 5：00），记者大多是直接进行连线。记者也会从美联社拿通讯稿，或从报纸上获取本土新闻，但要重新采访制作。

从新闻编写来看，更突出“进程化”的特点。从不同的角度报道新闻、动态呈现新闻，是 1010Wins 制作新闻的一大特色。他们 40% 以上的新闻为记者采制，新闻也重播，但同一条新闻在各个时段呈现出的面貌是不一样的。对同一新闻事件，他们要求记者写出 6 个不同版本，有对新闻事件报道的声音，当事人的声音，大众的看法，专家的评论等。就一条新闻而言，不同单元播出的内容呈现出了一种进程化、动态化，而不是简单重复。记者采制的新闻版本由编辑选择，一个记者一天要发 30 条左右的新闻（5 个事件），60% 的新闻为改写，同一个新闻版本不会在两小时之内重复播出。

3. 采编技术的专业化

新技术是推动社会发展的决定力量，这一论断对新闻传播同样适用，新的制作、传播、接收技术，很可能将对未来广播的制作手段、传播手段、接收方式等产业一系列质的变化。在美学习期间，几乎所有的教授及从业人员都不约而同地表达了这样一个观点——传统广播必须高度重视以网络为代表的新技术，并将之充分运用到广播产品生产、流通的全过程。

（1）信息来源向全媒体方向扩展

在美国，Twitter、Facebook 等社交媒体已被普通运用到新闻电台的采编过程中。不同于国内主要将社交媒体视为与受众互动的媒介，美国电台很多记者采访的信息也直接来源于社交媒体等新媒体，双向传播特征明显。

在旧金山 KCBS 电台，负责节目整体编排的编辑桌上专门设置了一台电脑，用来查看社交媒体 Twitter 上的内容，称之为“Twitter monitor”，通过这台电脑，编辑可以随时查看社交媒体上的热门话题和突发事件，并即时将其融入节目中。

1010Wins 新闻总监明确表示，目前 1010Wins 的突发事件信息来源主要有三：第一是听众曝料，第二是消防局警察局等信息源，第三是社交媒体。

在媒介融合的背景下，每个媒体人都要高度重视双向传播的必要性，熟练掌握双向传播工具，并以开放的心态审视受众提供的内容。

(2) 全流程编辑播出系统的使用

在纽约 WCBS 电台参观时，一位编辑坐在办公位上，使用他们的编辑播出系统 news boss 工作。这套系统整合了文字处理、音频剪辑、串联单生成、播出工作站等功能，功能覆盖了广播新闻制作的全流程。

全流程编辑播出系统是一种颇具价值的创新技术成果。目前，天津广播也已在使用一套具有自主知识产权的稿件编辑处理系统，这套系统集成了在线写稿、稿件审批、报题系统、视频收录等功能，并且实现了与直播间播出终端的对接，记者编辑登陆系统后可将制作好的节目，直接上传至播出系统，经审批后即可播出，实现了真正意义上的移动办公（图 9）。

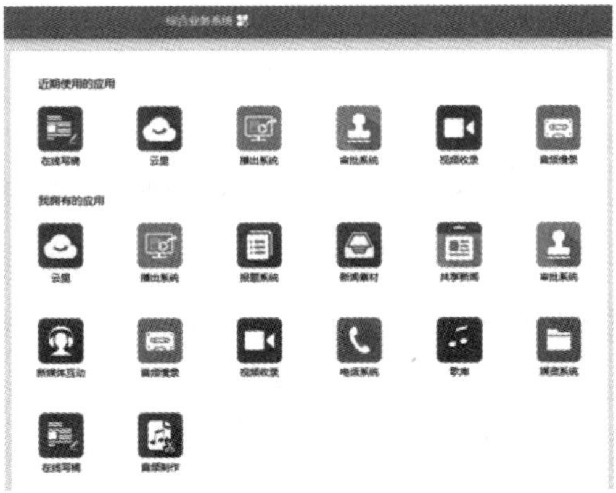

图 9　天津广播目前使用的“云里”系统

4. 系统环境精密化

在纽约 1010Wins 电台，直播间使用的主播仪表盘系统（Anchor dashboard）也令人眼前一亮。这套系统的显示界面上集成了时间、气象信息、交通路况、体育、财经、与编辑通话、美国职业棒球、道琼斯、纳斯达克、标普500指数等信息，点击每一个部分还可以显示详细信息。其实这类采编软件在美国各个电台都在普遍使用，其功能覆盖了采编平台、直播平台、听众来电平台等广播业务的各个领域。同时，还有一个选择不同类型新闻资讯垫乐的软件。据1010Wins介绍，现在我国江苏南京已经购买并使用了该系统。相比之下，目前我们的各软件环节运作显然缺乏这样的专业性，比较随意。

图10 1010Wins直播间使用的主播仪表盘系统

另外，美国同行更强调眼观四面、耳听八方的监控资讯观，这个对广播媒体来讲是很重要的。CNN等电视媒体的终端都在编辑区域，有什么新闻事件可随时发现。他们还能听到警用电台的通讯内容，能非常方便的掌握即时信息，第一时间派出记者。

图11 1010Wins直播间使用的采编系统

美国的Newsroom有一个非常开放的、沟通便捷的环境。1010Wins有3个播音室、3个制作室，与编稿室合在一大间办公室，而且播音室与编稿室紧挨着，便于候播、切换，遇有重大新闻事件，非常方便。这样的作业环境非常有利于彼此之间的沟通，也利于广播的快速机动。

三、探索：中国特色城市广播新闻频率融合创新趋势

（一）移动互联网时代中国城市广播新闻频率融合发展的新探索

当今时代，媒体格局深刻变化，中国城市广播新闻频率纷纷开始了新的

实践探索。

1. 创新形态，做强传统新闻频率

移动互联网时代，计算机技术和新媒体技术的发展在很大程度上影响了人们日常的生活方式和习惯，使人们对报纸、电视等媒体的媒介接触时间减少。同时，随着中国人均收入生活水平的提高，生活节奏的加快，人群流动性强，中国进入到“汽车生活时代”。据赛立信媒介研究的数据，2019 年，车载收听选择率高达 58.7%，成为主要的收听终端。而总体来说，“2019 年广播接触率继续保持 2018 年 (59.0%) 的水平，受众规模保持不变 (6.83 亿)。这说明广播在新的媒体竞争环境中成功维系了其收听市场盘面的基本稳定。”同时，“广播的忠实听众占比为 42.2%”。①

从受众需求来看，2019 年，音乐欣赏虽然首次超越新闻资讯，成为最多听众的收听需求，但新闻资讯本身的需求度较2018年也有所提升。有趣的是，在目前广播最主要的收听终端——车载收听端，新闻资讯在收听需求多样性的背景下，仍是最为集中的收听选择。

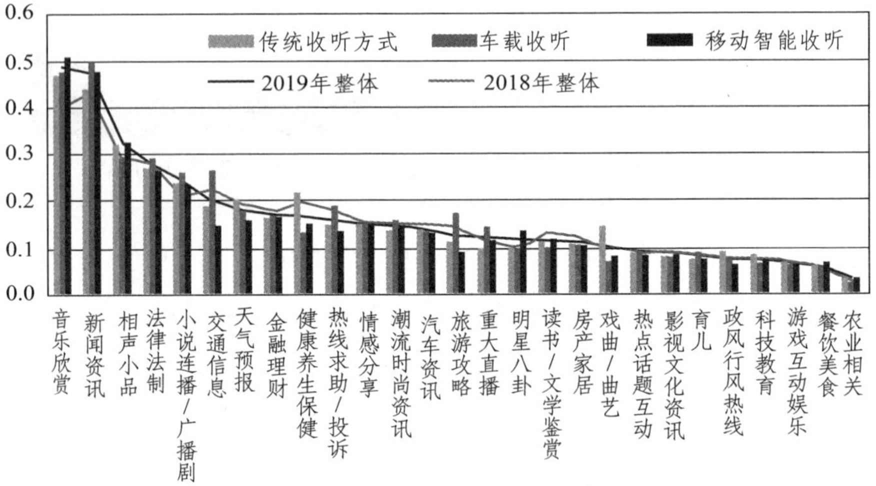

图 12 2019 年广播听众收听需求选择倾向及动态对比

（数据来源：赛立信媒介研究，2018—2019 年）

① 梁毓琳，赵景仁：《稳定传统端 迈向新常态——2019 年中国广播收听市场分析》，《现代视听》2020 年第 1 期，第 12—16 页。

整体上看，在媒体竞争格局重新洗牌的过程中，广播的市场需求仍在，传播价值仍在，市场根基仍在。

根据统计，疫情期间，受众对疫情这类突发应急事件关注度激增，更渴望第一时间了解疫情变化和确认人员的活动轨迹等信息。广播收听调查数据也表明，在此期间，全国各地的新闻专业台的收听率有所攀升，音乐、交通等频率收听率普遍下降。仅以天津广播为例，天津发生确诊病例后，自 2020 年 1 月 24 日零时启动天津市重大突发公共卫生事件一级响应。以此为分界点，天津新闻广播其后 50 天平均收听率较一级响应前 50 天和去年同期均有显著提升，分别提高了 9.29% 和 21.91%，市场占有率分别提高了 8.12% 和 16.08%。

2. 在融合中完成广播的网络化转型

2014 年 8 月，中央全面深化改革领导小组第四次会议审议通过《关于推动传统媒体和新兴媒体融合发展的指导意见》，标志着传统媒体和新兴媒体优势互补、一体发展的媒体融合正式拉开序幕。

具体而言，广播新闻与新媒体的融合主要有音频、图文、其他多媒体传播等转型方向。

音频方面，除了广播新闻节目、频率直播流登陆蜻蜓 FM、喜马拉雅等商业音频聚合平台，一些城市广播电台开始自建音频客户端。2014 年 11 月 11 日，由北京人民广播电台打造的移动网络客户端“听听 FM”上线，2015 年 8 月，由上海东方广播中心出品的“阿基米德 FM”上线，央广的“云听”也于 2019 年上线。

图文方面，中国城市广播电台完善了微博、微信新媒体矩阵，并扩展到“今日头条”等平台。社交媒体和算法支撑的移动端成为广播新闻传播的新渠道。

正在发生的新一轮融合是“抖音”和 MCN 等视频平台和结构的影响，短视频和视频直播正让广播新闻传播有了新的渠道、平台和影响。

广播与新媒体的融合，克服了广播仅借助声音线性传播的劣势，将图片、文字、音视频等多种多样的媒介传播形式融合在一起，大大提升了广播的传播效果。以此同时，部分城市电台还尝试开设政务服务、电商等新媒体平台，以开拓新的运营模式、发展新的经营策略。以成都广播电视台为例，其集中优势资源成立了橙视传媒科技有限责任公司，自主研发新媒体技术平台，设立全媒体生产调度中心，改变了传统媒体的经营模式，在打通传播渠道吸引受众的同时，积极输出新媒体技术，协助政府部门及公益机构建设公共服务平台，扩大了自身品牌影响力和综合实力，探索出一条融媒体发展的新路径。

广播新闻融合的最终目标是成为“四全媒体”，即全程媒体、全息媒体、全员媒体、全效媒体，通过广播转型升级进一步提升传播力、引导力、影响力、公信力。

（二）提升传统广播新闻影响力的创新路径

新一轮的媒介融合大潮对广播来说既是挑战，又是机遇。只要有自我革新的勇气和魄力，发挥好传统城市广播新闻时效性强、覆盖面广、携带便捷等特点，就能够赢得生存和发展的机会。

1. 聚焦本地，提升新闻报道的贴近性，打造城市生活空中标配

广播是地方媒体，城市广播新闻的声音产品贴近性优势仍然无可比拟。

广播本身就具有区域化覆盖的特点，本地消息、本土资讯与当地受众的关联度更高，更能迎合当地听众的口味，也更容易被关注。而且在信息爆炸的互联网时代，在大量非本土资讯同质化的当下，做原创新闻，回归“本土”，从现实生活中挖掘新闻素材，讲本土的新闻故事，制作本土化的新闻节目，才能更好地实现差异化竞争，占领本地市场。

因此，大部分城市广播的新闻播报以本地新闻为主，服务类节目也与当地政府部门和专家、市民等进行合作，充分调动地缘优势。同时，实现重大新闻的本土化勾连，找准与本土的内在关联及结合点，并对它进行本土化解读，也是新闻节目生产本土化的重要方式。

从各地广播实践看，行风热线、问政等扩大公众参与、实现政府与市民良性互动的舆论监督类节目，一直保持着较高的收听率和忠诚度。如天津新闻广播与市政府办公厅合办的《公仆走进直播间》节目，是全国开办最早的集政府服务与媒体监督为一体的直播节目。《公仆走进直播间》开办 26 年来，始

终弘扬“政府服务、舆论监督、权威发布、百姓建言”的节目宗旨，在推进政府为民服务、促进政务公开、加强舆论监督、宣传社会主义核心价值观等方面作出了积极贡献，该节目连续入选天津广播电视台10大最具影响力节目，曾荣膺中国新闻名专栏。其中连续多年推出的《区长访谈》《委办局长年终访谈》已经成为节目的品牌专栏，通过节目的推动，解决了一批群众反映比较集中的热点问题，引起社会各界广泛关注。

2. 改进新闻节目编排，打造新闻的快速滚动和新闻谈话

信息爆炸的新媒体时代，人们的收听习惯已经发生了极大的改变，快餐性资讯越来越受青睐。

碎片化是信息时代信息传播的主要特点，现代社会，人们的生活越来越快餐化，接收信息也趋向于快餐式的文化、“一句话”新闻成为最受欢迎的新闻。一方面人们每天接收的信息量在成倍增长，广播新闻伴随性收听的特点决定了受众注意力较为分散的接收方式；另一方面车上收听依然是传统广播的主阵地之一，这种收听状态对广播的伴随性、碎片化提出了更高的要求。

早晚高峰是广播新闻收听的黄金期，是轮盘式的新闻编排还是个性化的新闻谈话？还是兼而有之？如何采用不同形式的节目制作模式和编排流程，给听众提供有营养的“早晚餐”节目形态至关重要。

2018年，北京新闻广播节目全新改版，将“个性说新闻”的方式把听众的耳朵唤醒。早间黄金时段7：30—9：00，在原《新闻大视野》《资讯早八点》两档节目的基础上，将时段全部打通，推出全新《主播在线》节目。这是一档新闻广播早间新闻和资讯服务性节目，以“新闻正在发生，我们就在路上”为节目宗旨，强调快速反应与深度报道，注重新闻评论与观察思考，通过即时、深度报道+新闻观点、评论+特色资讯服务+个性新闻主播的节目样态，传播有价值的新闻、有分量的观点、有意思的资讯。通过主持人的精巧语言串联、有节奏的小版块穿插、观点独到的评论和生动感染力强的记者体验分享，将公务员、白领、有社会阅历的中老年听众分群体牢牢抓住，并力争吸引更多有社会影响力的、高素质的企业高管、政府官员、各行业精英。让这样一档有深度、有广度、有质量的早间新闻节目，既有时效性、思想性、服务性，又兼具知识性、趣味性、话题性，成为听众早间获取新闻资讯的首选节目。

《天津早晨》是天津广播电视台新闻中心推出的一档早高峰新闻节目，在编排上，将新闻分成单元或小节的形式，由若干小节组成一个单元，由若干单元组成一期节目。每个单元的时长尽量控制在 8—10 分钟，在各个单元之间做好串联工作，添加一些背景音乐和主持人点评，使得整档节目的节奏紧凑。

在早间和晚间新闻版块之外，可以采用目前被国外新闻广播广泛使用的轮盘式新闻播报模式，以半小时或 1 小时为一个播报单元，滚动推进。将新闻资讯按照头条热点、经济、文体等版块划分和信息整合，并突出时效性，以此对冲传统广播线性传播稍纵即逝的弱点，使得听众听新闻不用等待，只需在想要获取新闻信息时调到新闻广播，便可从任何时间切入收听。

同时，搭配与当天新闻热点相关的新闻访谈，更加细节、深入地报道新闻热点事件，评析新闻焦点，讲述热点事件背后的人物和故事，在充分保证了信息在第一时间传播、第一时间展开的同时，又迎合了受众日益增长的对新闻评论和热点新闻事实观点的需求。

3．体现声音特点，提升新闻报道的可听性

传统广播媒体主要依赖于听觉感官，声音传播是其特有的信息传播特点和唯一的传播渠道。提升音响思维，运用声音优势，展现多种声音形态，发挥各种声音魅力，是广播发挥自身优势和提高竞争力的重要手段。

这一方面要求，在新闻节目编排中，要注意稿件的改写，稿件的长短搭配、新闻分量的强弱交替，同时巧妙地安排宣传带、音乐，使之起到承上启下、推进节目的作用。

更重要的是通过典型音响的使用，使报道具有传真、传情、传神的听觉感染力，让听众产生如闻其声、如见其人、如临其境的感觉。在广播新闻的声音构成中，有新闻现场音响、新闻核心当事人录音、记者现场口述或主播口述、专家评说、音响资料、音乐等。其中，新闻现场音响能把听众带到现场，使他们仿佛看到、感觉到当时所发生的一切。新闻核心当事人的录音则具有较强的真实感和实证性，一位复合报道情绪的核心当事人的发言更有着较强的现场感和感染力。

如2017年年初，央广中国之声推出广播系列《那年我高考》，集中采访了著名画家罗中立、著名作家刘震云、清华大学经济管理学院院长钱颖一等11位高考亲历者，作品采用“人物主述＋朴素旁白”的样式，通过亲历者对“天下第一考”饱含深情的回望和朴实自然的故事讲述，深情回忆了与高考相关的亲情、友情、爱情和恩情，主持人的旁白娓娓道来，起着串联个人记忆与时代变迁、唤醒集体记忆、复活社会风貌的作用。整组报道采用大量代表性音响和音乐，呈现出丰富立体的声音画卷，用音响记录和挖掘了恢复高考对中国社会的历史和现实意义。

4. 主持人的培养和个性化形象塑造

中国的播音主持专业在全世界具有“特有性”，目前在一线工作的广播主持人多为具有专业艺术院校学习背景的专业人才，这一方面使他们具有非常扎实的基本理论、吐字归音、发音原理等基本功，但另一方面也往往存在文化底蕴不足、知识面窄等不足。

未来城市新闻广播仍然需要纯正的新闻播音，但更需要具有采编等综合素养的个性化新闻节目主持人。需要放宽视野、提高标准去发现、培养一批具有扎实的基本功，丰厚的文化内涵，优良的职业道德，综合的心理素质的人才，构筑城市广播未来的核心竞争力。

成为一名广播主持人专业化是基础，有自己独特魅力才能真正让听众记住、喜爱，并以个人独有的表现方式给予节目新的生命力。

每个人的个性不同，所主持的节目性质和基调也就不同，找到适合自己的位置，充分发挥自己的个性化主持，直到达到节目“没你不行”的效果。当然个性化表现与个人化不是同一概念，个性表现要与节目的“精髓”“主旋律”和宗旨相符，播音主持人的个性化风格主持最终目的都是为了使传播到达一个最高水平。

天津广播电视台新闻广播2017年打造推出的《新闻二人转》，是一档脱口秀新闻节目，节目立足于“有趣有用有态度”的节目定位。二人转本是我国东北地区的民间文化，一男一女用边走边唱边舞的方式，表现一段故事。节目主持人大卫、黑丹借用二人转的形式，辅以天津方言，用轻松幽默的表达诠释热点话题，以个性化的表达做出态度鲜明的新闻评论，让听众在收听新闻获得信息、增长见识的同时，也会因主播的默契搭档、妙语连珠、诙谐风趣哈哈一笑，形成了独特的主持风格。

5. 内部工作流程再造

应该充分重视新闻内容生产的流程再造，打造新媒体时代的新闻运转平台。要强化新闻主编的主导功能，通过抓主编的编辑思路来抓新闻节目的质量；同时可以尝试推行“轮值新闻主编”制度：建立新闻运作指挥系统。

上文提到，在美国城市新闻电台中，编辑成为节目运作和任务分配的中心，这里有电台业务发展的共性，可以借鉴、改造、创新。

新闻编辑普遍具有三方面的能力：一是判断能力，也就是对新闻信息在目标受众中传播价值的判断能力；二是整合能力，受众需求多样化，要求编辑具备高超的信息管理水平，在有效整合传统信息来源及网络、社交账号等新媒体信息的同时，厘清庞杂信息的关系和层次，拓展信息的深度和外延，最大限度地提高受众接受信息的效率；三是文字能力，美国新闻编辑普通担任着新闻再创作的工作，让记者或既有材料符合本媒体风格偏好，在众多同题报道中脱颖而出，是考验新闻编辑业务能力的重要方面。

如果说，其中第一、第三项能力仍是传统编辑工作的延续，那么第二项综合能力就是媒介融合时代，对新闻编辑提出的新要求。现在的新闻信息来源结构发生了重大改变，从单一的记者采访拓展到记者采访与受众提供信息相结合，这就要求编辑必须熟练掌握过滤和搜索海量信息的技能，并通过对新闻和信息的整合，形成本媒体内容产品独有的品质和价值。

（三）城市广播新闻频率与移动互联网的融合路径探索

城市新闻广播频率融合创新的路径就是建立专业的广播和新媒体编辑一体化运转的队伍，除传统广播新闻外，还应该强化编辑部的新媒体功能，负责新闻频率的官方微博、微信及新闻客户端的热点新闻资讯的编辑和推送。

1. 融媒体语境下的内容生产

2018 年进博会期间，上海广播电视台整合优质资源打造进博会专属频率——东广新闻台·进宝 FM（调频），以上海新闻广播、东广新闻广播、上海交通广播、第一财经广播以及新媒体矩阵等为主要宣传平台，全景式深入报道。同时，上海广播旗下融媒体产品“阿基米德 FM”专设“进宝 FM”网络电台，通过短音频、短视频、进博会现场与直播间互动等形式，打造一个与进博会同步的融合报道平台。尤其是 11 月 10 日 9 点至 17 点，4 套频率联合策划推出《进宝同期声》特别专题，呈现记者从开幕式现场、中国馆、汽车展区、消费品展区、智能及高端装备展区等处发来的鲜活报道，现场感十足。

2018 年“两会”期间，浙江之声《浙江新闻联播》《浙广早新闻》等主要节目特设评论类栏目《两会新观察》，采用广播记者出镜、电视记者摄像、网络编辑剪辑等方式，在广播和网络视频端同时播出，90 秒短小精悍的评论充分发挥了记者观察的能动性；浙江之声《两会 1+1》栏目设置“网友通道”环节，用视频、音频连线网友，代表委员现场回答网友提问，灵活穿插资料片，包括场外代表委员的观点、专家学者点评、网友互动声音等。

上述案例充分表明，要做好融媒体语境下的内容生产，首先要在报道策划之初就将新、旧媒体形式全部纳入思考范围，在传统的新闻编辑与传播中心延伸出一个融媒体新闻运作平台，基于该平台，实现新旧媒体融合之下线索提供与管理、内容生产与管理、选题策划与管理、用户分析与管理、营销推广与管理及数据库发展与管理等的一体化运行，以实现审核编辑聚合高效、用户分析精准多维、选题优化与人性需求充分满足、线索及时而广泛、内容丰富而形式多样、专题整合与深度解读发展性强化等的全面提升。

同时，建立健全新旧媒体联合发布传播新闻信息的运营机制，实现新媒体首发时效保证和旧媒体深入解读正确引导的有机统一，并注重培养具有互联网思维和融媒思维的新闻工作者，保证其能够在信息爆炸的时代，快速发现有价值的新闻线索，迅速判定新闻的真实性、影响性，懂得不同传播介质之上受众的需求和喜好，以选择正确的传输介质和传播形式，达到更好的传播效果。

在传统以声音为介质的新闻广播传播基态之下，其受众的固定性让其在新闻采集、分拣、整合之上拥有了一定的固定方向与形态，但是在互联网及移动新媒体的融合发展之中，其受众的空间范围和群体范围将大大拓展，因此新闻广播在讲究新闻真实性和价值性的同时，还应全面关注不同平台下受众的关注点、兴趣点和需求点，从而在不同平台之上提供文字、音频、图片、视频等不同版本的新闻产品，而其提供的新闻产品应当是该平台受众乐于接受、理解和传播的信息。

2019 年是新中国成立 70 周年，10 月 1 日，伴随着军乐队雄壮的《歌唱祖国》旋律，庆祝中华人民共和国成立 70 周年大会拉开了群众游行的序幕。天津广播新闻中心从 2019 年上半年就开始策划关于王莘和《歌唱祖国》的报道，兵分多路寻找这首 69 年前诞生在天津的红色经典诞生前后的故事，在采访的过程中，报道组深深地感受到，王莘这一路走来，也正是新中国改变积贫积弱到走向繁荣富强的缩影，报道组最终形成了“广播报道 + 主题晚会 +H5 互动活动”的融合传播构思。

广播报道方面，经过深入采访形成了广播专题《一曲祖国颂 神州世代传》，在 70 周年大庆期间在天津新闻广播播出。

主题晚会方面，以《歌唱祖国》为主题，把王莘的经历，从救亡、抗战、新中国成立到伟大复兴，用他的经历、他的视角去呈现历史的脉络，最终形成了 4 幕的剧本。同时，发挥广播的声音优势，主创人员创编了 3 首诗，邀请天津广播老中青 3 代播音员共同演绎，倾情朗诵歌颂祖国的诗篇。

H5 互动活动方面，报道组和津云、学习强国天津学习平台策划了“歌唱祖国·我接力”活动，用接力合唱《歌唱祖国》的形式，在互联网上快速刷屏。截止 10 月 3 日，H5 接唱及浏览量超过 21 万次，相关微博话题阅读量超过 850 万次，来自北京、天津、上海、河北、山东、江苏、安徽、江西、广东等省市的网友成功提交了合唱，在参与者中年龄最小的只有 2 岁，年龄最大的 78 岁，大家纷纷用歌声表达对祖国的深情厚爱。

这套平台和机制，同时适用于日常新闻报道。如上海新闻广播制作的《990 早新闻》2015 年入驻“阿基米德 FM” App 社区，2017 年分别在阿基米德社区和上海新闻广播微信公众号推出早新闻“短音频”版——采用简要新闻播报形式，以 3—4 分钟的“语音播报 + 实况”为主，辅以文字、图片和视频，不但做到将早新闻“精华化”，还做到了将短音频可视化。

2. 重视技术，抢占渠道制高点

移动互联网时代，手机终端成为媒体融合的集大成者，通过一部小小的手机，受众不仅可以随时随地获取世界各地的信息，还可以通过发布图片、信息、短视频等方式分享自己的生活，参与信息的传播，成为主动传播者。

为了应对发生了巨大变化的媒体环境，各广播电台相继进行了一系列改革，以实现转型升级。

继 2014 年 6 月中央人民广播电台“中国广播”客户端改版上线后，2014 年 10 月和 11 月，上海广播电视台的“阿基米德 FM”和北京人民广播电台“听听 FM”诞生。2016 年和 2017 年成为省级电台开发自有独立客户端最为集中的两年，先后有辽宁广播电视台“瓢虫 FM”、江苏广播电视总台“大蓝鲸”、四川广播电视台“熊猫听听”、湖北广播电视台“九头鸟 FM”、河北广播电视台“即通 FM”、山东广播电视台“51 听”、广东广播电视台“粤听 FM”、福建省广播影视集团“广电车盒子”和浙江广播电视集团“喜欢听”等 10 多家省级电台推出手机音频客户端。

尼尔森网联发布的《2019 中国广播及音频应用发展报告》显示，全国广播传播通路以及听众收听入口已发生根本性移位。2018 年，中国广播听众规模近 4.2 亿，在庞大的听众规模背后，网络收听方式升至 91% 的同时，传统收听方式降至 41.7%。城市广播新闻频率以媒体融合推动内容端的供给侧改革迫在眉睫。

在与移动互联网融合的上半场，通过登录第三方平台及自建客户端，运用新技术、聚合新内容和拓展新渠道，让城市广播摆脱地域限制，在广覆盖中增强了影响。而在融合的下半场城市广播更应打响渠道战略，通过技术创新，推进网台深度协作。

以江苏广播“大蓝鲸”客户端为例。“大蓝鲸”客户端是江苏省广播电视总台广播传媒自主研发的，具有广播特色的融媒体移动视听互动服务平台，于

2016年10月18日正式上线。“大蓝鲸”客户端打通了微信公众平台，融合了江苏广播优质资源，为用户提供在线收听、大蓝鲸Live节目互动、特色视听内容、实时路况、活动、购物等相关延伸服务。

图13

大蓝鲸App与新闻频率内容生产的结合，主要体现在针对突发事件的现场报道、持续报道和深度整合，某一突发事件发生后，经研判需要进行台网联动报道时，后台编辑将开辟专区，记者在现场用手机发布包含文字、图片、语音等多种形式的实时动态，审核后按时间轴更新至专区，同时设置与报道区独立的评论区，不影响受众浏览，同时丰富直播内容。

以2016年6月23日发生和在江苏盐城的龙卷风事件为例。当天下午，江苏新闻广播官方微信陆续收到盐城阜宁听众发来的信息，说当地发生了龙卷风，伤亡惨重。核实消息后，新闻广播官方微信、微博立即组织报道，开通大蓝鲸LIVE新闻直播页面。到6月27日，阜宁风灾大蓝鲸LIVE新闻访问量超过50万。7月3日起，江苏地区普降大到暴雨，汛情严峻。新闻广播记者深入灾区从各地发回报道，同时在广播和新媒体两个平台展开直播，大蓝鲸LIVE新闻关注雨情，通过无人机航拍呈现抗洪抢险的立体场面，整合全省各地防汛情况，连续4天发布《江苏防汛全地图》，让受众实时了解抢险安置的情况，引发网络媒体关注与转载。其中，新闻广播记者在南京理工大学拍下一位印度学生利用木板载着哈萨克斯坦、塔吉克斯坦、中国学生在水上出行的照片，经过大蓝鲸LIVE新闻推送后，被戏称为"'一带一路'在这里交汇"，成为热门网络话题。①

通过江苏广播自主研发"大蓝鲸"客户端的例子，我们可以看出，城市广播新闻频率应把"媒体融合、移动优先"纳入其渠道战略。在移动互联网时代，受众消费媒体的方式发生了深刻变化，年轻受众个性化、高度自主的消费特点越来越突出。如今，广播电台面临的是无数分散在各个角落的"窄众"群体，这些"窄众"群体不再是被动地接收某一电台，而是从海量节目中便捷地筛选符合自己需求的节目。

与此相适应，广播也必须提供个性化服务，把普遍/公共服务转变为个性/专享服务，把单向服务转变为双向/交互服务。尤其重要的是，使广播节目成为可定制的，"可定制"即"可选择"。另一方面，技术的发展使得受众由"信息接受者"向"信息使用者"转变。因此，广播必须树立"受众即用户"的观念。新闻广播要以互联网技术为基础，并合理应用技术，构建完整的融媒体体系，利用大数据、云计算和人工智能等技术构建完善的资源平台。合理进行扩展延伸，在发展过程中构建完善的体系，实现资源的最大化利用。

综上，中国城市广播新闻频率的发展经历了广播新闻节目化、频率化、融媒体传播三个阶段的历程。对比美国城市主流新闻频率的现状，美国全新闻电台运作流程的最大特点在于节目设置格式化，同时，媒介融合推动了新闻电台专业流程的重建。在此基础上，本文探索了中国特色城市广播新闻频率融合创新的趋势。创新形态，做强传统新闻频率，在融合中完成广播的网络化转型，通过创新来提升传统广播新闻影响力：聚焦本地，提升新闻报道的贴近性，打造城市生活空中标配；改进新闻节目编排，打造新闻的快速滚动和新闻谈话节目；体现声音特点，提升新闻报道的可听性；培养主持人并塑造个性化形象；再造媒体内部工作流程。同时，继续探索城市广播新闻频率与移动互联网的融合路径，重视融媒体语境下内容生产的同时，重视技术，抢占渠道制高点。

---

① 张雷、俞云峰：《大蓝鲸LIVE：广播台网互动新模式》，《视听界》2016年第6期，第91—93页。

创新以主持人为中心的新谈话节目形态
——中美广播谈话节目对比研究

万福念

一、中国城市广播谈话节目的发展现状

（一）中国城市广播谈话节目发展历程概述

谈话节目（talk show）起源于美国，发展在各个国家。20世纪80年代后期，中国内地第一家经济广播——珠江经济台诞生，一改传统广播的录播节目方式，创造了以直播、主持人、大版块、滚动播出、听众参与等为主要特征的“珠江模式”，也较早产生了改革开放后中国城市广播中谈话节目的形态，从中央台到各地电台普遍设立了谈话节目，各台也产生了一些知名度较高的谈话节目主持人。特别是随着科技的发展，以热线电话为载体的直播类节目出现，听众需求持续上升，“双向交流”的互动成为广播类谈话节目应用的重要标准。

广播谈话类节目一般以主持人和特邀嘉宾的形式出现，在整个广播过程中，一般是由主持人进行话题引导，与特邀嘉宾围绕话题本身展开相关讨论。注重主持人个人魅力而形成的“脱口秀”节目，已与中国国情结合，实现了本土化发展。它不仅更强调节目的谈话性质，主持人牢牢把握节目的导向性，内容体现贴近性、服务性。

从我国广播谈话类节目发展的历史看，其注重新闻性、知识性、思想性及引导和参与性的融入，一般都定位于社教类或新闻专题类，话题多是社会热点、时事热点、情感交流、文化娱乐、体育赛事、医药保健、心理健康、子女教育、法律咨询、家庭理财、政策解答等。结合参与性为主，为人们提供了一个相互沟通的场所，主持人期望通过讨论某些问题，引起全社会对这些问

题的关注和思考，凝聚共识，传递人文关怀与社会教化的作用。

（二）以天津广播为例：当前谈话节目的特点及不足

多年来，和全国城市广播一样，天津广播创办了不少谈话节目，分布在不同的频率，至今依然保持着旺盛的生命力。传统的新闻谈话节目，比如舆论监督类谈话节目《公仆走进直播间》，与天津市政府办公厅合办，访谈嘉宾都是政府各部门负责人，通过热线电话、微信留言互动，架起政府部门与群众沟通的桥梁，节目已经开办20余年。

新晋当红方言类“脱口秀”节目《新闻二人转》，由两位个人风格鲜明的主持人，以角色扮演、切换多种方言的形式再现近期热点新闻事件，在轻松幽默的氛围下，穿插积极正能量的分析与评论，结合大量的听众网友互动，把严肃的新闻，转化成为鲜活有温度的新闻。

另外，话题讨论大范围地嵌入到各频率的直播节目中，谈话节目的界限已经逐渐模糊。天津交通台、音乐台、文艺台、相声台等多个频率的直播互动节目都呈现出一些谈话或“脱口秀”的节目样式。

但随着互联网的迅速普及和播客等新媒体的不断涌现，受众选择更趋多元化，他们表达见解、展现自我、交流沟通的方式和途径越来越多，传统的广播谈话节目备受冲击，加之广播本身的易逝性和时间的约束性，广播谈话节目渐渐陷入了形式单一、特色缺乏的窘境，有广泛社会影响力的名牌栏目日渐稀少。

当广播不再是传统的单一收听渠道，如何打造高质量的、满足全媒体传播的谈话类音频产品成为摆在广播人面前的一道创新题目。梳理广播和新媒体传播规律可见，带有鲜明个人特色和文化内涵的谈话类（或脱口秀）产品才是未来的市场方向。

二、典型案例：以主持人中心制为核心的美国广播新闻谈话节目

（一）国谈话节目和谈话台的发展概述

1. 商业化运行的广播谈话节目

在美国，新闻谈话节目主要在两类电台中出现。一类是全谈话电台（All

Talk)：每天多档新闻谈话节目，主持人轮番上阵，与听众互动讨论各种话题。另一类是新闻 / 谈话台（News/Talk）：新闻资讯与新闻谈话节目穿插的形式，不仅有引人入胜的谈话，还有交通、天气、体育等服务性资讯。

美国谈话节目运作高度商业化，节目有地方电台自己制作的，也有辛迪加节目公司生产的，一些公司的产品占据了市场的半壁江山。正因为市场化运行，美国对听众构成，各电台有着格外细致的统计与分析，比如听众的年龄、受教育程度、年收入情况都有相对精细的统计。一般来说，收听新闻谈话节目的听众往往年龄偏高、学历也较高，收入也大于其他类型电台。

由于美国广播电台高度的商业化，美国的一家新闻谈话台的谈话节目有多种制作来源，主要为以下三种：

（1）新闻 / 谈话台自制：在地方电台中有固定的节目团队，按照节目周期在当地进行直播；

（2）美国公共广播（NPR）系统共享：比如 NPR 的著名谈话节目《Car Talk》就是由 NPR 的节目团队制作，NPR 各地区的公共电台中播出；

（3）大型制作公司：制播分离的产物，制作公司聘请主持人，打造以该主持人为核心的谈话节目，作为产品销售给各电台。

2. 主持人中心制

在谈话节目中，主持人是节目的核心和灵魂。主持人的个人风格和魅力，主持人的学识水平和机智幽默的话语、主持人的包装及品牌效应都直接影响节目的质量。美国广播谈话节目一般采取主持人中心制的格局，主持人为该谈话节目的核心，其他的制作人、编辑的工作围绕主持人开展，在节目的制作全过程中，主持人会积极参与节目内容。美国的谈话节目大多以主持人的名字来命名，靠主持人的影响来打造栏目。在美国做广播谈话主持人，丰富的职业背景和突出的个人风格尤为重要，主持人有前官员，有作家，有律师，其智慧、阅历和经验，能够在节目中传递价值观。

此外，美国广播谈话节目主持人的品牌效应十分突出，明星主持人通常可以以独特的视角将普通的话题做得十分精彩，从而吸引更多的听众，使听众市场最大化。美国清晰频道旗下的 Premiere Radio Networks 有限公司是美国最大的以大众流行广播节目为主要生产和播出内容的制作公司，在全世界范围内有超过 5500 家电台播放它制作的节目。他们挑选主持人时，有时会把摇滚乐队的成员发展成节目制作人或者主持人，他们已经有一定的知名度和粉丝群，自然会吸引一定数量的忠实听众。同时，一旦成为主持人，公司也会在量身打造上下一番功夫。他们会传授主持人一些主持技巧，通过收听他们的节目提出具体的意见，比如今天哪句话说得好，以后可以多讲些类似的内容；哪些话不宜在广播里传递，以及如何能吸引更多的听众喜爱……把一个主持人当作明星去打造，是制作公司的强项，也是保证他们节目质量和销量的法宝。

（二）典型案例：纽约 WNYC 电台的《*The Brian Lehrer Show*》

资本主义工业化一个鲜明的代表就是流水线，美国的广播亦然。正是源于工业化流水线的节目制作流程和团队配合，美国的谈话节目听起来话题紧跟时效，节奏紧凑流畅，听众水平很高，互动效率高。以 1989 年开播的《布莱恩·雷尔秀》（*The Brian Lehrer Show*）为例，它是纽约公共电台 WNYC 的一档听众热线参与的谈话节目，周一到周五每天上午 10 点到 12 点播出，在纽约地区相当知名。

1. 主持人为主

典型的主持人中心制的新闻谈话节目，以主持人布莱恩·雷尔名字来命名，主持人占有最多的话语权。同时主持人也参与节目前期制作，比如选题、请嘉宾等。

2. 话题多样且本地化

在美国，一般一档新闻谈话节目中不只有单一主题，在 2—3 个小时的时间里会设置 5—10 个新闻话题，内容涉及政治、经济、文化、生活的方方面面，注重话题本地化处理。

《布莱恩·雷尔秀》在次两个小时的直播中会涉及 5—6 个话题，话题之间可以互不相关，不需要衔接。每期节目往往从真实发生的事件开始，引入与人们的生活息息相关的话题。一位制作人举例某天的话题设计：从奥巴马总统的声明开头，结尾却是一位专家对“手工制品和人们生活”问题的点评，只要每一个话题都有意思，听众爱听即可。

3. 团队成员多且配合默契流畅

除一名主持人，节目组还有 4 个制作人（编辑）、3 名实习生。节目前期准备流程如下图（图 1）所示：

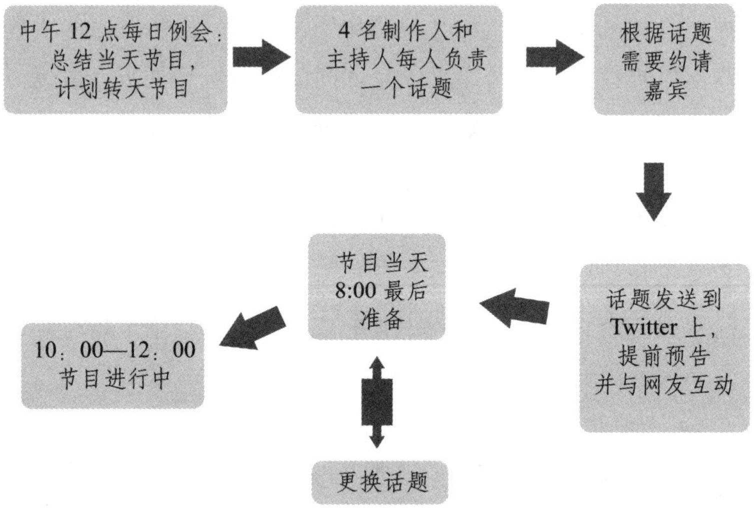

图 1　节目前期准备流程

每天 12 点节目结束后召开每日例会，总结当天节目的情况，哪些选题受到欢迎，哪些则需要日后避免，哪些嘉宾发挥得不错，哪些则不适合；然后为下一天的内容做准备。每期节目需要 5—6 个话题来支撑，由 4 名制作人和主持人分别来负责，平均每人一个选题，如果出现制作人和主持人的意见冲突，最终决定权在主持人手中。之后，每个责任人开始围绕选题查找资料，梳理出提问问题，并根据需要约请嘉宾。同时，相关话题会被发送到推特（Twitter）上，提前预告并与网友互动，这些工作大致在每天下午 4 点之前完成。

节目当天早 8 点左右，节目组人员已经各就各位，将整理好每个话题的提纲和材料，呈交主持人做最后准备。如果在当天上午有新闻或更好的话题，也会出现临时替换选题的情况。

另外，节目中热点话题的听众互动非常精炼。主持人在接听热线的时候，会直呼听众的名字，听众利用 1—2 分钟的时间阐述自己的观点，整个过程中没有寒暄，把听众电话观点作为节目制作的一个组成部分，来保证节目质量。这离不开直播中，节目团队的配合。（图 2）

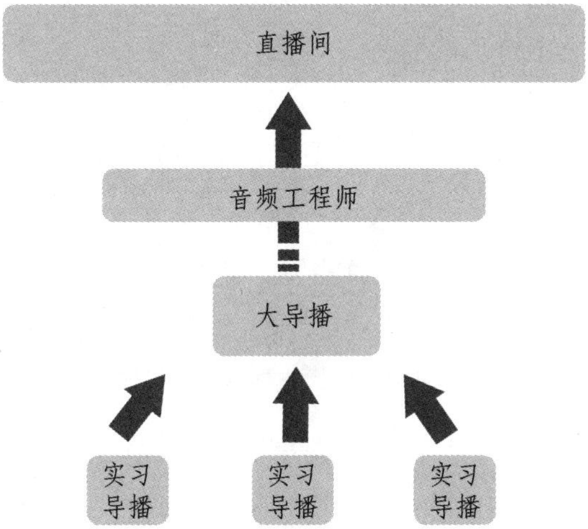

图 2　直播中的配合

导播间比直播间还要大，首先是 3 位实习导播接听听众来电，记录听众姓名和主要观点，筛选适合节目话题的热线，通过先进的技术平台切换给房间中间的大导播，大导播面前有两台电脑：一台专门可以查看已经切入待机的热线电话，屏幕上的系统清晰明了标识出每一条热线的内容梗概，由大导播进行第二轮的筛选后切入直播间，主持人可以直接看到导播筛选后的待机热线。第二台电脑大部分时间都处于 Twitter 等社交媒体的页面之上，随时与网友互动，并把精彩的观点转入直播间。

三、创新核心：主持人培养、嘉宾素养、流程再造及节目样态

中国城市广播有许多优秀的新闻谈话节目，同时，借鉴美国等国际上谈话节目的可借鉴之处，对目前和未来的新闻谈话节目的创新发展有以下

几点思考。

（一）主持人培养：积极推进主持人中心制

国内的媒体人才培养机制和岗位定位所限，主持人往往是与播音员划等号的，而且年轻化的队伍为主，在主持一些新闻谈话节目的时候，有时显得阅历不足，或者积淀不深。实际上我们的节目在选择主持人的时候，也可以不拘一格，参考主持人的特点、风格、经验阅历，是否与节目宗旨、内涵吻合。

如今，新闻传播的条件和背景发生了很大的变化，新闻舆论工作迈入融媒体发展的新阶段，打造主持人中心制，还需要培养主持人政治素养、新闻观念、知识积累、场景构建、沟通能力、个性化表达等一系列的能力和素质。

首先，要提高政治素养。作为新闻工作者，我们的权威性和公信力，就在于及时发出“主流声音”、构建“主流叙述”。这就要求主持人紧紧围绕习近平总书记在党的新闻舆论工作座谈会上的讲话精神，担负起时代赋予的职责、使命，才能在风云变幻的历史进程中保持政治定力，始终以正确的舆论引导人，唱响主旋律，传播正能量。

第二，要树立正确的新闻观念。“新闻观是新闻舆论工作的灵魂。”任何新闻报道或节目都有导向，报什么、怎么报、何时报，都包含着不同的态度立场和观点。面对市场经济、新兴媒体以及多元思潮的众多挑战，最重要、最根本的还是要坚持马克思主义新闻观，要求主持人要能把握新闻真实，以正确的舆论引导大众，促进社会发展。

第三，要提升专业素养，着重主持人全方面能力的训练。在业务能力范围内，鼓励主持人，特别是年轻的播音员尝试参与采编的全过程，更多地参与节目的创意和制作，增强对节目内容的深度参与。在主持节目的过程中，灵活运用采访技巧，可以更加贴近受众。此外，主持人还应深耕节目所涉及的领域，增加知识积累，打造专家型的节目主持人，使受众可以了解到更加专业和深入的知识和服务。

第四，要善于构建场景，打造良好的沟通氛围。一档谈话类节目，是一种重要的言语交际活动，只有遵循交际学原则才能保证交流的顺利进行。特别是在融媒体发展要求下，主持人可以运用一些交际学的原则，营造一个让各方感觉舒适的“场”，激发互动参与热情。

第五，形成鲜明的主持语言风格。这是新闻谈话节目的特色所在甚至是生命所在。主持人一定要探索和形成不同于众的表达和语言组织方式，形成一听即知的“这一个”。当然，这一特色并非“为赋新词强说愁”为特而特，是厚积薄发的“天然去雕饰”的本质流露。

最后，还可以尝试跨界引入嘉宾主持，结合节目定位，邀请例如律师、高校的学者，或者邀请有一定名气的专业人士参与主持，在适合的节目中以嘉宾主持的身份参与，丰富节目内涵，让观众或听众得到更深层次的享受。

（二）注重嘉宾质量

在嘉宾选择上，美国的新闻谈话节目并不完全以名气大小来选择。有时候虽然名气大的嘉宾会带来更多关注，但在某个谈论的话题中，更有观点、更有亲身经历的嘉宾会更受青睐。另外，旧金山 KGO 电台一位节目制作人结合实践认为，节目中请一些常来的嘉宾往往比请新嘉宾效果要好。也就是说，一档由嘉宾参与的谈话节目需要一定数量固定的嘉宾评论员队伍，要着重日常培养和维护。

（三）梳理流程，打造精英团队

强大的节目幕后制作团队是节目的智囊团，每一个制作人的工作都格外重要，强强联手配合的精英团队才能造就一档长盛不衰的谈话节目。在我们的很多谈话节目中，有的导播只是一个接电话的岗位，浪费了人力资源和智力资源。今后在制作谈话节目中，应该首先梳理好节目制作的流程，专岗专人，发挥出不同岗位人员的特长，可以尝试选取一些谈话节目作为试点，集合各方面人才打造出几档知名谈话节目。

此外，还应对热线进行筛选。在新闻类节目听众群普遍年龄偏大的现实情况下，可以利用筛选的“假象”培养年轻听众群。美国的新闻谈话节目在面临同样问题的时候，他们是这样来解决的：首先要接年龄别太老的听众，或者听起来声音年轻的电话；其次因为听众的收听耐心在减少，必须保证每个接进去的电话时长不超过 2 分钟，需要导播一再强调时间和禁止没有必要的寒暄。这些细节的经验可以被国内的热线类谈话节目所借鉴和学习。

（四）融媒体多形态发力

在美国，各个谈话节目都在积极地经营好 Twitter、Facebook、Instagram 这样的社交媒体。旧金山 KGO 电台的谈话节目制作人称，每天都要提前将话题发上社交网站，一方面提前在新媒体平台上进行话题互动，可以吸引年轻的听众来收听广播；另外，也可以让大家提建议，会根据网友的评论来变换话题，达成双向互动。目前，国内各电台已经成熟运用微博、微信公众号等方式，广泛借助新媒体，像抖音、快手、小红书等媒介，延伸与听众的互动时间，未来，随着视频号、网络直播等方式不断更新，不妨积极拥抱新技术，使之成为谈话节目用以吸引年轻听众的方法之一。

参考文献

1. 李叶凝．传播学视角下中国广播“无主题谈话”节目的发展研究．浙江大学，2011．
2. 王春颖．浅析新媒体背景下访谈节目主持人的转变．沈阳广播电视台．

相声广播：探索中国气派城市广播频率新形态
——以相声谈话与脱口秀的比较为例

于显光

广播媒体主要依托声音元素来完成信息的分享和传递，这种“只闻其声不见其人”的媒体样态除了具有很强的伴随功能之外，还为播音、朗诵乃至评书、相声等语言艺术提供了很好的施展平台，“广播语言”也以其独特的口语化、亲民性、鲜活度和细腻的人文情怀明显区别于电视的“画面语言”和报刊的“书面语言”。

近年来，随着国内综艺娱乐节目的异军突起，中国城市广播以广播语言为主体打造的综艺娱乐谈话节目、访谈节目，一方面按照改革开放中广播积累的经验继续大胆探索，一方面也开始吸取借鉴国外“脱口秀”节目的特点，并紧密结合本土特色，不断创新。新的综艺娱乐谈话节目形态乃至新出现的垂直频率，在话题和嘉宾的选择上更加贴近地域文化特色和听众审美习惯，语言风格上更加轻松风趣，对社会新闻、民生百态的解读更加犀利精辟、辛辣幽默，很快便成为各地广播媒体中的品牌节目或黄金专栏，以鲜明的中国气派的节目、频率形态广泛受到听众及互联网用户的喜爱。本文以天津相声广播近年来在语言类节目方面的探索为例，比较西方“脱口秀”节目，说明坚持原创，兼收并蓄，开辟中国城市广播节目和频率形态的光明未来。

一、天津相声广播语言类节目的探索

天津相声广播是全国第一家也是目前唯一一家以播出相声节目为主的娱

乐类广播频率。近年来，相声广播依托地域文化优势，贴近本地听众需求，研发了一系列品牌节目，锤炼和包装了众多著名节目主持人，很快便收获了热烈反响，在天津的受众市场中形成了较高的收听率和市场占有率。

相声广播的内容主体和节目形态是谈话 + 相声。

相声是一门具有鲜明中国大众文化特点的传统的语言艺术。相声、小品、二人转等节目在央视春晚等媒体平台上始终被列为“语言类作品”，播放这类作品的节目也都被归为“语言类节目”或“娱乐类节目”。很多经典的相声作品都是经过专业演员的精心创作加上在演出过程中的不断打磨，在表演技巧、语言节奏、人物关系、故事架构、戏剧冲突、喜剧效果等方面都精益求精，甚至达到了字斟句酌，多一分则溢，少一分则缺的精准地步，这样才能达到喜剧效果的完美呈现。

作为突出广播地方化特点的相声谈话节目如何通过谈话节目的形态构建，让谈话与相声在空中同频共振、熠熠生辉，主持人的培养和使用至关重要。天津被称为“曲艺之乡”，更有“相声窝子”的谐称，不仅相声演员名家辈出，相声观众、听众也非常内行，天津人乐观开朗的性格也赋予了天津语言文化更多幽默诙谐的特色，网上戏称“天津的相声演员稍一懈怠就被观众的水平超过了”也并非虚言，很多天津的相声观众对一些经典作品的内容早已熟络于心，不仅爱听相声、会听相声，甚至自己还能在某些场合“票”（演）一段相声。由此可见，相声广播在天津开办，地域人文优势得天独厚，面对的挑战也异常严峻：播出的节目内容是精彩幽默的相声作品，面对的听众既博闻懂行又会听能演，主持人在相声之间的语言如果只流于泛泛的演员名称、作品名称播报，将很难获得听众的认可，更难以在收听市场上同其他播放相声音频资料的广播节目、频率以及新媒体客户端相抗衡，因此专业性、娱乐性、贴近性日益成为相声广播主持人必须具备的职业素质。目前相声广播很多语言类节目的主持人都具有相声艺术的创作表演经验，能够熟练地将相声的表演技法运用到节目的主持风格里，让相声和相声之间的主持词也能充满笑料，有捧有逗有包袱，只有这样的语言类节目才能征服笑点很高的“哏儿都”听众。具体做法有以下 4 点：

（一）细化节目稿件

相声界常说的：相声作品要“有包袱”（有笑料），相声演员要“抖包袱”（将笑料转化为最佳的喜剧效果）；有的相声是“人保活”（演员的表演功力为作品增色），有的相声是“活保人”（作品的精彩提升了演员的水平），说的都是作品创作和演员表演的辩证关系。这个艺术规律放在语言类节目稿件创作和主持人的临场发挥之间的关系上也同样适用。相声广播要求节目的稿件或提纲就是一部相声作品的“台本”，根据主持人个人风格，逗哏、捧哏的角色定位和语言构架十分完善，“包袱”的铺垫和使用恰到好处。有了“台本”，主持人在节目中“使活”才能心中有谱、游刃有余，才能以独特的风格引导听众进行“沉浸式”的“相声体验”。

（二）简化主持语言

相声艺术有其独特的艺术规律，在语言的组织和使用上非常精细，甚至多一个字、少一个字，停顿的时间多几秒、少几秒，最终的艺术效果就会截然不同。为了规范主持人的语言运用，相声广播对语言类主持人的话语时长进行了精细化的管理，根据不同节目样态的收听规律制定各节目的主持词时长标准，倒逼主持人优化主持语言，使其精炼紧凑、干脆利索，尽量避免言之无物、言之无趣，有利于包袱笑料的运用，符合当下听众快节奏的欣赏习惯。

（三）优化节目样态

相声艺术经过百年的传承，时至今日能够达到广播媒体播出标准的相声作品粗略算来不过三四千段，仅凭这些内容要支撑一个专业化的广播媒体年复一年正常播出，每天的播出量是远远不够的。因此就要求编播人员发挥专业特长，在深挖相声作品、相声演员的背景资料、创作经历、社会影响等文化内涵方面下功夫，同时还要明确不同语言类节目的风格定位，避免节目选题、主持风格和播出内容上的雷同，制作个性突出、特色鲜明、风格迥异的不同样态的语言类节目。目前相声广播自办的语言类节目包括娱乐杂志型、热点话题型、时事杂谈型、相声表演型、笑话串烧型、经典回顾型、嘉宾访谈型、生活信息型、美食分享型等多种样态，开拓发掘了广播媒体和相声艺术合作嫁接的各种可能，使语言类节目像烹调菜肴一样，在原料有限的基础上通过充分地加工利用和变换手法，最终制作出色香味俱佳的不同菜品。

（四）垂化频率形态

相声广播自开播以来始终秉承频率垂直化定位，在广播频率传统“文艺”大类下，探索创新细分的贴近地方听众收听习惯和市场需求的频率形态，精心研发节目形态、布局节目时间。比如：在早间的洗漱、出行时段里安排了碎片化的生活服务信息的简要播报和相声小段以及杂志化的娱乐话题，方便听众的伴随收听；午间时段为中老年听众安排了传统相声的赏析，与其他广播频率此时播放的流行音乐节目进行收听市场的差异化竞争；晚间时段安排的话题节目、访谈节目、名家讲座节目吸引了更多闲暇听众的收听参与。在细分听众群体、深耕节目内涵的同时，相声广播还不断加强品牌形象的宣传推广，在相声茶馆、相声专场等地体现频率的Logo、条幅和各节目的宣传展架、纪念品，力争做到“有相声的地儿就有相声广播，听相声的人都听相声广播”。为了实现今后的可持续发展，相声广播多年来始终坚持在青少年群体当中普及相声文化、推广相声艺术，连续10余年成功策划举办“欢声笑语校园行”系列公益演出，多次举办大学生原创相声大赛，吸引了天津乃至全国各地高学历、高素质的青年学生参与其中，为高校的相声编演人才提供了展示的舞台。同时录制、储备了大批清新时尚的校园相声作品用于节目播出，提升了原创相声作品的创作水平和文化底蕴，同时也让相声广播在青少年听众中的知名度和影响力与日俱增。

在取得良好的社会效益的同时，相声广播通过多年来的开拓创新、精细管理，也取得了良好的经济效益。2008年创办至今，相声广播在天津的广播市场中已占有了稳固的优势地位，收听率在开播当年就跻身天津台前三甲并长期保持，仅次于传统优势频率交通广播和音乐广播。这个仅有17名员工的频率，2018年度广告创收额将近8000万元，成为天津广播媒体投入产出比最高的频率。

二、“脱口秀”节目的发展脉络

全球广播发展百年以来，广播节目、频率的交流、借鉴和创新随时在发生，广播与其他社会、经济、政治和艺术活动也不断融合交流。中国城市广播的谈话节目与西方广播的“脱口秀”节目也是如此。

“脱口秀”(Talk show) 这种艺术形式的起源最早可以追溯到 18 世纪英格兰地区的咖啡吧集会，在集会上人们讨论各种社会问题，然而，广播脱口秀得到真正的发展是在美国。20 世纪，随着广播的产生以及人们对公共集会的热衷，越来越多人将兴趣投之于通过广播这一新媒介进行讨论，这也催化了脱口秀的诞生。根据历史学家韦恩·芒森的说法，美国第一个脱口秀节目应该是 1921 年在马萨诸塞州斯普林菲尔德 WBZ 电台播出的一个乏味的农业节目，40 年代脱口秀节目开始登陆电视媒体，1948 年，由米尔顿·伯尔主持的《德克萨科明星剧场》和艾德·萨利文主持的《小城大腕》开创了名人访谈节目的先河。脱口秀节目通常由一个电台主持人主持，通常是某个领域的专家。许多节目还邀请了接受采访的临时客人，以及一两个协助主持人的常规对话者。观众参与通常是世界范围内广播谈话节目的一个主要特点，听众有机会通过电话或写信向节目主持人提出问题或评论，然后在广播中转播。自 20 世纪 20 年代西方国家和 40 年代非西方国家大力发展广播事业以来，脱口秀节目一直是广播的一个显著特征。包括 20 世纪 20 年代亚历山大·伍尔科特 (1887—1943) 对纽约新闻彬彬有礼的评论，以及 30 年代美国全国广播公司 (NBC) 沃特·温切尔 (1897—1972) 主持的政治八卦节目。20 世纪 30 年代，广播脱口秀节目借助电话的普及出现了大量的互动形式，从此广受欢迎，更加蓬勃发展。从 20 世纪 80 年代早期到 90 年代中期，美国以脱口秀节目为主的电台数量翻了两番。时至今日，大约 80% 的美国广播电台都在节目中加入了某种形式的脱口秀节目。而在美国电视行业，各种各样的脱口秀节目也占到了电视节目总量的 40%，其中涌现除了众多的名牌，比如《奥普拉脱口秀》(*The Oprah Winfrey Show*)、《大卫·莱特曼的深夜秀》(*Late Show with David Letterman*)、《拉什·林堡秀》(*Rush Limbaugh show*)、《肥伦今夜秀》(*He Tonight Show*)、《扣扣熊深夜秀》(*The Late Show with Stephen Colbert*)、《柯南秀》(*Conan*) 等各种版本的脱口秀节目，内容涉及政治、经济、文化、社会、生活等方方面面，脱口秀也成为一种记录文化与社会巨大变化的载体。

近年来，“脱口秀”在中国也大有遍地开花之势：1992年，上海东方电视台创办的《东方直播室》被认为是中国最早的电视谈话类节目。1996年，中央电视台推出了由崔永元主持的《实话实说》节目，它的发展历程全面地折射出脱口秀这种节目样式在中国本土化的过程。随后，各个电视台争相开办“脱口秀”节目，包括《鲁豫有约》《东方夜谭》《金星秀》《娜可不一样》等。2010年的《壹周立波秀》和2012年的《今晚80后脱口秀》、2014年的《英俊秀》更是过渡到一个主持人就可以撑下全场的节目阶段，并以当下中国广大社会民众的生活为节目素材进行创作，显示着中国脱口秀节目已经步入成熟。

相对于电视脱口秀节目的繁荣火爆，广播媒体的脱口秀节目尚处于起步阶段，以往涉及时政、情感的谈话节目在广播媒体中都曾经红极一时，以娱乐调侃为元素的脱口秀节目近年来也开始崭露头角，但由于该类节目对主持人各方面素质的要求比较高，专业人才可遇不可求，嘉宾资源也相对有限，因此虽然省级台几乎都有各自的广播脱口秀节目，呈现出了遍地开花的趋势，但距离打造出“现象级”的名牌精品节目依然任重道远。进入网络视频时代，脱口秀节目也迅速占领了新媒体平台，2017年由腾讯视频、上海笑果文化传媒有限公司联合出品的喜剧脱口秀节目《吐槽大会》《脱口秀大会》异军突起，在腾讯视频网络平台一经播出就分别斩获了20多亿的点击观看量，李诞、池子、王建国、思文、呼兰等脱口秀演员也迅速成为“网红”。

三、相声广播对“脱口秀”形式的“洋为中用”

对相声广播来说，在对语言类节目的主持风格、喜剧架构进行“相声化”处理的同时，“脱口秀”艺术中也有很多值得我们借鉴和学习的经验，乃至可以通过处理好相声和脱口秀这两门艺术的求同存异，更好地将其进行本土化的改造，使其成为符合中国民众欣赏口味和中国媒体宣传规律的娱乐形式。很多业内人士和观众都喜欢把源自国外的“脱口秀”艺术与传统曲艺单口相声进行比较，两者的相同点之一都是一个人在舞台上的语言表演。单口相声的故事性强，它一定要有曲折的故事情节和生动的人物形象。在组织和使用

“包袱”时也一定要从故事情节和人物性格出发。虽然“脱口秀”中也会有情节和人物，但它的情节常常是断断续续或时隐时现，人物也是经常变换。单口相声每段都有一定的故事情节，情节铺垫中产生包袱，而包袱又推动着情节发展。表演单口相声，时而以第一人称，时而又以第三者出现，时而跳出、时而跳入，有时叙述，有时品评，有时叙说的故事似说自己，有时又是以一个局外人角度来讲述故事。而“脱口秀”是从笑话出发，兼顾情节和人物，来达到喜剧效果。每个段子都单独成立，每个笑点都独自存在。“脱口秀”较单口相声更注重与台下观众的互动及随机应变的灵活性。台上表演者需要根据台下观众的反应调整喜剧路线，并根据现场情况展开即兴表演。

因此，相声和脱口秀既有小同也有大异：首先，脱口秀是从始至终地“我说”，相声则是跳进跳出地“说我”；其次，脱口秀面对话题或事件做评说——它直接扮演着正义的角色，相声则围绕主题或人物去演绎——其中的情理交给观众自己去品、去悟、去琢磨；第三，从本质意义上说，有些脱口秀只是“取艺”——艺术不过是其取用的元素，相声则是“曲艺”——是曲折、含蓄、委婉表达的艺术。大多数的观众永远不会在意相声与脱口秀之间的差异，谁能让大家笑得开心且受益，他们便会成为谁的拥趸、粉丝。相声大家马季先生生前说过：相声可能将来的发展趋势就是脱口秀。无论是王自健还是裘英俊，能将脱口秀节目主持火，其相声素养起到了至关重要的作用，这其中便蕴含着脱口秀与相声的共性规律。

相声广播的语言类节目在引入“脱口秀”形式的时候，从以下几个着力点入手对其进行了创新和提升。

（一）既要“逗”也要“斗”

很多受众看脱口秀也好，听相声也罢，都是冲着它们的娱乐属性来的。“逗你玩”的本质其实是一种智慧博弈，“逗”即“斗”，语言类节目应该充分发挥这一艺术特性，以略高出听众娱乐口味和逻辑笑点的手法来组织主持语言和节目架构，使听众在获得欢乐之外赞叹于主持人语言之精妙、笑料之劲爆。

（二）既要“嘲”也要“潮”

嘲弄丑恶、针砭时弊，这是脱口秀和相声共同具备的优秀品性，语言类节目若想嘲得有力，必须深入时代与生活的大潮中，只有真正了解生活，才有可能沙里淘金，将最具时代特色和最有听众共鸣的娱乐话题提炼出来。

（三）既要“近”也要“进”

大众艺术形式的与时俱进，其目的都是为了贴近当今时代的广大受众，所有之进无一不是为了“近”而服务。语言类节目更应该走基层、接地气，挖掘出、运用好贴近时代、贴近生活、贴近群众的娱乐元素。

（四）既要“话”也要“化”

脱口秀与相声最终拼的绝对不是“记性”，而是“即兴”，而貌似轻松、不经意间的思想、情感的表述，实则蕴含着深厚的人生体验和文化积淀，语言类节目的主持人也必须不断从各类艺术形式中汲取营养，并善于将学到的东西化为己有，如此才能厚积薄发，使主持语言自然生动，深入浅出。

（五）既要“借”也要“戒”

无论是相声还是脱口秀表演，所承载的娱乐意义往往大于社会意义，为了追求现场效果很有可能口无遮拦，甚至进行低俗恶搞，而支撑语言类节目的广播媒体则承担着舆论导向、品味引导等教化功能，因此语言类节目在借鉴相声、脱口秀的娱乐手法的同时，还应明确自身责任，强化导向意识，抵制三俗之风，摒弃低级趣味，通过提升编播人员的文化素质、语言素质、道德素质和应变能力，力求打造情趣高雅、积极向上的娱乐节目，在笑声中带给听众更多回味和思考。

综上所述，随着我国经济社会的蓬勃发展，相声、脱口秀以及语言类娱乐节目在缓解受众的紧张情绪和心理压力等方面都将起到“解压阀”的积极作用。尊重并研究脱口秀与相声的“同与不同”“似与不似”，发扬它们各自内在的艺术特征并运用到广播媒体的语言类娱乐节目当中，将会进一步帮助我们丰富节目内容，创新节目样态，制作出更为受众喜爱的精神文化产品，打造别具一格的具有鲜明中国文化气派城市广播节目和频率形态。

开拓中国城市音乐广播的“黄金时代”

——从海外音乐广播现状谈我国城市电台音乐广播愿景

欧 阳

音乐是一种听觉艺术。这种纯粹的听觉感受，可以启迪人类的智慧，充实净化人类的灵魂，抒发情感，释放情绪。广播，一种以电波形式传递声音的载体，以其天生的特性，成为传播音乐的最佳媒介。正是广播与生俱来的属性与音乐之间的完美结合，才催生了广播电台中一类数量庞大的存在——音乐广播电台。尽管传播格局巨变，但它的过去、现在和未来仍然有很大的发展空间。

据不完全统计，全国城市电台的总量在2016年达到306家，2000套以上频率（不包含县级以下电台），其中各家省级电台大多拥有自己的音乐广播，上海台甚至拥有3套音乐广播频率，天津广播在拥有音乐广播（FM99）之后，也于2018年10月开播了第二套音乐广播——经典音乐广播（FM88.5）。根据赛立信媒介研究有限公司的统计，由其提供服务的电台中，音乐广播的收听率在各地电台中都名列前茅。由此可见，音乐广播在受众中受欢迎的程度。

虽然音乐广播在我国发展迅速，但是也日益受到来自多方面的挑战，其中比较明显的竞争来自网络音频平台。搜狗音乐、QQ音乐、网易音乐等App在移动互联网上的表现让传统的音乐广播感受到巨大压力。这些互联网音频平台与大数据的结合，让其更能满足用户的个性化需要，其移动收听的功能，给用户带来了随时随地听自己想要的音乐的收听体验。

面对竞争，我们的传统音乐广播如何突破？笔者结合在天津广播的实践，对我国和欧美国家的音乐广播走访和考察，提出自己的一些见解。

一、推进媒体融合，打造网络音乐直播间

新媒体不只是传统广播的竞争者，还是传统广播可资利用的手段。我们已处在网络时代，各类网络播客、网上电台“来势汹汹”，这更加要求我们必须提高紧迫感。网络的飞速发展还带动了传统直播概念的扩大，如今再提到“直播”，已经不仅仅指过去的节目直播，而是音频、视频一体化的网络直播。在海外的很多音乐节目中，大量的广播节目都已视频化，听众不仅可以听到明星做客直播间，更能通过视频看到明星坐在直播间。但这类直播节目不仅仅是明星在直播间接受访问，实际上是明星在直播间做微型的“Live Show”，也就是把演出现场搬到直播间。在艺术资源相对较为丰富的欧美，这种节目方式已是很多频道的“拳头产品”，连 NPR 这样的公益广播亦有大量这样的“Live Show”。

从国内情况来看，随着媒体融合步伐的加快，从技术上已经完全能够支持这种网络直播间的形式。以天津音乐广播为例，已有的节目中，已经将钢琴弹奏，主播个人即兴演唱等表演元素用于广播的直播间内并取得了成功。完全可以设置“音乐主播频道”，用“新”的直播方式播出音乐节目。打造新媒体同步直播“看得见的音乐广播”，放大主持人和节目的影响和传播效果。

二、变革制作方式，提升音乐节目产品的制造水平

以主持人 IP 为核心，创新工作方式，精心制作移动互联时代的音乐内容产品，构筑核心优势。网络电台的节目也给了我们一个提示：大量出色的网络播客打出的品牌价值是节目内容，这一方面是主播的个人魅力，背后，实际上是栏目化的制作方式和公司化运作的生产方式。

我们的传统广播，受到体制的限制，其音乐节目的制作方式还比较保守，如果我们能突破这个束缚，相信会对节目的质量和水平带来极大的提升。当然，将节目视为一种产品，需要我们从意识上重视流程的管理和制作环节的精细化、专业化。这方面，北京台早就已经将“ISO 9001”质量管理体系引入了日常的管理和节目生产过程，上海的音乐广播也已经引进并播出了 Premiere

公司制作的音乐节目，这类公司化运作方式势必会提升音乐节目整体的直播水平，确保其保持在一个较高的标准。

纵览国际上音乐广播的发展，也是如此。日本的音乐节目制作公司比较发达，很多知名的日本艺人都曾经有过在专业公司制作个人电台节目的经历。美国洛杉矶清晰频道下的专业制作公司 Premiere 也曾制作过一个王牌音乐节目：《第六感》(*The Sixx Sense*)，这里的 Sixx 是节目的主持人的名字，他是美国的一支很著名的摇滚乐团的主要创作人。这个节目以播出经典摇滚金曲为主，主要受众是 45 岁左右的昔日的美国摇滚青年。在美国考察期间，我参观过这位主持人的工作室，那天他因病未在现场，但节目依然在制作：两位负责为他选歌的制作人正在合成节目。这个节目给主持人完全自主权，他只需在有感觉的时候“信口说来”，把自己说话的音频发给节目组，其他环节则是节目制作人的事情了。这种运作方式实际上是：由专业的制作公司制作节目，交由电台播出。

三、增强互动性，做好地面活动，扩大频率影响力

中国城市广播在活动和互动方面，借助互联网和知名主持人的“黏性”，大可作为。“互动”一直是广播的长项，网络时代的听众跟往日相比，最大的特点就是互动性更强，对参与节目的“获得感”要求更为迫切，如今许多视频网站上的“弹幕”就是证明。广播节目虽然不可能有“弹幕”，但点歌却一直是我们的“老传统”，随着技术的进步，我们的点歌、互动都可以有“升级版”，比如以往的热线电话互动升级为网上的微信、微博社区的互动等。

在美国考察时，我们曾接到过一家即将开播的电台的宣传手册，这家电台竟然是没有主持人的音乐广播，打出的宣传口号是：“只播你要听的歌”。那么，如何做到“只播你要听的歌”呢？他们的运作方式是：设置一个专门的网页，听众只需把想要听到的歌的“点歌”要求发到网站，并且还可以指定歌曲的播出时间。然后，电台的工作人员会按照每一位听众的“点播”要求一一排好歌单，把歌曲的播出顺序、时间在网页上列出，听众自会“把点收听”。而

且，在播出之前，电台还会给听众发提示短信或手机信息。这个没有主持人的“点歌频道”给了我们很大的启发。这对国内很多城市音乐台目前存在的不设主持人、只播歌曲的节目以及大量夜间“补白”时间的非正式的节目，都有很强的借鉴意义。

除了这种“不设主持人的点歌频道”，我们自己的“点歌频道”也可以设置安排有主持人的互动时段，利用主持人的影响力增强与听众互动的直接效果，更有广阔的市场前景。在这方面，英美等国都有比较好的例子。除了上文提到的《第六感》(*The Sixx Sense*) 的主持人 Nikki Sixx，BBC 第一台的《Top 40 热门金曲排行榜》的著名主持人约翰·皮尔更是音乐主持界的传奇人物，影响力颇高，每年夏天的“格拉斯顿伯里”音乐节都会设置“约翰·皮尔舞台”，他主持的这档节目成为了每一位流行歌星的“流量指标”的重要“晴雨表”。尽管他已去世多年，仍在被无数乐手和乐迷推崇。

同时，我们还可以充分利用网络平台的社区功能，将互动从定点定时互动，变成线上线下 24 小时不停歇的互动，将节目进行时间上的延伸，空间也由本地扩展为全网，走出地域的限制。

说到通过活动扩大频率影响力，国内的电台也做了很多探索。上海东方广播中心的四套音乐频率均打造了自己的音乐文化品牌，例如动感 101 的“东方风云榜”、Love Radio 的“最爱金曲榜”、经典 947 的“星期广播音乐会”和“辰山草地音乐节”、KFM981 的“KFM New Beat Chart”等，品牌节目与活动提升频率知名度的同时带动频率活动经营创收。借助 SMG 集团的媒体影响力和号召力，上海的 4 套音乐频率能够撬动明星大咖资源，开发本地乃至更广泛地区的消费者价值和广告收入，大大提升了平台价值。

四、进一步垂直细分，打造符合不同听众需求的类型化音乐广播

由于移动音乐聚合平台垂直分类的影响，听众和用户越来越倾向选择他喜欢的细分类型频率和节目，特别是不同类型的音乐频率。一座城市的广播频率可以增加和细分音乐频率设置。参考英、美其他国家的广播市场，可以

看出音乐广播在不少国家都是主要的广播内容。目前，美国拥有正式注册的广播电台大约为 1.5 万家，拥有 2.4 亿多听众，音乐广播的比例占了 78%，另外的 22% 是新闻和谈话台（占 11%）和宗教类的频率（占 11%）。众多的音乐广播频率中，各类音乐形式均拥有独立的专业化频率，乡村音乐、摇滚音乐和另类音乐的专业频道各占 12%，Top40 热门排行榜歌曲和老歌频道各占 11%，当代成人抒情歌频道和都市音乐频道各占 10%。从收听率上看，乡村音乐广播频率是雷打不动的美国广播收听率的 No.1，拥有亿万听众。Top 40 排行榜热门歌音乐频率、成人抒情曲音乐频率、经典老歌频率、经典摇滚金曲频率、热门当代成人抒情曲音乐频率、当代都市成人抒情曲音乐频率、热门摇滚金曲频率等也都能经常挤进前 10 名。频道之间形成了互补关系，乡村音乐市场集中在美国的南部，当代成人抒情曲横跨美国的东、西海岸，听众的年龄大致为 25 岁到 49 岁的成年听众，各类热门排行榜歌曲的新歌频率的主要听众则是 12 岁到 18 岁的年轻一族，还有各类“抒情爵士”“抒情金曲”频率，他们的受众则是 50 岁以上的老年听众。

相比美国，英国的 BBC 广播公司有着更浓的公共频率的特色，BBC 广播的第一台（BBC 1）、第二台（BBC 2）和第三台（BBC 3）都是音乐频率，第一台为流行音乐频率，第三台为古典音乐频率，第二台则是以主持人的名字为节目名称的频率。除了“公营”的 BBC 广播公司，英国的商业电台近年来的发展非常快，特别是“古典调频”这样的专门播放古典音乐的商业电台，它还和最大的古典音乐杂志《留声机》一起开设音乐奖项，每年还会推出一个根据听众的票选评出来的“百大最受欢迎的古典音乐”榜单，深受好评。他们的节目主持几乎都是资深的音乐爱好者、唱片收藏家，也有专业的音乐人士，“权威 + 亲切”，是他们成功的“秘笈”。

我国的广播商业化程度与欧美国家相比不高，主要原因是体制上的不同。作为公共广播，我们更要考虑广播受众不同的需求。我国民族众多，地域经济、文化和受教育的程度差异明显，这些因素决定了受众的需求是多种多样的，仅仅一两种类型的音乐广播难以满足不同阶层、地域、年龄人群的不同需求。因此，对音乐广播市场进行细分不仅仅是音乐类城市广播本身发展的需要，更是广播市场的真实呼声。在这方面，上海的城市音乐广播的经验值得其他地区借鉴：

上海东方广播中心旗下共配置动感101、Love Radio、经典947及KFM981等4套音乐类频率，定位清晰且互不相同，市场占有率合计达35.7%，充分挖掘了音乐收听需求（表1）。4套音乐频率均有明确的定位，防止音乐频率之间的听众分流。音乐频率的界定主要从年龄细分和学历细分解构听众，针对喜欢流行音乐的35岁以下年轻群体、喜欢经典音乐和怀旧风的35—54岁中青年群体、追求高雅音乐艺术的大专及以上高知群体和心向国际潮流的30岁以下年轻一族来编排特色节目，牢抓频率定位的精准性，节目内容与风格的辨识度较清晰。

表1

频率	市场定位	节目编排 & 管理
动感101	面向35岁以下年轻听众，最新流行音乐	选曲限定近3年内，超出视为播出事故；承载“东方风云榜”，期间可实现流量明星节目在线互动
Love Radio	面向35岁及以上中壮年及部分偏老年听众，经典流行音乐	多为3年以前的音乐歌曲；拥有“最爱金曲榜”，是国内享誉的音乐盛典品牌，号召力强
经典947	面向高雅音乐需求者（高学历、高品味的音乐、古典音乐爱好者），古典音乐/现场音乐会	宣扬经典音乐/乐曲音乐醇享盛宴，常常直播上海的古典音乐文化演出，现场感强；承载“辰山草地音乐节”及系列活动
KFM981	面向新潮音乐需求者（30岁以下年轻一族），外文歌曲/世界音乐	跟踪世界音乐最新动态，时尚潮流外文歌曲私享地，俘获外文歌曲发烧友

当然，城市台音乐广播的发展非一日之功，但我们应该看到其发展的潜力和可能，这来自市场的需求，来自音乐广播从业人员对事业的追求和热爱，来自有影响力的主持人和高质量的伴随场景氛围营造。国内外实践证明，传统音乐广播的进一步细分，是在新媒体环境下不断发展的内生动力，将打造仍然属于广播的“黄金时代”。

美国广播电台受众发展战略

莱恩·法穆利纳

主讲人：莱恩·法穆利纳（Ryan Famuliner），密苏里新闻学院广播电视系副教授、KBIA新闻中心总监。此文根据2015年10月13日的讲座内容整理。

根据广州赛立信媒介研究有限公司对其服务的全国70多家广播电台统计的数据，除北京、西藏两地，全国各地方广播电台的收听率都明显高于在当地落地播出的中央广播电视总台所属的广播频率，尽管中央台节目的覆盖率远远高于任何一家地方广播媒体。出现这一现象的原因与广播的地域性特征密不可分。美国广播根据听众人数集中程度划分为260多个大小不一的市场，KBIA所在的广播市场不大，它又是一家公共广播电台。随着网络技术的发展，受众收听广播的载体发生了新的变化，地方广播电台的地域限制也因此被打破。那么地方广播电台，如何利用这一契机，既保住原有受众不流失，又对用户进行拓展？美国的广播从业者对此也进行了探索。

非常感谢大家，有这个机会和大家一起交流，之前在密苏里大学的培训都是由我负责讲广播，之前我去过国际台、云南台和昆明台，很高兴同中国同行一起分享。

一、美国广播市场的情况

我们首先看一下美国广播市场的情况，根据2012年阿比创的美国广播市场分布数据，纽约是美国广播最大的市场，KBIA只是其中一个小市场。我们很清楚传统广播的市场在哪里，但是随着互联网的发展，竞争变成全国性的，比如从前我们报道的本地内容，《华盛顿时报》《纽约时报》有可能也在报道。

除了广播内部，广播外部，电视是最大竞争者，电视台现在也可以实时报道，有便携设备，并且有商业广告，和广播的运行模式相同。收听模式也发生了很大的变化，现在人们都在听在线广播，不仅是在电脑上，还在智能手机上，podcast 在音频市场的整体占有率由 2008 年的 8% 增长到最近的 17%。

在新媒体方面，竞争同样非常激烈，社交媒体可以分享新闻，并且都是碎片化的；一些博客也充当了新闻发布的角色；还有各种各样的网站，其发布新闻的方式和我们一样。比如《赫芬顿邮报》，就比较擅长在网上通过各种方式发布信息。但是 15 年前，我们根本不存在这样的竞争。

我们目前不能仅限于空中节目，也要做好网络的推广，把广播和网络结合起来，更好地吸引用户，让用户通过推特分享我们的信息。

2008 年的经济萧条和新媒体的崛起，对传统广播产生了重创。我们的听众越来越少，很多被分流到新媒体上。这是目前传统媒体面临的前所未有的严峻形势。

在把我们的内容展示到网上时，广播的运作方式却没有跟上，或者谈不上成功。面对新技术的冲击，我们没投入过多的资源或人力，许多传统的媒体人，从来没有想过今天会被要求去发推特或摄像、摄影。从这个方面来说，对我们也是一种挑战。

二、KBIA 的基本情况

KBIA 属于 NPR 的附属台，坚持严肃的新闻视角。我们和 NPR 的关系，不是拥有关系，我们可以使用 NPR 的内容。

我们和 NPR 的资金来源一样，由基金会支持，而不是从大集团获得财政支持。我们会获得政府的一些资助，还可以从一些公司获取一部分费用，但是对这些公司的宣传是有限制的，因为毕竟不是广告。我们还可以从个人那里获得一些捐赠，我们会通过一些途径说服听众给我们捐赠，捐赠金额在 60

到 1000 美金。受众给我们捐赠的原因包括文化习惯，还有他们认为我们提供的服务有价值。让捐赠资金的受众获得超值的体验和服务，才能保障受众的捐赠。

很多公共广播电台与相关大学有联系，可以获得大学的资金资助。KBIA 属于密苏里大学，资金来源 10% 来自密苏里大学，10% 来自州政府，30% 来自商业企业，30% 来自个人捐赠，20% 大手笔的私营公众基金。资金并非单一来源，这样就更有保障。

商业电台由于近 10 年广告量大幅下降，本地地区性小型商业电台新闻中心不断裁员，甚至消失，他们自己不采新闻，而是使用专门的内容制作公司提供的内容。密苏里大部分小台运营比较紧张，有些地方被公共电台取代。

我们的口号：严肃的新闻角度。我们的受众构成来源于直接访问网站的听众和通过其他途径收听节目的听众。直接访问网站的听众虽然不多，但比其他小台要多。从其他途径收听我们节目的受众与直接访问网站的受众大致相等。社交媒体对我们流量的增加起到了很好的作用。推特和脸书的数据表明用户用移动端收听节目的比例还是很高的。另外进一步细读统计资料，用户访问网站平均浏览新闻 1.49 篇。每篇稿子的平均停留时间 1 分 23 秒。通过脸书看稿件的平均停留时间 3 分 57 秒。浏览网站内容的用户，中午访问量最多，达到峰值；晚上 8 点以后出现另一个高峰。空中节目听众与网络听众的收听周期有些不同，空中节目的收听高峰出现在早晨上班高峰和晚上的下班高峰。因此，收听空中节目与网络收听的习惯是有差异的。如果把网络内容当作空中节目的高峰处理，就会失去网络的受众。在网络上散发最精彩内容的时候，要把握好时间。

NPR 网络媒体受众与传统媒体受众重合度比较低。网上受众与传统受众不同，每周空中节目 2600 万收听量，网站 600 万收听量。每周统计看，4% 的广播听众会访问电台网站，网上受众的 17% 会收听电台节目。网络受众与传统受众有很大不同。数据告诉我们，想提高重合受众，要针对不同的媒体，提供与他们的需求相匹配的内容。可以通过在网络上增加视频、图片吸引听众访问网站，利用社交媒体对节目有针对性地独家发送，加大手机收听的用户量，来提高网络和传统节目受众的重合度。

三、地方广播电台如何吸引受众

说到受众的发展模式，受众的吸引模式，我们从公共广播电台的角度，听听一位公共广播电台的前辈芭芭拉·考克伦女士是怎么说的。芭芭拉还在我们学院工作，她曾经当过NPR的副总裁，现在她在我们学院担任教授，她出了本书叫作《重新考虑再考虑公共媒体》。她讲到，对地方广播电台来说，一定要做到更加贴近地方受众、更有包容性、更好的总结性、更好的互动性，这样地方广播电台才能更好地发展。

首先，就是更加本土化。我们要创造一些有创新性的、之前从来没有过的本土新闻的发展方式和模式。比如其中就有一个KDI广播电台的“乡村吃饭者”的计划，这个活动方案是在上一轮的政治选举中使用的。选举包括美国总统大选，同时也包括地方市长、州长的选举。我们派相关记者到美国密苏里州哥伦比亚市周边更小的城市，跟那些正在吃饭的人了解他们对政治的看法，正好是大选的年份，这个时候谈政治是比较合适的。这些人一般会谈对本地区的行政长官的看法。这种采访在本地新闻播出就更有本地的相关性、亲和性了。

另外一个本地受众发展项目是我们自己投资或使用外部捐赠完成的，比如MyLife“我的生活我的城镇”这个项目。我们对周边的小城镇的年轻人进行采访和报道。在美国的小城镇的年轻人会有这样的一个情况：在美国小城镇长大，长大之后会离开故乡到大城市找工作，之后就一去不复返，小镇人口减少，发展机遇渺茫，甚至某些小镇在地球上就被“抹掉”了，不复存在了。这样的事件一个大媒体是不予报道的，报道对其他地区的听众没有亲和性，但我们报道出来，当地的受众很喜欢。我们的报道还跟另外一个当地商业报纸媒体一起做，在各自的媒体上发表出来。其实电台和纸媒的合作是很不容易的，因为报纸和电台的新闻中心有各自的要求。我们采访的是一个17岁的女孩，她17岁的时候就当了妈妈，生活很艰难，有很多特殊性，我们两个媒体还是做到了合作，一起采访。

这种方式对我们发展、增加受众起到了很好的作用。很多内容来源于受众，采用用户上传的方式，受众喜欢看他们自己制作的作品，这样的作品也丰富了我们的内容。在突发事件发生时的5、6个小时中，我们会每半小时更新一次内容。比如在极端天气的情况下，如果没有受众的帮助，我们也是很难更新这么多内容的。我们也在网站上做实时更新，受众的喜爱和参与为我们的内容更新提供了很好的支持。

根据以往经验，我们跟报纸合作的时候就开门见山我们要采访什么，我们要关注哪些。美国人总是从宏观开始讲起，最后才绕到主题，这样很浪费时间。我们和报纸合作的时候一开始我们就切入主题。

其次，我们认为，要做到更好的相关性和包容性。我们做了一个节目Here Say，包容性体现在选取的点和采访尽可能多的人。尽可能多的人包括各个民族、各个人种、各个职业，所采访到的都是不同的多元化的声音。以前美国的媒体有个习惯，采访的都是白人，因为白人是人口大多数，也是社会的主体，那么我们就打破惯例，使我们能尽可能多地反映更多的声音，让更多的人来讲述他们自己的故事。并且这样的展示还与数据可视化结合在一起，点开每个小链接就知道我们采访到什么地方，可以直接看到采访人的形象，听到采访某一个人的内容是什么。大家可以看到我们采访对象是包罗万象，体现多元化多民族的特点。这样一来对多元化的社区是一种照顾，使社区多民族的文化得到更加好的体现。而且，我们这样的做法可使潜在捐赠对象做到多元化、多民族化。

另外，在包容性这方面，我们还强调对社交媒体的使用。这是为了真正地打造社交媒体而不是为了自己的形象宣传。我们要加强在网上实时更新、把受众实时说的话列出来，有关覆盖社区的多元化的受众照片、视频不停更新，使我们真正能够利用社交媒体来为受众做好服务。在社交媒体上有各种新闻来源，《纽约时报》、KDI都有社交媒体，可以在世界上的任何角落通过社交媒体获得相关内容。如何利用好社交媒体这个平台，让受众觉得在这个平台上有内容可看而不是仅仅为了发链接了事？这就要求我们发的链接要让受众觉得值得他花时间去看，要利用好这个社交媒体来作为一种外联受众的平台。做好社交媒体上的内容优化还体现在记者开的社交媒体平台，他的平台是为了工作所需，通过推送相关内容来吸引受众。是通过客户端来把视频内容放上去，并发在 Facebook 上，对它的运用可以使我们在 Facebook 上的浏览量有所加强。

对受众的包容性还在于发动受众来帮助我们进行报道，实现一种叫众筹的方式，使报道得到补充。我们曾经在极端天气的情况下，开通了一个直播的播客，使得用户不停地、比较容易地，实时上传内容到我们的播客里，使我们的报道一直有内容播出，持续进行。这段时间的播出，使得我们的播出内容成为了本年度很精彩的内容，进入了国内年度新闻前十佳。这种方式还可以用在其他突发新闻的报道中，比如枪击案事件的相关报道。我们利用现场直播的播客，可以做到每 5 分钟，每 10 分钟，每 20 分钟，都可以对相关的内容进行更新，利用受众的参与度和积极性，在用户的帮助下，可以使新闻得到实时更新。

对更好的相关性，我们还可以做许多文章，比如说使广播电台的新闻中心的工作人员的背景来源多元化。在哥伦比亚，黑人的比例占到 10% 或更多。这个比例不算很高，但是在美国的有些城市，可能会达到 50%。在这种情况下，如果想覆盖多元化受众，那么编辑部的人员组成也要多元化。再则，我们鼓励通过不同的平台，比如网站和空中节目，不停地鼓励当地用户上传内容，也鼓励他们把遇到的困难通过我们的媒体平台发布出去。广播电台与大学合作，鼓励受众参与到我们的节目中来。大家也知道 90 后的人群不大爱听广播，对广播不太在意。所以，我们应该跟大学进行合作，这一点我们做得很好，因为我们台就建在大学的行政楼上，也属于这所大学，我们还是能很好地吸引年轻的大学生。另外，我们还组织了相关的团队去少数族裔社区，这些社区的新闻之前并没有得到媒体很好的报道，我们的团队去这些社区，帮助他们培训自媒体发布的技能，指导他们相关的原则和规范，使他们在网络以及其他多媒体平台上发布自己的新闻。我们也为此组成了相关的网络项目，从哥伦比亚出发，来到圣路易斯，那里有很多少数民族，黑人也很多。在离圣路易斯很近的福克森，我们组织了团队来指导、发展当地少数民族对网络和其他媒体平台使用的基本素养和能力。

第三，要做好互动。在手机、iPad 的用户中，我们根据媒体的各个方面的特点，进行进一步普及和展示。虽然手机用户很多，但是未必所有人都能很好地利用手机进行相关的互动，所以，我们普及线下活动。作为 NPR 的会员台，我们会有相关数据的服务。利用 NPR 的内容管理系统，使我门可以便捷地上传内容，便于会员台之间内容的分享。NPR 获得了奈特基金会的赞助，举办相关的培训。有这样的服务使我们会员台和用户之间更好地互动，也能更多地做这样的项目。我们首先对广播台的网站进行重新设计，当然这是需要比较多的投入和大的改革，但是我们觉得这样做也是十分值得的，因为改版以后我们可以直接使用 NPR 总台的内容管理系统，内容的分析和互动做得更好。

与用户进行更好互动，从网络和其他媒体平台来说，如何让用户更好地适应音频内容的获取和在线收听的习惯是很重要的。我们调查发现，空中节目受众和网络节目受众的重合度不大。人们在网上看到“PLAY”按钮，并不敏感，并不热衷去点这个“PLAY”按钮。所以我们要充实数据内容，在播客方面，用户从网站上下载以后，不用过多点击操作就可以听到下载的内容。所以这是空中在线节目和网站节目结合的缓冲方式。对播客节目，我们跟 COMO 做过相关的项目，很多人想知道 COMO 的历史和文化，我们就做了一系列的播客节目，满足用户收听需求，培养了用户收听播客的习惯。我们调查发现，美国人有这样的习惯，就是在开车、健身的时候喜欢听播客。播客时长根据用户的驾驶时间和锻炼时间通常设计为 30 分钟。播客的内容提供适应用户的使用习惯，也是抓住用户的需求。

在网上互动的另一个重要的方面，是网上的数据内容。对本地的受众来说，可以做受众的相关性，吸引受众参加互动。所以我们设计了“进入密苏里”这样的大型项目。

对广播报道的节目来说，报道数字和财政情况不是我们电台媒体的强项。受众听到数字，尤其是数学不好的人，听到之后就会忘。但是在网上我们做数据可视化的展示，比广播节目好得多。所以，针对这种情况，我们报道密苏里的参议员罗登在选举过程中所筹募的资金，参与竞选所花费的资金，资金来源，获得票数，利益获得等这些数据，就可以通过“进入密苏里”来进一步了解。我们将罗登的资金来源、哪些人捐赠等用数据可视化表示后，就一目了然。由于这些政治家善于隐藏筹募的资金，所以，我们用数据可视化来晒晒他们的资金来源。

对数据可视化的分析，在我们的新闻中心由我们的记者和相关的实习记者跟我们密苏里大学的计算机工程师们联合制作数据可视化的相关内容。所以我们很好地掌握人们捐助政客的曲线图。当然我们在上面花了很多时间，从一年半前就开始筹划这个项目，直到目前状态，当然现在还不是很完善，还在进一步的完善中。有幸的是他们的台长支持这个想法，也花了很多时间和精力展示可视化效果。从传统上讲，商业电台不容许花这么多时间做这个。但是即使如此，数据可视化和数据普及也使得即便是商业电台也能改变思维。所以类似于这种的可视化在电台网站上见到的越来越多。

要做好互动，应该要有投入。以前不管是公众电台还是商业电台，在一定程度上忽视了必要投入，只想用便宜的方式发展媒体融合、发展多媒体、发展可视化。现在思想要有意识地进行转变，不投入是不行的，相关的设备，没有投入的话是买不到的。回到数据统计和分析资料上，5 年前，PLU 没有这种统计分析的，也是近年来才采取的这样一种统计分析的资料。有了它，我们就知道自己网站 PV、UV，对受众载体花费的时间、频率、分享等有一目了然的了解。通过这样的数据统计资料来决定进一步的采访策略或者进一步的发展方向。

互动环节：

问：我们的广播节目在空中播放的和在网络上播放的受欢迎程度肯定是不一样的，他们各自最显著的特点是什么。

答：首先对问题进行下载式处理，像你讲的广播台网上的节目，你可以下载相关的播客，这个是你网上节目独有的特色。受众下载以后，他可以在驾驶的时候、运动的时候收听，而网上播客的节目通常15分钟到30分钟，但是它通常针对特殊的话题和特殊的观点，吸引分众的受众，供他们收听。

其次，网络节目可以是修车技术等专业化的小众定向的节目。形成这样的特色的话就和空中节目是不一样的。要进一步回答这个问题，推荐一个网站，这个是通过密苏里新闻学院和哥伦比亚新闻学院联合运行，现在主要是由美国PEW中心，美国最有名的调查中心来运行。它每年出一份美国媒体现状的报告，通过这个报告，我们可以了解美国新闻媒体的发展动向，以及未来走势。从这个报告可以知道，在过去一个月中美国人12岁以上在线收听率50%。通过它，我们也知道网上在线收听人数也在大幅度提高。对我们来说，我们应该把精力、能力和产品进行平衡，既保持空中节目优势，又不忘记网上节目受众的在线收听。

再举个例子，有的内容更适合网上的受众，有的更适合空中节目。托马斯·莫顿是美国著名的天主教神父之一，50年前去世，上个月，方济各来美国访问时，特别提到他，赞扬他。他的活动范围主要在肯塔基，但是遗物在密苏里被找到。所以我们网上的新闻就大大吸引了全国的受众。全国的受众在网上看到我们的报道，尤其是一些小众受众，他们专门对他或是对他的遗物感兴趣的，我们网上的报道就满足了这些听众需求。这样的受众可能听不到我们的空中节目，他们就能在网上找到这样的报道。

第四章

技术：中国城市广播的后发优势及展望

技术：如何推进传统广播的融合转型？

杨　靖

习近平总书记强调，要着力打造一批形态多样、手段先进、具有竞争力的新型主流媒体，建成几家拥有强大实力和传播力、公信力、影响力的新型媒体集团，形成立体多样、融合发展的现代传播体系。这是中央关于传统媒体与新兴媒体融合发展的顶层设计，也是传统媒体未来转型和发展的指导方向。那么传统广播和新兴媒体该怎样融合？这是需要我们传统媒体从业人员应该深入思考的问题。

为了了解和学习媒体融合发展的先进技术和成功经验，2015 年 10 月，天津广播组织了学习团队赴美培训考察，在美期间，我们参加了由美国密苏里新闻学院组织的广播与新媒体融合发展的培训课程，并拜访和考察了纽约和洛杉矶的 13 家不同性质类型的媒体单位，通过与美国同仁的交流和探讨，同时深入地研究了美国广播和欧洲广播媒体融合的发展现状后，让我们感触很深。首先，我们不可能照抄照搬国外的发展模式，那是与它们的文化背景、媒体发展阶段等因素相关联的，我们应该先做好对传统广播资源的充分利用和深入挖掘，其次，应该积极探索适合中国城市广播现实状况的媒体融合的发展之路。对传统媒体的融合发展，从技术的角度思考，我个人觉得当前应该主要做好以下几点：

一、在挖掘利用好现有广播资源的同时，应该以互联网的思维模式来运作传统广播与新媒体的融合发展

这次去美国，我们能深切地感受到，虽然新媒体正在迅速地发展壮大，

但就目前阶段而言，传统广播仍然占据着主要的市场份额，因此做好传统广播还是事业发展的基础要素。下面我们就从技术的角度来看看美国广播业是如何做好传统广播的。

（一）充分利用好现有的频率资源

图 1　广播发射塔

美国广播业的竞争是非常激烈的，仅纽约地区就有几百家广播电台，在我们的驻地新泽西地区，我通过带来的收音机粗略接收，就能收到 50 多家电台（包括 AM 中波和 FM 调频），这些电台播出的内容有新闻、谈话、音乐、外语等节目，通过合理的频率规划，各家电台都能达到相应的覆盖，例如，1010Wins 电台可以覆盖新泽西和纽约州的大部分地区（图 1 广播发射塔），而在我国，一些省会城市，包括中央台、省台和地方台，加在一起最多也不过 20 多个频率，少的也就几个频率。以天津为例，现有广播频率（FM 和 AM）包括中央台落地节目也就 20 来个，很多台还是在中波和调频同步播出，因此对国内来说，广播频率资源还有可以开发利用的空间。美国广播频率资源利用率很高，调幅广播 AM 主要用于一些新闻类和谈话类节目的播出，信号覆盖比较好，而调频广播 FM 主要用于音乐类节目的播出，这与两类节目的播出形式的特点有关，调频适合播出动态范围大的信号，音质比较好。相比之下，美国几乎没有像我们这样的，一个台的节目同时在调频和中波两个频率播出的情况，而且电台节目的类型化、专业化很强，节目类型的细分为广播提供了更大的市场，国内是否有借鉴的可能，应该结合实际情况进行具体的分析。

（二）结合网络技术深入挖掘广播资源的内在潜力

做好传统广播还要充分挖掘现有资源的潜力，我们在纽约参观了一家名为 Total Traffic 的公司，其主要业务是专门为广播、电视、网络等媒体提供交通路况信息和定制的播报服务，其占据着美国 95% 的市场份额，全国有 18

家分公司。他们利用自己的视频监控系统（图 2）与引进的政府视频系统相结合，并利用警用电台频率等资源，整合交通路况等信息，定时为各家广播电台进行播报，在为各种媒体提供交通信息的同时，他们还有自己的 App，将实时的交通路况信息以地图的形式展现，以不同的颜色代表不同的道路通行状况，一目了然，这种非常便捷的 App 应用的背后是一套非常强大的技术系统在支撑，名为 Total Traffic V9.2 系统（图 3），该由非常专业的技术团队研发，从测试版到现在使用的版本已经是第九代了，同时，他们还与 Google 地图合作，让人们在 Google 地图上使用交通路况信息。相类似的是，我们新建的数字广播大厦的交通路况系统中同时接入了交管局、高速公路管理中心以及应急办、机场、火车站等点位的将近 1000 路的视频信号，接入的视频信息和他们相比并不少，数量可能更多，内容资源也更丰富，但是如何将这些资源在广播节目中播出的同时，能够产生额外的增长点，美国同仁的这些做法和经验是我们可以学习和借鉴的。

图 2　Total Traffic 控制中心

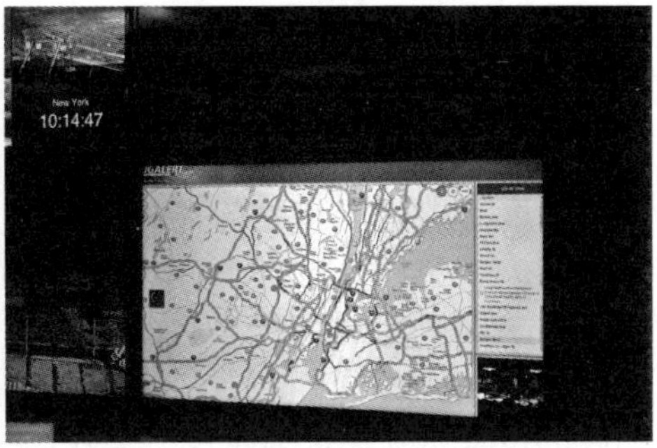

图 3　Total Traffic V9.2 系统

（三）利用技术手段，优化采编播流程，提升听众的收听体验

通过考察发现，美国的很多广播电台使用的设备与我们差别不大，或者说也没有比我们先进多少，甚至有些硬件还不如我们，但是为什么感觉他们的采编播流程非常便捷、顺畅，通过交流和考察我们发现很大程度上是依赖于他们的软件，这个软件指的不仅是具体的软件程序，而且是根据各自电台的工作流程定制的系统模式，这些系统确保了采编播工作的流畅运行。例如，内容管理系统 CMS 系统的使用——编辑记者给传统媒体发送文稿的同时还可

以给新媒体进行内容的分发，美国有的广播公司的转播和播出系统集成了100多个台的节目，我们通过与纽约滚动新闻广播1010Wins的总监哈里斯的进一步沟通后，了解到他们的信号接入方式与我们相同，也都是卫星、IP、ISDN、光纤等，他们只是将这些信号通过一些硬件和软件系统以及网络化技术整合起来进而发挥出更大的优势。美国广播电台是利用硬件、软件和网络相关系统的完美组合，搭建起定制化的符合自身工作流程的系统平台，最大限度地发挥出它的优势，很好地为节目制作、播出服务。

引用CBS的乔伊·萨科曼总监的话，“广播不能像报纸一样没落，应该利用新的技术和平台提升自己的影响力”，HD Radio就是其中的手段之一。HD Radio是美国的数字广播（DAB）标准，是高清数字广播技术的一种。它能以无线广播的传输方式为听众提供CD级音质的收听感受，信号失真小，特别适合播出音乐类的节目内容。除此之外，它还能采用与传统AM /FM地面音频广播相同的频带提供更丰富的内容，通过采用目前称作补充音频服务的技术，广播公司能用以前仅能提供一个频道的频段来提供两个（乃至更多）频道的内容。我们考察的多个音乐广播电台采用播出形式都是HD Radio的模式，能够为听众提供高保真品质的音乐节目，提升受众的收听体验。国内目前开通DAB广播的有北京台、上海台、广东台等，但受到接收方式的限制，应用的并不是十分广泛。

除了做好以上的几点之外，今后我们还应在采编播系统运行流程、媒体融合的技术系统平台的建设、大数据分析利用以及社交平台的交流互动等方面不断拓展，运用网络思维的模式推进广播向媒体融合的发展。

二、应该紧跟国外先进的广播和互联网技术融合发展的趋势，并结合中国城市广播的融合发展现状，打造技术创新平台

（一）美国广播的媒体融合发展状况

1. 台网结合及手机App是基本模式

美国传统广播在做好现有调频和调幅广播形式的同时，也在不断地向与

图 4　1010wins 网站

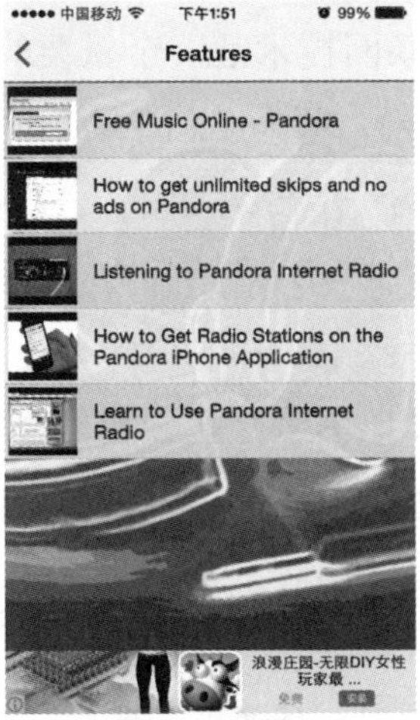

图 5　Pandora

图 6　CBS 纽约网站

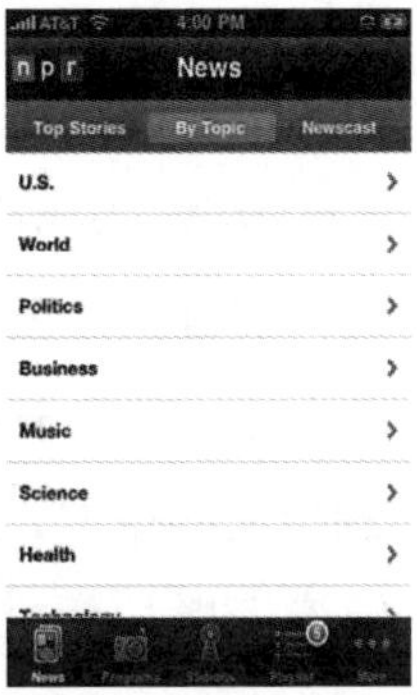

图 7　NPR one

图 8　iHeart radio

新媒体融合的发展方向努力，在互联网方面，在美国比较大的广播公司都拥有自己的网站，例如 1010Wins 网站、CBS 网站等，这些网站的内容非常丰富，它不单单是将广播音频流嵌入网页中，他们会将一些主题新闻的相关文字、采访图片、音频以及采访视频，发布在网页上，其内容要比在对空播出的内容更为丰富，而且网页内容的更新速度也更快，还可以重复收听。在移动互联网端，手机 App 已经成为各大广播公司的标配，作为以音频为核心信息的广播类 App，不仅能够满足移动用户的非专注、伴随性、碎片化收听的需求，还能建立用户体系，打通社交媒体网络，甚至承担一些生活服务的功能。目前，像清晰频道、CBS、NPR 等都已经推出了类似 App 应用，iHeart radio、NPR one、Pandora 等（图 4 至图 8）。这些 App 里的内容也都是经过精心打造的专门针对手机平台推出的内容，而并不只是直播流的平移。目前，国内的广播类和音频类 App 也有很多，例如，蜻蜓 FM、喜马拉雅、荔枝 FM 等，一开始，其主要分为两种方式：一种是聚合模式，将多个广播电台的节目整合后在手机播出，应用较多，像龙卷风收音机、蜻蜓 FM；另一种是以播客为主的模式，节目制作公司或个人自己制作的音频节目在音频平台发布，可以分类选择收听，类似于喜马拉雅、荔枝 FM。目前两种方式也在逐渐融合。

2. 利用新的技术，改变听众收听习惯

在传统广播与新媒体融合的发展方向上车联网技术是一个重要的方向，在我们学习培训的课程中专门有一节课讲了车联网，题为《美国公共广播电台 NPR 的车联网战略》。在车里收听广播是美国人的一个传统习惯，各广播公司都想进入车联网平台，碰巧的是，我们在长岛考察 WBAB 广播电台时，他们的老总刚买的斯巴鲁汽车里就安装了车联网的平台（图 9、图 10），通过中央触摸控制屏的简单操作，很方便地收听普通的 FM、AM 广播，也能收听卫星广播、HD Radio 和 Apps 节目，收听节目资源非常丰富，操作更加便捷，虽然目前车联网的技术还不是十分成熟，但其发展的趋势是不可阻挡的，苹果公司和谷歌公司都已经在布局车联网，其都在建设自己的车联网系统平台。

图 9　车联网收听界面

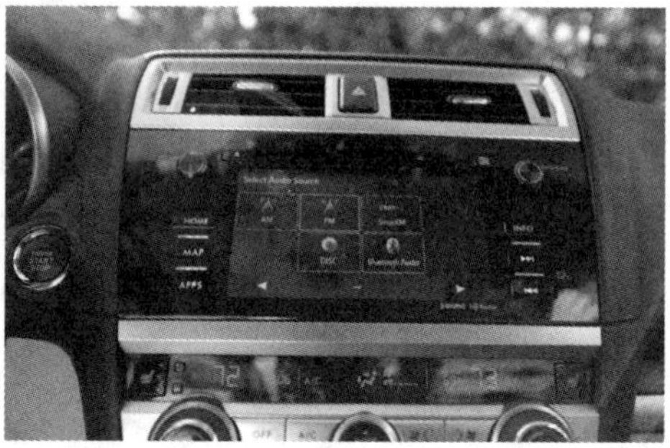

图 10 车联网系统平台

3. 利用新式社交媒体与听众进行交流互动

在美国 Facebook、Twitter 等社交媒体已经被广泛的使用，其具有的即时性、交互性、自由性等优点，能够实时接收受众反馈，同时其成熟性和易用性也让使用者可以便捷地操作，这就为传统广播提供了一个与移动互联网高质量、高效率、低成本的无缝对接的媒体平台。现在几乎所有美国主要广播市场上的广播电台都开设了 Twitter 账号和 Facebook 账号，我们的微博和微信同样可以借鉴这些经验，我们的相声广播和音乐广播都在使用社交媒体与听众进行互动，微信微博等，但运作方式以及与节目内容的结合还远不如美国广播做得充分和灵活。

4. 使用大数据技术进行受众分析

美国的广播电台对受众数据分析一向是十分重视的，因为这些数据与他们获得的广告收入息息相关，他们会对收听时段分布，节目收听量，收听习惯，受众年龄分布，收听趋势等进行大数据分析，依据这些数据的分析结果，改进节目内容、调整节目风格，更改播放时间等，有些专业的数据分析公司已经可以做得更为精准的分析，比如，受众收听的音频、观看视频停在什么时间位置、展开网页的深度、使用手机和网络收听节目的时间段等信息数据进行收集和分析，从而进行更精准节目投放。我们考察的两家类型化音乐广播电台，都采用了抽样调查并结合大数据分析的方式确定电台节目的播出风格，他们每半年一次，选择一定数量的本地志愿者，让他们通过选择收听歌曲库的歌曲选择自己喜欢的，建立数据分析系统，综合这些数据进行分析，得到听众喜爱的歌曲风格，收听时间段等指标，从而调整歌曲风格定位，播出时间。

（二）欧洲广播媒体融合发展的状况

讨论过了美国广播与新媒体的融合发展后，我们来看看欧洲广播的媒体融合发展状况。欧洲广播近些年在数字技术快速发展的推动下，媒体融合的步伐正在加快，在广播接收方式和节目内容制作等方面正在朝着媒体融合方向不断转变，广播与社交媒体也在进行深度融合。

广播技术的融合，欧洲广播在传输覆盖和接收终端的更新升级方面一直是走在世界的前列，他们致力于建立统一的欧洲数字广播的标准。2012 年开始欧洲广播逐渐将传统广播覆盖方式由模拟的 AM/FM 向 DAB/DAB+ 的数字广播方式转变。DAB+ 这种升级版的数字广播方式不仅可以大幅降低广播成本，而且还能消除各个国家间传输技术的壁垒。截止到 2013 年，DAB+ 广播已经覆盖英国广播人口的 99%，覆盖捷克人口的三分之一以上，丹麦也有近三分之一的人在使用DAB+服务。德国是欧洲最早开始数字广播服务的国家，2011年8月，德国开通DAB+服务，并增加了多媒体的服务内容，至2014年覆盖率已经达到99%的人口，欧洲的其他国家也正在加快推进DAB+的覆盖工作。不仅如此，欧洲广播联盟还推出“欧洲通用芯片”计划。该计划使新的广播和移动设备具有模拟和数字两种功能，使两种标准结合起来，消除各种设备和标准的兼容性问题。由BBC和Deutsch Land Radio联合推广的这种芯片可以兼容多种广播标准，DAB\DAB+\DBM、模拟AM、模拟FM等，这种技术使广播在网络出现故障时，在自然灾害发生期间，可以作为应急通信介质的地位得以巩固。2012年欧洲广播联盟又推出了一种融合了广播功能和互联网应用的RadioDNS。它融合传统广播和网络广播二者的优势，将两者的功能融合在一起，可以显示文本、社交网络信息、地图以及收听排行榜等内容，实现不同平台间各种文件格式的自动转化，是以声音收听为核心，融合多媒体平台和功能，兼顾听众随身性需要的广播接收终端，其具备融合性、实用性和多功能性的特点，一经推出迅速成为欧洲广播接收的新宠。[1]

内容融合方面，当今认为声音是广播的核心要素，但是不再是唯一的要素，随着DAB+的推广，广播正在采取各种形式加快与新媒体的融合，以适应多媒体的环境。2012年，英国广播推出“互动广播”的概念，将这一服务贯穿于所有的传统广播平台中，通过为用户提供视频信息以及与在线音乐网站合作等方式，目的是致力于打造让人们更易接近、更个性化的接收方式。2012年，意大利40%人口已经通过数字广播的方式接收文本、声音和图像视频的广播内容。

广播与社交媒体的深度融合，欧洲一些广播电台利用社交媒体推广自己的品牌形象和节目内容，同时也利用社交媒体（Facebook、Twitter等）与听众进行深入互动，将广播与用户间的互动性体验提升到了新的阶段。葡萄牙新闻广播将广播谈话类节目的话题放到脸谱网上让听众参与讨论并发表自己的观点意见，再将听众的观点在节目中播出，增加互动性和参与性。

（三）以天津为例看中国城市广播媒体融合发展现状

目前中国城市广播对媒体融合未来的发展方向也在不断地进行尝试和探

索，对天津广播来说，在新建设的数字大厦启用之后，我们也在不断地探索媒体融合发展之路，随着海河传媒中心的成立，媒体融合的步伐也在加快推进，中心提出报业、广播、电视、网站、津云 App 一体化融合发展战略，在这样的背景下，天津广播也在不断地尝试着媒体融合的各种方式，比如现在广播很多音视频同步直播节目的制作都是在津云中央厨房制作完成的，利用媒体融合的大平台进行音视频同步直播，例如，新闻广播制作的《公仆走进直播间》特别节目——“区县长访谈”，直播音频送到广播对空播出，视频送到电视和手机端播出，节目通过多渠道分发的方式给广播、电视、手机、网站、报纸等进行播出和刊登，同时依据津云大数据进行直播数据分析。据不完全数据统计，2019 年《公仆走进直播间——区县长访谈》系列特别直播节目在津云客户端的点击量累计超过 10 万次，平均单次直播的在线观看用户在 5000 人次以上。

另外，我们还尝试在新闻广播和生活广播直播室架设高清摄像机，可以将主持人直播时的音视频信号传输到电视和津云平台播出，目前已有多档节目广播节目在电视的频道进行播出，同时也在津云手机客户端播出，还可以实现即点即播。

三、应该制定开放灵活的运行和管理机制，通过与主流网络平台的合作来提升自身的技术实力和品牌影响力

当前，移动互联网和新型社交媒体日趋普及的情况下，我们应该突破传统广播的运行和管理模式，进一步加强与新媒体的合作，借力新媒体平台，提升传统广播的影响力。以美国为例，目前，在美国，Youtube、播客、Facebook 等视频网站非常流行，其较低的制作成本和便捷的操作，以及即点即播的收听收看模式，让很多节目内容能够在较短的时间内得到广泛的传播。因此，通过制作播客节目和 Youtube 的视频，吸引受众的关注度也成为美国广播在媒体融合上寻求突破的方向之一，比如有的广播电台会邀请一些签约著名音乐人及歌手进行访谈做视频的录制（图 11），音频在传统广播对空播出

图 11　音视频同步直播

的同时，可以将音频剪辑后放在播客上面接收听众的点播，视频在 Youtube 视频网站播出，几个平台的联动给受众更为立体的视听感受，同时通过在这些主流新媒体平台的传播和推广，也提升了传统广播的影响力。

结合天津广播的发展实际，通过这次赴美学习培训和考察，认识到国内现在传统广播还有较大的发展潜力可以挖掘，有很多工作可以去做。近年来，随着媒体融合发展战略的加速推进和移动互联网技术的飞速发展，中国城市广播与新媒体融合发展的方向也渐渐清晰，相信未来在新技术的支撑下，会有更多新的节目形态和传播方式呈献在大众面前，崭新的广播理念将会彻底改变人们对广播的认知。

关于提升城市广播网络化水平的几点思考
——以美国城市广播台网融合为例

王　琪

2015年参加天津广播组织的赴美调研，当时正是淘宝和小米等互联网公司在国内做的风生水起，网络技术的发展给人们的生活带来了很大的便利。

此后，一直追踪美国广播利用网络新兴技术，提高生产效率，扩大传播范围的业务模式，结合天津广播以及国内广播业界的对网络技术的应用，有以下认识。

一、用好数据，指导系统建设

通过美国之行的交流，可以看到美国的媒体非常注重数据的使用，例如，在参观类型化音乐台KBAB过程中，他们的负责人介绍，节目中放的每一首音乐都是通过抽样调查听众，分析听众对歌曲的喜爱程度，统计出来的。在做新媒体方面，KBIA（NPR在密苏里加盟的一个成员）和PRI（public radio international），他们在做网站数据分析中，都和专业的数据公司合作，提前设计好需要采集的数据和想要得到的统计内容，例如考克斯媒体集团数据分析洞察与优化部门的艾伦·西格尔介绍他们利用3个月的时间设计数据分析，并将获取的数据保存3年以上。网站会根据数据分析反馈的结果，及时调整网站内容的布局，以保证热点出现在人们最容易看到的地方。

根据天津台媒体数据分析的情况，早在2010年我们已开始经对网站数据的研究，当时主要借助第三方的系统，例如百度统计、站长之家等工具，分析网站的访问情况。2015年技术部门自主开发了一个流媒体大数据分析工具，可以客观地反应出各频道在互联网上的收听变化。掌握这些数据，对技术部门来说，在运维系统，合理调配负载方面起到了指导作用。但是在反应到网站上面，内容并没作出相应的调整，例如把每周下午 4 点就把最受欢迎的节目《今日证券》推到首页，让更多的人可以方便地收听。这是因为受限于当前网站的布局（图文网站和音视网站分离）以及落后的 CMS 系统（音视频网站调整幅度有限）。

大数据时代到来为精准定位的实现提供了切实可行的技术条件。由于广播节目大多建设了自己的网站、App、公共号、微博等，加上原有的数据积累，通过对这些环绕着广播节目的大量数据进行数据分析，从而能够实现精准的受众定位。借助这些数据，我们还能够分析出当下人们关注的热点话题和民生诉求。甚至我们可以通过分析用户的地理位置信息，获得收听节目的听众位置分布，从而指导我们对重点区域的路况进行播报。

今后我们在搭建新系统的过程，要进一步强化数据意识，重视数据采集点的前期设计和后期留存，同时更要用好数据，要求 CMS 系统能够及时作出相应的调整。

二、正视现实，借助外力搞研发

通过同授课专家交流和实地考察，我发现国外软件开发基本采用和软件开发厂商合作的模式，这种模式也是我们当前的开发方式。但是软件开发完使用的受益，却大相径庭。比如我们参观的 1010Wins 对采编系统 BURLI 的应用，以及类型化广播使用的播出系统，确实能够感觉到了工业 3.0 带来的震撼。软件极其贴合工作流程，极大地提高工作效率。

我们参观的电台基本都是单机播出，并且播出系统都是可以方便地进行制作和编排。这与国内对制播网络进行物理隔离的方式有本质的区别。按照国内的播出要求，播出系统必须是在隔离的网络中，不能和互联网进行连接。这就造成了整个业务环节不能够一次性完成。并且早期的制作系统多是和播出系统绑定在一起的，这进一步桎梏了使用的便捷性。但是随着制播分离理念的提出，新建系统的制作功能基本都能够实现对接互联网。如何既保证播出安全，又能充分利用互联网的便利，提高效率和质量，这是广播网络应该积极创新解决的课题。

国外的项目牵头人（比如NPR的Joel Sucherman）都有多年的新媒体从业经验和系统开发经验。我们目前的系统研发人员在新媒体领域都刚刚起步，并且大多数人员是从IT运维向系统研发转型，经验和能力都有欠缺。

在国内做广播行业的几家公司，虽说都有国内的软件行业认证，但是在实际操作过程中，开发测试部署都不规范，具体开发人员之间协作比较低级，公司对测试环节不够重视，提交给用户的软件基本都是半成品，然后让用户把问题反馈给公司，公司再做修改。以天津台开发劲听为例，后期修改故障的时间远远超过前期的需求分析。这对一个合格的软件开发公司来言，都是不应该出现的情况。

结合国内的情况，我认为可以做以下尝试，来改善我们的开发。

（一）注重平日的培训，特别是软件工程方面的内容，促进台内人员的转型。

（二）在现在媒体融合形式下，可以借助总台的技术力量，加强内部技术力量的合作。

（三）借鉴国内研制大飞机的经验，软件开发公司的选择跨出广播业内的几家，积极寻求同愿意做广播的高水平互联网公司合作。

三、借力互联网平台，发展新媒体系统

广播行业发展新媒体，传播途径发生了根本的改变，从之前的依靠调频调幅到现在的互联网。在互联网上做新媒体，传播我们的声音，从技术的角度来说，起点低，但是做成规模难。比如早期通过一台服务器和一条光纤就可以做一个网站，但是随着规模的发展，可以增加服务器和光纤的数量，但是当达到一定规模的时候，就需要增加大量的设备和采用不同技术满足规模的发展。

以天津台早期的音视频网站为例：

存在的问题是，一天当中，用户变化非常明显，当用户多的时候，资源不够用，用户少的时候，资源又存在浪费，很难确定到底应该配置多少资源。

但是目前随着云计算技术的出现，我觉得这真正从根本上解决了这个问题，对计算资源的使用可以像使用家里的自来水一样，用多少取多少，同时大幅度降低费用。

最近两年随着媒体融合的发展，所有的传统媒体都不再以一种单一的传播形式进行传播，就广播来说，所有播出的频率都会有相应的微信公共号、微博进行配合播出宣传。

以天津广播为例，2019 年，我们上线了微信互动平台，节目中的微信互动可以看成是传统短信平台的升级，听众不仅可以发送文字，还可以发送图片、语音，并且语音能够实时在广播中进行播出，这提升了听众的参与度，丰富了广播的互动形式。2020 年新冠疫情暴发，前几个月里，整个社会停工停学，大家只能在家里待着，大家购物只能通过网络，网络直播带货的模式逐渐被整个社会所接受。广播也在尝试带货这种形式，但是传统媒体是不可能搭建出拥有那么大规模用量的平台，通过和利用成熟的互联网平台，例如微信、抖音都可以让广播快速地进入网络带货这种模式。

随着网络技术的高速发展，传统媒体必须具备“善假于物”的能力，充分利用成熟的互联网平台，无论在完善自身系统或者是扩展传播途径上，都能收到事半功倍的效果。

四、主动抢占新兴平台，拓展广播阵地

通过收音机和车载设备收听广播，是传统广播两大主要收听方式。然而随着技术的发展，这两大途径也发生了巨大的变化，车载收音机逐步向智能化终端发展，而智能音箱的出现，也逐渐有了替代收音机在家庭中地位的趋势。

车载收听占据着传统广播的半壁江山，随着智能终端收听方式的进入汽车，美国的几家大广播公司，之前的做法是通过和汽车生产厂商谈合作，把

程序植入汽车的车载系统中。这种做法要求门槛较高，并且定制化的程序开发代价高。

随着苹果和谷歌两大巨头加入，他们同汽车生产厂商合作，把苹果的CarPlay或谷歌的AndroidAuto植入汽车中，以后各大广播运营厂商只需开发标准App就可以，省去了同车企单独谈合作，降低了App进入汽车的门槛，所以说以后车载App必定会像手机端App一样大量涌现。中国城市广播可以尝试去做车载App，抢占先机，争取弯道超车。

2017年，互联网巨头进入音频领域，纷纷推出智能音箱产品。国外有亚马逊Echo、谷歌Home、苹果Homepod、微软Invoke，国内有小米、阿里巴巴、京东、百度等。

2018年7月18日统计智能扬声器在美国拥有量超过4300万台，这些设备迅速从第一批尝鲜用户扩展到主流市场用户。美国国家公共电台就与亚马逊、谷歌、苹果公司签订合作协议，为这些公司的智能音箱提供新闻内容。此外，美国有线电视新闻网也与亚马逊合作，用户可以使用亚马逊公司的智能音箱查询美国有线电视新闻网的新闻。

智能音箱的核心是智能语音技术，上述智能音箱产品均以语音助手作为技术支撑。对用户来说，目前市面上的智能音箱均设置唤醒词，或者说是音箱的名字，用户可以说出唤醒词，发出如播放音乐、询问天气等语音指令，与智能音箱实现日常语音交互。

智能音箱的出现让音频内容再次占领客厅，同时也为城市广播带来了新的机遇和挑战。

智能音箱作为一个全新的发行渠道，扩大了广播收听的人群，并且购买智能音箱的人群以年轻人居多，而现在年轻人的家庭基本都不会以收音机为主要娱乐载体，甚至大多数人家里都没有收音机。而智能音箱的普及，恰恰为这部分人群提供了在家里收听广播的机会。

同时智能音箱作为一个平台，上面提供了丰富的内容，用户有了更多的选择，广播只是其中一个选项，并且智能音箱打破了地域的限制，让用户可以收听国内外所有入驻的广播。如何能够在智能音箱平台上生存下来，也是中国城市广播需要解决的一个关键问题呢。

随着技术的发展，新的平台和渠道将会不断出现，我们应该积极开展业务创新，紧跟流行的趋势，抓住机遇，拓展广播阵地。

相对于美国城市广播的发展而言，我们主要存在以下优势：

第一，政治优势。

媒体融合被我国上升到国家战略，国内的广播都在这种高效的体制下，向同一个目标奋进。中央媒体、省级媒体以及县级融媒中心，在不同层面有不同的地位，有机地进行合作，将媒体融合的功效进行放大。而美国的媒体大多由市场驱动，以追求利益为目标，缺乏顶层设计，必然会影响城市广播的发展。

第二，资金优势。

国内的城市广播大都按照行政区域进行划分，传播覆盖范围广，广告受益稳定，特别是经济发达的地区，资金充裕。加上中央和地方政府对媒体政策和财政上的扶持，使得我国在媒体融合的道路上有充足的资金进行保障。美国的城市广播资金主要来源商业投资，资本更青睐投入内容生产上，而对基础架构和设备的投入上相对较少，这必将对长远发展产生影响。

第三，技术优势。

国内对基础设施的投资巨大，特别是 4G 网络覆盖广，有政府的提速降费政策保障，降低了广播在互联网时代的传播成本。并且中国 5G 网络的建设领先全球，待 5G 网络建成，必然会为城市广播的发展带来新的机遇。

中国城市广播应该进一步守正创新，海纳百川，只争朝夕，做大做强！

中美广播电台声音产品制作业务的对比思考

刘心睿

在美国，新媒体作为近几年来的新兴行业虽然发展势头突飞猛进，但是传统的广播、电视等媒体平台也并未因此而蒙受过多的经济损失。

反观国内，新媒体对传统媒体造成的冲击是巨大的。光就我台录音棚这一块业务而言就可见一二。现如今，随着数字化进程的不断加速，声音录音及制作的难度大大降低，只要掌握了基本的音频工作站的操作方法就可以自己完成对声音节目对编辑制作。由于声音产品制作门槛的降低，导致现在市面上的录音棚、工作室不断涌现，这对广播机构传统高端专业的录音棚造成了不小的竞争压力，笔者作为录音师经常在问自己："传统录音棚的出路在哪里？"我们想要生存下去必须在这种残酷的竞争中生存下去，必须取长补短，发扬自己的长处和优点。

作为一名录音师，笔者在培训期间着重观察了一下美国各电台在对声音方面处理与我台有何不同，希望能从其中寻找一些可供借鉴的经验，以下为笔者的几点心得体会。

一、采编系统的声音产品编辑制作能力与音频工作站的对比

WBAB 和 WBLI 电台是考克斯媒体集团下的所属机构，二者的主要节目架构分别为经典摇滚乐和嘻哈类流行乐。

（一）Voxpro 音频工作站

这款名为 Voxpro（如图 1、图 2 所示）的工作站是专门针对热线电话的剪辑编辑的，WBAB 和 WBLI 电台从来不在节目中直播他们接进来的听众热线

(因为可能会存在粗口等问题)，而是将热线事先录到这个工作站里，再通过图 2 的配套硬件进行剪辑之后，才在节目里对空播出。这套软件的具体内容可以在网站 www.audionlabs.com 中找到，它本质上也是一款音频工作站，界面类似于 Adobe 公司的 Audition，不过其方便程度大大地体现在外界的操控台上。通过外接操控台我们可以利用各种简洁明了的快捷键对音频内容进行迅速的编辑，以应对节目播出。这款软件不仅支持单轨剪辑播放工作，也支持多轨音频的播放，而且它还可以对音频内容进行简单的效果处理，比如哪位听众不想让自己的真实声音对空播出，那么就可以通过变调功能使其变声以此来保护听众的个人隐私。

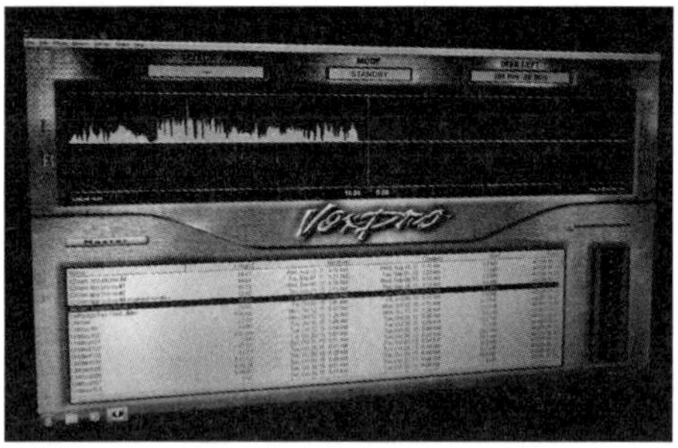

图 1　Voxpro 工作站界面

图 2　Voxpro 工作站的操控台

比较有趣的是，这套工作站被直接设置在了直播间内，也就是说主持人既是节目的主播，同时也担负了一定的编辑任务。当然，这样的安排与这家电台的节目内容是有很大关系的，作为以音乐类节目内容为主的电台，它们每小时的节目安排绝大部分都是连续性的音乐类节目，其中插播的广告只占 9 到 14 分钟，其余的交通、天气等信息也属于相当短小精悍的快闻，因此使得主持人有大量的时间可以对手头的音频素材进行编辑。

而在国内各个电台，据笔者个人有限的了解，类似的采编播系统有浙江台使用的杭州联汇科技有限公司开发的 Audio Cut Pro（操作界面如图 3 所示），以及全国省级电台覆盖率达到 80% 的北京英夫美迪公司所开发生产的 XStudio（如图 4 所示）。相比之下，由于国情差别，国内的电台采编播系统对播出的安全性是放在第一位的，因此像这类可以在直播间剪辑音频后不经审稿就对空播出的情况是鲜少出现的。

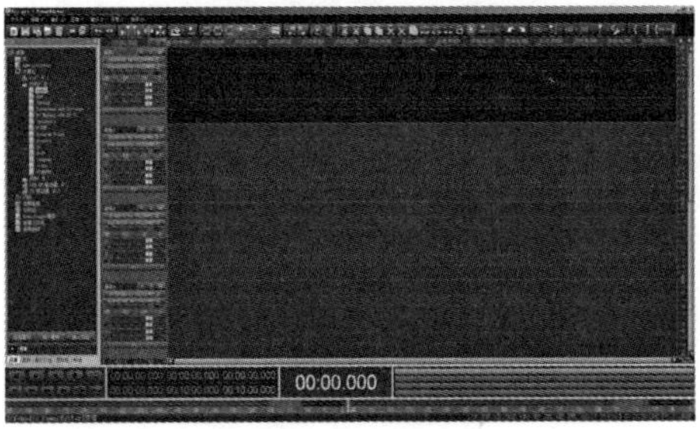

图 3　杭州联汇科技有限公司的 Audio Cut Pro

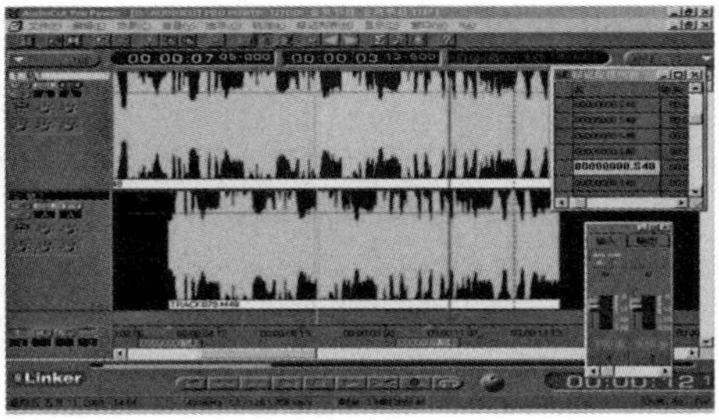

图 4　北京英夫美迪公司所开发生产的 XStudio

不过，就笔者的个人了解而言，国内的这两款采编系统，在声音后期制作方面还存在着一定的欠缺，比如却少某些功能、以及操作不够便捷等。如果想要对声音进行更为精细的制作处理，那么还是需要借助专业的音频工作站（如 Pro Tools、Logic、Pyramix、Samplitude 2496 等）和插件来完成。

以较为简单的语言类节目为例，在今天对声音素材的拾取这项工作而言，话筒已经不再是必需品了。在不追求音质的情况下，用手机就可以将声音记录下来。以这次疫情期间的“隔空大合诵”“隔空大合唱”等节目为例，所有演员都是在相互不见面、不进录音棚的情况下将声音素材用自己手边的设备（如手机、录音笔等）录制下来，然后汇总到录音师这里进行后期整合工作。这项工作特别完美地将“轻前期，重后期”这句话诠释了出来，每个人的声音音质参差不齐，声音背景的噪声也是有大有小，演播的速度、音量大小差距也非常大。作为录音师，笔者通过专业的设备及技术，将原始粗糙的各种声音素材尽可能统一地整合到一起，最终成为一个可以为听众所接受的成品。现今，不论是简单的新闻播报，或是声部繁多的音乐类节目，都可以通过上述类似的方式被最终制作出来。由此可以看出只要前期的录制工作对录音师来讲已经不再是最重要的那个环节了，现在更多地是要求录音师熟练掌握各类后期制作及修复手段（在此需要声明一下，前期的声音素材质量的优劣与否，依然会对最终成品的音质好坏起到决定性的作用，因此如果追求音质，且条件允许，笔者还是建议尽可能地追求更完美的前期声音素材）。

（二）HD 广播信号的应用

图 5　车联网平台及其 HD 广播信号

WBAB 和 WBLI 两家电台由于隶属于考克斯媒体集团，因此同样也依附在其车联网平台之上。车联网对我们来说已经不再陌生，但其中的 HD 信号（如图 5 所示，高清广播信号，上图中橘黄色的 HD 标志）却是我台未采用过的一项新事物。HD 信号与普通广播最大的不同是由于其为数字化信号，与传统的模拟广播信号相比可以在信号中嵌入更多的信息——如歌曲的名称、演唱者、专辑名、专辑封面、发行时间以及听众反馈等信息。

但是其最大的优势则是高品质的听音感受，我们有幸在 Shea 总经理的斯巴鲁车里体验了一下对方的车载平台，在切换传统广播信号与 HD 广播信号时，我们通过汽车的音响明显可以感受到同一首歌曲其清晰度、低频浑厚程度以及歌曲动态范围的变化，后者的音质要明显优于前者。这种音质方面的差别对语言类节目来说可能并不是特别显著，但是对音乐类节目而言就显得相当重要了，毕竟绝大多数听众是通过语言类节目来获取信息，但却需要通过音乐类的节目来获得听感上的享受。

不过，要想推广 HD 广播信号也是存在一定困难的，因为 HD 信号的对空传送以及终端接受都是需要一套全新的设备来进行支持的，这两家音乐台对空播出 HD 信号已经有 5 年的时间了，但是据其总经理介绍他们并未通过 HD 信号获取过任何盈利性的收益。

二、纽约 WNYC 广播电台录音棚

如图 6 所示，这个录音棚的录音间面积大约为 100 平米左右，控制室内配置了一台 48 轨的 Vision 牌调音台，Protools 工作站一套，以及一套 5.1 环绕声监听扬声器和一套立体声近场监听扬声器（8 只扬声器使用的全部是真力

1000 系列的监听音箱)。与我台录音棚一样，他们所承接的录音工作不仅限于 NPR 公司内部，他们也可以对外租赁录音棚进行录音。这个录音棚的录音间配置其实是比较简易的，例如其墙壁的吸音面与反射面的变化就是靠一层窗帘来解决的；鼓室也是利用三面屏风来进行隔音的；地板也几乎都是硬反射面，演奏者的区域只给了一小块地毯用于吸音。不过，通过观察也发现 WNYC 电台的这个录音棚有几处规划其实十分科学，值得我们学习。

图 6 WNYC 录音棚控制室

(一)录音棚兼备录音及直播功能

在录音棚中不仅可以录制节目，还可以实时进行直播任务(如图 7 所示)。我们在参观过程中有幸见识到了 WNYC 电台在录音棚中进行的一场音乐类的直播节目，其节目形式主要是一位主持人采访两位民谣歌曲的演奏家，其中既包含了语言类的参访交流也穿插了民谣乐队组合现场演唱演奏的两首歌曲。导播及节目制作人就坐在一墙之隔的控制室内与主持人进行交流，实时把控节目的进度和节奏。

笔者在跟对方录音师交谈的时候了解到，这间录音棚经常会承接类似的直播节目，也就是说 WNYC 的某个音乐栏目已经跟其成为了一种常态化的合作。这样一来，作为录音师来讲既可以经常接触到一些不同的节目种类形式，而作为听众来说也可以通过专业化拾音设备所录制出来的高品质节目，毕竟录音棚里的话筒及设备的选择性会更多一些。

图 7 录音间的实况转播过程

（二）WNYC录音棚中的一些细节优点

如图6所示，可以看到在观察窗的上方有一个液晶电视，上面的画面是录音棚中监视器的实录画面。这么做的原因是，录音间与控制室之间所安装的观察窗往往比较窄小，加上录音师的所在位置一般都尽量保持在最佳听音点，这就导致录音师无法随时通过观察窗看到录音间内的情况。而这样一个实录画面的存在就恰好弥补了这一点，它可以令录音师更好地看到录音间内演奏者的站位以及演奏者与话筒之间的距离，从而方便录音师对后续的录音工作做出进一步的调整。

天津台新数字广播大厦中新建的录音棚也实现了这一点，我们现在专门设了一个棚内的监控镜头将录音间中的监视信号反馈到控制室的显示器中来，并且这个监控镜头还可以通过操纵杆进行推拉摇移，这样一来我们就可以真正做到零死角的监控录音间了。

再如图8所示，WNYC录音棚中的墙插面板是被架设在距离地面还有一定距离的位置的——也就是说，录音师一弯腰就可以够到的地方。而国内录音棚大多都是将墙插面板设置在距离地面仅15cm—20cm的位置，这其实是比较不方便录音师插拔线缆的，且由于位置过低甚至也不利于录音师去观察墙插上面的文字。因此，如果能适当地将墙插面板架设在更高一点的位置，那么就更符合录音师的操作习惯了。

图8　WNYC录音棚中的墙插面板及线材

在图8中还可以看到WNYC录音棚的一个细节，便是它所使用的话筒线缆颜色是各不相同的。我台现在所使用的话筒线缆90%都是黑色的，每当插接多个话筒的时候都无法很方便地迅速将话筒线缆的两个端口对应起来。但如果使用的是多根颜色各异的线缆，那么区分线缆各个接头的工作就会变得比较容易了，进而提高我们的录音工作效率。

（三）单独为非工作人员及演员开辟出来的一处休息等待区

就笔者以往的录音经验而言，在录音的过程中控制室里经常会有一些等待进棚的演员，以及部分非工作人员。他们所发出的噪音经常会对录音师的听音精确性产生不良的影响，甚至是分散录音师的工作注意力，从而导致录音师等到了后期缩混时才能发现前期的录音素材中存在杂音或瑕疵，最终造成作品不完美。

但是在 WNYC 电台的这个录音棚中，他们单独为这部分非工作人员开辟了一处休息等待区（如图 9 和图 10 所示）。这个区域的最大优点便是使录音师及其他需要在录音间中专心工作的人员可以不受任何打扰，一心一意地将精力集中在声音的音质上。其次，在这个休息等待区中，我们不仅可以通过一扇与录音间相连的观察窗近距离地观察到录音棚中的录音进度，同时也可以通过休息区中设置的监听音箱实时地听到录音的内容。而且，在这个区域中人们也可以根据需要使用打印机打印流程单或歌词等文件，或是自取一些零食及饮品补充精力。由此可见，这个休息等待区不论是对录音师来讲，还是对其他人而言都是一个十分必要的区域，它在一定程度上也保证了大家的工作效率，甚至是降低了工作失误的发生率。

图 9　WNYC 录音棚的休息等待区

图 10　WNYC 录音棚的休息室

鉴于美国的这种录音棚 / 直播间一体式的工作模式，回国后，笔者也了解到国内其他电台、电视台也有类似的工作模式，如上海台、湖南台等。

美国这种录音棚与直播间合为一体的模式也可以为我台所借鉴，如我台音乐频道的一档节目《音乐会客厅》就会在直播节目中现场为听众在直播间内演奏钢琴与其他器乐一起合奏的音乐作品，这类节目如果想提升节目的音质效果，其实完全可以借鉴这种将直播间搬进录音棚的做法。因为，我台现有的直播间的设计其实更适合简单的谈话类节目而非小型的器乐类演奏，从技术层面讲直播间的短板有三点：第一点，声学设计方面，比如直播间内存在着大量的玻璃墙壁、窗户等这类硬反射面，这对语言谈话类节目并不构成什么问题，但对音量稍微大一些的乐器而言就是一种隐患了，硬反射面可能会造成驻波以及梳状滤波效应，这些都是有损于音质的存在；第二点，话筒种类的不足及通路数量的限制，现在直播间里使用的话筒种类只有三种（嘉宾用的鹅颈式话筒及 Shure SM58 话筒，和主持人使用的 EV RE20 话筒），而这三种都不是适用于乐器拾音的话筒，而且现在在实际使用中，由于直播间的安全性需求，也没有机会让演奏者提前试音及适应场地，因此节目演奏的效果全靠直播现场演奏者和主持人的经验，随机应变，这样不确定性太大；第三点，缺乏后期对声音进行修饰的软硬件，如压缩、均衡、混响等，我们在平时 CD 专辑中听到的乐曲都是经过大量的后期处理及修饰的，未经过处理的声音听起来会非常干涩、粗糙，大大降低了乐曲的美感。无法将器乐合奏类的声音高品质地记录下来，更不用说同期对所拾取到的声音进行更进一步的缩混制作了。所以说，在未来如果有需求，完全可以将录音棚开辟出一块全新与直播间联动的功能，这样就既可以满足对直播的需求，又对节目音质进行了大幅度提升。

上文中笔者曾提到随着科技的发展，跨进录音行业的门槛正变得越来越低，一台电脑安上个盗版音频工作站，再加上个录音笔（甚至只需要一部手机）基本上就可以开张营业了。这种低水准的录音作坊的存在，极大地拉低了整个市场的节目水平，进而对广大听众群的审美造成不良影响。很多时候，非声音专业的人们可能并不了解什么样的声音才是好的，以及一个专业的录音棚化腐朽为神奇的力量。以简单的贴唱为例，一名非专业水准的演唱者在录音结束之后，笔者会对其声音进行一系列的处理，如修音准、节拍，进行压缩、均衡，加混响、延时，调整其音量、气口（细化到每个字）等一系列操作，才能将其与伴奏完美地贴合在一起。以专业录音棚的设备和技术水平，我们完全有能力将演唱者的水平提升几个档次。可以说，如果想要获得一个品质优异的节目，那么必然需要以专业的录音棚和录音师作为依托。

最后，如果想要录音棚更好地生存下去，除了与传统媒体合作之外，还要多争取与新媒体及其他院团等机构合作的机会。现在关注传统媒体的人们已经越来越少了，大家获取信息更为普遍的方式是通过手机，而非电视和广播。如去年津云与天津电台在 H5 平台上推出的“歌唱祖国·我接力”的互动网页就获得了相当不错的点击率；同样是与电视台合作，在棚中制作完成的《诗美家国主题快闪活动》也被发布在了“学习强国” App 平台。音质优秀的节目必然会吸引来更多的关注度，进而达到锦上添花的效果，这对录音棚及新媒体而言绝对是双赢的。

简单而言，近几年来随着新媒体、自媒体的飞速发展，国内传统媒体的市场都受到了严重的打击，如何能像美国广播和录音系统在这样众多竞争中为自己赢得一席之地，是我们作为传统媒体人需要去思考和解决的。我们必须不断地去学习新的知识和方法，并要多了解市场动向，根据市场动向及时调整自己的定位。对录音师而言，我们既要能制作对声音质量要求较高的阳春白雪类节目，又要兼顾那些对音质要求一般的普通类节目。在这里，我们真的要像美国媒体人学习，努力做到一专多能。中国大多数城市广播电台的硬件条件足以与之相媲美，但是结合实际，在有声内容生产流程和效率方面，还有很大的提升空间。

美国公共广播电台 NPR 车联网战略

乔尔·斯克曼

主讲人：乔尔·斯克曼（Joel Sucherman）。此文根据 2015 年 10 月 16 日的讲座内容整理。

随着 5G 时代到来，最新一代车联网的构想，无人驾驶，连接人、车、路的移动互联网系统正日趋成熟。5 年前刚投入汽车和移动互联网的 Android Auto 和 Apple 的 Carplay 有了更多的使用场景。尽管乔尔·斯克曼当时的设想还是延后了，传统广播和广播直播流仍然还有强大的生命力，但他设想的广播如何进入车联网及及其尝试仍有价值。中国城市广播一方面仍应做强传统广播，一方面则需要对接人工智能，拥抱车联网并做好音频产品，实现转型。

主讲人乔尔·斯克曼为 NPR 数据产品部高级总监。20 多年来一直致力于数据媒体领域研究，在 NPR 引入数据战略，将电台的形象树立在多种新兴媒体平台上，近年来重点工作是开发 NPR 车载预置新闻客户端系统。就职 NPR 之前，他曾担任美国发行量最大的报纸《今日美国》的创新部主任，亲历了纸媒的衰弱，对广播的数字化转型有特别的洞察。

现今有众多百年以上历史的媒体公司正在面临着挑战。在广播电视领域中的竞争如今是十分激烈的，其中既有掌握着新科技的新媒体公司，也有努力适应新环境的传统媒体公司。作为 NPR 这样拥有 40 年历史的传统广播电视公司，我们团队依然有信心能让公司在未来的40年内能够继续运营。那么，对像我们 NPR 公司这样的公共国家广播公司来说，当下对我们构成威胁和挑战的主要有三类公司：一是近年来新崛起的技术公司；二是其他适应新媒体环境转型成功的传统媒体公司，比如《纽约时报》；三是离开传统媒体重新组建起来的新传媒公司。

一、NPR 概况

NPR（美国国家公共广播公司），在全美范围内拥有 267 家直属台，最大的收听市场集中在纽约（267 家直属台中最小的电台在阿拉斯加巴罗小镇）。如今，有很多家以前还涉足国际新闻报道的报纸媒体都已经退出这个领域了，而我们 NPR 还在始终如一地对全世界的新闻进行报道。NPR 认为其天职所在就是要报道世界范围内的各类新闻，因为 NPR 认为："人们越了解世界，就会拥有越多的责任感，也就是说世界的安全性与其信息化程度是成正比的。"

我们最受欢迎的两档节目分别是——早间的《*Morning Edition*》，及下午深度广播杂志式的节目《*All things considered*》。这两档节目的火爆程度其实与汽车是息息相关的，因为我们都知道美国人们上下班都是以汽车为交通工具的。

由于 NPR 是公共电台，因此其资金来源主要是通过观众的捐赠来获得。因此，只有让听众爱上我们，我们才有可能继续经营下去。

目前，NPR 有 50% 的节目都是听众们在车上收听的。很多时候，听众们为了听完一档节目，甚至愿意在车里多停留 4—5 分钟的时间，这对我们是很喜闻乐见的一件事情。

我们发现在向听众传递新闻的过程中，还存在着一个现象，那就是我们还在不经意间向听众潜移默化地传播了一定的惊喜和新鲜感，这可能会令听众一下子就爱上了一个他们以前可能从来不感兴趣的故事主题，这其实对于我公司来讲也是很重要的。比如有关墨西哥牧羊人的故事，或是在上海街道上的一段随机访谈等都是不错的选择。

二、车联网的必要性

那么下面就让我们来谈谈所面对的严峻挑战。我们可以看到这样一个趋势——如今连接到车联网中的汽车大约是两千万辆，而在未来的 4 年中，这个数字将会增长至少两倍。同样，我们也可以看到，使用移动设备收听数字广播的用户数量的变化趋势也是一样的。在 2015 年，通过移动端在车内收听数字广播节目的人数，已经占到了美国总人口的三分之一。这里给大家展示一个里程碑式的时刻：2012 年，潘多拉超过传统广播，成为了在洛杉矶（洛杉矶在全美的广播市场中占有很大的比重）收听率第一的“电台”。对这样的情况，我们早在 5 年前就预见到了。所以这 5 年以来，我们一直在策划与汽车厂商和电商合作，以便能让 NPR 在汽车市场上与其他竞争对手相抗衡。在这期间我们为了研发适用于各类车载平台上的应用及插件，投资了几百万美元。只不过遗憾的是，到目前为止，还没有人收听我们的节目。NPR 的战略目的很简单，就是不能够沦落成现今报纸媒体行业一样的惨状。因此在车联网中的地位对 NPR 来讲就有着极其重要的意义了。

调查显示，相对于绝大多数人来讲，现在只有很少一部分人可以将自己的移动设备与车载系统连接起来，进而在线收听广播（当然，这个人数正在一天一天地增多）。大家可以看到，统计数据显示，现在全美国在线收听广播的人数大约是（美国）总人口数的二分之一，约 1.43 亿人（不针对车联网广播的统计数据）。从在线收听人群的年龄层比例看，12—24 岁的听众达到了总人数的 77%，而 55 岁以上的听众只占到了 26%。这证明我们其实完全没有做好应对网络所带来挑战的准备。如果我们不能进驻车联网或网络端市场，那么就会失去 12—24 岁这个年龄层的听众份额（目前 NPR 的受众年龄群是在 55 岁以上，而且随着年龄的增加这部分人群的数量也在不断缩减），在车内在线收听方面的数据也体现出了相同的分布趋势。

在这 10 年以来，播客对我们而言就显得越来越重要了。目前可以说是美国播客收听的黄金时代，在收听比率中占比相当大。美国人已经形成了随时点播的习惯，受众未必会按照你的播出时间表来收听节目，而是会按照自己的时间选择、点播喜爱的声音产品。播客是一种更为私人化、更直接的收听节目方式，大家只需要戴上耳机选听就可以听到自己喜欢的节目了，因此在播客上的广告售卖量和传播价值都是非常大的。每个播客的忠实听众都会点播大量的播客，统计数据表明，每个听众每周会听 6 个播客；而 NPR 自己的调查数据甚至达到了每周 11 个。既然大家都通过手机来在线收听节目，那么由此我们就想到了有关流量的问题，经过调查我们发现，58% 的听众表示并不在乎流量问题。而随着科技的发展，流量或是带宽等问题只会越来越淡化，而不再是我们所需考虑的问题。

做个整体的数据比较：传统广播仍然是人们获取消息内容的最常用方式。但是我认为，这个情况一定会改变，因为我们可以看到从 2014 年到 2015 年，其数据有了一个很大的跃进，也就是说在线收听从 2014 年的 14% 增长到目前的 21%，其增长幅度是巨大的。

三、NPR 车联网展示

我们建立了 NPR 的开发者中心网站，在这个开发者中心平台上，我们上载了一些告诉人们如何在各类平台上开发 NPR One 的参考资料，以及一定的 API calls（应用程序接口调用，我们所提供的 API Calls 有限，所以不会被对方盗用牟利，但却足以让开发者用来对其软件进行开发和测试了）。这样一来我公司就不需要自己再去花几百万美元的资金去开发软件了。尽管在不同平台上的 NPR 应用可能外观不统一，但都满足我公司当初所设定的指导原则。虽然，车联网目前还处于非常小众的阶段，但是通过苹果（Carplay）和安卓（Android Auto）大平台的发展，今年应该是车联网大发展的元年，人们的收听习惯将逐渐发生根本性的改变。当然，要想看到这种改变还是需要一定的耐心的，因为现今美国正在使用中的汽车车龄大多在 10 年左右，还不具备车载平台的技术。但我们相信，在未来的 10 年里，这种变化应该就会较为明显了。由此可见，如果今天我们像纸媒当时所做的那样去忽略网络技术革命（如新媒体等）所带来的挑战和压力，那么我们最后也会变得像纸媒一样失去立足之地。而我的工作就是保证我公司不会在未来的 10 年里沦落到今天纸媒的这种惨状。在我到 NPR 公司去上班的时候，我曾开玩笑地跟我的同事说过，我来自于报纸的未来（我之前是为《今日美国》报业工作），既然我已经看到了报纸惨淡的未来，那么我就要利用之前失败的经验，令广播业不要重蹈覆辙。

互动环节：

问：NPR 车载客户端在 Android Auto 和苹果的 Carplay 上都上线了吗？可以使用了吗？如何使用？在中国是否可以收听？

答：安卓目前已经可以使用了，但苹果在 2015 年年底也肯定可以使用了。NPR One 在全球范围内都可以使用，如果中国的车载平台支持了 Android Auto 或 Apple 的 Carplay，那么也是可以使用的。Android Auto 或 Carplay 平台不会在你发动汽车的时候就自动启动，你需要手动先启用这个平台。在平台开启之后，它应该会自动将你手机上与其兼容的应用识别出来，并通过汽车仪表面板显示出来。或者，你也可以通过蓝牙将手机与车载平台相连，只不过通过这种连接方式在汽车仪表面板上所显示出来的应用界面会不太一样。

问：我们媒体所生产的这些软件必须有平台的支持才能使用，那么在推动车联网的过程中，是不是汽车厂商或硬件厂商在起主要作用？

答：我来举个实际例子，我们曾经和美国某个很大的汽车厂商合作过。他们所生产的汽车仪表面板分为好几种规格，如 3 英寸、5 英寸、7 英寸等，而且根据不同的尺寸，其界面上操作按钮排布也有所不同。我们与其合作了 1 年，在这期间对各类尺寸的仪表面板都进行了与之相匹配的实验。在此之前，他们打算在底特律车展中向大众推广这个功能，因此我们也得以对其进行了实际的应用测试。经过试驾，我们发现，每驾驶 15 分钟，这个车载平台就会进入休眠状态，只有将车门打开再合上才会再次启动。因此，我认为这并不是一个成功的车载平台，可以说这一年来所花费的时间以及几十万美金就都打水漂了。这也再一次证明了，我们为什么会如此青睐 NPR 的开发者中心网站。

问：NPR 技术研发会将一些简单外围的技术服务外包，自己做一些核心技术，不知这个情况是否属实？您认为，广播是否有必要自己技术人员做研发？如果培养自己研发人员，您是否有好的建议？

答：是的，我们确实将部分功能外包给其他公司进行开发。就之前所提到的底特律车展一例中，我们就把其中一部分工作交给另外一家公司来打理了，但这种做法的费用是十分高昂的，但这就意味着我们自己的工程师可以将精力更加集中于应用软件及车载平台相关的功能开发方面了。

在没有了解你们公司现状的前提下，我也很难讲你们是否应当具备自己的研发团队。但是，作为一家经营广播电视业的公司，如果你旗下没有精通卫星传输等方面技术的人才，而都是外包给其他公司来管理的话，那么肯定是要给自己找很多麻烦的。因此，对现今要往移动端这个新领域进军的我们而言，若是没有强大的移动研发人员或后台编程人员（只有他们才了解如何以新的形式来传播信息）作为支撑的话，那其实就等同于我们根本没有为将来做好打算。

问：随着车联网的使用，它对我们收听方式会产生什么样的改变？那么为了迎合听众，传统媒体人要如何去改变，尤其是对于内容方面应如何应对车联网？

答：在讨论NPR One客户端之前，我要先讲一下有关新闻内容方面的一些重要原则。纵观各类技术的发展史，大家会发现每当我们尝试将某项过时的技术模式安插于新技术模式之中时，都不会获得十分理想的结果。举个例子，纸媒在最初为了适应网络，而变成电子报纸的时候，其做法是将以往刊登在报纸上内容，以每天一次的频率毫无变化地发到互联网上。这样的做法效果并不是太好，因为大家都知道互联网是一种时时更新，并具有互动性需求的信息平台，所以每天只更新一次并不符合互联网的运行模式。那么我们再回到广播内容，如果将广播信号实时地上传到互联网或车载平台上，那么就等同于没有充分发挥网络平台的优势。有一项针对美国听众的统计显示，人们对空中节目的收听率呈现出一种稳定、不起伏的状态。但是NPR One不同，每当用户打开这个应用，它就会根据你所在位置不同，显示出所在区域的电台呼号，然后向你优先推送国内的要闻播报，以此来作为用户获取新闻内容的起点。也就是说，使用客户端时用户就不必像听传统广播那样，是在被动地接受消息了，而是在随时随地地点播消息。而且，NPR One中的算法还会随时记录用户的使用习惯，以此来成为一种定制化的收听模式。如，当你每次使用 NPR One 收听节目的时候都会跳过教育类的资讯，但在每次听到科技类资讯的时候都会从头听到尾，那么当这种操作积累到一定量的时候，以后再使用 NPR One 的时候，它就会直接跳过用户不喜欢的内容，而直接播放其所感兴趣的消息内容了。由此可见，利用车载平台或移动端的定制化特性，我们所获得效果要远优于仅简单地上传实时的广播节目。另外，通过 NPR One 的后台管理，我们能够收集到很多有关听众收听习惯的数据。比如，根据数据我们发现对有的节目来说，听众听到某处就会跳过或换台，那么我们就可以让该节目的编辑知道，哪些节目形式是听众所感兴趣的，哪些是听众所不感兴趣的。这是在听传统媒体时永远也不可能获得的数据信息。

问：传统广播内容是通过什么样的路径（如 CMS 系统）来上传到移动端的？

答：传统的广播内容，是有自己的内容管理系统的，所有的新闻消息都会被上传到这套 CMS 系统。被编辑完成的节目，如果符合网络移动端的要求便可直接被共享到另一个网络 CMS 系统上，进而为移动端所直接调用（此时这个节目处于一个未被发布，但随时待命的状态）。接下来，网络的新闻节目制作人员就会根据节目内容向其中添加各类图片、链接地址等信息。然后这条消息便可以被发布到网站等任何网络平台上了。

但是对 NPR One 来讲，这个流程还是略有不同的，这个客户端有其自己专门的 CMS 系统。首先，结合应用本身的算法以及编辑人员的主观判断，哪些已经制作完成的音频消息会被归类为头条新闻，而哪些会被归类为深度报道等其他类型的条目，最终根据分类体现在 NPR One 应用界面上的不同条目中（其体现方式也会随着每个用户不同的使用习惯而变化）。我们的推送方式是根据用户在某版块的习惯先向你推送 5 条消息，所有的消息内容都是符合用户以往的兴趣点的。另外，NPR One 也拥有离线收听功能，也就是提前将你要听的消息下载好存储下来，以备在无网络连接的环境中（如飞机或地铁上等）使用。

广播融合发展的内部支撑：内容管理系统

达斯汀·热尔韦

主讲人：达斯汀·热尔韦（Dustin Gervais）。此文根据2015年10月15日的讲座内容整理。

广播的内容管理系统（CMS）是广播内部内容生产和运转的平台，也是广播内容与新媒体发布系统对接的基础，是广播作为现代媒体传播平台的标志性配置。美国广播的硬件系统并不是最新的，但使用的内容管理系统都非常实用，文字、音频等内容都能在平台上编辑共享，也为互联网和移动互联网的发布提供了广播特色的基础信息。尽管这一讲座是5年前的内容，但观照中美广播电台的实际运营，其内容和思路仍不过时，且有借鉴价值。

主讲人为达斯汀·热尔韦，哥伦比亚广播公司（CBS）新媒体总监（New Media Manager），负责移动应用、网站和社交媒体管理。

我们先来看一下今天所讲内容的概述，以便让大家对这节课的思路和前后安排心里有数。今天的主要目标是谈一谈传统广播产品向数字媒体领域的融合。让这二者相连的关键是通过一种叫作“内容管理系统”，或者叫CMS的东西。所以第一件要说的事就是什么是“内容管理系统”。我会讲到我们在CBS Radio News所构建的一个基础架构，以及所做的各种选择，当然你们也可能因地制宜而做出不一样的选择。然后，我要讲讲网站的内容管理系统，我还要说说音频的内容管理系统，它们可以被整合到一起，不过也可能没那个必要。最后，我们将谈谈如何为移动、网站和音频等各种平台优化内容管理系统，以此作为结束。

一、什么是 CMS

什么是 CMS（内容管理系统）？它是用于创建、编辑、发布和格式化内容的一套集成计算机程序。这个定义的含义很丰富，人们创建内容，然后又会去修改那些已创建的内容，并分发那些内容，生成不同的平台格式。这一系列操作，要是没有这个系统，就只好靠手工完成了。在很久以前，我最早开始写博客时，每次发布更新总是得重写全部代码，因为只有这样才能把一切内容安排到特定位置，那真是一场灾难。由此可见，如果可以不跟代码作斗争就能实现我的想法的话，那么我便可以发布更多的内容。内容管理系统的另一个优点在于，人们可以在同一时间协作完成同一件事。而如果是手工进行分工、协作，那么这将会是一大挑战。

下面让我们来看看在实际运用中的内容管理系统。我们 CBS Radio News 用到了 3 个内容管理系统。其中有些整合得很好，有些则不过是放一块儿用着还行，而另一个就有些差了。首先要说的两个：一个是 RadioMan，用于生成音频的内容管理系统；另一个是 eyeCast，我们的网站和移动端的音频发布平台。第三个整合得不太好的，叫作 Spinner，用于网站上的发布。eyeCast 处理的是音频发布，而相关的文字则是通过 Spinner 发布的。

二、CBS Radio News 构建基础架构的思路

就构建基础架构而言，每个人建设内容管理系统的情况都是各不相同的。而这里要介绍一些决策上的思路和指导方针，以及履行这个决策所需要的东西。在项目管理中，人们要实现的有 3 个目标：快、便宜、好。但正常情况下只能达成其中的两个，三者只能取其二。而且，这还是在你努力工作的前提下，否则你有可能连两个目标都达不到。如果你想要做得又快又好，那么价格自然就提高了；反过来，如果你想要达到的结果是又快又便宜，那么在质量方面可能就要打些折扣了；第三种可能便是，如果要做出又好又经济的产品，那你可能就要耗费很长的时间去找到那个肯为你做事的人并把它做出来。

坦率地说，我们在 CBS 采取了前面所说的各种不同组合，才有了今天的成果。根据不同的情况，我们会愿意做出妥协，从 3 个目标中选取两个来完成。对 RadioMan，我们采取了“开箱即用”的方案。这意味着，它是现成的产品，理应很快，并且我们又付了钱要求定制，以适应需求。而 eyeCast 是极其定制化的产品，构建它花了我们很长的时间，因为我们找寻了很多的厂商，努力从中达成最优的价格。也就是说，我们在“好”和“便宜”中取得了平衡，那么在时间上便无法保证迅速了。最后，Spinner 对我们来说就是又快又便宜的产品了，不过如你所见，我们在质量上做出了妥协以达成另外两个目标。所以说，在不同的情况下人们的需要（need）是各不相同的，那些需要是由需求（requirement）来决定的。这就是为什么我们会通过以上的决策来做的这些系统。

（一）CMS 博客平台——WordPress

我们来谈谈建设 CMS 博客的一些选择，比如说你打算今天就要做一个的话。首先，你可以先尝试自己做一个。你要真这么打算，那我就只能祝你好运了。（笑）这基本上就是一个“重造轮子”的过程，这将耗费难以想象的高昂费用。即便是你能重造那些别人在历经数年后才能做出来的东西，你也不大可能会得到比现有东西更优质的成品。WordPress 是一个广受欢迎、可实现高度定制化的平台，不过你必须拥有技术资源来支撑这个定制化的工程，要么自己储备这样的技术资源，要么付给 WordPress 一大笔钱让他们做你的技术支持。DeDe CMS 一度曾做得很不错，但是也不尽如人意，一个主要原因是它在搜索引擎优化方面不够强大，如果你想让你的内容在搜索引擎中排名靠前，那么就不要对它寄予厚望了，这点绝不是我们所乐于看到的。另一款叫作 Drupal，使用起来不够方便，不过他们最近做了一些更新措施，从而使用户在实施操作时变得更容易了。另外，它的源代码是开放的，这个产品的技术支持基本上是免费的。

这是 WordPress 的一个例子。这是它的操作面板（dashboard），在这里你可以管理一个个帖子、媒体内容、链接、子页面、评论等。WordPress 原本就是个博客平台，它是为了做博客而专门设计的。但是可能正如你在这个例子中所见到的，newyork.cbslocal.com网站看起来并不像一个博客，而是像你能在网上任何地方看到的网站一样。简短地提一句，cbslocal.com域名下承载着（CBS）每个城市自己的网站，以城市名称命名，所以纽约、洛杉矶、旧金山的分站点都能通过这样的方式来找到。当初我们这么做的时候，还是蛮有争议的，因为有的广播电台、电视台自己已经拥有很成功的网站了，比如说在纽约，WCBS就有他们自己的网站。那么他们为什么又接受上述做法了呢？这是因为，这样可以使各个城市里的独立产品被视作同一个网站。单就搜索引擎的优化而言就是一个极大的成功，因为这种做法会为所有的那些网站都带来大量的访问流量。所以说，这是一项非常具有合作性的技术，假如说你经营着一个由不同的电台或实体组成的广播网，那么你便可以让他们所有人一起来努力获得更好的总体运营业绩。

（二）CMS网站发布平台——Spinner

好的，下面我们来谈谈Spinner，它是我们的网站发布平台。www.cbsradio.com网站就是由这个系统支撑的。

我们为什么会使用Spinner这个平台呢？它是由CBS收购的一家名为CNET的公司开发的。CNET原本是一家彻头彻尾的网络媒体，当时他们已经完成了对这个产品的开发。但当我们接手这个平台时，它还不具备音频方面的功能，其上也没有现成的音频。也就是说，这个产品对我们想做的事情而言几乎一点用都没有。那么，后来我们所做的就是培养出开发人员，为音频开发出一个钩子（hook）机制，以便将音频添加到网站上（当然，我们后来又发现了另一种变通方法）。所以说，既然Spinner平台不支持音频，那么RadioMan与Spinner之间的信息传递机制也就无从谈起，所以RadioMan和Spinner是完全独立的两套系统，我们不得不在RadioMan中生成一个输出文件，然后再将其手工添加到Spinner当中去。

作为CMS，它的核心优势在于它是针对我们网站而设计制造的。它还有很多其他长处，不过必不可少的当然是能支持音频。使用CMS的一个核心优势是模块化，你不必将所有系统都一次性制作完成，而是可以在后期再做添加。更改操作可以预先计划好，而不必进行实时操作。比方说，我们得到的消息在晚上8点之前是不许公开的，那么我们就可以将其先放到网站后台上，但不让它上线，直到禁令的时间到了再自动发布。除此之外，Spinner还拥有很好的用户界面，帮助我们进行A/B测试。A/B测试就是给某个人看一种内容，给另外的一个人看另一种内容，如此你便能知道哪一种内容会让人做出更有效的反应。所谓有效反应，你可以根据更多的点击率，或是与网站产生了更多的互动等方面来进行判断。早些时候，在CBS News上曾有一个较为普遍的测试形式——是那些在视频上面播放15秒钟的视频广告更赚钱？还是那些允许用户浏览多张图片的广告更赚钱？直到2014年我们得到一个令人出乎意料的测试结果：图片形式比视频形式更赚钱。当然，这样的结果也可能随着时间的推移，或随着视频广告的价格起伏，或随着图片广告的价格起伏而发生变化。总而言之，CMS最重要的优势之一就是使得我们可以通过更简便的方式向网站添加内容，只有这样你才可能有时间、精力去生产内容，才能真正地驱动用户们来点击你的网站。

（三）CMS音频内容管理系统——RadioMan+SoundCloud

在音频内容管理系统领域，可供我们选择的系统软件就少得多了。这正是我们不得不自己进行系统整合的原因之一。最终，我们定制的这个系统还是耗费了一大笔经费，不过，从头设计一个音频内容管理系统还是会比从头设计一个网站内容管理系统便宜多了。RadioMan对我们来说也是一种类似于“封装在盒子里”的、直接拿来用的系统，我们必须为其增加一些钩子（hook）以便使其可以与eyeCast协同工作，这样一来我们的成本就会节省很多了，因为增加钩子的花销绝对要比从头建设便宜得多。我要提的最后一种选择，叫SoundCloud，它其实更应该被视为是一种基于社交媒体的内容管理系统。它能够连接到很多其他的社交媒体系统，这正是最终我们将其与Spinner搭配使用时所需要的功能。实践结果显示，将Spinner和SoundCloud结合起来的连接功能比他们各自单独使用的结果要好，所以我们最终就采用这种方案了。

我们来说一说RadioMan吧。RadioMan一共包含有4个软件。首先说一下Studio Matrix Controller这个软件，它控制着音频路由。如果你想要开始录制来自某个音源的声音，就要通过这个应用来进行指派。另一个进行录音的软件叫作 Remote Recorder，通过它你无需抓取任何东西，它能够依照你选择的信源自动进行录音。这个 Quick Edit Pro 软件是我们的多轨编辑系统，能让我们对音频进行诸如提高音量、淡入淡出等任何我们想要进行的编辑操作。

（四）CMS 音频数据库系统——Search and Save

Search and Save，它是我们的音频数据库，其中包含了与音频相关联的全部元数据。

Search and Save 它还是一个归档系统。我们有些自动生成的录音，这个 Search and Save 系统能让我们把它放到归档存储中，而不必占用日常节目制作的空间，并且在未来也能够随时对其进行调用取回。归档内容文件夹实际上是我们每天都会用到的，不过我们还是把它们“归档”到了另一台服务器中。在这里你能看到在一个文件夹下面的每个文件，它们的长度以及分类，这些分类不一定都是一样的，我们有各种不同的分类和类型的内容，比如广告跟新闻就会被分类到不同的货架 (shelf) 上。

Search and Save 从根本上说就是一个数据库，所以很重要的是它必须是可被搜索的，这样你在需要内容的时候才能找得到。你可以以多种字段 (域) 为条件进行检索，如文件名、创建的日期、是否有关联导语以及短标题，等等。Search and Save 能导出到 CBSRadioNewsfeed.com 网站上，这个网站是给下属台供稿的；它还能直接导出到 eyeCast，是以包含元数据的 XML 文件与同名关联的音频内容文件的形式实现的。XML 是一种非常常见的格式，可用于为任何类型的相关内容 (无论是视频、音频还是其他) 提供元数据信息。

（五）CMS 音频发布平台——EyeCast

这样一来，我们就讲到了 EyeCast，也就是上文中所提到的那个音频发布平台。

我们通过这个跟以下系统进行交互：7×24 小时流媒体；移动端网站，m.cbsradio.com；iOS 和 Android 平台上的移动应用；播客的 RSS 订阅源；Stitcher，一款在线新闻类流媒体聚合应用。eyeCast 还允许我们将自己的广告整合到以上所有的地方，或者，它还能与我们合作伙伴的 API 进行对接，API 就是应用编程接口。

（六）CBS Radio News 流媒体

下面我们来谈谈 CBS Radio News 流媒体，这基本上是目前我们数字产品的旗舰，所以它所受到的重视程度也要高于其他系统平台。在 CBS Radio News 中，我们把一条一条独立的内容以一种动态的方式组合起来，形成了一个 7×24 小时的流媒体。这听起来好像有点不好理解，但实际上它整体非常像一个全新闻台。在这个系统中，我们一共设置了 4 个单位，稍小的单位会被整合到它的上层单位。具体来说，就是每条内容都属于某个特定的分类，每个分类则属于某个特定的节目块，而每个节目块则都在某个特定的节目单上。

我们来从“条”这个层面看一下所谓“内容”。它的元数据包括比方说：短标题（slug）——决定了内容所属的分类；导语——说明了这条内容说的是什么（实际上，这两种信息都被放到类别里，并与它们对应的单条内容相关联）；还有关键字——帮助这篇播客在搜索引擎优化方面获得更好的位置。如果你想搜索到某个特定内容的播客，那么这些关键字便可能发挥作用，进而使得搜索结果更为优化。我们每天所生产的大量内容，其中一大部分是供给下属台使用的，而非特别为 eyeCast 设计的。所以，我们为每个文件都设置了一个标识，以便指示它到底是为 eyeCast 而制作的，还是只是为下属台制作的。

另一个重要的方面则是广告的适用性，我们的网站上不是每一条内容都能携带有广告的。我们有一些 15 秒或者 20 秒钟的声音文件，可以想象如果给 15 秒钟的声音素材添加广告是没有什么实际意义的。因此，我们需要判断某个分类是否具备添加广告的意义。

突发新闻的标记会告诉我们当某一项内容到达时，是否应该被立即播放。以某个特别报道为例，这样的标记指的就是：“OK，这个项目就是下一个要播放的。”相比起其他的类型，做新闻节目最大的一个挑战是新闻终将成为旧闻。如果是音乐，即便不再热门，但仍然可以在广播节目中使用，你永远也不必担心播放一段音乐会毁掉你的整个节目。然而，我们要是播放过时的新闻内容，那结果将是灾难性的。所以说，我们在创建这个系统时所要战胜的最大挑战之一，便是创造了所谓“适用性”（eligibility）这个概念，也就是这些内容在系统中存在多长时间之后才会被确定成过时的。这一点在分类这一层上会显得尤为重要，因为有些文字内容会比其他的内容素材拥有更长的有效期。例如，与关于缅因州气候情况的深度报道相比起来，股市资讯的报道时效性更强，有效期也更短。

互动环节：

问：您的工作目前怎么处理研发和维护的关系？

答：有的时候，相比创新，我所做得更多的还是做维护性工作。不过，就像我刚才所说的那样，我们一直在努力改进 RadioMan 和 eyeCast 这两个系统，以使其与更多的产品相整合，形成更强健的基础架构。不过，我们基本上是沿着“好”和“便宜”的方式走，而不是“快”。

我们正在对另一个领域进行研发，也就是车辆的中控板。现如今的人们每天都无法离开汽车，这样一来我们所开发的有关中控板的内容也就会时刻伴随着汽车内的所有人。然而，随着时间的推移，人们听广播的频率会越来越低，而使用手机的频率则会越来越高。因此，这个领域的重点是，通过中控板的娱乐系统，人们仍然可以访问到我们的内容信息。进入中控板我们主要有两条路可走，其中一条是我们可以设法跟每一家汽车生产商合作制作产品，如福特、通用、丰田等。但是这样做的成本很快就会变得非常高昂了。因此，我们决定走第二条路——我们做了个大胆的猜测，认为人们将会愿意将自己的手机与中控台相连接。所以我们决定支持两大即将发布的产品，Apple CarPlay 和 Android Auto。我们满怀希望的祈祷一两个星期之后就能在 Android Auto 上发布我们的产品了。如果市场反响成功，那么我们就能成为第一家同时在 Apple CarPlay 和 Android Auto 平台上拥有产品的新闻机构。这将是很骄人的成绩，因为在这一领域我们的竞争对手是全国公共广播电台，也就是 NPR，他们将数百万美元的资金都投入在技术的开发应用方面。不过，很遗憾我们没有这样雄厚的资金基础。需要注意的是，全国公共广播电台在纽约的下属台 WNYC，近期启动了一个节目，他们想投入 1500 万美元启动一个全新的播客节目，希望能够通过广告来获得大量的收益。在播客平台上，他们不会像传统广播那样不能加商业广告，而是可以更自由地插入或添加广告。

问：刚才听了您的介绍，我们理解可能您的工作更偏向于技术性。但留意了一下您以往的工作经历，实际上以前很长一段时间您是做广播内容的。很奇怪为什么这些做内容的同行最后回去从事技术工作，公司这样安排是出于什么考虑？如何能很好地适应这些技术性的工作？

答：我一直以来对技术领域都非常感兴趣，这就是为什么我演讲中包含了许多技术方面的内容。我觉得当时的情景，更应该说是发现了一个机会，只可惜公司当时并没有非常好地抓住这个机会。但是我仍想参与其中，因为我对我们所创造的内容十分有信心，而且这也是我能在那个领域作出贡献的最好形式。在这一点上，我可能有点不同寻常。我觉得不会有大量的作内容的人转型去做技术的。不过对我个人来说，能在这两者相关联的方面展开工作还是很幸运的。

问：我们知道 1010 Wins 和您是隶属于同一个集团下的，他们作为新闻媒体使用的最主要的一个系统就是 Burli。Burli 系统跟您的工作有什么交集？

答：相比较而言，Burli 可能与 RadioMan 是最为相似的，它其中可能包含 RadioMan 的一些程序。使用它的优势在于，Burli 的设计是为了令其与通讯社配合使用的。如果你通过 Burli 获取它所连接的新闻内容，那么你可以直接获得被整合在其中的文本格式的内容信息。Burli 的薄弱环节则是对其他产品平台的输出机制。所以说，它更倾向于对内应用。与其他产品相比，以 RadioMan 为例，它在设计上其实更像是一个发布平台。CBS Local 网站所用的是 WordPress。

问：刚才说到，您的团队只有四至五个人，他们是纯做内容的还是和您一样做技术的？

答：实习生主要负责的是内容方面。移动应用是占用我个人工作时间最多的一个项目。我的责任是确保全部内容以应有的形式发布到移动应用上。比如某条突发新闻的到来，证实了之前的某条内容是错误、虚假的，那么就需要由我来把错的那条撤下来，这是别人所不能完成的。与我共事的那些实习生，一般每周工作20到30小时，主要负责创作内容，或者换句话说，他们不是在创作内容，而是将之前别人所创作的内容在新平台上进行重写。他们不会去直接采访，但是会将之前做好的采访内容进行重新剪辑，作为流媒体制作内容。

广播的拓展：制作新媒体视频内容的探索

阿德南·汗

主讲人：阿德南·汗（Adnan.S.Khan），Town Squer Media 集团视频总监。此文根据 2015 年 10 月 12 日的讲座内容整理。

传统广播如何与新媒体进行融合？如何拓展新媒体业务？这不仅仅是中国，而且是世界传统广播行业面临的共同问题。主讲人阿德南·汗是美国城镇广场传媒集团（Town Squer Media）的视频总监，他结合自己的工作经历，向我们详细介绍了这家拥有 310 家电台的公司是如何开辟出一条传统广播走向网络平台的转型之路的。其中一些做法给同样在探索中的我们提供了启发。

非常感谢大家的到来，感谢密苏里新闻学院的邀请，让我能有机会和大家一起分享城镇广场集团的运营经验。我演讲的主题是网络视频数据前沿，谈一谈当新的网络视频兴起之后，网络广播公司采取什么样的战略对网络视频进行运营管理，传统的广播台在广告方面会产生哪些优势。

一、介绍 Newsy.com

我在 Newsy.com 工作过 4 年。这个公司和其他聚合类网站差不多，主要是对相关新闻的来源和新闻的内容进行深度分析报道，形成我们的特色，使用的方法是聚合式方法。在 Newsy.com 时的主要收入来源不是广告，而是把相关的内容做成市场营销模式，通过帮别人做视频来达到一定商机。Newsy.com 的另一个特点是，它是一个 100% 的网络媒体，它的内容发布到社交媒体平台上，或者延伸到移动媒体上。

二、介绍城镇广场传媒集团

城镇广场传媒集团是一个中等规模的传媒集团，它主要以多元化的娱乐内容为主。它的大部分收入来源是由310家电台的数据内容或空中内容所产生的利润。虽然我们的主要来源是广告，但我们也有许多节日和活动的相关策划。此外，我们还能在网上帮助有需求的客户进行产品设计和营销。对我们来说，网络视频部门是一个新的部门，充其量只有两年的历史。但是在网上却有很好的点击量，一个月大概有1600万的点击量，都是独立的访客，尽管在网上有这么大的项目和内容，但是我们收入的61%还是来自传统广播这一块。在广播比较萧条的情况下，还能够彰显我们的增长，这在美国来说是一个罕见的现象。在过去的很多年中，美国广播的产值是在下降的，但是下降的幅度没有那么大。在下降的过程中，唯独我们以及不多的集团有增长，我认为这是很不容易的。

三、一组数据

在310家广播台中，我们送达的受众达240万。数据表明，在我们的地理区域中，310家电台所覆盖的市场，我们可以覆盖90%。我们每一个电台都有自己的网站，而且这个网站是与美国15个大型门户网站内容互通的。我们的内容都是以娱乐内容为主，几乎没有其他类型的新闻。310家广播台通过与美国15家全国性网站相结合，网络受众可达6600万，给这些全国性网站贡献了大量点击量。由于15家全国性娱乐网站都有自己的YouTube频道，因而在YouTube上我们的相关内容也会被受众关注，通过这个平台，我们所制作的节目每年有500万分钟被受众观赏。500万分钟是一个非常大的进步，在两年之前我们在YouTube上被受众所观赏的视频节目只有10万分钟，根据这样的数据，城镇广场传媒公司特别加强视频这块的战略。但是我们只有2个编辑、2个制作，加上我共5个人的团队。我们这5个人组成的视频队伍与15个主体网站相连接，并通过链接把内容发布到YouTube这个平台上。

四、热门网站

我们刚刚谈到的 15 个全国性网站主要有哪些呢？首先是 Loudwire 。它拥有最大份额，仅 Loudwire 一家 就在 YouTube 上贡献了 300 万分钟的视频供受众观赏。第二个是 XXL，XXL 是一个嘻哈音乐的网站，它自己本身的节目没有吸引太多受众，而他们的网络品牌却占了第二位。

五、我们为什么要做视频方面的战略部署

为什么我们要做视频方面的战略呢？从根源说上，实属偶然。当时 15 个全国网站上是没有视频的，有一天，一个编辑无意间用自己的手机拍了一个吉他独奏的视频并把它放到网上，一下子就获得了 30 万的点击量。这样一来，就给了我们启示：这个用手机拍的非常颤抖、很不专业的视频，一瞬间竟然获得了 30 万的点击量，一个低成本、低预算的视频能迅速在我们的电视和广播网站上走红，无非是展示了我们广播制作的视频内容在网站上的美好市场。另外一点，我们之所以在网上走红也跟现在互联网流量以难以置信的程度加大有关。根据 Cisco 公司统计，到 2016 年，一个 IP 地址，一个月所产生的流量达到 1.1ZB，相当于 1 万亿个 GB，可见流量之大。如果像这样的一个流量，让一个人把这一个网站的 1 万亿个 GB 流量看完的话，那么就需要 500 万年的时间。也就是说，互联网流量巨大，也说明了制作网络视频的必要性，也为网络视频走红提供了空间和前提基础。

六、病毒式传播的网络内容

美国最大的网络影片发行公司——奈飞公司，通过网上订阅、付费下载视频的方式，成为美国最受欢迎的、点击量最高的网上影视节目公司。网上视频有一个特点是它可以成为“go viral”，像病毒一样迅速发展，蔓延到千家万户，这是我们传统的线下媒体做不到的。现在大家看到的是一个来自

Loudwire 的视频，这是美国一个著名的架子鼓手，我们请他来在 Hello Kitty 儿童架子鼓上演奏一段，制作也很简单，花了 75 美元买了这组鼓，用时 1 天时间拍摄，一开始就收到了 60 万的点击量，截至现在是 180 万，所以是非常值得的。这是我们最早期制作的一期受欢迎的，又能收到“go viral”效果的视频。现在每年视频生产量是 5 万条，平均每条视频产生 2 万到 5 万的点击量。我们的多半内容是一些人物访谈，由这些人去评论有关新闻，这样的节目有很好的喜剧或娱乐效果，受众喜欢。另外，我们在广告视频方面进行了很大的投资，目的是拍出好的广告视频。下面这条广告是我们外包公司拍摄的，几位歌星代言一辆新车，这个汽车客户是我们集团的广告客户，这条视频获得了 6300 万点击量，这个广告的策划非常成功，这使我们去年网站视频业务的广告收入有了两位数的增加。另外，这个广告也发布到了 YouTube 上，点击量也很高。

七、广告制作成本

当然我们也要考虑一下广告的制作成本，刚刚看到的这个广告就很费钱，成本在数百万美元。即便如此，从它的播出效果及播出后两位数的增长来看，还是值得的。不过，从美国在各媒体中广告分布的情况看，广播在美国依然有很大的市场，人们认为这是一个最安全的广告平台，至少有 91% 的市场占有率。与此同时，它在数字广告市场这个领域发展非常迅速。在 2014 年，数字广告包括移动客户端广告、网站广告等，全美有 507 亿的市场，比 2013 年增长 18%。507 亿包含了各类广告，包括品牌嵌入式广告、年轻态广告等。纽约时报的相关软文在写某一个产品和服务时，会有相关的广告跟上，这是年轻态广告的一种，《纽约时报》上不乏这种广告。在移动广告的作品中，过去两年增长最快的是我们手机上的广告，增长百分比达 170%，增长量惊人，同时占所有数字广告一个比较大的比例，占数字广告份额的 39%。移动广告是 3 种最流行的数据广告之一，专门针对我们的手机或平板电脑。广播广告在 2014 年小幅度减少，首先是主体广告，我们传统的空中节目的广告在2013年时有140亿左右，到了2014年只有136亿，有近4个亿的下降，这是小幅的下降。像是大型的广播集团，包括ABC、CBS等，在主体广告类型中，去年广告收益从11亿的量减到10亿，这是传统广播中的传统广告形式。但在广播广告中，其中的数字广告却是呈正增长的，由8.89亿的情况增长到2014年的9.73亿，增加了近10亿的规模。2014年传统广播广告收入只减少1%，所以广播产业的收入情况还是可以的，虽有减少，但是减少量小。线下这一块，我们为其他一些媒体做一些相关的项目，包括设计、策划等，这一块的增长幅度还是很大的。从整体情况来看，尽管在数字和线下活动方面有9%和16%的增长，但是它们在集团整体大盘中的比例还是比较小的。通过这个展示出广播产业应该继续寻找其他可能增加收入的途径。在美国，空中节目由于市场和广播台数量的原因，几乎已经发展到饱和状态，再往下发展也没有什么空间，所以未来会在线下和数字媒体这块做更多布局。

八、社交互动

广播在社交媒体平台上对受众的吸引力，长期以来是一个弱项，在节目播出过程中，充其量一个电话打过来，推特发过来就已经很了不起了。那么这个领域有什么新的发展呢？我们来看一本书，主标题就是“*YouTube*”。YouTube是数据媒体和社交网络产品的品牌。总结一下YouTube的成功之道有4条。第一条是可嵌入视频播出，即你可以直接从YouTube上下载视频放在你的网站上播出。第二条是相关性视频，即针对客户需求联想和推送视频。第三条是在相关社交平台上发表评论。第四条是共享。这种具有社交式的、互相紧扣的战略，会产生极速传播的效果。另外还有网上对话功能。包括广播和其他媒体的网站都有相关的直播流内容，流内容往往是不可以打断的，但现在却可以。现场直播流内容的同时，在相关的客户端或媒体平台可以进行对话。像Twitch.tv这样的网站在播流内容的同时，受众可以进行互动，打破了流内容不能打断或现场无互动的缺憾。我们看到的网络电视台、互联网相关媒体，现在由于网上的延伸互动，比做空中节目的广播电台更多一些独到的优势。另外YouTube也在做可以互动的流内容。像AWE，它在YouTube上有一个本单位或个人的频道。它通过在YouTube上的一些视频的介入，向受众展示他们的工具是什么样的，他们的工具有什么优势，以产生品牌效应和广告效果。例如视频播客中有个公司是做锤子的，大家能够听到同期声里面有锤子敲击的声音，体现了这个锤子在打造的过程中至少有10道工序，且它把相关的东西同美国队长的视频结合起来，以展示这个产品的优秀。这个公司所做的广告在YouTube上有自己的播客频道，在频道上有352万用户，能产生500万的点击量。通过跟受众时时的交流，受众在看了他的视频后反馈说最好从其他角度来展示，比如"你的锤子要以武器这个角度来说"，所以他能够时时采纳受众的意见，制作后在YouTube的频道上再展示出来，它不断地根据受众的意见改进自己的产品并展示，所以点击量非常大。

九、视频制作的生产成本

在制作成本上，我们刚看到的美国队长的视频，制作画面非常精致，比较专业，设备比较精良，当然这个成本也比较高。但是制作成本由于制作技术和设备的进一步廉价化，总成本逐渐降低。比如Black magic和Sony竞相推出了达到4K电影效果价格低于1万美元的设备，而好莱坞电影效果的拍摄设备价格最低在5000美元到100万美元之间。他们这两家推出这样的设备后，制作成本大幅度下降。同时单反相机和摄录两用机也方便了更多的视频拍摄。我们团队只有5个人，从拍摄到编辑都由5个人完成，一年是1500条视频的产量，这数量对一个视频公司来说不算高，但公司给的薪水很多，足见我们对公司的贡献是很大的。其实满足网络需求拍摄有很多很好的课程，我在学校没有学太多的网络制作课程，而是在YouTube上自学的，之前我只会一种软件，现在会很多种，现在正在学习3D的拍摄技术。过去如果想要获得相关的视频技术，就得由大型电视公司派人来讲课，且培训费昂贵，现在通过 YouTube 的相关辅导几乎什么都可以学，当然，这也得看个人的天分，如果天分够，基本上都是可以免费学会的。

十、这么做值得吗

我们做了这么多努力，这些值得我们做吗？能产生相关的效果吗？在 YouTube 上 100 万的点击量可以产生大概 1000 美元的收入。例如，架子鼓的视频花了 75 美元，产生的点击量转换成相关收入后说明是比较值得的。对我们个体来说，75 美元成本产生 1000 美元的收入是非常不错的。但是对我们公司来说，是不足以夸耀的，产生的收入还是很低的。对网站上的旗帜（banner）广告，过去能贡献 44% 点击量，现在只有 0.7%，几乎可以忽视。这对我们来说是一个警示。传统的长方块广告还有多少人会去做，这是一个问题。现在对网上广告，很多人选择直接跳过不看，现在有一种广告拦截软件叫 ad blocker，装上后弹出的广告就会被拦截。这对广告公司或相关网络平台来说是一种威胁。很多受众不想看网上的广告，所以导致奈飞公司靠用户订阅盈利，完全不用指望广告，Hulu 则是和好几个大型的电视集团绑在一起，仅仅有少于 30 秒的广告，这使得广告处境比较尴尬。YouTube 推出了只有 5 秒钟延续广告的选择，如果你不喜欢，广告就会消失。这个就促使相关的广告公司想尽办法跳过 5 秒钟的危险期，广告必须好看、吸引人，才能引得受众把广告看完。一个著名的网络保险公司 Geico，他的广告经常会有一些出人意料的情况，可见 Geico 的广告做得比较好，让人不能跳过。网上视频广告虽然有很多方式让受众跳过，但是视频前嵌入广告的数量增长很快，使很多在电视、广播和外面广告牌上做广告的量分流到视频广告上来，使视频上的广告量得到进一步增大。这也使我们要进一步考虑如何使相关内容与广告目前的情况做平衡。像潘多拉等就推出这样一个选择，一个月只要多付 3 美元就可以获得无广告的体验，所以视频和广告的制作方要想到更有创意、更节省成本的方法来制作网上视频广告。

十一、隐性的广告

另外一些广告是通过一些其他社交媒体平台，用内容录入的方法与受众取得联系的。例如，奥迪车4年前推出一款新车时，在社交媒体平台上用一些方式来吸引受众去拍摄新款奥迪图片甚至视频，并让受众把它放到推特或照片平台上，帮助进行二次传播。我的一个朋友在一个社交媒体平台上非常活跃，他和我说三星出了一款新手机，他在他的平台上喜欢说三星产品并且自己也喜欢用，我也赞扬他的手机酷。我就想，我的朋友有这款三星手机，把它介绍给我，实际上就是给三星做了一个很好的广告。人与人之间会相互交流，如果我有这个手机，我也会类似他一样在社交媒体平台上介绍三星。三星这样就在广告策划上省去了上百万或者更多的广告费。

十二、总结

美国从整体上来讲，传统媒体产业处在下降当中，但是广播电视依然强大，虽然有小幅的降低，但还是不错的。这个情况与纸媒不同，纸媒下滑的非常厉害。美国与中国一样，每辆车里都有车载系统，尤其是中西部的大平原地带，由于车的需要和普及，我们的广播广告还是很不错的。当然我们的广播和广播电视需要在数据领域方面进一步筹划以取得发展。美国数字广告增长非常快，去年的总量达到507亿美元。其中移动广告在其中占了30%多的份额。在一年当中，人们在IP上的点击量达到1.1ZB，以往我们使用1.1ZB这么大的量主要是作为统计用，而现在我们作为网上点击量来使用。在数据领域里面的发展，视频发展非常快。即便我们的广播产业目前还算不错，但是由于低成本的技术和设备，广播可能有更好的发展空间。由于网上每一天点击量的加大，且传输速度快，网上的视频成为我们新媒体领域发展最快的现象之一。

互动环节：

问：网络广告和数字广告在定义上有什么差别？

答：Network不是指因特网和网络，而是指大型的广播集团，像CBS、ABC等被称为TV Network，包含广播和电视内容。

问：您说100万的点击量相当于1000美元，请问这是提供给生产者的真实收入还是虚拟的价值，如果是虚拟的价值，作为传统的广播，如果现在有5个人的团队，专门生产与广播关系不是特别大的内容并上传，那对电台本身来讲的作用是什么？能带来什么收益？

答：实际上这有一个计算公式，在网上，当广播商与贵单位的广告团队谈价格时，他是根据您的广告有多少观赏量来决定的，像Geico的广告，每看一次大约是给5美分，以此类推。对我们的广告，在YouTube上是用品牌嵌入的方式来产生价值，把想做的品牌内容与YouTube内容嵌在一起，产生相关的广告。

问：城镇广场传媒公司拥有310家媒体电台资源，你和你们的团队达成了每月500万的点击量，这两者之间有什么关联？

答：我们每个月在YouTube上有500万分钟的视频点击量，虽然在YouTube上有，但不能保证让受众自动到YouTube上去观看，所以说我们要采取一些宣传他们品牌的相关措施，才能让受众知道我们在网上有这么好的展示内容，所以说我们要在YouTube上做相关展示才行。如把一个著名歌星的视频放在丰田车里面，这样丰田车就嵌入YouTube上的广告里面，丰田车与歌手同时进入里面，这样一个广告生成后我们能把它作为一个样板，与更多的客户谈，使客户明白我们不仅有线上的内容，还有线下的例如音乐节、音乐会等，可以把线上与线下结合起来。询问客户能够付什么样的费用。美国产业十分注重线下这块内容的收入。这就回答了你提的这个问题，这310家电台不做新闻，只做娱乐，把娱乐内容放在YouTube上的目的就很明显了。

问：团队在制作视频时，嵌入了310家电台客户原有的广告，是从广告上再获得经济收益吗？

答：不是这样的。歌手的形象和YouTube上的广告结合起来，这样广告方面和电台歌手方面就都有了，这样会在YouTube上形成品牌嵌入内容的效果。

附录 1

新媒体作品选录

◎ 关于选辑部分天津广播微信公号新媒体报道的说明

◎ 实录 | 应急指挥会商室里，我见了父亲最后一面

◎ 实录 | 确诊前，他是天津离新冠病毒“最近”的人

◎ 实录 | 宝坻阻击战：昨晚起 24 小时内排查超 14000 人?

◎ 实录 | 天津：大白菜“退烧”记

◎ 实录 | 复工：一份美国订单的“生死时速”

◎ 实录 | 天津的驰援：妈妈去武汉打怪兽!

◎ 实录 | 宝坻：被确诊的一家四口和他们的村庄

◎ 实录 | 为了“救命服”，快！再快点……

◎ 观察 | 纽约 50 天：从确诊第 1 例到死亡超 1.4 万

◎ 观察 | 96 人殉职，地铁每天停驶 4 小时，纽约公交的世纪逆行

关于选辑部分天津广播微信公号新媒体报道的说明

本书主要刊发的是笔者和天津广播同事在2014年中央提出媒体融合，打造新型主流媒体后学习、考察、思考、分析的文章。从这一年开始，天津广播的媒体融合实践也有了质的飞跃。当时除了上线“劲听”App之外，就是抽调专人用心做“天津广播”双微，特别是微信公号。

当时微信公号发展的窗口期基本已过，但大家没有像许多媒体公号那样，把广播媒体的东西简单搬到微信上，而是像认真做产品那样研究分析微信公号的推送发布场景、用户需求、用户体验，然后倒推我们手中资源怎样满足用户需求。笔者和新媒体编辑部的几位负责人实际担当起产品经理的角色。

2014年11月，为了满足受众早间利用碎片化时间，获取地方新闻资讯的需求，天津广播打造了天津首个早间新闻资讯产品“早读天津”。当时的想法是，天津移动端市场缺乏前一天新闻资讯“干货”的简短集纳，而一早起来使用智能手机的人需要看到这些内容，他们听新闻、看报纸的目的也是如此。早间用户的时间紧张，每条新闻要短而又短，可以在浏览中迅速划屏，需要时停住，为用户节省时间。通过时间差异化、形式差异化的探索，“早读天津”在天津地区成为独具竞争力的“拳头”产品，受到广泛欢迎，阅读打开率一直在15%以上，成为带动公号最初成长的黏性产品。5年多后的2020年年初，天津广播又创造性地以“新冠肺炎疫情”为切口，将国内外每日疫情防控形势集纳整理，形成了每日推送的“战疫”栏目，给受众带来最新、最全、最权威的疫情报道，实现了信息的高维整合和精准投放。“战疫”栏目共编发稿件超220篇，总阅读量突破1000万。疫情高发期间，“战疫”栏目日均阅读量超5万，每日栏目内容被全国多家媒体转载、引用。

如果说，上述实践的成效是缘于广播新闻“短新实活”的媒介特点与互联网的特性有所契合的话，那么，收入此书的《实录》《观察》栏目部分内容则完全是天津广播“一体多维”，建设新型主流媒体的独特原创成果。传统媒体转型中的移动优先，不仅仅体现为突发新闻在移动端的“快”发上，还要有大量原创的独家报道还原真相，传递主流媒体价值。为此，媒体融合必须努力从用户需求出发，摆脱传统广播媒体“短、平、快”的工作习惯，深入采访，生产有思想、有深度的独家内容。以新冠疫情报道为例，不仅有白衣执甲的逆行，也有大量基层党员干部的恪尽职守。2020 年 2 月 22 日凌晨，在抗击疫情一线连续工作了 30 天的天津滨海新区政协副主席、区应急管理局局长单玉厚突发心源性猝死，倒在了值班的宿舍中。在获知消息后，广播记者第一时间赶赴前方采访，还原了这位战疫一线的人民好干部。笔者与新闻中心主任谢百勤、值班主任、新媒体编辑连夜进行编辑、配图、制定板式。该融媒体报道《应急指挥会商室里，我见了父亲最后一面》在天津广播微信公号首发后，引发社会强烈关注并被广泛转发，仅天津广播微信公号浏览量就超过 6.8 万。单玉厚的许多生前好友都在微信文章后留言，诉说了与他之前的点点滴滴，引发了身处疫情一线人员的集体共鸣，成为了天津人抗击疫情的共同记忆。这些留言也组成了这篇深度人物报道的一个不可或缺的部分。天津广播随后再次以这些留言为线索，继续采访老单的生前故事，采写《那个雨夜，单局在现场抽了我最后的潮湿香烟》一文并在天津广播微信公号发布，又一次引发群众对这位抗疫好干部的怀念和致敬。

这是广播新型主流媒体“一体多维”日常运转的一个缩影。策采编发的流程因此再造，记者们不仅要采制短录音新闻、录音专稿，也要写《实录》这样风格的特稿：平实的语言，呈现生动、翔实、克制的细节、情节、故事，平视不拔高，寓价值取向和导向于完整的、跌宕起伏的叙事中。高质量的报道又与广播日常采访编辑互相促进。这一栏目和内容在疫情期间也得到了领导、同行和用户的肯定。

疫情期间，《实录》《自述》《观察》发了不少被广泛转发的特稿，真实记录了天津上下面对突如其来的疫情，展现人性、党性的光辉和“生命至上、举国同心、舍生忘死、尊重科学、命运与共”伟大精神的生动事例。限于本书的篇幅，只能选辑部分作品，算是媒体融合在天津广播的一个标志吧。

笔者的两篇关于美国纽约疫情的《观察》，来自日常组织编辑新媒体报道时需要了解和跟踪的消息，不少一手材料来自纽约和纽约州政府、纽约疾控中心、纽约大都会运输局的英文官方网站和美国主流媒体报道。纽约的疫情触目惊心，生命逝去之多让人心痛，但似又不得不如此。《观察》试图用事实让读者思考凄凉的故事背后傲慢的观念、制度、决策、文化之因。

实录｜应急指挥会商室里，我见了父亲最后一面

孙昭荣　顾　颖

谁也没想到单玉厚会倒下！

单玉厚是谁？他是一个妻子深爱的丈夫，是一个儿子佩服的父亲，他还是天津滨海新区政协副主席、区应急管理局局长，新冠肺炎疫情发生后，他还有了一个新的身份——滨海新区防控工作领导小组物资保障组副指挥长。

“忙，不着家。”是单玉厚的妻子杨健对丈夫的评价，“这么多年，别说过节了，能在一起吃顿饭都是好的。”疫情发生后，杨健干脆连丈夫的面都见不着了，每次通话都不到两分钟。

“等到退休就好了，我们俩前后脚退休。”杨健一直期待着丈夫退休的那一天。从结婚起，她就与空军服役的丈夫聚少离多，转业到地方 12 年，还是如此。她说，丈夫曾经一口承诺她，退休后每天都陪着她，弥补这前半辈子对她的亏欠，“我们计划去全国各地旅游，去看望他以前部队的老战友……”

单玉厚今年已经 58 岁，再过 1 年多，杨健的这个愿望就能实现了……

然而，就在 2 月 22 日凌晨，因为在防疫一线连轴转了 30 天，单玉厚突发心源性猝死，在睡梦中永远离开了她……

仿佛冥冥中有个约定，父亲倒下的前一天，儿子单鹏与父亲在滨海新区应急指挥中心的协调会议室里匆匆见了 10 分钟。

在单玉厚生前居住的机关宿舍，杨健伏在床前，失声痛哭：“你不能这样欺负我啊，你答应我的，退休后每天都陪着我……你走了让我和儿子怎么办啊？”

在单玉厚生命的最后 30 天，他究竟经历了什么？

单玉厚的最后一天

意外和明天哪个先来，谁也不知道。

单玉厚走的前一天，分明还好好的。滨海新区安全生产执法监察大队副大队长张汝泉回忆，2 月 21 日上午，他和单玉厚先是一起去了提出复工申请的天津鲁华泓锦新材料科技有限公司，听取企业汇报复工的准备情况。

这是一家专门为纸尿裤、防护服、卫生巾等产品提供原材料的中外合资企业，在疫情防范方面做的准备还是比较充分的，但单玉厚要求企业要做到万无一失。

单玉厚现场检查了企业的安全生产装置，发现还是存在不少隐患，比如有的跑冒滴漏，有的标识不清。发现这些问题后，单局长说："你们准备不充分，带着这么多隐患开工容易发生问题，再给 3 天的时间，3 天以后我再来验收！"

从鲁华出来，本来单玉厚上午的行程就结束了，但是他又临时决定再去一家企业——天津儿童药业有限公司，"单局正在推动天津精华石化有限公司的口罩生产线项目落地，现在企业从东莞订了口罩机，把货发过来以后，每天能生产大概 12 万个医用口罩，但是企业缺少口罩消毒、杀菌的设备，儿童制药正好有这样的设备，所以单局想帮忙对接一下。"张汝泉说。

中午 12 点，单玉厚回到应急指挥中心会商室，一边和区应急管理局应急指挥中心主任张金宽商量精华石化项目落地的事儿，一边接通区应急管理局救灾和物资保障室主任李洪恩的电话，布置防疫物资事宜。大约 12 点 20 分，他的儿子突然推门进来。放下电话，单玉厚又惊又喜："你怎么来了？"因为单玉厚从春节前匆匆回家待了两个小时，就再也没有露过面。妻子不放心，派儿子过来"看看"。儿子单鹏大学毕业，没沾父亲局级干部的光，在高速公路上当了一名辅警，利用休息时间赶过来。父子俩聊了会儿家常，单玉厚特别问了妻子和老岳母的身体情况，便赶儿子去上班。单玉厚对儿子的爱，习惯融在严格的要求中。谁也没想到，这对父子间 10 分钟的匆匆一见，竟是他们人间最后一面。

看孩子离去，应急指挥中心主任张金宽让单玉厚在值班室休息一会儿。张金宽再也清楚不过，与给外人身体健朗的印象相反，单玉厚做过心脏搭桥手术，还放了两个支架。当天上午在企业检查指导工作的时候，他还不由自主地捂住胸口，说有些不舒服。而从今年年初以来，单玉厚一直拖着病体连轴转，从未好好休息。

下午 2 点半左右，当地一家化工企业的负责人和销售经理来到指挥中心。单玉厚听到张金宽和他们在门外说话，又从单人床上爬起来，走出门，协商从这家企业采购 4 万只口罩的事情。

大约下午 2 点 50 分，企业负责人走了。下午 3 点，单玉厚到区委常委会上汇报新区疫情防控物资工作情况。

大概下午 5 点左右，单玉厚开完会，回到应急指挥中心。他把张金宽请到办公室，再次强调物资对接及明早物资发放要求。“他说明天早晨 8 点半再碰碰，9 点的时候去区长那儿汇报”，张金宽回忆说，“当时我看他挺疲惫的，我就问他感觉哪儿不舒服吗，他说还行，就是累。我说你岁数大了，身体也不好，赶紧回去休息吧。”

在张金宽的反复劝说下，单玉厚才决定回宿舍先休息一下，下午 5 点 47 分，接送单玉厚的司机刘金健看他身体情况特别不好，就把他扶去了宿舍。临走前，刘金健给单玉厚煮了碗面，又帮他找到了心脏救急的药品，还给他读了用药说明书。刘金健给单玉厚当了 12 年的司机，他记得特别清楚，单玉厚说：“等忙完这段的，我就请假去医院看一看。”

晚上 7 点，司机离开宿舍后，单玉厚还给同事李洪恩打了个电话，叮嘱他跟张金宽一起以物资保障组临时党支部的名义，去看看前两天因为冒雪出去给企业办理手续，不慎摔折手臂的一位年轻员工。“无论什么时候，他的心里都装着别人，唯独没有自己。”张金宽和单玉厚共事了 12 年，对这位老大哥有种说不出的心疼。

张金宽说，疫情发生以来，每天晚上单玉厚都会和他通过微信、电话对接工作，但是那一晚并没有。他当时以为单玉厚终于是知道休息了，没想到他此刻的身体已经在透支中拉响了无声的警报。

2 月 22 日早 8 点，司机刘金健按照约定的时间来接单玉厚参加 8 点半的会议。在宿舍楼下，刘金健跟往常一样，给单玉厚发了一条微信。每一次单玉厚都会秒回，但是那一天他一直没有回复。正在这时，应急局办公室主任给他打来电话，问单玉厚去向，说好几个人有急事打他电话都不接。刘金健听后，迅速上到 14 楼，敲了好几下门，却没有回应，就马上到楼下找物业要来钥匙，打开房门。

屋里，单玉厚的手机还在播放着有关辽沈战役的评书。“他躺在床上，像睡着了一样，但再也叫不醒了。”想起当时的情景，刘金健悲痛不已。

除夕夜紧急作战

1 月 24 日零时，为紧急应对新冠肺炎疫情，天津市启动重大突发公共卫生事件一级响应。

除夕夜，正当万家团圆时，天津市新冠肺炎防控工作指挥部接到消息，正在驶向天津港的超级邮轮“歌诗达赛琳娜号”上面有 15 人出现发热症状，包括 2 名儿童和 13 名船员。当时，船上共有 3706 名游客和 1100 名船员！更让人惊心的是，船上有 100 多名来自湖北的游客！

这些发热人员，究竟是否被新冠肺炎感染？面对可能存在的巨大风险，检测行动刻不容缓！天津市委、市政府第一时间指挥启动应急预案，命令船舶停航，暂不进港，在海上等待排查检测。

滨海新区牵头，与市卫健委、市交委、市公安局、港航局、东疆保税港区管委会以及天津海关进驻邮轮母港，连夜研究形成处置方案。

单玉厚作为应急局局长，连夜赶赴东疆临时指挥部，承担起调派直升机运送检查人员的任务。

“24 日夜里 10 点，单局长给我打电话，让我们调直升机。”接到单玉厚的指示，滨海新区应急管理局应急指挥中心主任张金宽开始紧急联系中国海洋直升机有限公司。与此同时，一个更确切的消息传来：船舶没有停机坪，只能用直升机吊篮来接检测样本，人员需要单独运送。张金宽又将这一情况及时向单玉厚汇报。

“单局说那就赶紧想别的办法，你调船吧！”电话里，单玉厚迅速发出第二道命令，“我又迅速联系天津海事局海上搜救中心，他们说几点用，我说现在定的5点，你们先待命吧！我又赶紧把这个情况向老单汇报，他说，你一定落实好了，直升机也得用，取样本。医生、接样本的车和人员，在哪儿集合，联系好之后给我汇报，并报告区政府。”

凌晨3点，直升机和应急船舶准备就绪。凌晨4点多，滨海新区卫健委11人和海关检验检疫局7人登上天津海事局“海巡0204”轮，从东疆港出发，在夜色中向临时抛锚的“歌诗达赛琳娜号”靠近。

25日凌晨5时许，工作人员乘船登上“歌诗达赛琳娜号”，分成两组对全体游客逐一进行体温检测。经检测发现，整个邮轮上总计有17例发热状况，登船检测人员又通过取喉咙分泌物的形式进行了采样。这17个样本必须第一时间进行检测！

此时，由应急局协调调派的直升机已经悬停到“歌诗达赛琳娜号”上空，通过悬吊的方式将待检样本装机，飞到机场落地之后，由警车开道，在中午12点将17份样本送往天津市疾控中心化验检测。

时间一分一秒过去，经过3个多小时的检测，17份送检样本经检测结果全部为阴性。

直到此时，单玉厚和张金宽悬着的心才放下来。凭借单玉厚丰富的应急经验，临危不乱，应急局圆满完成了在这次突发事件中的紧急处置任务。

临危受命，千方百计保障防疫物资

大年初二，单玉厚临危受命，担任滨海新区防控工作领导小组物资保障组副指挥长，既要保障防疫物资充足，又要有序推动企业复工复产。此后，他一直奔波于办公室、应急指挥一线、调运物资的机场、申请复工复产的企业等工作场地。

物资之于疫情防控，就好比子弹之于打仗，做好防疫物资保障，对疫情防控至关重要，而单玉厚早已未雨绸缪。

滨海新区应急局副局长于学民是和单玉厚共事 12 年的老同事，于学民回忆说，腊月廿八的时候，单玉厚已经在局部范围内组织召开过一个小会，让相关部门摸一下新区防疫物资生产企业的数量和储备情况，第二天又根据摸上来的情况做了一些工作部署，这为以后防疫物资保障小组高效工作奠定了基础。

大年初三，经过前期与区内一家央企协调，由这家企业迪拜分公司协助采购的 4 万多只口罩从迪拜运抵北京首都国际机场。晚上 8 点，单玉厚和相关工作人员一同出发前往北京，亲自押运物资。

“其实他完全可以不去，但是考虑到这是第一批从海外运来的物资，他不放心，怕通关和运输路途中遇到问题，所以他亲自跟着去，亲自押运。”滨海新区应急管理局救灾和物资保障室主任李洪恩说。

凌晨 3 点，这批物资才从北京安全押运回滨海新区。而第二天天一亮，单玉厚又出现在新区应急指挥中心，亲自组织安排各部门前来领取物资，确保物资发放规范有序、准确无误。

就这样，面对全市乃至全国防疫物资供应紧张的状况，单玉厚主动出击，一次次协调发动驻区央企、国企、外企，充分挖掘海内外采购渠道，购置了大量口罩、防护服、医用手套、护目镜、测温枪、消毒液等防疫物资。滨海新区在疫情期间，没有因为防疫物资困难向市里请求过任何支援，全部自己解决。

守好防线，助力企业安全复工复产

随着防疫形势的变化，工作转为一手抓疫情防控，一手抓复工复产。单玉厚又夜以继日指导企业复工，特别是重点加强对生产口罩、双氧水、酒精、消毒液等防疫物资企业的帮扶和指导，帮助协调解决用工、原料和供货困难，推动企业满负荷生产。

科迈化工是单玉厚推动复工的首批企业之一，专门生产橡胶促进剂，供给国际知名企业。疫情发生后，企业推迟复工，但国外合同期限迫在眉睫。

单玉厚得知情况后，提前介入研判，组织开展细化防控方案、危险有害因素和安全风险分析、复工人员岗前培训等大量工作，帮助企业提前排除隐患、加快复工复产。

“单局长在对企业检查指导的过程中非常细致，管道的一个小裂缝、油漆有点脱落，都逃不过他的眼睛。”天津鲁华泓锦新材料科技有限公司负责人王林回想起单玉厚，五味杂陈。他说，单玉厚对企业复工复产的高标准、严要求，让企业不能不自我提升和完善。“我们复工以后，产品供不应求。我们会以实际行动做好安全生产，报答单局长生前对企业的关心。”王林不知道的是，从大年初二到最后离世，单玉厚就这样实地走访了30多家企业，马不停蹄地推动企业复工复产，自己经常连口水都喝不上。

无法兑现的承诺

在单玉厚的宿舍里，爱人杨健反复摩挲印有单玉厚照片的几张工作证，近乎失控地痛哭。她说，这几年没有一张家人团圆的合影，这几张照片是单玉厚最后留给她的，她一定要带回去。

春节、国庆、五一、中秋，孩子的生日、老人的生日、单玉厚的生日……杨健说，这几年来，因为单玉厚工作的特殊性，每个节假日，他们都没有在一起度过，平时由于工作时间较晚他总是住在宿舍，一个多月回一次家也是经常。“回到家，还没等我做好饭，他就躺在沙发上打起呼噜了。”杨健说，家里的沙发上总会帮他准备一条毯子和一个枕头。

这没见面的30天，单玉厚会每天给老伴打个电话报平安，但每次不超过两分钟。“每次嘱咐我们，除了上班，能别出去就别出去。我说你身体怎么样？告诉我他没事儿。然后他就说，行，你撂吧！”杨健这两天总在等这个再也等不来的电话。

单玉厚的儿子单鹏总在回味父子俩那匆匆的会面，仿佛是冥冥之中的约定：“那10分钟，就是我和父亲最后的一次说话。”单鹏一边坚强地照顾失控的妈妈，一边默默留着眼泪。

“他就是一直放心不下工作，却总是放心得了家庭。”杨健说，她和单玉厚都是明年退休，单玉厚告诉她，之前由于工作亏欠了她一辈子，退休了什么工作也不做了，就陪爱人。“他许给我很多很多的承诺，却没有一个兑现他就走了。”

在单玉厚办公室的书柜里，有一本翻开的册子，扉页上写着入党誓言：对党忠诚，积极工作，为共产主义奋斗终身，随时准备为党和人民牺牲一切！单玉厚没有离开，他只是踏上了新的征程。

听到单玉厚突然去世的消息，一位素不相识，但同他一样奋战在滨海新区一线的干部为他写下这样的句子：

浓郁的夜色中
流星划过
空旷的城市里
你跳上最后的班车
风尘仆仆，一路艰辛
是使命的召唤
生命变得无比绚烂
冬去春来，山河无恙
胜利那天
愿（献上）一杯浊酒
面朝大海，春暖花开

（编辑：韩振）

实录｜确诊前，他是天津离新冠病毒“最近”的人

张清森

2020年2月25日，坚守在一线一个多月的于洪志，出现了发热症状。两天后被确诊为为新冠肺炎普通型患者。这位和传染病打了近18年交道的呼吸科传染病专家，这一次也和他救治过的患者一样住进了隔离病房。

就在人们心急如焚等待他的消息时，当晚11点整，于洪志在自己的朋友圈里发出了入院后的第一张照片，配图文字只有4个字：一切安好！这简单的4个字，给了所有关心他的人莫大的安慰和鼓励。

在病房里，他依然是同事们眼中总是挂着微笑的于主任，他也终于有时间和爱人、孩子打打电话，聊聊微信。

埃博拉之后 再战新冠

2020年1月中旬，新冠病毒开始在武汉肆虐、蔓延，随后愈演愈烈。1月15日上午，海河医院呼吸与危重症科副主任于洪志突然被叫到市卫健委参加全国新型冠状病毒的视频培训会。隔天，天津的培训也正式开始了。为了提早对这种新型病毒进行分析和研判，天津市成立了相关专家组，有着近18年呼吸科工作经验、参与过H7N9、MERS、埃博拉等疫情防治工作的于洪志成为了专家组其中一员。

此时，还有一周就要过年了，原本准备回老家宁河过年的于洪志和爱人已经买好年货，他盼着和老娘坐在床边聊聊天。这一年，因为工作忙，他只回去过一次。可是，面对随时可能发生的疫情，于洪志有一种预感，自己很可能又要让家人们失望了……

1 月 18 日，于洪志带领 17 名医生和 35 名护士迅速组成了第一批医疗队。3 天后，他们与新冠肺炎短兵相接，正式开战。

1 月 20 日，本市出现了第一例新冠病毒感染肺炎疑似病例。1 月 21 日凌晨，接到转运病人的指令，于洪志和同事们迅速集结等待患者的到来。当 120 急救车疾驰到感染大楼门前时，于洪志一边迅速按照操作流程指挥大家运送病人到病区，一边在脑中运转着治疗方案。

“因为第一例病人来的时候病情比较重，当时是发烧、喘息的状态，伴有高血压、糖尿病，还下过心脏支架，状态很差，神志都不太清楚了。”于洪志回忆说。

翻开初诊医院的病例记录，于洪志发现，这名病人在 1 个月前刚刚因脑梗进行过静脉溶栓，也就是说，她目前仍处于高危期。“绝不能让病人的脑梗再复发，否则后果将不堪设想。”于洪志心里想着，早一分钟进行救治，将早一分钟挽救回患者的生命。监测血压、血氧、高流量吸氧、静脉给药……于洪志有条不紊地指挥大家开展工作，各项治疗及时且有针对性。经过一夜的抢救，病人的各项生命指征终于趋于正常。

由于高度紧张，再加上守了病人 7、8 个小时，走出病房脱下隔离服的于洪志出现了明显的脱水症状，就在灌下一瓶矿泉水后，于洪志似乎又意识到了什么，随后脑子里冒出来一系列问题：这个病人到底是如何发病的？她去过哪些地方？接触过什么人？如果这些问题找不到答案，意味着还会有更多人被感染。

“必须把这些和患者接触过的人都截住！”想到这儿，于洪志再次穿上隔离服来到病人床边，向患者详细了解了她近期的经历，并一一记录下来提供给了疾控部门。正是于洪志及时提供的这些线索，对本市新冠疫情的流行病学调查和后续处置工作起到了关键作用。

“插管敢死队”：离危险最近的人

从 1 月 21 日收治本市第一例患者开始，一个隔离服上写着“于洪志”三个字的身影就不分昼夜地出现在红区。作为呼吸科危重症方面的专家，只要有病人出现问题都要去问于主任。“他就是我们科里的‘定海神针’，有他在我们心里就不慌。”于洪志的同事邵红霞说。

一次，于洪志在夜里查房时发现，一位使用呼吸机的患者，即便在高流量吸氧的情况下，仍出现呼吸困难的情况，面部表情很痛苦，而且出现躁动。再仔细观察监护仪，血氧指数并没有什么问题。凭借多年的临床经验，于洪志很快判断出，这位患者很可能是由于痰堵出现了呼吸困难。如果不及时做气管镜清痰，很可能出现生命危险。气管镜手术是在患者气道完全开放的情况下，将镜子深入患者气道进行手术操作，是呼吸科的一种常见治疗手段。

“如果病人气管痰特别多的话，随着压力的释放，痰液很有可能会从气道里喷出来，有时候我们在操作时会喷一两米远，隔离衣、护目镜上喷的到处都是。”邵红霞说。平时，人在打喷嚏的时候，从口腔喷出的飞沫就像高速列车一样，时速可达每小时 177 公里，而一位医生一旦给新冠肺炎患者在气道处于开放的状态下进行手术，带有病毒的高浓度气溶胶会从气道瞬间喷涌而出，此时，站在患者身边实施气管镜手术的医生成为了离险境最近的人。也因此，那些给病人插管和实施气管镜手术的医生也被戏称为“插管敢死队”。

一边是病人的生死安危，一边是被感染的风险，面对一切未知的结果，作为一名党员和整个病区的负责人，于洪志这个“敢死队队长”毫不犹豫做出了选择。他当即决定只留下 1 名助手，并将其他 3 名医护人员推出了病房。

为了尽快操作，于洪志迅速取出了防护头罩，这是一套正压防护头套，每当戴上它也意味着最危险的操作要开始了，戴上它后，由于内外气压差，病毒几乎不可能进入正压头罩内，为了解决缺氧问题，头罩后面还外接了一套新风系统，保证医生呼吸顺畅、视线清晰。手术开始，于洪志顺着病人打开的气道，小心翼翼地伸入气管镜，一点一点向下探查，“这次不同以往，一定要小心再小心，病人的安危就在此一举了。”于洪志在心里默念着，手上却在从容操作着，眼睛紧盯着监视屏幕。气管镜顺利抵达气道底部，果不其然，和自己预料的一样，气道远端出现了大量痰栓。原因找到了，于洪志稍稍松了口气。接下来，就是清除了，接过助手递过来的镊子，于洪志轻轻夹到痰栓，没想到这些痰栓由于积累的时间长已经变硬，直接夹取是不行的，借助其他工具，于洪志轻轻切碎痰栓，近百块只有几毫米的痰栓被于洪志一点一点夹出，直到最后全部被清理出气道。

以往在于洪志看来再熟练不过的操作，这一次却显得格外艰难。“因为我们用了最高等级的防护设备，所以操作起来特别费劲，3 层外科手术手套影响了手指的灵活度，为了对病人的伤害降到最低，我必须下手要稳。”这次气管镜手术于洪志做了 1 个多小时，而在平常，只需要 10 到 20 分钟就能完成。

幸运的是，手术后，患者的情况有了明显转好，呼吸、血氧都趋于正常。此时，站在窗外观看于洪志操作的所有同事都朝着他竖起了大拇指。走出病房，摘下头部保护器，早已被汗水湿透全身的于洪志长舒一口气。

“我们就像看了一出情节惊险的大戏一样，因为谁也不知道这过程中会发生什么。”于洪志的同事付莎莎这样描述当时她和同事们的心情。

在红区，像这种高危操作，于洪志总是第一个上，“只要我在，就应该是我上！”于洪志说。

在投诉部门，收到患者送的锦旗

“有时去救治、常常去帮助，总是去安慰。”这是于洪志多年不变的从医信条。目前，世界上还有很多疾病没有被人类攻克，对这次新冠病毒来说亦是如此。在于洪志看来，作为医生，自己除了要缓解病人身体上的痛苦，还要对病人进行心理上的安慰，而这种心灵上的抚慰往往会给病人带来战胜病魔的信心。

1 月 23 日，于洪志所在的一病区收治了一位 72 岁湖北籍老人，当时，这位老人患有多种基础性疾病，情况危急。由于饱受病毒折磨，在天津举目无亲，老人出现了烦躁、悲观的情绪，负责护理他的护士们不管如何劝说，老人也不肯配合治疗。

“因为他呼吸困难，我们给他戴上了呼吸面罩吸氧，可能是他感觉不习惯，我们一转头他就把面罩摘掉。”感染四病区护士长刘春荣说。由于语言沟通不畅，再加上老人的情绪始终不稳定，医护团队面临无法继续治疗下去的窘境。无奈之下，护士长刘春荣只能向已经查完房准备休息的于洪志求助，于洪志二话没说，面带笑容来到老人身边。由于老人戴着面罩发出的声音很闷，于洪志也因戴着口罩和面屏说话不方便，最初，两个人的交流非常困难。就在这个时候，于洪志的一个举动惊呆了众人，只见他突然趴到床边，在老人耳边一字一句地解释。刘春荣见状赶紧大喊：“于主任离远点！你这样太危险了！”虽然护士长的一句话吓坏了众人，可于洪志却依然不动神色和老人一边比画一边解释。经过半个多小时的劝说，老人终于慢慢理解，开始配合治疗。“简直太费劲了，于主任出了病房摘下口罩，里面是一兜水。”刘春荣摇摇头说。

2 月 23 日，经过整整 1 个月的救治，这位老人康复了。出院时，老人心情复杂地流下了眼泪。他说，在重症监护病房住了 20 多天，悲观到连自己的后事如何处理都想到了，但在医护人员精心治疗和照护下，如今身体已经恢复。“真是没想到，我还能回家。要不是于主任和医生护士们给我打气，我都不敢想还有今天！”老人临走前说出了这样一句话。

另一位经于洪志救治的女患者初入院时只有低热症状，情况平稳。但就在住院后的第二天早晨，这位患者突然高烧 39 度，而且躺在床上不吃饭也不说话。于洪志心里暗自判断，这位病人在前一晚还可以和医生对答如流、情绪良好，第二天就出现这些症状，在排除病情发展的情况下，很可能是负面情绪过多导致了心理问题。于是，他和患者开玩笑地说：“大姐，您的病情没那么重，如果像您说的走不了路、喘不上气也是您自己把自己吓的。这样吧，您给我三天时间，这 3 天，我负责治病，您负责吃好喝好，没有抵抗力病毒肯定把你打倒。”仅仅 3 天，笑容重新出现在这位病人脸上，她的病情也有了明显好转。

就在这位患者出院后的一天，他接到了医院投诉部门的电话。于洪志在疑惑中接听了电话才明白，原来，这位女患者想送给于洪志一面锦旗。由于海河医院收治新冠肺炎患者后，很多部门电话都已经停了，女患者只能辗转将电话打到了投诉部门。这位患者再三请求，通过微信给于洪志转了一面电子锦旗。

知心大哥　好人老于

海河医院第一批进入红区的党员成立了临时党支部，于洪志就又多了个临时党支部书记的身份。在隔离病房接受治疗时间长了，很多病人或多或少会出现情绪和心理问题，作为护理他们的护士往往会承受很多心理压力。因此，除了医疗业务，于洪志还要充当“知心大哥”来疏导医患存在的心理问题。

一次，一位年轻的男性患者执意让护士外出给自己买需要的物品，护士向他耐心解释很长时间也得不到理解。这位 90 后的年轻护士不堪心理压力走出病房后偷偷抹泪。于洪志看到后，来到病房找到小伙子，笑着对他说，你们都是 20 多岁的年轻人，她还是个女孩子，谁在家里不是个宝？现在她和你一样待在这里不能出去，还照顾着大伙儿，你要有颗宽容的心对不对？就是在这种和风细雨下，于洪志化解了不少医患矛盾，更解开了医护人员心里的疙瘩。

“比如我们聊天，可能偶尔当时一句话，今天谁谁又被哪床的病人给折腾了一通，小护士都掉眼泪了，于主任听到就会告诉我，谁呀？叫过来聊一聊，每次肯定得给护士哄好了。”感染科四病区护士长刘春荣说。

付莎莎是呼吸科的一名主治医师，进红区的工作经验较少。2 月底，因为要进入重症区工作，付莎莎感到前所未有的紧张，偏偏在这个时候，自己嘴周围起满了泡，她心想，如果病了，免疫力肯定很低，被感染的风险就大。就在付莎莎把自己的顾虑告诉于洪志后，于洪志默默为付莎莎买了药膏，“他还嘱咐我用上药膏，不要乱想，没有心理负担，病很快会好了。”付莎莎说，其实，于主任每天的生活非常简单，除了工作就是窝在宿舍里看文献、看资料，基本没有什么娱乐活动，但是要是听说谁有什么问题，只要有时间能帮忙，他肯定会帮。

朋友圈里比“V”：一切安好！

于洪志常说，病人顺利康复是对医者最好的回报。每次看着那些确诊患者痊愈走出医院大门，他心里的高兴劲儿无法形容。同时，于洪志也没有放松紧绷的那根弦，他说，只要还有一个病人就说明战争还没有彻底胜利。

疫情发生后，于洪志已经 1 个多月没有回家了，本来他可以跟随进入红区的第一批队员撤出医院休整，但因为心里放不下病人，他执意要留在医院。考虑到于洪志的身体，院领导下了死命令让他至少休息一个星期，没想到，只过了两天，他又悄悄溜回医院，出现在病区里。

“还是不能放松警惕，我负责重症病区，因为重症的病人如果说医护人员交换得太频繁了，对病人一手资料的掌握可能就是差一点，所以我一定要在，尤其是这个时候。我觉得还能坚持。”

然而，坚守在一线 1 个多月的于洪志，在 2 月 25 日却出现了发热症状，两天后，于洪志的核酸检测结果显示为阳性，随之被诊断为新冠肺炎普通型患者，这位和传染病打了近 18 年交道的呼吸科传染病专家，这一次也和他救治过的患者一样住进了隔离病房。

就在人们心急如焚等待他的消息时，当晚 11 点整，于洪志在自己的朋友圈里发出了入院后的第一张照片，这是一张他身穿隔离服的照片，照片中的于洪志面带自信的笑容，手比 V 字。配图文字只有 4 个字：一切安好！这简单的 4 个字，给了所有关心他的人莫大的安慰和鼓励。

目前，于洪志正乐观地接受常规治疗。在病房里，他依然是同事们眼中总是挂着微笑的于主任，他也终于有时间和爱人、孩子打打电话，聊聊微信。

“他这个人就是个工作狂，平时打电话没人接，微信不回的状况很平常，你问他一件事隔 3、4 个小时才可能回你一个字。”于洪志的爱人华莹无奈地说。但是，作为生活在一起 16 年的夫妻，华莹也深知，大疫当前，不让丈夫这个白衣战士上战场是不可能的，虽然有心疼、虽然有不舍，但她仍会理解和支持。

于洪志的女儿今年已经初三了，于洪志有空的时候，他首先想到的就是在微信里跟毕业复习的女儿说几句鼓励的话，每当这时，字里行间都会流淌出一个父亲的温情。“我相信爸爸，您会平安回来的！”想到女儿对自己的鼓励，于洪志这个和病毒一直抗争的白衣战士的语速明显减慢，克制着自己的情绪。

现在，于洪志有了更多休息的时间，但是，他每天除了治病还会跟同事问问病人的事。看到有的同事看自己的眼神不对，他反过来笑着安慰：我没事儿，等我好了还得和你们一块干呢！

抗疫英雄，好人老于。愿我们英勇的战士，早日重回属于自己的战场！

（编辑：韩振）

实录 | 宝坻阻击战：昨晚起 24 小时内排查超 14000 人？

翟婧秋　孙　博

宝坻的防控形势严峻，事关天津疫情防控的大局。

截至昨晚，宝坻区共有 39 例确诊病例，上万人被隔离。记者昨天（2 月 11 日）了解到的最新数据，宝坻新增确诊病例 4 例，摸排与“百货大楼”相关人员增加 2000 多人，总数已达 14000 人以上。

随着与“宝坻百货大楼”相关联的确诊病例不断攀升，这里已经成为天津目前确诊病例最多、影响范围最广的聚集性新冠肺炎疫情发生地。此外，确诊病例中农村居住占 15 例，最近几例大多都是农村地区，让人警觉。

昨天（2 月 11 日）下午，宝坻区召开新冠肺炎疫情防控会议，宣布了一重大决定：未来 24 小时要逐一对隔离的 1 万多人进行排查！

一场阻击新冠肺炎疫情的闪电战开始了……

背景：严防死守的严峻形势

“从 1 月 31 日报告首例病例以来，直到 2 月 3 号数字迅速攀升到 13 例，在天津市疾控中心抽丝剥茧下找到了‘百货大楼’这一传染源并连夜对其进行两轮消杀。”宝坻区卫健委副主任刘继水告诉记者，当晚 194 名百货大楼工作人员全部转移到集中隔离观察点，迅速切断了第一批密接者向外蔓延的可能性。事实证明，行之有效，后来他们中又先后出现了 2 例确诊患者。

阻断疫情传播途径最好的方法就是将人员流动降到最低，减少交叉感染的概率，为此宝坻区在天津首个启动小区、村庄封闭式管理，人员进出测量体温、严格登记。而这一管控举措在 2 月 9 日进一步升级，宝坻区在社区、村庄、城区与外界之间构筑了 3 道防线，全面提高封闭标准。

“目前全区各村、小区居民全天不得在村庄、小区内公共区域聚集，不得互相串门、散步闲逛。每户居民每两天允许一人外出采购生活用品，外出采购人员不得是正在居家留观者，以及 1 月 19 日至 1 月 25 日去过区百货大楼的人员。每天 22 时至次日早 6 时，无特殊情况一律不得进出。”

宝坻区海滨街道天赐园社区党委书记、居委会主任王光莉推着移动音箱在社区里进行宣传，小区门口正在给居民发放出入证。

在津蓟高速宝坻出入口，每辆车无论进出都要全员测量体温，进行车辆消毒并登记信息。从以往“只管进不管出”，变成了“双向管控”，现场还有多名交警逐一核查车内人员身份证信息。

交警执勤中发现了一名货车司机正要前往沈阳进货，但排查信息显示他曾在 1 月 21 日到 25 日期间到过宝坻百货大楼，交警立即对他劝返并要求他居家隔离，确保疫情风险不会外流。

宝坻区交通局副局长王学说：“宝坻区通往外界的高速公路、国省道等 24 个主路口和 36 条乡村道路同时升级为双向管控，目的就是构筑好第二道、第三道防线，让全区‘静’下来，切断传播途径，起到筑牢北京护城河的作用。”

目击：万人排查从昨晚 18：00 开始！寻找“密接者”

这两天在宝坻城乡采访，这里并不像微博热搜上那么的“喧嚣”，而是绝对的宁静。夜晚，除了雾炮车和清洁车在整个城区消杀作业外，几乎再没有任何人走动，成了一座名副其实的“静城”。

随着大数据和人工摸排不断更新，与宝坻百货大楼相关人员在 2 月 11 号凌晨上升到了 14200 人。这个数字究竟准确吗？还有多少隐形的“密接者”从未浮出水面？因为任何一个漏掉的人都可能成为病毒传播的隐患。

“确诊病例中，有一位患者在家‘忍’了 9 天，直到症状严重了才去发热门诊，一下子就确诊了。所以千万别大意，宅在家里的 1 万多人也有风险。”

宝坻区区长毛劲松说。为此宝坻区决定，将对这部分重点人群进行逐一排查。

时限 24 小时：启动时间：2 月 11 日晚 18：00

疫情不等人，要想摸排出真正需要的数据，就要将力量下沉，充分依靠各街镇、社区、医护人员，发挥各自优势。

针对 1 万多人分布在宝坻全域 24 个街镇，宝坻区新冠肺炎疫情防控指挥部决定，每 3 人成立一个调查小组，由区直机关负责人带队，每组配备 1 名医护人员、1 名社区或村委会工作人员，上门面对面摸排百货大楼相关人员的身体状况，真正摸清底数。

“上门排查有风险，大家一定要注意防护，但我们一定要拿回最真实的数字！街镇缺多少人尽快上报，区委组织部已经收到 700 多名党员干部报名，随时充实一线。”宝坻区区委书记殷向杰说。

昨晚 8 点半，宝坻区海滨街道丽苑社区居委会主任方海荣和一名区直属机关干部，以及海滨医院的护士一行 3 人组成排查小组，戴好口罩和护目镜，对社区里曾经出入过宝坻百货大楼的相关人员上门逐一面对面进行排查。夜晚光线不好，气温低、湿气大，方海荣的护目镜里都是哈气，看什么都是雾蒙蒙的。但她顾不上脚下路滑，只管一门心思往前走。

“傍晚开会，要求明天晚上 6 点之前把社区里所有和百货大楼有关人员统统排查一遍，上报具体数字。今晚提前走的户越多，留给明天统计数据的时间就越充裕。”

丽苑社区下辖 5 个小区，共有居民 5512 户，是海滨街道面积最大、人口最多的社区。连日来，通过居民主动报告、社区工作人员排查、公安部门大数据推送等方式，共排查出 146 名与宝坻百货大楼相关人员。接到开展全面入户排查的指令后，方海荣他们迅速组织 7 个小组，分头前往各小区开展排查。

“社区负责联系，我把关系打通以后，由区直属机关工作人员上门给他讲政策，再由海滨医院的医护人员给他量体温。如果身体有发热，马上联系 120。”

方海荣所在的小组负责 19 户居民的排查工作，按照每户平均 15 分钟计算，不算路途至少 5 个小时，在与疫情赛跑的过程中，既要快更要耐心，遇到一些阻碍都在她的意料之中。然而，排查第一户就遇到了难题，家住在金水湾花园的李先生根本不同意上门排查。

“你别上我家来，你把病毒带到我家我怎么办？我刚隔离期满，然后你就把我传染怎么办？”

面对李先生的担心，方海荣一行人苦口婆心地进行劝导：“我们都武装好了，戴好口罩、护目镜。您也戴上口罩，把门打开，要填的单子我们都经过酒精消毒了，您拿进去把它填好，然后我们的医护人员给您量一下体温，您看这样行吗？”

经过反复劝说，李先生终于同意接受上门排查。1 个半小时里，丽苑社区已经排查了 50 户相关居民，对于及时完成排查任务，方海荣很有信心。

大数据梳理！逐一核实排查

今天（2 月 12 日）凌晨 1 点，宝坻海滨街道办事处依然是灯火通明，4 名工作人员在电脑前不停翻阅核查，对排查清单进行梳理。海滨街道办事处副主任褚月宗介绍，2 月 8 日，他们就提前对区里提供的大数据进行梳理，把 8506 个和百货大楼相关的人名信息，逐一电话核实，用 1 天 1 夜的时间，最终精准到 1599 个。

为了在短时间之内把排查工作做实做细，街道和海滨卫生院积极协调，保证口罩等防疫物资到位、医务人员到岗。与此同时，海滨街共成立 81 个排查小组，结合各社区情况进行调配。接到排查任务后不到两个小时，详细的排查方案就已经分发到每个社区。

“充分以网格化工作为依托，对各居委会结合任务清单，进行具体安排布置。假如说社区人多，我们就多派几组。”

根据 81 个排查小组汇总，昨天（2 月 11 日）晚上，海滨街已完成入户调查 887 户，其中摸排出发热人员 1 人，且不在原名单中，工作人员已经协助她前往发热门诊就诊。褚月宗说："如果在排查过程中，发现发热、干咳等症状人员，立即报告指挥部，由医疗救治组派车，到定点发热门诊就诊。如果有不配合情况，报到突发事件处置组及时处置。"

为了让居民和村民能够提前了解排查安排，减少人为阻力，提高执行效率，宝坻区还通过短信、微信公众号等形式，向全区居民发放了《关于广大群众配合入户调查的倡议书》。

各镇村里，也让农村大喇叭迅速响起来，让入户排查的通知广而告之，让村民提前做好防护，同时尽可能提供和百货大楼相关的有效信息。在宝坻区大钟庄镇，之前排查出来的与百货大楼相关人员有700多人，在昨天（11日）晚上9点左右，所有信息已经准确传达到位。

与时间赛跑，和病魔抗衡。夜已深，工作人员在全区行动。更加精准的数据和情况，在不断汇总到疫情防控指挥部。人家深知，宝坻的疫情防控牵动天津大局。刻不容缓，分秒必争。

（编辑：韩振）

实录｜天津：大白菜“退烧”记

宋 震 王 瑞

从大年三十（1 月 24 日）开始，因为新型冠状病毒肺炎疫情升级，天津拉响重大突发公共卫生事件一级响应的警报。谁也没想到，随处可见，天津人冬天“最耐”的大白菜突然开始“发烧”！飙升的菜价助燃了一些市民的恐慌情绪，各种流言疯传。不只是大白菜，很多超市的其他蔬菜一时也被抢购一空。不过，从大年初二到初五，大白菜从“发烧”到“退烧”只有 96 小时。“药到病除”，它到底经历了什么？

1 月 26 日（大年初二）：大白菜涨价了！

大年三十（1 月 24 日），天津报告新型冠状病毒感染的肺炎新增确诊病例 3 例，同一天，天津动车客车段乘务车间因出现聚集性发病被封控。到大年初二（1 月 26 日）24 时，天津市新型冠状病毒感染的肺炎确诊病例已增至 14 例。

日益紧张的气氛开始笼罩津城，每一点风吹草动，都有人敏感。

河北邯郸人梁晓亮是河西区翠波菜市场的蔬菜商户。今年春节是他第三年在天津春节连市。梁晓亮发现，对比往年，今年春节来买菜的人格外多，三十、初一都没断过，而且买菜的数量也惊人，光大白菜这两天他就卖了几百斤。

第一个订 100 斤白菜的是个大姐。第二个是开着红色奔驰的年轻姐姐，先买了 50 斤白菜、50 斤土豆，走了没多久又回来追加了 50 斤白菜。梁晓亮帮着送到车上，后备厢装不下，只能把装白菜的编织袋子横在车子后座上。

开奔驰买 100 斤白菜，梁晓亮印象太深了。“钟南山都说了别出门，她们都怕出门传染，就囤点菜，白菜放得住。”他说，在菜市场零售菜摊，100 斤、100 斤地买白菜，这几年从没见过，但大年初一他就遇见了俩。“买菜就是这样，越少越买，看你买我也买。”

风起于青萍之末。

初二姑爷节，因为疫情，市民小蔡都没去丈母娘家，但是他听丈母娘的话直奔菜市场，“丈母娘说多买点，以后就尽量不出门了。”

市民小张平时不怎么做饭，也去了趟楼下生鲜超市，“平时不关心菜价，但是疫情来了，天津都一级响应了，咱们也得做充分准备”。

这会儿，很多地方的白菜价格已经开始上涨。超市的白菜有的一棵卖到 40 多块，菜市场白菜一斤 3 块钱是普遍情况，有的涨到 4 到 5 块钱。

网友“橡皮擦不掉的记忆”说：“南大桥菜市场都在抢白菜，一斤白菜 5 块钱，一棵菜几十，鸡蛋才4.5块；买了3个土豆11块……我表示吃不起菜了！”还有网民反映：“大直沽菜市场大白菜 8 块钱 1 斤。”当然，也有相对来说不太贵的，网友宏情说：“小海地竹林路菜市场大白菜 3.5 块 1 斤”。

“我记得特别清楚，年前大白菜还 1.2 块呢！按理说正月里菜价涨个 50% 都是正常，但像今年这样大白菜涨好几倍，确实太离谱了。”张旭东在中山门菜市场当经理 4 年多，他分析，“造成白菜涨价，市民抢购只是其一，零售、批发环节也都有关系。”中山门菜市场卖菜的商户 34 户，春节营业的只有七八家，商户这几天一般不上新货，因为很多批发商也休息了。市民集中购买、菜市场断货，价格不涨才怪。看着白菜价格直线往上窜，张旭东有点坐不住了：“中山门附近都是老社区，绝大多数都是老年人，菜价这么高可不行啊！得想办法。”

正为菜价发愁的张旭东这时却又遇到了一个难题，大年初二他接到通知，按照市里防控疫情的要求，中山门菜市场需要立即整改。“坏了，这一整改，老百姓买菜的地方更少了，价格还得涨！”

同一天，“人人乐”津塘购物广场的白菜标价 1.9 元。人人乐津塘购物广场总经理宋彬发现，来超市的人都是用购物车一车车地买白菜。“以前过年白菜一天销量也就 50 斤，可今年初二这天足足卖了 500 斤。”一时间，天津“人人乐”各店店长的大群开始响个不停，不是拜年，而是全市各店告急！宋彬说：“主要抢白菜、方便面什么的。人人乐店的形态多，有大超市也有社区店、精品店，很多小的社区店备货少都已经没货了，大家就横向地各店间调货。”

这一天菜市的异动，也引起了天津市商务局的关注。市场处工作人员石学亮按照上级指示，马不停蹄地调查了河西、红桥、北辰等 20 多家菜市场，将市场上蔬菜价格的波动情况进行汇总、分析后，立刻汇报给上级。当晚，市商务局领导当机立断决定大年初三一早，紧急召开各大农贸批发市场保供推动会。

1 月 27 日（大年初三）：大白菜又涨价了！

大年初三（1 月 27 日），天津市新型冠状病毒感染的肺炎确诊病例已增至 23 例。这一天，天津市市场监管委发布《关于稳定蔬菜等日常生活必需品价格，维护市场价格秩序，严厉打击价格违法行为公告》。

但，一些市民的恐慌并没有减弱，大白菜价格继续上涨！

凌晨 4 点半，梁晓亮去红旗农贸批发市场上菜。白菜批发价已经到了 2 块 8 毛。但这还是毛菜，老菜梆子、泥都还在。“我问他们这白菜咋这贵？他们说现在这不是有疫情嘛，封村了，进不去。说这价格还没多少货呢，来晚了 4 块都买不到。”

红旗农贸批发市场平时有 12 家大车专车批发白菜的，初三营业的只有两家。可来上菜的人却一点儿不比平时少。

初三，梁晓亮的白菜卖 3.5 块 1 斤，当天翠波菜市场上来了两拨人查菜价，有市场监管部门的、有社区的。

而中山门菜市场因为卫生环境不达标被暂时关停整改。为了尽快重新营业，初三早上 7 点不到，中山门菜市场经理张旭东带着市场管理人员和保洁人员一共 19 人来到市场。“大家抓紧干吧！”老大姐李朝霞第一个戴上口罩和手套，猫下腰就捡菜叶、清垃圾。清理完毕，工作人员又用稀释 100 倍的 84 消毒液，把每个摊位上上下下擦了几遍，最后把地面也彻底洗刷透亮。

直到晚上6点多，张旭东和同事才结束战斗，腰都快伸不直了。

据了解，当时像中山门菜市场这样因为卫生环境不达标被暂时关停的菜市场全市共有54家。市区商务部门针对每一家都给出了切实可行的整改方案，并指导督促企业尽快落实。

家住大直沽的徐姨，说起这几天的白菜价，直呼：“真是从来没有过的事！”楼下生鲜超市白菜一天一个价，“三十儿1块5，到初二就1块9了。初三再去3块8你还买不着！”菜太贵！家住大沽南路的孙伟为了买菜甚至跑去了何庄子农产品批发市场，“进去查体温，里面全是绿色的帆布棚子，卖菜的也少，零买白菜也得3块多。卖菜的说批价涨了1倍，贵也没辙，能买着就不错！”

菜市场关停的消息也在市民小马的同学群里炸开了锅。“白菜都5块多1斤了。”“现在各地都封路了，各村封村，菜是不是进不来了？”“河南一颗白菜卖60多元上热搜了！以后就得更贵。”“菜市场关了，去哪儿买菜？看来不是贵不贵的问题了，是有没有的问题。”

群里弥漫着紧张的气氛，小马赶紧连下了两个生鲜App抢菜，可App上新鲜蔬菜一栏除了葱、姜、蒜就没别的了。

这一天，“人人乐”津塘购物广场店白菜标价3.99元，但是抢购的人依然不断。“昨天我们还能支援别的店呢，今天我们自己也没白菜了。”总经理宋彬有点着急了，他一边向河东区商务局汇报物资储备情况和主要蔬菜、米面的价格，一边赶紧派采购去补货。他们原有的采购渠道在北京新发地，商户还没营业。无奈，采购员刘爽只能跑到金钟批发市场，一个个打电话，把还有存货的商户都砸起来，好歹凑了1吨白菜。

宋彬不知道，就在当晚，100吨来自河北玉田的大白菜已经运到了金钟批发市场。原来，初三一大早，天津市商务局召开紧急会议，副局长李宏在会上要求韩家墅、何庄子、红旗、金元宝、金钟、海吉星等天津6大批发市场的主要负责人迅速联系商户返场经营！散会后，这些负责人立刻通知市场各蔬菜大户调配货源，而蔬菜大户们又联系他们数不清的供货商、农户，一张向天津调拨蔬菜的大网正在迅速展开。

1 月 28 日（大年初四）：给大白菜“败败火”

大年初四（1 月 28 日），天津疫情发展平稳，只新增一例确诊病例。

上午，市商务局局长张爱国带队来到中山门菜市场检查，大家看到一排排整洁的岛台、干净的地面，连连点头，商务局负责同志指着市场的大门对张旭东说，“把门帘摘除，把窗户都要打开，便于通风。菜市场要每两个小时进行一次消杀。”张旭东认真地把要求一一记下。

得到可以重新开业的命令，张旭东第一件事就是联系商户。“我们有个商户群，在群里给商户发了通知，有没返回原籍的、还有天津近郊的。请大家恢复营业。”发完通知，张旭东还是不放心，他拿起电话挨个给商户打电话。武清种植户小刘正在家休息，接到张旭东的电话立刻表示：“明儿就去。”“得保证菜量，你再想想办法。”“我们村里其他种植户地里还有菜，我抓紧收。”张旭东电话一直打到深夜，市场 34 个蔬菜商户，有 22 个表示愿意回来。

初四，红旗农贸批发市场总办主任房宏达也忙了一天。这个春节，他们一天没休息。“为了保证防疫也为了恢复供应，按照市有关部门的要求，我们每天早晚两次，把市场里里外外消杀，每天光消毒水就要用 370 升。”

这一天，天津市商务局等相关部门联合发出通知，禁止商超擅自关门，不戴口罩者禁止入内！

这一天，市公安局发出通告，严厉惩处囤积居奇、哄抬物价、制假售假等扰乱市场秩序的行为。

当天下午，市委常委会扩大会议暨天津市新型冠状病毒感染的肺炎疫情防控工作领导小组和指挥部会议召开，会议特别强调：“增加基本生活物资储备，全力保障群众日常生活需求。加强市场监管，全力稳控市场价格，严厉打击哄抬物价、囤积居奇等行为，保障正常市场秩序、生活秩序。”

这一天，西青区辛口镇的几个小伙子也没得闲。辛口是天津有名的“菜篮子”，张焰、杨明几个人平时做蔬菜生意。看着白菜价疯涨，他们想着也要做点事。

天津的白菜主要从河北、山东等地进货，几个人合计了一下，决定去山东产地直接拉白菜过来。他们一户一户地比价格，最终把白菜价做到 1.5 块 1 斤。"就这么平着走，天津人还能吃不起大白菜？！"张焰在朋友圈发了预定贴：山东白菜 1.5 块 1 斤，100 斤一包。没想到，预定特别火爆，有完全不认识的人连问都不问直接就扫码付款。但是，张焰和杨明心里还有点打鼓，都说各地封路，各村封村，白菜好买，这路能好走吗？

1 月 29 日（正月初五）：大白菜终于"降温"了

大年初五（1 月 29 日），天津市新型冠状病毒感染的肺炎确诊病例累计达到 27 例。

天津市发布在疫情防控期间对于哄抬物价行为举报实行有奖举报，最高奖励 1 万元！从这天起，天津各媒体每天一早就发布《部分农贸批发市场重点商品价格监测》。

就在这一天的凌晨，300 吨玉田大白菜和 200 吨其他蔬菜运到了天津何庄子和金钟农产品批发市场。

当天 6 点 45 分，天津广播微信公号推送了《别慌　500 吨新鲜蔬菜来了！天津人今天就能买到》的报道，其他新媒体的有关消息也被市民迅速转发，广为传播。有读者留言说："政府保障到位，居民心里不慌。"

这一天，张焰、杨明两人也跟车从山东拉大白菜回津。特殊时期运菜，需要许多手续，要菜的安监证明、人的健康证明等，车辆也要登记、消毒，人也必须检查体温。但两人没想到，这些担心的问题，都不叫问题。运菜车一路畅通，"感觉比平常还好走"。

张焰、杨明不知道的是，此刻，天津市商务和交管部门已经加强协作保供应，开通了从蔬菜产地到天津的绿色通道。市城管委、食品安监部门也开展快速检验工作，蔬菜运输，只要防控措施做足了，就可以无障碍通行。

这一天，从山东、内蒙、河北等地的 5500 吨蔬菜进入天津，比初四多了六成。山东、河北的白菜、内蒙古的土豆、甘肃的西红柿……被源源不断地运到天津。海吉星、韩家墅、何庄子、红旗、金元宝、金钟等 6 大批发市场储备蔬菜 4200 多吨。白菜批发价也降到了每斤 1.5 块。

与此同时，在天津的“菜篮子”西青区辛口镇，4 万亩蔬菜基地一天就能供 1000 吨菜。为了保供应，全市还紧急筛选了 30 多个蔬菜大棚作为特殊时期蔬菜生产保供基地，并调整种植计划，改种芹菜、生菜、油麦等生长周期短的速生叶菜。

这一天，经过整改的中山门菜市场重新营业。早上 8 点，张旭东拉开卷帘门，7000 平方米的菜市场焕然一新，门口的宣传屏上显示当日“白菜价格：2.5 元”。

下午，天津市商务局在新闻发布会上向社会公布，本市各大批发市场比往年提前 3 天开业，商户入场经营率达到 40%，后续各类品种进货量将越来越多。经过整改，已有 31 家菜市场恢复经营。

“这个消息太给力了！”张旭东立刻将消息公布在菜市场的宣传屏上。

96 小时，从“发烧”到“退烧”，大白菜价格终于平稳落地。初五晚上，市民小张跑到楼下生鲜超市买白菜，一看，大白菜才每斤 1.98 元。超市的陈师傅说：“白菜不缺，但是你一抢就缺了，随买随吃，白菜有的是……”

天津的大白菜彻底“退烧”了。

（编辑：霍然）

实录｜复工：一份美国订单的“生死时速”

宋　震　王　瑞

“美国客户的老板亲自打电话催订单，真是要命了！”

2 月 13 日 0 点 30 分，一通来自美国的越洋电话划破天津寂静的深夜，本来就辗转反侧的魏宏彻底精神了。窗外漆黑而安静，他心里却像着了火。

魏宏是天津高盛钢丝绳有限公司市场部的副部长，在中美贸易摩擦的背景下，他们费了九牛二虎之力终于在春节前谈妥了一笔出口美国的新产品订单，准备过完春节大干一场。可自从大年三十，天津市启动重大突发公共卫生事件一级响应，一切全乱了。好不容易盼到可以复工的通知，但申请递上去了，工人、原材料、物流……却一个都没有着落，而哪个因素搞不定都可能带来多米诺骨牌效应。

“每天都做噩梦，梦见美国公司的人推门叫我，醒了之后就感觉后脊梁发凉。别看这订单只有 180 万美元，真是能要命呀！”

01　一份订单何以致命？

这要从高盛研发的一款新产品说起。

天津高盛钢丝绳有限公司成立于 2002 年，由香港上市公司高力集团和天津冶金集团有限公司共同投资。它是全球最大的电梯钢丝绳制造商，美国 OTIS、日本日立和三菱、德国蒂森等跨国公司都把他们列为首选供应商。

在业内，高盛可谓鼎鼎大名。它脱胎于天津第一钢丝绳厂，中国第一根电梯绳就诞生于此。1997 年，在亚太地区率先获得美国 OTIS 的供应商资格。它也伴随美国跨国企业全球化的步伐不断成长。2019 年，高盛年产 5 万吨电梯绳，占到全球新梯市场份额的近 40%。

然而，近些年来钢丝绳行业竞争日趋激烈，传统产品的利润空间越来越小。2000 年 5 月，迅达电梯公司发布无机房电梯，它采用高强度无钢丝绳芯的合成纤维曳引绳牵引轿厢，此后，电梯及配套产品的一轮轮技术创新此起彼伏。2001 年中国真正成为世界第一电梯生产国，产业内形成了以跨国公司为主，相当数量中小规模企业共存的局面。一时间，电梯行业群雄逐鹿，谁掌握更先进技术，谁就拥有更广阔的市场。2013 年，高盛公司决策层果断提出，研发一种合成介质曳引新品，逐步取代传统电梯钢丝绳。跟传统产品相比，这种新产品疲劳寿命延长了 3 倍以上，震动低、免维护，还可以有效减少建筑物公摊面积。因此，被业内视为电梯钢丝绳的替代产品和未来的发展方向。全球瞄准这块“蛋糕”的企业不在少数，但目前仅有 5 家公司能生产出这种产品。

为了开发这款新产品，高盛前后投入 6000 多万人民币，取得了国家发明专利和国际相关检验机构的认证。2017 年，高盛抓住一次难得的机会，为美国一家跨国电梯公司做配套，但这家公司提出的产品性能要求远高于市场水平。“中国第一根电梯绳就诞生于高盛、中国第一条自主设计的电梯钢丝绳也诞生在这里，当今世界最前沿的钢丝绳技术也要牢牢掌握在我们手中。”田庄强是技术员出身，高盛成立之初他就来到这个公司，从技术负责人一直干到总经理。经过整整 1 年时间的技术研发，高盛终于为这家公司量身定制产品型号，拿到了这家公司的“通行证”。

美国目前电梯的保有量在 100 多万台，每年新增市场业务 5% 以上。2018 年开始，产品关税由 10% 提高到 25%，高盛丢了不少国际订单，但决定美国这个订单一定要保住。魏宏说：“世界最大的电梯公司在美国，最前沿的技术也在美国。这个产品是钢丝绳行业发展的方向，我们只有借助这家跨国公司的实力，才能将新技术、新产品尽快应用推广，迅速占领新市场。谁先占领了这个市场，谁就可能在未来夺天下，在业内拥有更多话语权。”

截至去年，全球电梯保有量在 1580 万台左右。2020 年，全球电梯新增销量将达到 150 万台左右，超七成由中国生产，但实际大都是美国奥的斯等 8

大世界品牌在华跨国企业垄断。这个行业的产业链全球依存度非常大，即便是中美贸易摩擦不断，也不是美国想回到本土就能回去的。但技术和市场的竞争非常激烈，要抓住稍纵即逝的机会！魏宏身处其中，既有信心，又有强烈的危机感。

为了这个订单，魏宏和美国客户大小几十轮视频谈判，还带队专门跑到美国去拜访客户，邀请客户回访，几经努力才保住这个单子。“带他们看我们的实验室、流水线，还考察了供应链。掌握这项技术的世界上一共 5 家公司，美国客户最终选择了我们，一是认可我们的技术，二是看中了中国市场。毕竟全球新梯市场 70% 在中国。”

折腾这么久，终于签下了 180 万美金的订单。数字不大，但是意义重大。“这只是 2020 年的第一个订单，进展顺利的话，今年的订单将达到 1000 万美元。不久的将来，这种新产品可能会逐步取代传统钢丝绳，它对后续产业链的拉动将是巨大的。这是开启行业未来的钥匙，特别珍贵。”

这个订单也是 2020 年高盛的第一笔订单，按照合同，他们应该在大年初九就发走一集装箱的货，3 月底之前完成所有产品的交付。

“我们年前就做好准备，大年初七一开工就开足马力生产。”而疫情的不期而至将一切打乱，从武汉封城的那天开始，美国公司的采购总监每天一个电话找魏宏，“开始是询问疫情，还安慰我。等到大年初四，就开始催问什么时候复工？能不能按时交货？”再到大年初六，计划专员也开始给魏宏打电话，“他们公司的销售人员也给他们压力，没有我们的配套产品，他们也不能按时交付。”直到 2 月 13 日深夜，美国公司的老板霍克亲自打来电话，“要求双方联络人员每天晚上 10 点开会通报复工时间、准备事项、上下游供应链的复工时间等更新进展。他语气很委婉，但我能明显感受到他在施加压力。违约影响的不仅是订单，更是商誉。”

是呀，交货时间、违约责任，合同上约定得很清楚，如果不能按时交货，他们的违约金将高达订单金额的 10 倍、甚至 20 倍。即使提交贸促会出具的不可抗力事实性证明，美国客户也可能寻找新的供货商，那前期投资的 6000 万研发费用不仅付之东流，由此引发蝴蝶效应甚至会连累到传统电梯绳市场的出口份额……

02 复工，万事具备只欠东风，东风来了，“万事”还在路上

连续几天睡不着觉的还有高盛的总经理田庄强。那段时间，他天天在空无一人的厂区转悠，盘算。2 月 11 日，公司收到可以复工的通知后，田庄强火速组织人写好申请交了上去。

14 日晚上 10 点多，田庄强的电话响起。来电话的是静海工信局侯晓东书记，电话里他询问了复工复产的具体准备情况。15 日凌晨，田庄强的电话再次响起。“还是侯书记电话，他亲自打电话告诉我，审核通过了，可以复工了！”

听到这个消息，田庄强一骨碌爬起来，连夜组织美国那笔订单的生产，“早上 6 点开工！”

说是 6 点复工，田庄强心里并没有底。首先，口罩不够，高盛已经尽力采购口罩等防护用品了，但是口罩也只够用全厂工人一周的用量。还有就是缺人，关键岗位捻绳车间的熟练工大部分都堵在村里出不来。最让田庄强着急的是原材料，木轴、酸洗、麻纱等几十种原材料，配套企业上百家，而这些企业绝大多数都没有复工。

这样的话，即使高盛自己复工了，也生产不出完整的产品，美国的订单还是交不了货。

田庄强一夜未眠。“人家都说万事俱备只欠东风，我这是复工审批的东风到了，‘万事’却还都在路上。”

03 2 月 15 日，大雪，复产。这就是雪中送炭呀！

2 月 15 日，一夜大雪。

高盛公司院内一片雪白，新产品车间里机器轰鸣。上午 9：00，忙着组织生产的田庄强没想到，静海区区委书记蔺雪峰居然带着区领导、开发区管

委会的同志直接来帮助解决问题：口罩少，园区解决；工人出不了村，区里给开复工证明，挨个村镇去协调。最难解决的就是原材料配套问题，蔺雪峰向田庄强承诺，“就是把静海这块地方翻个遍，我们也得帮企业把供应链接上！”田庄强激动得不知该说什么好，“这真是雪中送炭呀！”

2月15日，静海区委书记蔺雪峰与有关部门负责同志到公司协助帮助解决复工问题。

貌不惊人的电梯绳，其生产相当复杂，原材料包含3大类、几十种，上百家配套企业。要一一打通这些原材料供应链条并非易事。

同样坐落在静海开发区的天津明梯金属丝绳制品有限公司是高盛的一家配套企业，专门提供浸油麻纱和麻绳。他们递交的复工申请正在排队审核中。得知他们的情况，区疫情防控指挥部现场核查组为明梯进行了紧急审核。“16日，现场核查组就到公司来审核，发现我们存在两个问题，一是防疫标识张贴有问题，二是防疫计划不完善。审查组当时就提出整改意见，说你随时改完随时给我们打电话，24小时随时来复核。”明梯公司总经理王建华说。

17日，现场核查组第二次来明梯公司审核；18日，复工申请通过；18日下午，明梯公司正式复工。“简直是急行军般的速度。”明梯公司总经理王建华说。

浸油麻纱和麻绳问题解决了，还有更加错综复杂的情况等着他们。

就拿木轴配套企业来说，高盛原有3家配套企业，联系下来都不具备复工条件。

木轴是美国订单所急需的主要辅材。木轴找不到，订单根本没法完成。听到3家企业都不行，高盛公司副总经理王海涛觉得自己血压都飚上去了。“别急，小王，原来的企业不行，咱们找替换的。”静海区发改委主任高志安慰道。

2月15日，高盛复工的当天下午，区发改委就通过区“双万双服”大数据网络在静海区找到8家可以做木轴的企业。16日，区里组织高盛和这8家一一对接。“根据生产规模、能力，我们最后从中选出两家。政府又根据他们公司的实际情况帮助他们以最快的速度复工。”

2月17日，高盛和跟天津市源芳金属制品有限公司和天津力赢金属制品有限公司两家企业签订合同，木轴问题解决了。

以高盛为引擎的上百条原材料生产链条正在复苏。因为高盛的复工复产，带动了天津市明梯金属丝绳制品有限公司、天津华鑫森木制品有限公司等16家本市企业，以及江苏万德机械有限公司、浙江五源科技股份有限公司等7家其他省市企业复工复产。

04 他们主动打电话来，要承担运费

大洋彼岸，美国电梯公司的老板霍克先生也很焦虑。中国“戴口罩”，世界都在“打喷嚏”。这次疫情，让他对这句话有了更深的感触——电梯的产业链包含了原材料供应、零部件设计和制造、整机设计和制造、安装、改造、修理、日常维护保养、检验、检测、使用管理、培训咨询以及旧梯更新等在内的全过程环节。经济全球化的今天，任何国家都不是孤岛。

在美国，电梯生产、安装与维修的成本居高不下，有的部分特别是劳动力成本是中国的10倍，电梯行业早已布局海外，奥的斯20世纪80年代就进入天津，电梯行业几大国际巨头纷纷布局中国，成立合资公司，打造供应链。也因此，中国拥有电梯及其配件行业完备的供应链、高端技术能力，也成为了最大的电梯生产国和新装电梯最大的市场。

如果高盛供不上货，短期内，美国电梯公司供应链会断掉；而如果中国电梯配件的供应链条出现问题，美国电梯行业也会遭遇重创。

机器轰隆，18日，高盛复工后加班加点生产出来的第一批合成介质曳引产品终于生产完毕，整装待发。田庄强长舒一口气。可是，怎么才能运到客户手里呢？海运肯定是赶不上趟了，只能走空运。可是空运一来成本高，二来受疫情影响，直飞美国的航线几乎断航。要想飞过去，就得找路径。

高盛钢丝绳有限公司市场部副部长魏宏没有想到，霍克主动找到他，心平气和地帮助他们协调运输，还表示要承担空运的运费。

2月19日，价值9万美金的货物由北京经东京辗转发往纽约。2月20日，价值7万美金的货物也顺利发往纽约。收到货物后，美国客户霍克先生表示：

“我很遗憾，中国遭受了这样的疫情。你知道，这疫情不仅影响到中国，而是影响全球贸易，包括我们。前段时间，我也非常紧张，短期内，我们很难找到合适的供应商。我们也时刻关注事情的进展。我很高兴，我的供应商伙伴，在严峻的形式下，积极弥补疫情带来的损失。中国是个神奇的国家，在所有环节都暂停以后，还能很快地重启。我们很高兴找到了一个可以信赖的中国供应商。我愿意承担空运的费用，尽管这很贵，但是你知道，一个好的供应商更加昂贵，我们愿意一起度过这个困难的时刻。”

从复工到第一笔订单发出，只用了 4 天时间，这样的生死时速让田庄强都不敢相信。但现在，他信心满满，“复工第一周，我们就恢复 50% 的产能。29 日，公司已有 87.8% 的工人上岗，实现了 70% 产能，3 月 10 日我们争取恢复 100% 的产能。”

截至 3 月 2 日 16 时，静海区工业企业累计复工复产 2583 家。天津全市共有规模以上工业企业 4630 家，复工 4118 家，复工率达到 88.9%。天津市工业和信息化局总经济师周胜昔表示，下一步本市在继续抓好企业复工的基础上，重点要解决好企业生产过程中的用工、物流、产业链协同等方面的问题，打通“堵点”，全力推动复工企业提高产能。

3 月，空气中有了春的气息。田庄强站在办公室的窗前，俯瞰厂区，只见库区已装满用于规模生产的原材料，车间机器轰鸣，一切在快速而秩序井然地赶进度。毕竟一个“要命”的订单交付了，后面还有很多订单。远处，草坪已经有了隐隐的绿意。要不是鼻尖飘来消毒水的味道，这个春天和以前的春天别无两样，一切都是生机勃勃的。

相比天津空客、天津一汽丰田等恢复生产的大潮，高盛的复工只是其中的一个涟漪。《纽约时报》最近在报道中国复工时曾说：“中国这台产出占据世界制造业 1/4 的巨大机器已经闪现重启的曦光。”

（应采访者要求“霍克”为化名）

（编辑：马瑞）

实录｜天津的驰援：妈妈去武汉打怪兽！

张清淼

总医院呼吸科 ICU 女护士长沈悦好，初二随天津第一批医疗队出征武汉，她一直拖到初一晚上，才把这个消息告诉 8 岁的女儿。但因为不知道什么时候回来，过去也没这么长时间离开过孩子，这位平时果断的护士长，在家里踌躇半天才想到一个说法和女儿讲："妈妈要去武汉打怪兽了，你在家要听话。"女儿萱萱琢磨了一下，大哭起来。

沈悦好现在忙碌在武钢二院，是护理小组的组长。

疫情发生以来，驰援武汉的全国医护人员有 4 万名以上，75% 是护士，且 90% 以上为女性。截至目前，天津已派出了 9 批医疗队员，共 1086 人，天津广播记者选择 3 位进驻武钢二院红区的女护士，从她们的经历来看看 20 多天以来的千里大驰援。

"妈妈去打怪兽了"

作为湖南人，沈悦好有着湖南人"吃得苦、耐得烦、霸得蛮"的秉性，2009 年从天津医科大学毕业进入总医院工作，已经 12 个年头没能回湖南老家陪父母过年。本来，她准备今年带着孩子回湖南陪老人过春节，并早已订好了机票。但随着疫情的发展，沈悦好退掉了回老家的机票，选择在医院坚守，直到被挑选成为第一批赴武汉支援的队员。

大年三十组建医疗队的动员令发布之后，总医院 1100 余名共产党员、3500 余名医院职工报名请战。一瞬间，微信、朋友圈、短信收到身边同事的"请战信息"接连不断。医生护士放弃假期往医院赶，一声声"我报名""我在”“随时听令”掷地有声。当接到报名的消息后，沈悦好决定“近水楼台先得月”一次，第一时间报上了自己的名字。作为总医院重症医学科的护理骨干、共产党员，沈悦好被医院确定为赴武汉医疗队的第一批队员。

沈悦好有点放心不下的是孩子，“肯定是要告诉孩子的，不能骗孩子，但是能拖就尽量拖一拖吧，临走之前再告诉她。”初一晚上，沈悦好觉得，不能再瞒着女儿了，她把女儿叫到一边说：“妈妈要去武汉打怪兽了，你在家要听话。”女儿萱萱明白之后大哭起来，这让沈悦好心里非常难受。哭过之后，看到妈妈在收拾行李。萱萱嘟囔着说：“妈妈，你收拾吧，我回自己屋里了。”收拾好行李，沈悦好隔着房门侧耳倾听，女儿似乎还在轻声哭泣着……好在，不善言辞的丈夫非常支持沈悦好的工作，也深知她这个时候会挺身而出的脾气。把沈悦好送到医院集合后，虽然眼中有不舍和担心，但还是说：“你的任务是救人，但同时保护好自己，我在家里和爸妈照顾好孩子的学习、生活，放心吧！”

走上工作岗位的刘蕊

1994 年出生的刘蕊是天津肿瘤医院的护士，性格活泼开朗，2019 年 10 月，刘蕊刚刚和同为护士的男友结婚，大年三十，是她在婆家过的第一个年，没想到，就在年夜饭饭桌上，刘蕊接到了医院打来的电话，通知她大年初二一早飞赴武汉。原来，她没有告诉家人，就向医院递交了赴武汉支援的申请。在听到这个消息后，丈夫以及公公、婆婆感到非常错愕，但很快，他们就平静下来。吃过饭后，刘蕊的爱人驱车 1 个多小时带着刘蕊回到了静海的父母家取东西。此时，已经得知女儿要去武汉的刘蕊父母为她打点好了行装。临走前，不善言辞的父亲只是简单嘱咐了女儿两句就别过脸去。

“我知道，爸爸舍不得我，更多的是担心，但他还是选择支持了我的决定，因为我是一名护士。”刘蕊说。

和父亲一样担心刘蕊，却说不出什么的还有她的丈夫。从年三十儿突然知道刘蕊要到武汉后，刘蕊发现丈夫小孙的表现总是小心翼翼的，她想干什么，丈夫都马上帮她做。送刘蕊去机场的路上，同事们都在和刘蕊说笑着，只有小孙似乎总是欲言又止，极力控制自己的情绪。刘蕊就笑着说："我是去武汉支援，会保护好自己的，你别一副生离死别的样子，跟平常一样，该干吗干吗。"直到告别前，丈夫才对刘蕊憋出了一句："你别减肥，胖胖的回来，我不嫌弃。"

进驻了！竟然是这样

曹颖是天津市第四中心医院重症医学科的一名护士长，有着十几年 ICU 的工作经验。在到达武汉后，虽然已经是久经沙场的老兵，眼前的一切也让她傻了眼。由于天津医疗队援助的武钢二院是一座已经废弃几年的四层建筑，初到这里时，甚至有些门和窗户都是破败不堪的，地面上的地砖已经看不见连接处的缝隙了，全被灰覆盖住了。"别说是收治传染病病人了，就连收治一般病人的条件都达不到。"曹颖说出了初到武钢二院时的第一感受。

"一叶知秋"，曹颖切身感受到了武汉面临的医疗资源缺口之大，也能想象武汉的医护工作者是在什么样的条件下战斗，更感到驰援的责任。一切都不能回头，作为护士长，她需要一边清点带过来的物资，一边重新规划管理路径，甚至连基本的卫生清扫工作都要带领护士们从头做起。

1 月 28 日凌晨正式接管武钢二院后，这里已经有了第一批病人，但由于医院条件很有限，只能接收一些普通病例，给病人口服一些对症的退烧药物，很多静脉注射药品都还没有到位。天津医护人员的所有防护用品都需要从天津自己带过来。由于消耗量过大，还出现过防护用品告急的情况。天津第一批医疗队领队、天津市肿瘤医院党委书记陆伟说："这个时候，是咱们天津大后方给了有力的支持，只要防护用品告急，天津就会派出两辆 120 急救车，满载着我们需要的东西，星夜兼程往这边送。"在武钢二院，由于都是各医院的业务骨干，大家也是迅速上手，默契配合，由各组长带队合理分派人手，制定管控流程，很快捋顺了操作规程。

第一天进入隔离病房，为了防止病毒入侵，需要做好严密的防护工作，曹颖戴着口罩和护目镜，还用胶带将连接处死死缠住。由于不透气，护目镜上起了一片雾气，视线受到很大影响。曹颖说，感觉自己就像走在能见度只有1米的路上，一直就是在模糊作业。眼前的鼠标小箭头在曹颖面前若隐若现，她索性歪着脑袋，从鼻子和口罩之间的一个小缝隙里凑合着看。第一天走出隔离病房后，曹颖感觉自己大脑缺氧，眩晕了半天才缓过劲儿来。回到宿舍照镜子一看：咦，明明已经摘掉口罩和护目镜，怎么看起来还像戴着？原来是在自己脸上留下了大印子。

曹颖说，武汉的天气和天津差别很大，今天下雨，明天下雪，后天又出太阳，而且屋子里没有暖气，大部分队员都很不适应，但是，没有一个人抱怨。为了节省防护服，很多队员进去之前一段时间就开始不吃不喝，甚至还有不少人穿上了成人纸尿裤。“没办法，防护物资少啊，必须省着用。”曹颖说。很多爱美的女同胞也顾不得自己的形象，化妆、护肤，这些步骤统统省略，只要做好了清洗消毒工作，回到宿舍后都是马上把自己“扔”在床上。

90后的孩子大多没有吃过什么苦，刘蕊也是一样。初到武汉，她很不习惯这里的天气，“又冷又潮，屋里的温度甚至比外边还要低，简直是冷到骨子里那种感觉，第一天到了宾馆洗澡，洗到一半儿热水就没了。”好在，刘蕊是个适应能力很强的女孩，很快有了应对的办法。刘蕊说，原来在肿瘤医院，自己的工作也很忙，但现在，工作量就更大，短短20几天的时间，她感觉自己在迅速成长。

每天，刘蕊需要照顾20位病人，从吃喝拉撒到输液、扎针、发药，都是刘蕊需要做的。而且，因为隔离病房不能有保洁人员进入，清扫病人留下的大量垃圾也都要由护士来收集扔掉。由于新冠肺炎患者需要长时间吸氧，所以，氧气的耗费量很大。女护士们每天需要来来回回用车运送氧气筒。大约110斤重的一个氧气筒，想搬起来对一个女孩子来说比较费劲，搬不动怎么办？刘蕊就把氧气筒立起来滚到车上，这样是最省力气、最快的方式。即便是这样，都会耗费很大体力，一个班下来，人往往就和做了个汗蒸一样。看到女护士们抬氧气筒太费劲，只要不是在救治病人，男医生和男护士都会抢着搬氧气筒。除了搬氧气筒，还要给病房消毒，对传染病来说，消毒是非常重要的，刘蕊和同事们需要给每一个角落都喷洒上消毒剂，最大限度阻断病毒的传播。

刘蕊说，虽然武钢二院的医疗队员全部来自天津，平时也都是在各个医院工作，彼此都不相识。但是，在这短短20多天的时间里，共同生活、共同战斗，大家已经培养的深厚的战友情。一次，一个男护士由于长时间戴护目镜不透气以及不习惯当地气候等原因，眼睛上长了一个麦粒肿，因为手头没药向群里的“战友”们求救，没想到，消息发出后仅仅几秒钟，很多人都在群中有了回应：我有、我也有、找我，大家就是在异地他乡这么互相照顾着，感觉很温暖。

战斗！战斗！

刘蕊刚刚走进病区和上一个班的护士交班时，就听到有一位40多岁的男性患者突然病情加重。轮班的护士交代说，这位患者刚刚出现了无意识躁动，总想拔针。果然，交班之后，这位患者再次出现躁动，导致针管脱落，刘蕊大声呼喊他，男性患者也没有反应。经过检测，患者的血糖当时已高达35mmol/l，尿量也很低，情况非常不容乐观，需要马上扎滞留针，建立静脉通路，只有这样才能根据医嘱降血糖和补液。但是，患者一直不停地躁动，刘蕊和同事们很难开展治疗，再加上患者之前已经多次拔针重置，血管条件已经非常不好，几乎无法再下针了，由于戴着手套，这也增加了刘蕊触摸到静脉的难度，但是，患者身体条件禁不起任何耽误，如果不赶快采取措施，患者很有可能出现生命危险。刘蕊只能请两名男同事死死摁住患者，而她迅速而准确地找到静脉，一次就成功地扎上滞留针，这意味着，患者总算能继续接受治疗了。“完成这一切后，我感觉自己就像水洗过一样，蹲在地上喘了半天，一方面是因为累，一方面也是因为紧张。”刘蕊说。等患者平静下来，刘蕊又赶紧为他更换了沾染了尿液和血迹的衣物以及被褥，并帮他做了身体清洁。

刘蕊说，作为护士，在这里经常会遇到这些惊险的事，自己的“小心脏”

已经能够慢慢承受这些压力，并且越来越沉着。

2 月 11 日，作为护理岗位上的一名“新兵”，刘蕊递交了入党申请书，在申请书中她写道：“在武汉参与新冠肺炎前线救治工作 20 多天来，我见证了太多党员先锋的勇往直前，守护最危险的阵地，这也更加坚定了我的信念。我申请志愿加入中国共产党，一切行动向党员看齐，勇往直前，奉献一切。”刘蕊说，第一批队员中，很多都是党员，到达武钢二院的第二天，我们还在休息，领队陆伟就带领一批党员先进入病区，进行“拓荒式清扫”，这一干就是整整一天的时间，然后才是我们这些非党员进入。“还有一位负责感染控制的老师，我至今都不知道她的名字，只知道她是党员。她在前一天工作了十几个小时的情况下，为了确保第一批进红区队员的安全，又跟着进去了，而且一再告诉我们要两两配合着穿脱隔离服，像我这种没什么经验的小护士，她更是千叮咛万嘱咐。我看她说到最后，都没什么力气了，太累了。”刘蕊言语间透露着心疼，也有敬重。

因为平时在医院 ICU 时给病人服用口服药的时候不多，因此，曹颖很少给大量病人服药。而这次，她要负责给 54 个患者每人每天至少送 3 次口服药，光是手写药袋就要 160 份起。曹颖带着两名护士隔着护目镜和两层外科手套，要写将近 1 个小时才完成。好不容易写完了药名，摆药就更难了，为了保证准确，她和其他两名护士流水线作业，一个找药、一个核对，一个摆药。有 1 日一次、2 日一次、3 日一次，有早晨服用、晚上服用，有 20mg、10mg。“我们简直就要被看不到头的口服药给淹没了。”曹颖开玩笑地说。

大家的团结默契，工作流程很快捋顺了，穿上隔离服，你不说话也会有人自动帮你系带子，戴好护目镜就会有人帮你调节位置，而曹颖自己“模糊操作”的技能也大大提高了。

敬畏生命　尊重逝者

由于目前武汉实行了患者的动态管理流程，只要有病人出院，马上就会有病人随时入院，接收的病人要第一时间为他们安排床位，进行治疗。

曹颖说大疫当前，抢救生命是和时间赛跑，但与此同时，对医患关系有了新的体验。就在正月十五的凌晨 5 点，曹颖负责的病区收进来一位新患者。由于病情已经非常严重，这位患者已经不能站立，他蹲在墙角，大口大口地吸气，感觉非常难受。曹颖见状，急忙给他推了一架轮椅，灌了一个氧气袋，让他坐在轮椅上个稍微缓解一下。让曹颖没想到的是，一分钟前还喘到连话都说不出来的这位患者，无力地抬起眼，几乎用尽全身力气对她说了一声“谢谢你”。听到这 3 个字，曹颖的眼睛湿润了，她赶紧提醒患者要少说话，多吸氧，好保存力气。“老百姓是最朴实的，要不是因为医疗资源紧张，他又怎么会挨到这个时候才能等到床位，可他没有抱怨，相比之下，我只是做了一点点，他却要用他全部的力气来感谢我。”

“苦和累我都不怕，就怕病人的病情有变化，我最高兴的就是听到有病人康复出院。”刘蕊形容，那种心情就像坐上宇宙飞船上了天一样。32 床的患者是一位乐观开朗的大爷，每天都笑得特别开心。看见刘蕊就像见到自己的孙女一样。一次，大爷对刘蕊说：“小姑娘，你们什么时候把我赶回家呀，我想赶紧回家吃榨菜，我可想念榨菜的味道啦。”刘蕊正要安排家属给大爷带点榨菜过来，大爷的核酸检测结果先到了：阴性！这预示着大爷可以出院了。“我真的太兴奋了，觉得我们再苦再累都是值得的，这就是我们来武汉的意义！”

医学并不是万能的，生命的脆弱时常让沈悦好无奈，她能做的只是竭尽全力，此外，就是对生命自始至终的尊重。在病区里有一位 65 岁的患者，是武汉当地的一位普通市民，医疗队刚接手武钢二院，他已经住了进去。一开始，虽然患有冠心病，而且做过两次心脏搭桥手术，但由于症状不重，患者当时的状态还不错，血氧饱和度保持在 93% 左右，让人没想到的是，仅仅 1 天之后，当沈悦好再当班的时候，这位患者的情况突然急转直下出现了严重呼吸困难，面色紫绀，血氧饱和度下降到 70% 多，病情相当危急。这时，沈悦好赶紧组织护士给病人戴上呼吸面罩，高流量吸氧，并进行静脉给药。抢救了两个多小时后，患者还是因为病情过重停止了心跳。

来不及休息和多想，沈悦好马上开始对患者的遗体进行消毒处理，因为处理不好很有可能造成疫情的传播。她和南开大学附属医院的护士长马娜透过护目镜对了一下眼神，两人默契地开始为遗体消毒。沈悦好随即找来消毒水浸泡过的纱布堵住病人的口鼻，防止病毒从口鼻处散播，然后她们又赶紧将两张床单全都泼洒上消毒水，将患者的遗体严密地包裹起来。“我们组有两个 90 后的小护士，孩子们可能没有经历过这种事情，一开始显得非常害怕、手足无措，不过看到我和马护士长一直在操作，也鼓起了勇气，最终，大家一起动手，迅速完成了遗体的处理工作”。为了表示对逝者生命的尊重，护士们努力为患者整理了一下遗容和衣服。

“我想不戴口罩闻到樱花的味道”

刘蕊说，自己来武汉后，家人天天都在担心，在宿舍休息的时候，她会和丈夫长时间视频。有一次，贪睡的刘蕊和丈夫聊着聊着就睡着了，3 个小时之后，她突然惊醒后发现，丈夫竟然没有舍得挂掉视频，就这么一直看着她。经过 20 多天，刘蕊已经习惯了和丈夫用视频的方式沟通，只要不上班，两人会在视频里一同吃饭，甚至一同刷牙。“有一次，说着说着，我发现家里的地不干净，我就远程遥控他擦地。哈哈哈哈，我想让老公知道，我们其实离得很近。”

刘蕊说，自己曾经开玩笑地问过丈夫，送自己走后他哭没哭？丈夫不好意思地说：没有，但是在无人的路上一边开着车，他会一边播放着孙楠的一首歌《你快回来》，一遍又一遍。

“我一定会很快回来的，为了患者，也为了家人！”刘蕊走进隔离病房前在电话里这样和记者说。

沈悦好的女儿萱萱是和平区逸阳国际梅江湾二年级的一名小学生。元宵节晚上，萱萱那个班的班委们和萱萱的妈妈进行了视频连线，听沈悦好介绍武汉的情况，沈悦好那晚 9 点多才从工作中撤下来，拖着疲惫的身体和几个孩子在群里通了话。沈悦好说：“平时，我们教育孩子只是在口头上，这次短短的十几分钟比上 10 节课都管用，他们是新的一代。”

虽然已经是个 7 岁男孩儿的妈妈，但是曹颖心里却住着个“小女孩”。有空的时候，她会到医院的院子里跳跳绳，和伙伴儿踢毽子，甚至在自己的床上做瑜伽放松。她说，因为还不知道什么时候能回去，必须保持良好的身体和精神状态，一定不能让自己倒下。

就算再忙，有着文学女青年气质的曹颖还不忘将自己的工作和生活记录下来，只要不是困得睁不开眼，她会将自己的心情写成日记，她说，这是自己一份难得的人生经历，一定要保留下来。

她在一篇篇日记里写道：

今天下夜班，一醒来看见群里在晒食堂给我们准备的元宵，虽然没吃上，但是看着心里还是甜甜的。

刚才收到天津卫健委同学的消息，天津中医局要派 40 人左右的医疗队于今日到达武汉支援方舱医院。加油热干面，煎饼果子们正在路上，我们都会挺过去的！

吃饭的时候看到树枝上的小芽已经萌发了，路过的保安大叔说这是樱花树，三月份就可以开花了，真好！不知道能不能等到樱花满园的那天，可以不戴口罩闻一闻樱花的味道。

这里出太阳了，现在我就在医院的院子里晒着太阳，太舒服啦。我身边就有一棵橘子树，上面结着特别特别大的橘子，我是第一次在冬天看到一片绿油油的景象。这象征着希望，我相信疫情其实就是阴霾，阴霾过了就是晴天！

曹颖说，日记还会继续写下去，写到胜利的那一天。

附录

为了帮助湖北省抗击疫情，从 1 月 26 日的大年初二起，天津市在不到 1 个月的时间内陆续派出了 10 批医疗队：

第一批 1 月 26 日，138 人

第二批 1 月 28 日，138 人

第三批 1 月 31 日，疾控中心 4 人 赴湖北恩施

第四批 2 月 5 日，人民医院国家紧急医学救援队 45 人

第五批 2 月 9 日，303 人

第六批 2 月 10 日，60 人 中医医疗队

第七批 2 月 12 日，117 人，天津对口支援恩施（其中，104 名医疗和公共卫生人员、13 名管理人员）

第八批 2 月 13 日，天津医科大学所属医院 160 人，接管武汉第一医院重症病区

第九批 2 月 15 日，各区医护人员 101 人

第十批 2 月 17 日，5 名天津疾控系统专业技术人员

…………

（编辑：陈彤）

实录｜宝坻：被确诊的一家四口和他们的村庄

翟婧秋　刘楠　孙博

2 月 14 日，西方“情人节”，张虹却和自己的丈夫分开了。因为被确诊为新冠肺炎患者，丈夫和她先后住进了海河医院。不久他们的女儿也被确诊。一家 4 口，只剩儿子了，“我天天念叨着不要被传染、不要被传染……”然而就在这一天，她最不愿听到的坏消息还是来了：“你儿子确诊了，马上就转过来，你是监护人，安排住一起。”张虹最后的期望被彻底打碎了。

而此时，在 80 公里外，她家所在的宝坻区口东镇前齐各庄村，村党支部书记兼村委会主任李朝东心急如焚，正在“封村”的“寂静”中等待着一个结果。

在宝坻百货大楼逛了两个多小时

1 月 20 日，腊月二十六，前齐各庄村村民张虹干活的服装厂早就放假了，眼看就要过年，她作为家里的“一把手”，最重要的就是赶紧操持置办年货。吃过午饭，她带着 10 岁的儿子和同村一个工友搭车，从村里前往宝坻城区购物。一路上，街道两边张灯结彩，处处洋溢着节日的喜庆。不到20分钟车程，3 人就到了宝坻城区。在办完计划的一些事情后，张虹和工友商量，去百货大楼转一圈，顺便给爱人买双新鞋。

下午 2 点多，他们走进了百货大楼，只见柜台上满满当当的商品，人们摩肩接踵，热情的售货员不停地向顾客介绍着。张虹记得那时大多数人都还没戴口罩。

“年前大楼人挺多的，都是这时候出来置办年货的。”张虹说。

在百货大楼一楼鞋区，摆放的一双雪地靴吸引了张虹的目光，她把儿子交给工友，让他们再去里面逛逛，自己喊来了售货员。

热情的售货员马上给张虹拿了几双鞋来试号，旁边还有几位顾客也在试鞋。

“雪地靴不好穿脱，我当时还穿着外套，售货员特意蹲下来帮我穿。”张虹对这个画面印象很深，现在回想起来，那时大家距离都很近，一直在说话，而且也都没戴口罩，自己也许就是那时被感染的。

张虹的爱人陈向东今年45岁，有些瓦工的手艺，跟几个朋友攒了一个装修队。平时工作都是和水泥、洋灰、沙子打交道，脚上总踩着一双旧鞋。张虹心疼丈夫在城里打拼不易，就想着在这岁末年初之时，给爱人添一双新鞋。她在男鞋区逛了很久，挑了又挑、选了又选，终于看中了一双舒服又好穿脱的休闲鞋，这时她已经在宝坻百货大楼里逛了两多个小时。

一双雪地靴、一双休闲鞋，张虹的年货购物告一段落。下午5点，丈夫陈向东正好把年前的活都结了，开车过来在百货大楼门口等他们。4个人一块回了村里，还把同事送回了家。

回家后，张虹忙着张罗晚饭。一锅粥、一份咸菜、两个炒菜，一家4口和往常一样围在餐桌前，边吃边聊、其乐融融。“当时这个病还没闹得这么严重，我跟同事还约着一起再去城里溜达，后来就不一样了。”的确，那一刻，距离天津市首例新冠肺炎确诊病例正式公布还有24小时。从未去过武汉的张虹怎么也没想到，一家人的生活就此改变。

爸爸发烧了

和张虹一样，宝坻区口东镇前齐各庄村的村民都没想到，情况突然发生了变化。

1月24日零时起，天津市启动了应对新冠肺炎的重大突发公共卫生事件一级响应。这项决策，是根据当时天津疫情防控面临的严峻形势做出的，虽然那时全市只有7例确诊病例，但已经出现了动车客车段聚集性疫情的苗头。

之前的一天，武汉，这次疫情的起始地正式宣布封城，所有人开始意识到疫情的严重性。而那时，位于天津北部的宝坻区，还没有出现任何新冠肺炎的确诊病例。

一级响应之下，各项措施都在迅速“收紧”。宝坻区口东镇前齐各庄村村委会接到通知后，和其他村一样在前后村口设置了路卡，村民们需说明原由，测量体温没有异常后，才可以出入。卡口的工作人员都戴上了口罩，偶尔交流几句缓解一下紧张的心情。那一天是大年三十。

与此同时，村里的大喇叭开始循环播放各种防疫知识，村干部挨家挨户宣传防疫要求。一下子，村里遛弯、串门的人明显少了，但新闻上相关报道却越来越多。张虹虽然觉察出形势严峻，但打心底还是觉得，自己和家人离这种新病毒隔着十万八千里。

“怕归怕，但武汉离咱们这儿这么远，哪就得了呀！”

仅仅一天后，1 月 26 日大年初二，张虹的爱人、女儿、儿子先后出现了咳嗽、发热的症状。

“我爱人一开始是流鼻涕，老说嗓子干，发冷，吃点药就好受点了，后来又有点烧。闺女也发烧，还有点闹肚子，儿子也在烧，当时就觉得他们仨是互相传染的小感冒，谁都没往那方面想。”

此时，一家人并不慌乱，张虹 22 岁的女儿陈叶尤其镇定。陈叶在外地上大学，已经三年级了，学的还是市场营销，寒假里每天都泡在网上，看到年前武汉的疫情逐渐严重，腊月二十七那天她马上在镇上药店囤了一批口罩，她的见识和决定冥冥之中帮了这个村子。

张虹一家戴着口罩，到村卫生院开了些 VC 银翘片和莲花清瘟药。服药后，3 人症状均有好转。

“现在想来真是庆幸，我爸妈那会儿出门都戴了口罩，镇上农贸市场多少人啊。后来村里紧张了，春节除了大伯家来人拜年，我们几乎都没出门。”陈叶在微信里留下了这样一段话。“不出门，出门戴口罩。”正是全家人这个举动，阻断了疫情在村里的传播和蔓延。

直到了 2 月 1 日，天津市疾控中心发布信息：宝坻区首例新冠肺炎病例系百货大楼销售人员，一系列疑似病例也指向了宝坻百货大楼，宝坻的“防疫战”全面升级。天津市委、市政府直接指挥，宝坻区委、区政府主要负责人一线作战，各级党政干部全员上阵，全区上下合力寻找密切接触者和1月19日至1月25日曾去过百货大楼的购物者。194名百货大楼的员工被连夜送往了集中隔离观察点。

当天一大早，前齐各庄村的大喇叭播送通知，要求去过宝坻百货大楼的村民到村委会登记。当天前往登记的人并不多，张虹是其中之一。

“登记之前也有些犹豫，怕登完记就给拉走，打电话跟我嫂子商量，嫂子劝我别害怕，不就是去登个记吗，不会咋样的。”

吃了药，也登了记，张虹心里稍微踏实了些。可没想到，就在第二天，丈夫陈向东又烧了起来，而这次连她自己也出现了发热的症状。

“当天刚下完大雪，我跟我爱人扫院子里的雪，回屋以后，他就开始不好受了。我也开始流鼻涕，因为百货大楼这个事情，心里就开始往疫情想了。不会真是吧？我在百货大楼就待了那么一会儿就能得上了？”

为了去疑心病，夫妻俩开车去了宝坻区人民医院发热门诊，做CT、抽血化验、询问病情，一通检查下来，没多会儿，两人就被确定为疑似病例，直接送入隔离病房。在随后的核酸检测中，陈向东第一次检查结果就呈阳性，由宝坻转往海河医院治疗。这一刻，夫妻俩真的慌了。

“头都大了。那一宿我俩谁都没睡觉，脑子特别混乱。尤其是我爱人，他平常就是一个内向的人，心里爱琢磨，他压力最大。”

“120把我爸拉走时，他给我发了个微信，让我照顾好弟弟，我就知道他被确诊了。”22岁的陈叶有着超乎年龄的沉稳，年前她刚结束了实习，所以在做事方面条理也很清晰。她简单收拾了几样东西，还给弟弟装上了书和玩具，因为疾控部门的车辆已经等在门口，陈叶和弟弟作为确诊患者的密切接触者一起被送往宝坻区天宝金融会议中心集中医学观察隔离点，他们的家也要进行终末消毒。

“因为初一那天，大伯家的姐姐来过我家串门，后来听她们说再去村口的小超市买东西，看到她们的人都吓得不行，像躲瘟疫一样躲着她们。”陈叶并没有怪邻居们的意思，她总是想，换位思考自己也会躲，“毕竟病毒不讲情面，我能理解。”因为弟弟年幼，姐弟俩在集中隔离观察点被安排在一个房间，吃住都好，唯一能安抚 10 岁男孩的是大舅临时给他买的一部手机。

2 月 8 日，张虹自己的二次核酸检测结果也出来了：阳性。就在张虹被转往海河医院的同时，姐弟二人被接到了宝坻区人民医院 4 层隔离病房，对门而居，因为他们也出现了不同程度的咳嗽和腹泻症状。陈叶说自己特意看了检查结果，“CT 上有个白色的阴影，但不大，我一直上网关注确诊病例的病情，怎么看都像。大夫写上了疑似单肺炎症……”

2 月 10 日，一家人的噩梦还在继续。22 岁的陈叶核酸检测呈阳性，转院时都没来得及和弟弟告别。10 岁的小男孩直到看到电视上的通报信息，才知道姐姐也“中招”了。那几天，与宝坻百货大楼相关的病例迅速增长，最高峰时 1 天之内有 6 例。海河医院里的张虹感觉天在一点点往下塌，“我们两口被确诊时，还抱有一线希望，希望别传给孩子，我天天念叨着不要被传染、不要被传染……”心里时刻惦记着孩子，张虹的症状却在不断加重，双肺感染的她第一次感觉到了疾病带来的巨大痛苦：“最高一天烧到了 39 度 5，浑身针扎一样的疼，喘气也费劲。”身体一向皮实的张虹鼓励自己，一定要挺过去。但是和孩子们视频时，她忍不住哭了。

“看见他们我这眼泪吧嗒吧嗒往下流，我儿子也在哭，我就更难受了。幸好闺女大了，一直安慰我们，让我们不要担心，早发现早治疗不会有事的。”

2 月 13 日，张虹 10 岁的小儿子核酸检测阳性，被确诊为我市第 118 例新冠肺炎确诊病例后，被连夜转往海河医院治疗。

短短 8 天时间，一家 4 口先后被确诊新冠肺炎。对张虹来说，这 8 天的经历，让她人生第一次真真切切地感受到了“度日如年”的滋味，即便在最后一刻她依然希望小儿子没有被传染，可真的确诊后，心里的那块石头反而落了下来。“既然确诊了，就好好在这边治疗，在医院的这几天，我能感觉明显见好，这个病没有那么恐怖，也是可以治疗的。”

疫情下的前齐各庄村

时间回拨到2月1日，宝坻“防疫战”全面升级。

这天，前齐各庄村的大喇叭从早上6点半就开始响起，全天不停地播放通告：“凡是1月19号到25号期间到过宝坻百货大楼的，请尽快到大队登记，配合区防疫指挥部调查。”

一天、两天过去了，直到第三天，才有4位村民到村委会登记，其中就有张虹。来的人少，前齐各庄村党支部书记兼村委会主任李朝东心里反而不踏实：“都说自己没去过百货大楼，但究竟是真没去过还是不敢说呢？”

为了不落一人，李朝东和村干部们轮流到村民家门口，隔着大门挨个问，问的次数多了，有时还会被人责怪。“你敲门，他听到了装不在家，这个你也没辙。理解也好，不理解也罢，我当时就想着，只要我们村一个都没有，那就是最好的。”

2月5日下午，李朝东正在村口嘱咐卡口人员严格管控人员出入。这时遇到了开车准备去城里的张虹和陈向东两口子。“跟我说陈向东发烧几天了，想去区里排查排查，我想着去排查一下也好。”

听到“发烧”这两个字，李朝东有所警觉，虽然发烧的不是去过百货大楼的张虹。夫妻二人开车走后，他特意嘱咐卡口人员再次消毒。而他则回到村委会，再次提醒村民们不许串亲戚，没事别出门，又强调了一遍去过百货大楼的村民尽快来村委会登记。

直到晚上，张虹两口子仍然没有消息，李朝东心里犯嘀咕，但因为整个春节都没能歇着，他就这么迷迷糊糊地睡着了。

2月6日凌晨4点多，天还没亮，李朝东突然接到镇上的电话通知，前齐各庄村一村民与隔离点内一位发烧的疑似病例有过密切接触，需要立即将人送到指定隔离点，但此人和张虹家人无关。挂断电话后，李朝东一边穿衣服，一边联系这位村民。

将这位村民送到指定隔离点后，李朝东独自一人开车回村，“我心里边也害怕，最担心的就是我们村出现疫情。”一路上，李朝东一直劝自己一定要稳住，同时也在准备着出现“万一”的预案。

10 多个小时后，前齐各庄村接到村民陈向东被确诊为新冠肺炎的通知。“听到这个消息的时候，我脑袋‘嗡’的一下。镇里面打电话要求立刻排查密切接触者，跟打仗一样。”挂断电话的李朝东，赶紧安排村干部联系陈向东两口子确认密切接触者，通知他们全部居家隔离；剩余人连夜在陈家前后门拉起了警戒线，配合防疫部门对他家进行终末消毒。

随后，口东镇政府带领区专业消杀队伍对前齐各庄村全村再次进行系统消毒。第二天就关闭陈向东夫妇去过的集贸市场，并通知所有过往村民全部居家隔离。

根据预案，前齐各庄村封闭全村，村民全部居家隔离，村委会干部、志愿者、卡口的工作人员口罩、护目镜、隔离服全副武装，每个人都保持一定距离，不再聚集、活动。

而得知这一消息后的村民们也立刻态度大变。

“一出这事儿，十几个都来了，有的人还是顶门来的。”说到这儿，李朝东又是生气又是无奈，“当时我就吓唬他们，我就说‘你不拿你自己的生命当回事，你也不能拿全庄人不当回事！你们这都要负法律责任！’他们也害怕被传染上。吓唬完了，我还得安慰，让他们回家好好隔离，跟家里人也保持距离。疫情绝不能扩散。”

这时，前齐各庄村包括张虹在内去过百货大楼的 16 位村民才全部找到了。“封村后”的前齐各庄村完全“静”了下来。村民们全部待在家里，静静地等待着隔离的结果。

而此时，村委会的干部们和志愿者却静不下来。为了保证村民们的物资供应，李朝东第一时间建立了“前齐村疫情防控阻击群”，于是，群内刷刷刷进来了 415 位村民。每天他们照顾着村民们的吃喝，还负责水电保障、买药、送快递。

病毒没有那么可怕

在海河医院治疗的日子，张虹和儿子住在一间病房，陈向东和女儿住一间。因为 4 口人都是普通型，治疗相对比较轻松。除了陈向东需要每天输液外，其他 3 人都是口服用药加每天两次雾化治疗。

“这儿的医生护士都特别好，无论是对我们的治疗，还是生活起居的照顾。都非常周到。中西医结合，就是那个熬的大药（中药）有点苦。饭菜也挺可口，我儿子因为吃得太多，医院营养师还专门过来提醒我们，需要控制他的饮食。”

进了一般人认为的风暴中心，一家 4 口因为得到精心的治疗，心情反而逐渐平复，没有了最初的担心和害怕，但是村子里的村民们却还在担心、害怕。仍在隔离观察期的大嫂给张虹打来电话：

“身体咋样啊，治得有效果吗？”

因为张虹一家人，前齐各庄村 12 人被集中医学观察隔离，其他接触过的人也在居家隔离。给村子和家人添了这样的麻烦，张虹也十分过意不去。事实上，从大年初一接到镇上通知，全村人就减少了外出，张虹和陈向东外出购物、买药时，也都佩戴了口罩，这个举动不仅保护了他们的亲人，也是一家 4 口感染后没再让疫情扩散的关键。

截至 2 月 8 日，宝坻区确诊病例约占天津市新冠肺炎确诊总数超三成，宝坻已成为天津市疫情防控的主战场和最前沿，区长毛劲松在新闻发布会上表示，将通过制定村庄、城区、全区出入口这 3 道防线，严格控制人员流动，让宝坻区“静下来”。前齐各庄村全村上下，也及时将各项防护措施落实到位。直到目前，除张虹一家外，前齐各庄村没有出现新增确诊病例。

虽然防控效果很好，疫情没有扩散，但是恐慌在人心里的扩散总是无法避免。在侄女的提醒下，张虹鼓起勇气在村子的微信群里跟大家报了平安。

“跟我们村书记也商量了一下，然后就在群里跟大家说，我们都很好，别担心！”

张虹的出现，一下子吸引了群里所有人，添加张虹微信好友的人一下多了起来，大家除了关心他们一家的健康，更多的是向张虹“问诊”。

“其他去过百货大楼的人都来问我，‘我嗓子紧，老咳嗽，是不是也是这个病呀？’‘我今天早上打了好多个喷嚏，是不是也传染上了？’……没去过大楼的也问我，我都给他们一一解释，只要不发烧、不拉肚子就没事，别太担心，都是疑心病。”

听了张虹的话，村民们的心也都踏实了下来。

现在，张虹一家 4 口仍然在海河医院接受治疗。“我不担心，那天大夫跟我说，我爱人已经快好了，等达到出院标准就能出院了。现在最担心孩子上学的问题，这一大一小可别耽误了。”女儿陈叶在确诊后她第一时间向她所在的大学报告，本来 2 月 17 号就是学校该开学的日子，但因为疫情，时间一直没定下来，“开学也会先在网上授课，耽搁不了。”陈叶收到了来自学校的安慰。小儿子这边老师也承诺：“不用担心，只要身体好了，就能回来上课。”现在，在病房里，张虹的儿子还时常拿出寒假作业写上几道题，一家人的生活正向着好的方向转变。

（注：文中除村支书外，其他人为化名）

（编辑：陈彤）

实录｜为了“救命服”，快！再快点……

赵 征

2月4日，立春。

何超建安顿好7岁的孩子，早上7点半准时从西青区的家驱车赶到单位。何超建供职的公司位于稍显偏远的天津静海经济开发区，一路上没有什么车和人，但进入厂区，是一派赶工的繁忙景象。她是瑞安森（天津）医疗器械有限公司的办公室主任。公司厂区不大，占地30亩，建筑面积6000平方米；平时生产一次性医用手套、一次性无纺布手术衣手术包等一次性医用耗材。此前，她从未想到自己供职的这家名不见经传的“小众公司”，能在这个春节过得如此“轰轰烈烈”。

抗击疫情，国内尤其是湖北武汉目前最紧缺的是医用防护服等防护用品。而瑞安森恰恰是天津为数不多的具有生产医用防护服资质的公司，这些日子，本不该聚的各路人马汇聚厂里，就是为了做一件事——生产医用防护服，多些、再多些；快些、再快些……

神速复工到决定扩产

时间倒退回春节前的腊月二十九。

瑞安森从腊月二十七开始就已经放假。腊月二十九那天，瑞安森的创办人、总经理孙江坤正带着一家人在外地过春节。孙江坤的祖籍在湖北仙桃，这些年一直常住北京。2007年，孙江坤在天津静海创建了瑞安森。

彼时，手机上的新闻弹窗让这个湖北汉子越来越感到不安：一边，疫情在自己的家乡湖北不断扩散，确诊数字不断刷新；另一边，职业的敏感告诉自己，天津的企业应该尽快复工，多生产些防护服，为国分忧。但让孙江坤有些尴尬的是，他的湖北籍身份又让全家人不得不暂时在当地先自我隔离，这让他心急如焚，焦躁不安。

在天津，瑞安森办公室主任何超建本已打包好了行李，准备跟丈夫一起回山东潍坊的婆家过年。但频频响起的电话彻底打乱了行程："静海区经济开发区管委会的人打来了电话，他们当时都问我有没有原材料库存，还有几个客户打电话也想下订单。我就有预感可能需要我们恢复生产。"

农历大年三十，瑞安森天津厂的厂长肖建勇破天荒开始出门跑供应商——头天晚上，几位公司负责人已经紧急开了电话会议，总经理孙江坤拍板决定：企业从初二开始恢复生产！但肖建勇不出所料遇到了难题：正是春节放假期间，原材料采购处处受阻，但好在库存里还有一些，能好歹扛几天。可工人的问题怎么办？防护服缝制需要工人，瑞安森原来的车间员工只有二十五六个，就是全召回来也不够用。

肖建勇正"挠头"的时候，大年初一，市区两级相关部门的人来到瑞安森考察，了解到企业困难后，政府和企业开始同时行动。静海区经济开发区管委会副主任赵宏宇迅速联系周边的服装厂和村镇，紧急招募会缝制衣物的女工！

初一开始，瑞安森的老员工陆续接到厂长的电话，45 岁的女工姜海英就是其中之一，她居住在静海区大丰堆镇靳庄子村。年前，姜海英本来决定回黑龙江哈尔滨陪老娘过年，但婆婆临时决定来天津过年，她恰好没回成老家。在新闻里看到疫情发展，姜海英早就坐不住了："我们公司就能生产医用防护服呀，咿呀妈呀怎么还不生产呢？后来终于接到通知了，还想啥呀，赶紧来生产！什么过年不过年的都是次要的，我跟我婆婆说，幸亏您在这儿，我不用担心家里了，可以全心全意在厂子里干！"

35 岁的女工张津头回听说瑞安森这家企业。她是静海区王口镇朱家村人，平时在村里的服装厂干活，做做工作服和校服，这么多年，她工作生活全都在村里。知道了越来越紧张的疫情，听区里下来招工的领导说有家叫瑞安森的企业招工去缝防护服，张津二话没说决定离村去打工："我一听是缝防护服，得来干，咱会这手艺呀！俺们村来了15个人，大伙有缝的、有压条的、有上拉链的，争分夺秒地干。干完活政府给免费安排酒店住宿，我跟孩子们视频，俩孩子说，妈妈，咱村儿人都知道你上那儿干活去了，他们也觉得特别光荣。”

初二早上8点，瑞安森公司复产。车间内，60多名员工被分成两班倒，歇人不歇机器，24小时不间断生产防护服。

初三晚上8点多，有些疲惫的办公室主任何超建，从净化车间外往里望了一眼，顿时有些泪目：“我们瑞安森就是个小企业，谁都没见过现在这样的场面，机器在运转，工人们斗志昂扬，整个就是热火朝天，大家在团结一致地做着一件事。”

看着报送上来的生产报表，“远程遥控”的孙江坤喜忧参半——喜的是生产速度已经比过去翻了一番，忧的是疫情还在蔓延，防护服需求巨大，现在的产量远远供不应求。

他深知：防护服就是医护人员的救命服！怎么样才能多生产一些呢？对了！厂子里有个仓库，可以改造改造，当新的生产车间！

大年初五，电话会议开得格外热烈。一番热烈的商讨之后，大家决定，就这么办了！扩产！

第二天一大早，瑞安森办公室主任何超建捧着公司材料到静海经开区管委会办审批手续时，住建、消防、规划等相关部门的负责人都已到场等候，他们把何超建抱过来的资料拿过去一分，各自就都把活领回去了，所有的审批材料都不需要她去跑。

特殊的10小时出警

时间来到了大年初七，扩产的事还没有完全理顺，眼瞅着公司里存的原材料已经顶不住了，这几天瑞安森已经临时在山东联系到一个生产无纺布的供货厂家，但是由于疫情限制，各地交通管控非常严格，企业之间无法实现货物通达。怎么办？静海区工信局副局长张文娟想到了公安静海分局，她向分局提出，能不能帮忙调动警力，陪同企业一起去山东进货，路上好歹还能帮忙协调一下。

初七早上 9 点半，公安静海分局交通警察支队四大队副教导员王斌接到任务：要全力配合瑞安森到山东东营进货，动作要快，厂家订单过多，只能先到先得，去晚了，可能就买不到货了！上午 10 点，王斌和一位辅警驾驶着一辆警车，和瑞安森的货车一前一后开出了静海，直奔 400 多公里外的山东东营。“东营的管控很严，很多高速口都封了，我们绕了点路，好不容易下了高速发现很多村道都封了，我们要找的这个厂子在东营市下面的一个镇上，进东营市都费劲，更不要说到厂子去。”说起当天的经历，王斌历历在目：“我们和当地公安机关协调了，做了很多解释工作，我说这是要生产医用防护服的紧缺物料，必须要尽快拿到。费了一番周折，我们在下午 3 点的时候到达，也是当天第一个到厂的采购方。装了车以后，我们就折回来往静海返，晚上 8 点多，物料顺利送达瑞安森的工厂里。”

新的问题

在市区两级相关部门的协调下，扩建事宜进展神速，天津市建筑设计院开始对厂房改造进行设计，天津建工集团决定承建。

大年初七，隶属于天津建工集团的天津安装工程有限公司接到指令后，连夜成立了一个近 40 人的班子。但是，新的问题又出现了，厂房的改建所需各种物料和设备，很多都采购不到，受疫情影响，很多生产单位还没有复工，一个一个去问，时间也来不及。“现在是有劲儿使不出来呀！”天安公司项目经理张强说。

大年初九，静海区专门针对瑞安森厂房改造工程召开新闻发布会，天津安装工程有限公司副总经理、总工程师张建利一个一个地列出物资和设备清单，小到洁净喷头，大到空调机组。静海区副区长张炳柱隔着口罩诚挚地对台下的媒体记者说：“拜托各位，帮忙向社会公开招募一下，希望各方以最快的时间满足我们的需求。”

被聚焦和 100 多个未接电话

当天下午，市委书记李鸿忠竟然直奔公司检查医疗防护物资生产情况。

厂长肖建勇清楚地记得市委书记李鸿忠当时说的话：医用物资是患者救治、疫情防控的关键。要争分夺秒，开足马力，保质保量，满负荷生产，为打赢疫情防控阻击战作出应有贡献。

大年初九当晚，包括天津广播新媒体公众号“天天电台道”在内，多家媒体发布了瑞安森公司扩建工程急需设备的消息，天安公司总工程师张建利被列为联系人。到第二天中午 12 点，张建利的电话几乎被打爆，其中有 100 多个电话没有来得及接听，微信也不断显示有好友添加。张建利说：“全国各地的企业打过来，塘沽的、江苏的，最远的有深圳的，尤其是塘沽那个企业说是免费给我们提供。可以说响应速度出乎意料的快，有些符合我们要求，但有些还是不符合，我们在各方沟通和协调当中，静海区的区领导也去青县给我们联系来了一批物资。”

截至记者发稿前，瑞安森公司扩建工程所需材料和设备已基本解决。目前，还差 22 台甲级防火门、10 台净化门、35 台铝合金窗等。

立春，是“二十四节气”之首。立，是“开始”之意；春，代表着温暖、生长。全国人民都在盼望春的到来，也包括瑞安森的每一个人。

生产车间门口，来上白班的女工姜海英和刚下夜班的女工张津彼此点个头、笑了笑，谁都没有说话。张津抬眼看了看，天朗气清，隔着口罩都能感到到空气的新鲜：“立春了，今天公婆应该会给两个孩子做春饼。”

载着张津下班的班车呼啸离去，留下瑞安森扩建厂房里一片机器轰鸣，项目经理张强已经带着施工工人开始动工——从这天开始到 2 月 28 日，他们将把厂里原来的仓库改造成 3000 平方米的洁净厂房。

市工信局和静海区成立工作专班，驻守企业保障调度、加快生产，企业每小时对车间和员工进行消毒，确保产品合格、人员安全。

这天上午 9 时许，首批 50 位患者被转运到武汉火神山医院，这家全国瞩目的医院开始正式接诊新型冠状病毒肺炎确诊患者。与此同时，火神山医院对外宣布仍然急需大量防护服和护目镜，恳请社会各界捐赠、支持。

这两天北京的新闻发布会上，官员们都坦言武汉前线最缺的就是医用防护服、N95 口罩和护目镜，情况十万火急。尽管在紧急恢复产能，全国调运，但仍然处于“紧平衡”的状态。有的医疗队的医生护士，为了节省进出红区就要更换的防护服，穿起了成人纸尿裤。

此时此刻，瑞安森的厂区里正在争分夺秒赶工，厂房改建结束后，会有更多优质防护服从这里源源不断送往战疫一线。

（编辑：陈彤）

观察｜纽约 50 天：从确诊第 1 例到死亡超 1.4 万

印永清

距美国发现第一例新冠肺炎病人 40 天后，纽约市才出现了第一例确诊病例。

纽约州长科莫（Andrew Cuomo）3 月 1 日晚上在社交媒体上告知公众：一名 30 多岁的女士在伊朗旅行时感染新冠，现在纽约曼哈顿家中隔离。民众没有理由过度焦虑，纽约的总体风险仍然很低，因为 80% 的新冠肺炎病例都会自愈，不用去医院。

纽约市是美国第一大城市，是全球经济、金融、文化中心。纽约也拥有全球规模最大、技术最先进的医疗资源和人才。正因为如此，当这座城市出现第一例患者时，几乎没有人会想到，50 天后，860 万人的纽约市确诊病例数超 14 万，死亡超 1.4 万，每天死亡的人数还在 350 人以上。尽管目前纽约住院、进入重症病房、死亡病例正在下降，特朗普推出“重启美国”计划，但这座“世界之都”，每天新增病例还在 4 位数。

天津与纽约也有不解之缘，有着可以讲述的长长的故事。100 多年前，中国最早的官派赴美留学生在天津酝酿，有 3 位留美幼童后来到纽约曼哈顿上城的哥伦比亚大学读书，里面有后来担任过民国第一任总理的唐绍仪。1918 年，著名教育家严修和张伯苓在纽约悉心研究高等教育，回国后创办南开大学。张伯苓的弟弟张彭春，“二战”后曾在纽约协助罗斯福夫人起草了联合国的《人权宣言》，并最早提出建立世界卫生组织，还协助梅兰芳到纽约百老汇演出，大获成功……

而 2020 年，天津与纽约茱莉亚音乐学院合办的天津茱莉亚音乐学院将在秋季面向世界招收预科学生。

城市是人类文明的精华。纽约市遭受重创的死亡人数，远远高于 2977 名死亡者的“9·11”恐怖袭击事件。天津相信纽约人终会同舟共济迎来光明和希望，同时也关注着重大突发公共卫生事件在纽约的进程。

01 前奏

新冠疫情出现后，纽约的第一反应并不慢。

1 月 17 日美国疾控中心就在纽约机场采取防疫措施，洛杉矶、旧金山机场也同样行动。美国发现第一例确诊病例的第三天，1 月 24 日，纽约市市长白思豪（Bill de Blasio）召开新闻发布会，向纽约市民发出新冠疫情警告。“目前的好消息是纽约市还没有确诊病例。”他当然并不乐观：“或早或晚，纽约市也将会出现感染病例。”

纽约市长白思豪今年 59 岁，纽约人，童年时代在单亲家庭长大，毕业于纽约大学和哥伦比亚大学。2000 年，作为竞选经理，他成功帮助当时的“第一夫人”希拉里参选赢得参议员席位。第二年，40 岁的他当选纽约市议员。他的妻子麦克雷（Chirlane McCray）是位美国黑人作家、诗人，两个孩子都在公立学校读书。2013 年，52 岁的白思豪击败美国共和党候选人赢得美国纽约市长大选，成为纽约 20 年来首位民主党市长，接替了前任市长、拥有彭博社的媒体巨头布隆伯格。2017 年，他又在选举中以压倒性优势胜出，成功连任。

与纽约前两任市长布隆伯格和朱利亚尼相比，白思豪更具平民色彩。一般人认为布隆伯格执政的 12 年间，纽约经济繁荣、社会安定。熟悉纽约的白思豪则认为纽约的贫富差距不断扩大，纽约正分裂为两个世界，分别是 99% 的穷人和 1% 的富人。他主张对富人加税，用来补贴教育计划，并且承诺提供更多的保障性住房。他上任后提高了预算和税收。但是疫情下，纽约市政府公布的 2021 年执行预算，总额为 893 亿元，较之前的预算减少了 60 亿。市府收益预测将减少 74 亿元。此前特朗普提出的 2 万亿元的纾困资金中，纽约市仅能拿到杯水车薪的 14 亿元。他期盼之后国会的第二轮解困方案能提供更多联邦层面的援助，帮纽约市渡过难关。

2019年5月，白思豪还一度参加美国总统大选，提出“劳工至上（working people first）”的竞选口号和15美元最低时薪等政策。他还抨击特朗普为“霸道者（bully）”，称“我是纽约人，我早就知道特朗普仗势欺人。这对我和其他本地人都不是什么新闻，我知道怎么对付他。”同样是纽约人的总统特朗普则反唇相讥，称他不敢相信纽约史上、美国史上最糟糕的市长竟然要参加总统选举：“如果你喜欢高税收、高犯罪率，你可以支持他——但大部分人是不喜欢的。”特朗普称，白思豪最好还是回到纽约市，完成剩余不多的市长任期。4个月后，白思豪宣布退出2020美国大选，“我将继续为工薪阶层说话，为代表工薪阶层的民主党说话。”有分析说，糟糕的投票数据和艰难的竞选筹款任务是比尔·白思豪面临的两大问题。

白思豪在1月24日的新闻发布会上邀请了医疗部门和社区有关人士参加，强调疫情的未知性和防控的重要性。除了提到医疗部门已做好准备，提醒去过疫区，有症状的纽约人去看医生外，传递的主要信息是：预防新病毒手段本质上和预防流感没什么区别，流感每年也会导致数千人死亡。

2月1日，白思豪再次举行媒体见面会，讨论了纽约市首例冠状病毒疑似病例。市卫生局局长巴博特（Oxiris Barbot）表示，这名疑似患者年龄在40岁以下，近期曾去往中国，且检查后排除了流感的可能性。但发布会后，此例病毒测试未报道呈阳性。白思豪照例提示认真做好清洁防护，但无需过度紧张和担忧，强调正在沟通CDC，期望病毒检测权限由联邦下放到纽约市。

纽约是特大城市，每天有500多万人乘坐地铁，巴博特博士还曾试图给出行的人们吃定心丸：“这（新冠病毒）不是你在地铁或公共汽车上会感染的东西。”白思豪后来也数次重申了这一点。

当天，纽约州有12例疑似感染病例，其中8人经检测后结果为阴性，另有4例仍在等待检查结果。第一例的确诊，一直姗姗来迟，到一个月后的3月1日出现。

格罗斯曼的纽约大学医学院的团队成员安德丽娜·何盖（Adriana Heguy），在接受《纽约时报》采访时表示，他们的研究结果表明：病毒在纽约市首例患者确诊前就已在该市传播数周。与此同时，纽约市西奈山伊坎医学院的研究人员发现，纽约市后来的大部分病例来自欧洲。“1月下旬至2月中旬期间，存在一段未被追踪的传播期。”

2月是中国大陆各省、市按下暂停键，进行社区隔离的关键时刻。现在纽约居住的杨功焕教授退休前担任中国疾病预防控制中心（CCDC）副主任，经历了中国疫情，也正在经历美国纽约的疫情。据她比较观察，纽约正是在这段时间丧失了初期进行围堵的时机，进入了社区感染的阶段，疫情出现了后来的井喷式暴发局面。

02 第一例

3月1日，一位从伊朗回来的39岁护士，从卡塔尔多哈乘坐701航班飞往纽约市约翰·肯尼迪国际机场，1周后新冠状病毒检测呈阳性，纽约市首例确诊病例显现。这也是纽约州的第一例。这一天，美国确诊病例总数达到84例。中国的新增病例数经历暴发高峰后，则首次降到一天新增200例以内，当天为125例。

3月2日，纽约州州长安德鲁·科莫（Andrew M. Cuomo）与纽约市市长白思豪一起出席新闻发布会，承诺健康调查人员将追踪与这名女士一同乘坐飞机的每个人。

美国媒体后来的调查表明，纽约官员只能向美国联邦疾控中心CDC要求进行调查，而CDC认为当时她在飞行过程中没有传染性，所以没有进行任何调查。纽约市政府的官员们说，在暴发之初，纽约市仅仅依靠50名流行病学调查员来追踪迅速增长的无关联感染者病例。市长新闻秘书弗雷迪·戈德斯坦（Freddi Goldstein）归咎于检测受限，“世界上所有的调查员都没法用。”CDC最初检测对象相当狭窄，且不许私人机构和实验室检测。到2月底，也就是纽约第一例出现的时候，CDC一共检测了472人，与此同时，最初发现病例时间差不多的韩国，每天检测的人数已经上万。

美国地广人稀，但纽约市人口稠密。5个行政区面积为790平方公里（大致相当于广州建成区的面积，北京、上海建成区面积都比它大)，人口890万。患者住所的曼哈顿是纽约市5个行政区中人口密度最高的一个区，面积不到60平方公里，居住着163万人，国际金融中心华尔街和联合国总部大楼均位于该区。

在纽约出现首例病例之际，餐馆仍然客满，游客们继续前往大都会艺术博物馆参观，并排队观看百老汇的演出。纽约一年能够吸引6000万的游客，每天至少会有1000万流动人口。

纽约此时的防控措施还是基于应对大流感的模式，不涉及人群聚集和社区隔离，也没有公共场所戴口罩的要求，提供给公众的解释基本和特朗普在联邦层面的说法大同小异。州长科莫在3月2日新闻发布会上说："请原谅一个纽约人的骄傲——我也替市长发言——我们认为我们在纽约拥有世界上最好的医疗保健系统。""所以，当你将其他国家发生的事情与这里发生的事情相比的时候，我们甚至认为它不会像其他国家那样糟糕。"医院也对他们应对大流行的计划表达了信心，纽约州医疗健康协会于3月2日宣布，全体成员"为Covid-19引起的患者涌入做好了准备"。后来的事实证明，这是一种明显的傲慢和低估，纽约遮蔽了对包括中国在内的其他国家疫情防控的经验和教训，迎来了后来的至暗时刻。

今年63岁纽约州州长科莫是家中的长子，父亲马里奥·科莫是纽约州20世纪80年代第52任的州长。他1979年毕业于纽约福坦莫大学，这是一所知名度在纽约仅次于哥伦比亚大学和纽约大学的私立大学，1982年又从纽约州州府奥尔巴尼的一所法学院研究生毕业。科莫作为父亲的助手踏入政治之路，后来曾担任克林顿政府住房和城市发展部部长（1997年至2001年）和纽约州总检察长（2007年至2011年）。2010年11月2日击败了共和党候选人当选新一届纽约州州长。

科莫的新闻发布会随着纽约州疫情的蔓延，感染人数的增加，成为美国公众高度关注的内容。其中透明，详尽的信息和抗疫举措，对联邦防疫物资和人员的要求，对特朗普的怒怼，对白思豪强调"市权"要服从"州权"等，总频频成为新闻热点，似乎也是科莫成为民主党下回总统候选人的一时之选的依据。但有批评认为：科莫这段时间没有采取进一步的限制聚集措施，“纽约州几乎没有人努力增加呼吸机或防护装备的供应，而只是寻求紧急政府库存。官员们的发言和行动更像是基于病毒还未进入纽约的假设。”

03 第二例和之后疫情的“井喷”

变化发生在第三天。

3 月 3 日，纽约州宣布确诊第二例。而第二天新增的 9 名病患，全部是被第二例病患传染的。纽约第二例确诊患者为一名 50 岁的律师，居住在纽约市郊外的威彻斯特郡（Westchester County）新罗谢尔市，工作地点在曼哈顿中央火车站附近的律所 Lewis and Garbuz。该地段由于靠近中央火车站，人流量极大，每日乘客人数可达 7.5 万人次。该律师所就职的雇员和实习生都接受了病毒检测，实习生就读的纽约法学院宣布关闭一天。患者的孩子所在纽约的一所私立犹太学校关闭停课。

随后几天，确诊的律师成为纽约“超级传染者”，其妻子、儿子和女儿全部感染病毒，就连驾车送其去医院的邻居，和这名律师每周固定前往的威彻斯特犹太教会堂主教也确认感染。如果说第一例由伊朗回来的护士确诊是输入性案例，第二例说明“社区传播”已经在纽约发生。

3 月 7 日，州长科莫宣布纽约州进入紧急状态。

截至 3 月 8 日上午 11 点，纽约州共确诊新冠肺炎 105 例，其中实际上是纽约市郊的威彻斯特郡占了 82 例。3 月 10 日，科莫宣布，将在威彻斯特郡新罗谢尔市的方圆为 1 英里的社区建立隔离区。为落实此举，纽约州还动用了国民警卫队，与之前美国政府采取了淡化疫情的做法形成鲜明对比，也使得科莫受到全国广泛关注，得到了联邦公共卫生官员和专家的好评，尽管动用国民警卫队也遭到了质疑。科莫之后不断和特朗普的意见相左：一边是特朗普在面对核酸检测不力的质疑时说：“我对此不负任何责任。”一边是科莫在宣布“纽约暂停”时说：“如果有人一定要责怪个人，就怪我吧，除我之外没有人对这个决定负责。”科莫指责特朗普没有及时启用“国防生产法案”，以要求美国企业加快口罩、呼吸机和其他必要设备的生产。这导致各州纷纷抢购医疗设备，价格也不断上扬。之后还有在“封州”“重启”方面的互怼。

疫情防控全国一盘棋是共识。《纽约时报》的调查认为，从危机的最初几天开始，州和市政府的官员就受到混乱的联邦应对措施的阻碍，其中包括新冠状病毒检测问题。以往出现突发大事，例如“9·11”之后，纽约会获得华盛顿的帮助。但是，从美国开始出现新冠病例以来，特朗普总统在2月和3月初始终淡化病毒的威胁，不仅与他自己的医学专家发生冲突，还认为是民主党故作姿态，自然难以调集联邦政府的力量。结果导致州和市政府官员只能在没有联邦政府支持下独自做出应对决定。

州与市一级的行动快慢又导致不同结果。美国媒体引述一位学者的观点说，如果纽约市提前一到两周采取包括关闭学校、商店和饭店在内的措施，那么疫情暴发造成的死亡人数估计可能会减少50%—80%。例如，3月12日，旧金山在发现18例确诊病例后关闭了学校；同一天，俄亥俄州在发现5例确诊后也关闭了学校。但是，3天之后，纽约市长白思豪才下决心关闭学校，其时，纽约市已发现329例确诊。

3月12日，纽约州新增109例，纽约市占了43例，纽约市到处传要“封城”的信息。前一天美国确诊病例破千，纽交所当天再次“熔断”。北京时间的这一天，中国大陆的疫情基本得到控制，全国含湖北一天新增10几例，天津、上海连续10多天无新增本土病例，北京连续1周没有新增病例。

州长科莫通过纽约人上下班都喜欢听的新闻电台1010Wins辟谣。科莫为了拉近和听众的距离，真诚地说自己是皇后区出生和长大的男孩，你们听口音就能分辨出来，他急切地要听众明白停运地铁和封路是一个“谣言”。他说，纽约州研究了新冠肺炎的情况，做必须做的：迟滞传播、减少人员聚集，不允许500人以上的聚集。

科莫谈了中国等地的情况来安抚人心，说80%的人就是得一场感冒而已，全球确诊的12万例里，死亡人数只有4000人，而美国一年流感的死亡人数是8000人。“我们当然不愿失去任何人，但我们不得不从这个角度看的话，我们下一步会不错。”

科莫对中国抗疫情况持赞赏态度，隔离、动用军医驰援等“别人家的故事”都变成了他应对的思路。但客观地看，这种“为我所用”背后，其实有着巨大的制度、文化、习惯差异和隔膜。纽约的感染人数像脱缰的野马在 3 月一路狂奔。

3 月 15 日，纽约州 613 确诊病例，纽约市 269 例。纽约决定第二天关闭公立学校。

3 月 16 日，纽约市达 485 例。

3 月 17 日，纽约市达 815 例。

3 月 18 日，纽约市达 1871 例。

3 月 19 日，纽约市达 3415 例。

3 月 20 日，纽约市达 5685 例，特朗普总统宣布纽约州为疫情重大灾区。纽约关闭商业、餐馆、酒吧、体育场所等。

3 月 21 日，纽约州确诊人数破万，纽约市达到 6211 人，死亡 56 人。

3 月 23 日，纽约市确诊人数破万，当晚执行“居家令”(New York State on Pause)，不必要外出人员一律不外出。

3 月 25 日，纽约市确诊人数破 2 万。

4 月 12 日，纽约市确诊破 10 万，纽约州近 19 万。

4 月 14 日，纽约市因新冠病毒死亡人数破万。

这个过程中，纽约市长白思豪经过早期的迟疑后，在防控措施推进方面显得比科莫更急切，比如在“居家令”和公立学校关闭时长的问题上，两人的政令发生了明显的矛盾。美国的联邦、州、市并不是领导与被领导的关系，但纽约州与纽约市的关系并不是那么简单。1929 年“阿德勒诉迪根案”(Adler v. Deegan) 的判决结果，构成了纽约州宪法第九条中州政府对地方政府的权力和责任：只要符合“州政府的关切”，存在“实质性”州一级层面的利益，立法机关可以对地方的“财产、事务或管理”采取行动。这个判例使得纽约州政府与市政府、州长与市长之间矛盾重重且常常公开化，而“州长说了算”往往占上风。

04 “口罩令”和纽约重启

随着新冠疫情曲线有所平缓，特朗普发布“重启美国”指南，要求各州州长将依据本州情况自行作出决定。纽约州和纽约市的疫情虽然增长放缓，但数据依然在高位，情况依然严峻。

作为中国疾控中心前副主任、身在纽约的杨功焕的 3 点建设性的思考值得注意。

她认为，每个地方所采取的措施实质上是根据它前期的准备状况、社会制度、文化特征以及医疗资源的强弱而来，纽约到目前所做的工作准备是十分必要，起到很大作用。她认为，纽约还是要在隔离传染源上下功夫，切断传播途径看似简单，与其他措施相比花费不高，但执行起来十分复杂，需要精心组织和动员。在纽约目前情况下，“停摆令”势在必行，但是必须有很多公共卫生措施必须配合执行，才能使“停摆令”达到目的。

她提出 3 条建议：

一是关注关键人群，防止他们传染更多的人。虽然纽约绝大多数的餐馆、酒吧等都已关闭，但医院医生、护士、急救工作人员，超市、食品店的售货人员，公共交通的司机以及其他服务人员等仍在工作。公共卫生部门需要单独列出这些人员为关键人群，确保他们得到有效保护，避免被感染。这类人群应该戴口罩，以避免被人感染，同时也避免在自身已经感染时不自觉地感染他人。

二是加强个案流行病学追踪调查。纽约州和纽约市的卫生部门对众多已感染的病例正在进行流行病学调查，以纽约市卫生局的报告为例，每天都列出了这些确诊患者的年龄、性别和地区分布。但是仅仅这些信息是不够的。但依然需要进一步调查这些确诊者过去 14 天的活动轨迹和接触人群。这项工作的工作量巨大，但这是必须要完成的事情。

三是说服民众自觉配合。在纽约市的确诊患者中，50 岁以下者占到总病例数的 56%。年轻感染者比例如此之高，其原因在于有年轻人觉得自己不会感染，或者感染了也不严重，因此无视政府的规定，仍然经常外出玩乐。这些年轻人感染后，如果不严格隔离在家，会造成进一步感染。

杨功焕建议针对的问题实际已经浮出水面。纽约大都会运输局（MTA）负责整个纽约市地铁、公交的运营，每天承运的乘客由 3 月份的 500 万，降到目前的 40 万。最新数据表明其大约 7 万名员工中，有近 2300 名成员对该新冠的检测结果呈阳性，近 5000 人被隔离，59 人殉职。纽约市的警察系统、教育系统不完全统计都有 20 到 40 人殉职。

纽约州长科莫上周四（4 月 16 日）果断宣布“居家令”将延至 5 月 15 日的同时，要求周五（4 月 17 日）晚 8 点起，所有搭乘公共交通、出租车、电召车、网召车的民众必须在乘车时佩戴口罩，所有车辆运营者都需全程佩戴口罩。

戴口罩曾经是东西方文化中无法沟通之痛。华裔华人戴口罩一度曾在西方国家备受歧视。但在生命以每天 3 位数惨痛失去的当下，这个纠缠了整个全球疫情的问题，在纽约和其他一些西方国家和城市终于部分解决了。

对特朗普号召的重启，纽约市长白思豪经过这段惨烈的阶段有了更冷静的认识。他对媒体说，纽约是震中，要摆脱目前新冠病毒的大流行，唯一的方法是进行大规模检测，每天要进行数十万次测试才真正能够控制局势，才可以开始重新启动经济。但如此大规模测试目前尚无法实现。

白思豪还是呼吁联邦对纽约的支持。他认为，纽约是美国的经济引擎，目前有数十亿美元的预算缺口，继续下去就无法提供基本服务，无法照顾市民，无法重启经济。“我的意思是，如果他（特朗普总统）认为如果没有真正的经济引擎，美国经济就可以复苏，那么他实际上就是在进行魔术般的思考。”

杨功焕说，现在也不是给哪个国家打分的时候，“真正的要打分评定可能要到两三年以后，并且这个评定不是去说谁好谁坏，而是总结经验为应对新的传染病做准备。”

人类是命运共同体，天津关注着纽约。天津茱莉亚学院的教职员工来自天津、纽约和世界各地，学院正与纽约茱莉亚学院紧密携手，共克时艰。原定在纽约和亚洲进行的相关地区的研究生入学面试已经取消。申请人将以异地提交视频文件的方式完成相关面试。今年秋季入学大学预科课程仍在继续招募和选拔新生，相关录取工作仍在有条不紊地进行。

（编辑：于玥）

观察｜96人殉职，地铁每天停驶4小时，纽约公交的世纪逆行

印永清

一座特大城市的公共交通体系，近百名员工感染新冠病毒殉职意味着什么？

截至目前，纽约大都会运输署MTA新冠肺炎确诊员工已破3000例，其中96人去世，他们绝大部分都是纽约地铁和公交巴士的司机、值乘人员、清洁工等。据不完全统计，这个令人痛心的数据是纽约警察、急救员等应急部门死亡人数的3倍，而伦敦地铁公交系统的殉职人数目前是26人。

火车、地铁、飞机、巴士等公共交通工具由于其密闭性和新冠病毒的隐蔽性，极易形成聚集性传染。武汉“封城”的措施之一就是地铁公交停运，减少聚集和病毒扩散。而天津启动公共突发事件一级响应的当天，紧急封控的就是发生聚集性疫情的天津动车客车段。前后对900多人进行隔离观察，共有10名职工、7名家属确诊。及时救治后，只有一位75岁的职工家属死亡，聚集性疫情得到有效控制。

美国疫情的“震中”纽约，地铁始终24小时运行。乘客人次由3月初摩肩接踵的560多万，下降到目前的40万左右。地铁员工把一线的医护人员、消毒防疫人员、警察、超市和便利店营业员、必须看病的市民等送到城市的各个角落，而这个群体自己，不断有人倒下。北京时间今天13点开始，整个纽约地铁系统将在每天凌晨1点到5点停运消毒。这是自1904年纽约地铁诞生115年来第一次。

地铁是人类文明的杰作，是城市的动脉，也是城市公共管理的窗口。纽约地铁系统是美国和全球最繁忙的地铁之一，而中国的城市化进程，使得上

海、北京地铁每天乘客人次已超过纽约，天津地铁的规划线路里程也直追纽约。纽约地铁在疫情下的应对轨迹及得失，其员工的惨烈牺牲，都值得从城市角度深切关注、观察与分析。

牺牲：96 位城市英雄默默离去

3 月 23 日，纽约长岛 49 岁的地铁值乘员彼得拉西（Peter Petrassi）感染新冠病毒殉职。这是纽约地铁第一位殉职者。

4 月 28 日，同样是地铁值乘员的 58 岁纽约本杰明·谢弗（Benjamin Schaeffer），因感染新冠病毒在纽约市布鲁克林的一家医院去世。

值乘员谢弗此前已是纽约的英雄。

和中国城市地铁的岗位设置不一样，纽约地铁的每列车上都配有一个值乘员（Conductor），工作位置在一列地铁的中部，负责报站和介绍服务变更，确认地铁停稳安全后开门、关门、发车。值乘员的声音是地铁上班族一天来回中温暖的陪伴。2018 年，正在全力工作的值乘员谢弗闻到了汽油味，一名有精神疾病的乘客在列车驶入日落公园第 36 街站时，将汽油倒在一节车厢的地板上。

事发突然，他一改平时温文尔雅的礼貌用语，大声紧急喊叫，让所有乘客下车。因为疏散及时，他避免了整个车厢乃至整列地铁千名市民的灭顶之灾。几乎所有的纽约本地媒体都报道了这件事。

谢弗非常朴实低调，面对美国全国广播公司（NBC）的采访，他没有豪言壮语，只是强调：要告诉所有车上的人，是紧急情况，下车吧。大都会运输署（MTA）授予他一枚奖章，表彰他对纽约公共安全所作出的贡献。纽约大都会运输署（MTA）是谢弗所在的纽约公交公司（New York City Transit）的上级单位，属于纽约州的公营运输机构，负责纽约市及其周边纽约州 12 个郡，以及康涅狄格州南部郡的公交运营，是美国最大的公共交通机构。

尽管纽约地铁以脏乱、失修闻名，但谢弗对地铁熟悉并充满感情。2012 年，他发现了地铁行进中不寻常的火花，原因是两节车厢之间的一个金属弹簧护栏已经拉伸并接触到了铁轨的连接器，他的及时报告避免了可能的致命后果。《纽约每日新闻》提名他为当年的“家乡英雄奖”。2018 年的这次纵火未遂案的处置，也让他患上永久性应激障碍症，他被重新分配做办公室行政工作，然后退休。

疫情下，纽约地铁感染和隔离了几千名员工。谢弗本来可以在家安享晚年，但他得知许多地铁值乘员病了，就自愿顶岗替班，结果也感染上了新冠病毒。他去世的前一周，同事们为挽救他的生命，通过媒体征集新冠病毒康复者的血清，谁知病情急转直下，上了呼吸机的谢弗还是离开了他挚爱的世界。

《纽约每日新闻》称赞谢弗是“捍卫他的城市、人民及他心爱地铁的英雄”。纽约公交公司（New York City Transit）临时总裁萨拉·范伯格（Sarah Feinberg）说：谢弗的去世是纽约公交大家庭的损失，他展示了什么是公共服务精神，我们会永远记住他的英雄主义，感动于他为这座城市所作的奉献。

许多纽约市民通过社交媒体在新闻下留言，送别这位同城的英雄。

绝大多数纽约地铁员工的去世没有像谢弗这样为人关注。4 月 8 日晚上，生病的地铁车站安全员，56 岁的印度裔阿南达·穆利亚（Ananda Mooliya）在纽约皇后区的家里安慰着家人他没什么问题。妻子为他做了汤，穆利亚挣扎着下床，在长子帮助下坐上了厨房的椅子。不一会儿，“他脸上开始沁出汗珠，张着嘴，说不出话来。”穆利亚的脉搏越来越衰弱，小儿子拨打了 911。急救人员到达后，用呼吸装置帮助他呼吸了大约 10 分钟，还是没有救回这位地铁工作人员的命。死亡证明记录的时间是 4 月 8 日晚上 9：37，因为没有经过核酸检测，死亡的直接原因被列为“当下的流感状疾病（可能为 COVID-19）”。

穆利亚曾经是印度卡纳塔克邦的一位教化学的大学老师，20 世纪 90 年代中期移民纽约，当过连锁药店经理，生命的最后 5 年在纽约地铁站台当安全员。去世前两天，穆利亚在网上咨询了两次医生。他的大儿子说，他的父亲被告知他不需要接受测试，只需服用泰诺并保持水分。4 月上旬，纽约市迎来了新冠感染的高峰，CNN 报道，穆利亚去世这一天，860 万人的纽约市新增新冠确诊病例 5600 多例，死亡 716 例。

穆利亚是虔诚的教徒，忠于职守，在地铁交接班后祷告。按照印度传统，他的遗体应该在一两天内火化，但整个纽约市停尸房、殡仪馆、火葬场和墓地都应接不暇。穆利亚遗体的火葬推迟了近 3 周。

纽约大都会运输署 MTA 在官网上设置了“纪念倒下的英雄”专页。专页的题图是夜幕里行驶在高架路轨上的地铁车头，耀眼的白色光柱迎面而来，后方是繁华纽约的万家灯火。致敬词说，我们深知没有勇敢的同事每天冒险逆行，纽约的医护人员和急救人员就无法抵达抗击这场危机。专页的致敬词下面列出了所有96位殉职员工名单，他们中有司机、维修人员、车站管理员、调度员、机械师、清洁工。

最初：生命线还是传染源？

3 月 1 日，纽约出现第一例确诊病例。3 月 15 日，纽约公交系统发现首例病例，确诊者是长岛地铁的一位地铁修理钣金工。钣金工的 30 位同事被要求居家隔离，一周后，他们之中出现了纽约地铁第一位病亡者——地铁值乘员彼得拉西。到 3 月底，纽约公交一线员工确诊病例近 300 人，死亡 5 例。

纽约大都会运输署（MTA）一直宣称，为了保护员工，曾突破联邦政府和疾控中心的判断和指导（公共场合不用戴口罩），采取了保护员工和公众的措施。其中，自 3 月 1 日以来，分发了数百万件个人防护装备，包括 500 多万副手套和 100 多万个口罩。车辆 72 小时彻底消毒一次。

但《纽约时报》据对 20 多名公司员工的采访调查认为，纽约公交在疫情初期的准备并不充分。包括在暴发的早期没有更好保护员工，推迟了纽约大都会运输署防护计划中的步骤。迟迟没有将消毒剂分发到基层，没有彻底追踪生病的工人，也没有告知他们的同事可能接触到病毒。随着病毒的蔓延，地铁和公共汽车员工自发把驾驶区域和乘客区域隔开，戴上自制口罩和使用自制的消毒剂，这些行为都遭到主管训斥并要求改正，而且要摘掉口罩。

与此相对应，联邦、州和作为地方政府的纽约市对疫情的判断和处置大同小异。2 月初，纽约市卫生局长巴博特（Oxiris Barbot）博士还曾试图给乘地铁出行的市民们吃定心丸：“这不是你在地铁或公共汽车上会感染的东西。”到 3 月初，市长白思豪（Bill de Blasio）也数次重申了这一点。3 月 5 日，白思豪还特地乘坐地铁，通过媒体向纽约市民表示，对冠状病毒的恐惧不应该让纽约人远离地铁。视频和照片显示，白思豪和乘客比肩而立，都没戴口罩。而波士顿东北大学运用模型数据推算，纽约市此时的新冠患者可能达到 11000 人。

目前，纽约市新冠确诊病例近 18 万，是武汉的 3 倍多，虽然感染高峰已过，但每天确诊病例仍在 1500 人以上，新增死亡人数还是 200 人以上。麻省理工学院（MIT）4 月下旬的最新研究表明：纽约地铁可能是疫情扩散的“罪魁祸首”，麻省理工学院经济学教授和医师杰弗里·哈里斯（Jeffrey Harris）发表的论文指出，城市地铁和公交车是新型冠状病毒的“主要传播途径”。“我们都知道，地铁中人与人的接触，无论是吸入的飞沫，还是残留在栏杆上的病毒，这样紧密的接触给新型冠状病毒提供了能够轻易地传播的机会，尤其是进入地铁的旋转门，所有人共享的扶手，公共交通工具上的金属的立杆，都是利于病毒传播的媒介。”

尽管该研究承认，现有的数据无法单独解释病毒传播的因果关系问题，但纽约的疫情扩散情况，和纽约繁忙的地铁和公共汽车这些通勤工具绝对脱不了干系。而纽约州州长科莫上周四（4 月 30 日）称，纽约州进行的抗体检测随机抽样研究发现，纽约市近四分之一人口，近 200 万感染了新冠病毒。这个检测还在进行，比例稍有下降。

4 月 18 日，纽约市议会的 4 名成员写信给州长科莫（Andrew Cuomo），要求暂时关闭城市交通系统 1 周，以便进行彻底消毒。属于纽约州管理的纽约大都会运输署（MTA）回应：在这场前所未有的危机中关闭公共交通将是危险的，并可能导致更多的死亡。即使地铁乘客减少了 90% 以上，我们也要让医生、护士、急救人员、食品杂货店和药房工作人员以及其他重要人员去一线拯救生命。纽约市长白思豪说，对这些工人来说，公共汽车和地铁仍然是最好的交通方式。

在纽约地铁工作了 6 年的华裔地铁司机王韦恩（Wayne Wong）是 5 万多

纽约公交公司（New York City Transit）工人的一员，他在接受《纽约邮报》采访时描述了自己的工作状况：仅在自己哥哥因新冠肺炎去世期间缺岗 3 天，此外一直恪尽职守，将一线工作人员送到工作岗位上。一周 5 天，王韦恩每天早上 5：06 上班，在世界贸易中心和皇后区帕森大道之间地铁 E 线来回开车。56 岁的王韦恩表示，“我仍在做着过去每日的工作，我们没有危险津贴，没有获得赞赏，也没有像其他部门一样放假一周。”在驶出起始站之前，他会用自制的清洁剂喷洒在驾驶室里。“你必须害怕。很明显，病毒是存在的，所以你只是想为自己和乘客采取一些预防措施。”

纽约公交公司的一名工作人员匿名告诉美国广播公司（ABC），他仍然感到不安全，无法与同事保持社交距离，他认为纽约州和纽约市的高级官员及其团队之间存在脱节。“很长一段时间，一切都像往常一样。我们被告知我们是重要的工人，那就是——继续工作。”

转折：口罩令、流浪者、停驶

转机从 4 月 17 日开始。

纽约大都会运输署（MTA）董事长兼首席执行官福耶（Patrick J. Foye）此前发表声明：“根据州长的行政命令，从 4 月 17 日星期五开始，所有的乘客必须戴口罩。乘客上车尽可能保持社交距离，在公共场合戴口罩和其他面部遮盖物将有助于阻止传播，最终拯救生命。”

福耶长期在纽约港务局和大都会运输署任管理职务，还担任过州长科莫的经济发展部副部长。几乎整个 3 月份，福耶和纽约大都会运输署官员要求工作人员听从联邦疾控中心（CDC）的指导，无需戴口罩。直到 3 月 27 日，面临疫情蔓延和员工大面积感染的实际压力，才转变态度，开始每周向一线工人分发超过 75000 个口罩和手套等其他防护用品。同时实施的，还有公交汽车乘客从后门上下，避免接近司机等多项措施。

在此一周后，CDC 才转变态度，提出民众佩戴口罩的建议，但特朗普宣布此意见时表示自己不会戴口罩。尽管建议不具有强制性，但病毒在时刻改变中国、亚洲和西方在口罩问题方面的文化差异和冲突。在疫情下，科学在不断战胜标签化甚至污名化，共识正在碎步形成。纽约州州长科莫正是基于此，且综合判断疫情蔓延包括地铁公交员工大面积感染的实际，出台了强制性“口罩令”。这不仅支持了纽约大都会运输署（MTA）配发和佩戴口罩的决定，也深刻影响和改变着纽约市民的观念和习惯，但对记者询问纽约地铁早期应对的失误，福耶一律“甩锅”，认为是 CDC 的误导。

关于口罩的共识，也导致奥、德、法等欧洲国家政令的改变。法国医学家让 - 弗朗索瓦·马太（Jean-François Mattéi）表示，这次疫情结束后，流行病期间戴口罩很可能在西方国家成为“常态”，他还说：“我坚信，每个家庭成员很快就会常备两到三个可重复使用的口罩。”

“一波未平，一波又起”，纽约地铁跨越了全球化中的文化障碍，却被纽约自身固有的社会问题绊住了脚。纽约地铁乘客人数目前下降了 92% 左右，但不戴口罩的纽约市的流浪者大量涌入 24 小时不眠的地铁，吃喝拉撒都在这里。4 月 30 日，还有两位流浪者猝死在行驶的地铁上。对病毒蔓延的担忧，让相关视频在社交媒体疯传，又由各媒体跟进报道。纽约公交公司把责任归咎于纽约市政当局的管理不善和投入警力不足。迫于压力，纽约警察局和 MTA 的有限警力这两天连续在深夜要求流浪者离开地铁。

但夜间的联合行动收效有限。市长办公室在一份声明中称，MTA 将要求所有人离开火车，无家可归者将得到纽约警察局（NYPD）提供的服务和一个睡觉的地方。但无家可归的麦金托什不愿意去收容所：“我同意他们的意见，我下车，下车，然后上下一班火车。收容所里充斥着冠状病毒。我无处可去。”初步调查，像麦金托什这样的流浪者在纽约地铁里有 2000 多人。纽约警察局发言人在一份声明中说，“无家可归不是犯罪”，并且“警察正在地铁巡逻”和执行规则。

纽约无家可归者常年在 6 万多人，流浪者进入地铁也是老问题。但疫情下，老问题的性质变了，纽约交通工人工会负责人托尼·乌塔诺认为这已不是一个生活质量问题，而是一个生死攸关的问题。

纽约州州长科莫注意到了流浪者的情况，他将此与纽约“重启”一并看待，反复考虑纽约如何确保地铁安全和正常载客运行。他在 5 月 1 日宣布：纽约地铁将在今天（北京时间 5 月 6 日下午 1 点）凌晨 1 点至 5 点关闭 4 小时，对列车和车站进行消毒。各媒体称这是纽约地铁诞生 115 年以来第一次。对于必须凌晨出行的 11000 多人，将提供巴士和叫车服务，车费由 MTA 报销。纽约市长白思豪说，当地铁站晚上关闭时，警察将“处理所有无家可归的人”。他说：“我们要利用一切手段，说服他们到安全的地方去，呆在那里，不要再回到街上去。”他公布了帮助无家可归者的新计划。本周，纽约市将把 1000 人从收容所转移到商业酒店，目标是在已经入住酒店的 6000 人的基础上，每周再转移 1000 人。

科莫的决定和“集权”，可谓“一箭双雕”：一方面以地铁史无前例的每天 4 小时停运来彻底消杀问题，又以停运为条件，让纽约市对接，清走流浪者，解决不确定的感染源问题。原来经常矛盾的纽约州和纽约市，此次高度一致，这些都在为“纽约重启”，客流回升奠定安全基础。

重启：检测！追踪！

纽约大都会运输署和有关单位将为殉职者家庭提供 50 万美元的补偿。以目前纽约市每天新增感染千人、死亡百人的数据推测，纽约公交系统殉职人数还会增加。它怎样成为一条对自己和公众都是安全的“生命线”呢？

顺着纽约州长科莫最近在谈“重启纽约”的思路推测，主要取决于一线员工的病毒检测和流调追踪的推进。

科莫提到了“重启”的 4 个核心要素评估：新增感染人数、医疗能力、检测能力、接触者追踪能力。其中提到一个地区每天每 10 万居民中必须有少于两个新增 Covid 患者等指标。由于美国的国情、社会制度和文化特点不同，纽约州、市两级政府在社会动员、组织和民众配合方面很难像中国那样迅速将社区传播压缩到趋于零。科莫在坚持社交距离、公共场合戴口罩等要求外，把重点放在了病毒和抗体检测的规模上，放在紧紧跟进的流行病调查追踪方面，比如，每个地区必须具备对该区域居民每月 3% 的检测能力，每 10 万名居民有30个流行病调查员。为补足流调员缺额，准备由前市长布隆伯格出资，通过霍普金斯大学培养纽约州立大学和纽约市立大学35000名在校医学院大学生参加。在这样情况下，对医护人员、地铁公交的驾驶员、乘务员、清洁工等全部检测，进行行迹调查，用这种方法锁定具体人群的感染情况，制定相应精准的疫情防控措施。

科莫和纽约市市长白思豪都呼吁联邦加大测试规模。白思豪说：纽约市56家医院以及其他地方结合起来，每天测试不超过10000个。我们希望平均每天至少可能增加1000个，5月每天可以进行20000个测试，之后进行每天30000个测试。

据报道，截至4月底，美国进行了世界规模最大的500万次测试，但按人均计算，它远落后德国和韩国。耶鲁大学全球健康政策与经济学助理教授、美国中国卫生政策与管理学会会长陈希，回答《中国新闻周刊》提问时说，为什么美国的检测数量一直上不去？不是因为缺乏试剂，而是医院没有动力做检测。因为政府给报销的比例太低，医院检测了又不赚钱。前几天，特朗普和美国医保局合作，投入了300亿资金，加大了检测的报销比例，这是为了让医院有更大的动力去做检测。

纽约州长科莫对公众说：您以前从未听过“测试、追踪、隔离”这样的字眼。没人能做到，这是我们现在要做的。从来没有一支疫情流调队伍，但是我们可以团结起来，我们可以组织，可以训练，可以做到。

科莫说的“测试、追踪、隔离”，实际说明纽约此前这方面工作的不足，而要上的新措施，似与中国的“早发现、早报告、早隔离、早治疗”虽有顺序差别，也有异曲同工之妙，比如天津在基本控制疫情的当下，也都在加大检测的力度。纽约会出现天津“张颖”式的流调员吗？这其实是一个复杂的问题，背后有巨大的制度和文化差异。

1863年，英国修建人类第一条地铁时，有人威胁说这将撞开“地狱之门”，但到目前为止，地铁公交都使得城市生活更美好。相信纽约地铁和武汉地铁和全球受疫情影响的城市地铁一样，终究会驶向春天。

（编辑：马瑞）

附录 2

◎ 强化培训学习 推动媒体融合

——天津广播赴美培训学习总结

强化培训学习　推动媒体融合

——天津广播赴美培训学习总结

天津海河传媒中心人力资源部　刘凯

2014 年被称作“媒体融合年”。8 月 18 日，中央全面深化改革领导小组审议通过了《关于推动传统媒体和新兴媒体融合发展的指导意见》。这项战略部署是推进宣传文化领域改革创新的一项重要任务，是适应媒体格局深刻变化、提升主流媒体传播力、引导力、公信力、影响力的重要举措。

恰逢其时，经过为期 1 年的申报和筹备工作，9 月 7 日至 27 日天津广播顺利完成“传统广播媒体与数字化新媒体融合运作模式研发”赴美培训学习。本次培训为 21 天。培训课程分别在美国洛杉矶、旧金山、纽约 3 座城市的培训机构和大学进行，课程内容根据广播的具体情况与要求特别设计，通过课堂学习和实地参观交流，较全面地了解美国广播媒体的现状，学习参观了美国传统广播与新媒体融合运行机制及管理方式，对美国广播发展有了基本和直观的了解。

为了能够做好本次培训工作，提高在美学习的效率，我们精心设计行前的自主培训 7 次课程，分别邀请到了原天津市新闻办副主任龚铁鹰、深圳广播电影电视集团副总编辑李静、中国国际广播电台英语环球广播中心副主任关娟娟、中国传媒大学新闻学院教授张彩、NPR 驻北京记者站站长孔安、久安医疗公司董事长刘毅以及美国加州州立大学洛杉矶分校终身教授白春生等主讲嘉宾，就美国传媒业概况，美国广播的主要模式、特点及运转情况，移动互联时代美国行业的创新等内容进行了讲授。力求让培训班学员在赴美之前能够提前了解和掌握美国广播业界的历史沿革、基本情况、最新动态等相关内容。

同时，为了能够丰富在美学习期间的行程安排，我们还在原有培训行程的基础上，合理调整学习时间，主动联系、增加了美国广播传媒业界具有较强影响力的电台、制作公司、传媒机构等19个学习考察点位，使得本次培训班在美学习的行程、内容更加丰满。填补了国内对美国广播市场培训考察的一项空白。

培训中，我们将队员分成3个项目组，分别是：新闻谈话节目课题组、音乐节目与公司化运作课题组、台网融合运作模式课题组。通过培训学习，学员拓阔国际视野，强化了互联网思维，对媒体融合发展的观念和认识有明显提高，对重组媒体组织结构，岗位设置管理，改变新闻生产流程达成共识，也对推进天津广播媒体融合发展起到了思想储备、知识储备、人才储备的积极作用。

回国后，我们组织学员认真总结，多层次、多组别地进行学习汇报、节目研讨，完成汇报资料和论文30万字。

本次赴美考察是天津广播第一次大规模对业务骨干的集中赴外培训，完成了相关计划、任务，圆满实现了考察工作的各项目标。考察工作策划扎实、安排周密，通过赴外考察培训开阔干部职工的思路和眼界。在这项工作中，我们首先加强“走出去”学习的针对性，做到前期有策划、实施有组织、回来有共识；其次加强“走出去”学习的时效性，确保考察学习到的知识有用、管用、能用；第三是加强“走出去”学习消化吸收再创新的效果，真正推动天津广播电视事业的发展和革新。

观念引领行动，认识推动实践。融合发展是一个全新的课题，此次培训，我们积极与美国主流广播媒体广泛接触，能够全面、真实近距离地了解美国广播发展现状，探索了一条与国内其他广播媒体不同的赴美培训新路径。为长期做好这项工作，我们与美国这些广播媒体保持长期联系沟通，探求不同培训模式，积极吸收先进广播理念，为我所用；积极推进媒体融合发展，增强传统媒体主流声音。

“走出去”与“请进来”相结合。继2014年赴美培训成果基础上，2015年3月我们成功举办了为期4天的“中美传媒融合发展研修班”。这次培训，天津广播电视台与美国密苏里大学新闻学院合作，邀请了6名美国一流媒体主持人、新媒体专家和大学教授来台授课，与学员分享了美国业界和学界关于媒体发展与融合，特别是广播与互联网、移动互联网融合的理论与最新实践成果。广播、电视、北方网以及15家中央和各省市兄弟台领导、编采一线员工以及新媒体部门的负责人近500人参加。为保证学习效果，天津广播还组建了广播和新媒体研发团队与专家、教授对接，对未来传统广播融合技术平台进行了专项研究和交流。

通过培训，我们还促成天津广播电视台与美国密苏里大学新闻学院的战略合作，就业务培训、交流合作等达成了长期合作意向。依托其资源，2015年10月11日至31日，天津广播再赴美参加培训考察。此次培训主题是：广播与新媒体融合大数据分析应用研究。围绕主题，我们精心设置课程，选择授课老师，安排考察点位。在美期间，密苏里新闻学院麦克尔·麦金教授、莱恩·法穆利纳教授、考克斯媒体集团数据分析部门高级主任艾伦·西格尔、NPR数据产品高级总监乔伊·萨科曼等8名专家学者和媒体主管专程来纽约授课。在纽约和洛杉矶，我们还先后拜访了1010Wins纽约全新闻广播电台、美国ABC广播公司新闻中心、美国公共广播电台旗下的NYPR电台以及美国西部著名类型化广播电台KABC-AM NEWS等10多家广播电台和节目制作公司，并在纽约中国广播网与听众代表座谈，征求听众对我台《今日天津》海外落地节目的意见和建议。

美国是当今世界广播产业成熟的国家，由于起步较早，美国广播行业在媒体融合方面已经有一些成熟的理念和做法，为国内广播业形成更明晰的理念和更坚定的行动提供借鉴。

这次学习中，我们再次体会到"用数据说话"的理念深深植根于美国人的思维之中。培训中安排的第一课就是介绍数据分析的。课上老师告诉我们，问卷调查获得的结果不一定准确，因为用户的主观想法往往不等于他们实际的行为，而客观数据更准确。大型媒体机构中都有数据分析团队。长岛音乐电台表示，每年在数据上花的成本占总支出的4%。即便如此，他们还要有一个数据分析团队，不盲目听从短期数据，而是分析出趋势来指导工作。除了购买，他们也自己采集数据，通过每年2次组织铁杆听众参加音乐试听会，得到第一手听众喜好的数据。NPR新媒体总监认为，之所以要建设自己的平台，就是为了能获得最广泛、详细、精确的数据。

NPR的危机意识来源于他们对汽车中控板的观察。以前车载收音机的频率范围中，一定会有公共广播电台的位置；如今，车载智能设备的界面都是按钮，首页只有那么点地方，不努力就会被别的应用挤掉。NPR数据产品高级总监乔伊·萨科曼认为，尽管目前AM/FM仍然是车载收听的主要部分，但变革的日子不会太远。

但是，美国的做法并非教科书，在传统媒体转型融合方面，美国也并没有走出一条完全可供移植的路径。因此，考察美国广播媒体的转型融合发展，既是要梳理出其有借鉴价值的成功经验，也要总结和反思其出现的错误，进而结合中国实际，尽快解决我们在目标定位、方向调整、产品重塑以及架构重组等战略层面的问题。

2019年1月，习近平总书记在主持十九届中央政治局第十二次集体学习时强调，要运用信息革命成果，推动媒体融合向纵深发展，做大做强主流舆论，巩固全党全国人民团结奋斗的共同思想基础，为实现“两个一百年”奋斗目标、实现中华民族伟大复兴的中国梦提供强大精神力量和舆论支持。

而今，天津海河传媒中心的成立，集天津报业、广播电视和网站为一体，搭建起全媒体平台，为我们广播全方位发展提供了广阔平台和发展空间。美国广播业转型融合的尝试启示我们，媒体融合之路没有捷径，广播人必须要有审时度势的眼光，开放灵活的思维，以永不停歇的创新精神，积极发展各种互动式、服务式、体验式新闻信息服务，努力占领新的舆论阵地，全方位传播主流声音，高效能传递正能量，担负起党和人民赋予主流媒体的社会责任和历史使命。

后　记

原想把这几年对广播的思考与实践总结一下，展望一下声音媒体的未来应该不是什么难事，况且还有笔者和同事们五六年前考察国内外广播的文字总结作为基础。那是进行了九个月前期准备而开始的有的放矢的调研。

真的做起来才知道没那么简单，最主要的原因是处于新闻一线热运转的工作，很难让人停下来，进行深入系统地梳理、对比、思考、辨析，特别是对正在发生的世界广播的最新发展和国内广播的全新探索进行观照……而去年年底刚和大家沟通完此书的选题，笔者就因为突发的胃溃疡和 12 指肠溃疡大出血导致休克住院了，医嘱一是不能喝酒吃刺激性的食物，二是不能熬夜，作息要规律。只能回答，第一条坚决做到，第二条尽量做到。职业如此，新闻不分白天黑夜，30 多年多少事都是如此。但是，出院开的药还没吃完，第二次世界大战以来最大的突发公共卫生事件——新冠疫情突如其来。尽管要表达的重点在笔者心中有系统想法，但每天连轴转导致只能挤时间看大家补充材料调整好的稿子，只能在高度紧张的间隙去了解国内外同行的最新作为和外部媒体生态格局的深刻变化，只能浅尝辄止地提出修改意见，电话急询央广、上海、北京电台领导和同行有关媒体融合的最新思路与实践，匆匆搜集查寻 BBC、NPR iHEARTradio 等媒体融合的动向。

按照广播最新发展的实际情况，笔者确定了总结框架和论述目标，对于原不同课题的总结，提出来补充内容和修改调整目标。感谢我的同事们在百忙中逐一修改原来的文稿，在被要求各种补充、调整、核实、返工甚至几乎重写时，不厌其烦，没有怨言。感谢宣管部副主任王芳帮助笔者进行了全部文字的初步修订和繁琐的协调工作。感谢中国广播影视出版社的编辑余潜飞女士对书稿的一再延时给予充分理解和各方面的帮助。

笔者并非科班新闻出身，以世界历史的底子误打误撞干了30多年新闻且是广播新闻，一路走来，懵懂艰辛，花明柳暗，甘苦自知。这里还要特别感谢的是鼓励、信任、帮助笔者的广播、广播电视台、海河传媒中心的几任领导和兄弟姐妹般的同事们，不会忘了最初被改成“满脸花”的新闻稿，不会忘了为声音的艺术臻于完美而彼此废寝忘食的日子，不会忘了媒体的责任和听众的期望，不会忘了创新过程中的百折千回和相互鼓励，不会忘了一代代广播人接力奔跑和对媒体融合的憧憬。

这五六年除传统广播外，又涉足新媒体和电视新闻，偶有机会跳出广播看广播，确实想好好回望走过的路，看看别人走的路（认真阅读了业内笔者尊重的多位广播领军者的著述，追溯了改革开放以来城市广播改革的得与失），把自己和同事集体对业界实践的反思、对声音媒体未来的展望、对当下城市广播创新融合走向的判断分享一二。本书基于5年多前天津广播的一次范围较大的培训（见附录2中刘凯同志的说明），集纳了笔者和大家的实地访问和分析研究成果，针对天津和城市广播发展遇到的问题，结合5年多来中美广播发生的最新变化，加以重新梳理和分析，为建设新型广播主流媒体献计出力。全书分成5个部分，分别是学界业界代表的综述，对广播融合、创新、技术引领的考察研究分论（含授课老师的观点文字），新媒体的代表作品。囿于本人水平和视野，囿于手头有关的专业和学术资料的欠缺，囿于时间的短促，所论及的问题和对策、结论不免有重复叠加、偏颇和挂一漏万之处，敬请读者指正。

尽管媒体格局的巨变带来许多不确定因素，但完成这些文字的同时，也完成了一番业界发展史的比较，知己知彼，对中国城市广播的未来还是充满信心。广播百年适逢中华民族面对伟大复兴的战略全局和世界百年未有之大变局，中国广播、中国城市广播通过努力奋斗，一定能够由世界广播的跟跑者、并跑者进入领跑者行列，一定能够开辟和引领声音媒体发展的新纪元。

印永清

2020 年 10 月 2 日

图书在版编目（CIP）数据

探索中国城市广播的未来之路 / 印永清编著. -- 北京 : 中国广播影视出版社, 2022.5
ISBN 978-7-5043 8448-5

I. ①探… II. ①印… III. ①广播事业—发展—研究—中国 IV. ①G229.2

中国版本图书馆CIP数据核字(2020)第015621号

探索中国城市广播的未来之路

印永清 编著

责任编辑 余潜飞
封面设计 智达设计

出版发行 中国广播影视出版社
电　　话 010－86093580　010－86093583
社　　址 北京市西城区真武庙二条9号
邮　　编 100045
网　　址 www.crtp.com.cn
电子信箱 crtp8@sina.com

经　　销 全国各地新华书店
印　　刷 北京金康利印刷有限公司

开　　本 787毫米×1092毫米　1/16
字　　数 400（千）字
印　　张 26.5
版　　次 2022年5月第1版　2022年5月第1次印刷

书　　号 ISBN 978－7－5043－8448－5
定　　价 98.00元